한 권으로 읽는 인간의 죽음

한 권으로 읽는
인간의 죽음

최준식 지음

강의를 시작하며

- I -

이 책은 제가 2022년 7월 중순부터 16주 동안 한국의 대표적인 불교방송국인 BTN(Buddhist True Network)에서 강의한 것을 글로 옮긴 것입니다. 이 프로그램의 제목은 〈슬기로운 생로병사〉였는데 저는 이 네 가지 삶의 국면 가운데 '인간의 죽음'을 중점적으로 다루었습니다. 그 1년 전인 2021년에도 같은 방송국의 〈지혜의 다락방〉이라는 프로그램에서 같은 주제로 강의를 4번 한 적이 있습니다. 이때 강의한 것도 부분적으로 포함하였습니다. 당시에 강의한 것을 녹취해서 있는 그대로 쓴 것이 아니라 사용했던 피피티를 보면서 나름대로 업그레이드해서 썼습니다.

그런데 이 책이 인간의 삶 가운데 죽음만 다루고 있는 것은 아닙니다. 훨씬 광범위하게 우리의 삶을 전체적으로 다루고 있습니다. 죽음을 다룬 기존의 책을 보면 대체로 인간이 죽음을 어떻게 준비할 것인가에 대해서만 다루고 있는 것을 알 수 있습니다. 다시 말해 이런 책들의 주요 내용은 어떻게 죽어야 지혜롭게 임종을 맞이할 수 있느냐에 대한 것이지요. 여기서 조금 더 나아간 책들은 사후 세계를 다루는 경우도 있습니다. 인간에게 영혼이 있는지, 그 영혼은 사후에 계속 존재하는지 등을 주제로 설명한 것이지요. 기존의 책들은 대강 이런 주제 이상을 다루지 않습니다. 그런데 이 책에서는 이런 주제뿐만 아니라 한 걸음 더 나아가 영혼들의 세계가 지닌 실상은 물론 인간의 환생에 대해서도 설명합니다. 우리가 죽은 뒤 영혼들의 세계에 일정 기간 머물다가 때가 되면 다시 지상으로 오는 과정과 그 원리에 대해서 묘사했다는 것이지요. 거기에 덧붙여 말미에서 이 모든 것을 관장하는 법칙인 카르마 법칙에 대해서도 심도 있게 살펴봅니다. 카르마 법칙은 인간의 삶 전체를 주관하는 법칙으로 대단히 중요한 원리입니다. 이를 알아야 우리는 진정으로 행복해질 수 있다는 생각으로 포함시켰습니다.

그런 의미에서 이처럼 인간의 삶과 죽음, 영혼, 환생, 그리고 카르마라는 주제를 총체적으로 다룬 책은 지금까지 없었다고 할 수 있을 것입니다. 따라서 어떻게 보면 이 책은 매우 특이하다고 할 수 있습니다. 인간의 삶에서 가장 중요한 주제와 각각의 단계, 특히 환생과 카르마 법칙에 대해 다루고 있으니 말입니다. 또한 이 책의 시각은 매우 광범하다고 할 수 있습니다. 우리의 삶을 조망하는데 현생의 삶만 살펴보는 게 아니라 그 뒤에 오는 영혼의 세계, 그리고 다시 지상으로 돌아오는 환생의 영역까지 다루고 있으니 말입니다.

다루는 범위가 이처럼 넓어서 저는 종종 독수리의 시각에 비유해서 말하곤 합니다. 독수리처럼 높이 날아서 땅을 광범위하게 본다는 것이지요. 이와 대비되는 것은 타조의 시각이라고 할 수 있습니다. 일설에 타조는 유사시에 머리를 땅에 박고 그 위기를 피했다고 생각한다고 합니다. 이 우화에 따르면 자기가 보는 세상만이 유일한 것이라고 믿는 것입니다. 타조의 시각을 가진 사람들은 지금 육신을 가지고 사는 삶만이 유일하다고 주장하는 사람이라고 할 수 있습니다. 그들은 영혼의 세계나 환생, 그리고 카르마 법칙 같은 것을 모두 부정합니다. 그렇게 사는 게 나쁘다거나 틀렸다고 하는 것은 아닙니다. 어떤 시각이든 존중받아야 마땅합니다. 그러나 독자 여러분이 좀 더 넓고 진실에 가까운 세계로 나가기를 원한다면 어떤 시각이 더 좋은 것인지 판단해보시기 바랍니다.

이 정도만 보아도 이 책이 다루는 삶이 영역이 얼마나 큰지 아시겠지요? 이

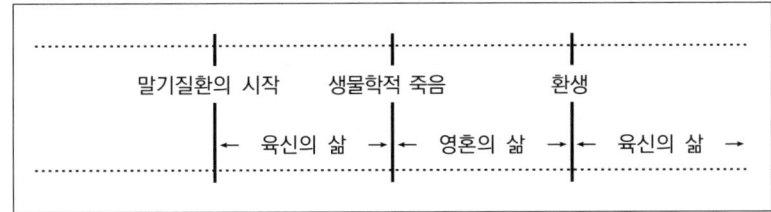
그림 1

모든 과정을 설명하기 위해 얼마나 많은 양의 정보가 실려야 할지 모릅니다. 그러나 세세한 정보들을 너무 많이 나열하면 독자들이 번거롭게 느끼고 읽는 것을 포기할지도 모릅니다. 그 점을 극복하기 위해 설명을 가능한 한 간명하게 하겠습니다. 삶의 각 단계에서 가장 필요한 정보만 제공하겠다는 것이지요. 그러니까 여러분들이 꼭 알아야 하는 것들만 추려서 제시하겠다는 것입니다. 더 상세한 것을 알고 싶은 분은 저의 다른 책이나 다른 전문서를 찾아보면 되겠습니다.

- II -

본론으로 들어가기 전에 이 책의 기본 구도에 대해 말해볼까 합니다. 이 구도를 알면 내용을 이해하는 데에 도움이 될 것입니다. 〈그림 1〉처럼 인간의 죽음을 크게 3단계 정도로 나누어서 서술하려고 합니다마는 실제의 서술에서는 죽음의 순간을 별도의 단계로 첨가해 전체적으로는 4부분으로 나누었습니다. 죽음의 순간은 매우 중요한 주제라 그 부분은 근사 체험을 중심으로 살펴볼 것입니다.

〈그림 1〉을 설명해보면, 우선 인간의 죽음은 말기질환으로부터 시작한다고 할 수 있습니다. 여기서 말하는 말기질환의 시작은 사고나 병으로 인해 다시는 건강을 되찾을 수 없는 상태로 들어가는 것을 의미합니다. 그래서 이 단계를 보통 '비가역적' 상태라고 하지요. 이때부터 인간은 죽음을 향해 일방통행을 합니다. 죽음학은 이

이후의 삶을 다룹니다. 그 전 단계는 삶의 영역이라 죽음학에서 그 영역까지 손대지는 않습니다. 말기질환이 시작되면 우리는 자신의 죽음, 즉 임종을 준비해야 합니다. 죽음을 맞이하기 위해 꼭 해야 할 일들이 여럿 있습니다. 대표적인 것으로 유언장이나 사전의료연명의향서 같은 문서 등을 쓰는 일을 들 수 있습니다.

그런가 하면 인간의 죽음이라는 사건과 연관해 결코 소홀히 대할 수 없는 것은 유족들이 겪게 되는 사별의 아픔입니다. 죽는 사람은 그렇게 저세상으로 가지만 그다음 문제는 남아 있는 가족들이 그 사별의 고통을 어떻게 극복하느냐는 것입니다. 이것은 보통 돌봄(care)이라는 용어로 통칭되는데 이 역시 죽음학에서 매우 중요한 주제입니다. 인간의 죽음은 너무나도 위중하고 충격을 주는 사건이라 유족들은 엄청난 슬픔과 고통을 겪게 마련입니다. 이 고통을 잘 겪어내야 인간은 충일한 삶을 살 수 있습니다. 사랑하는 가족의 죽음을 잘 극복해야 자신의 삶이 고양된다는 것이지요.

다음 단계는 우리가 생물학적인 죽음을 맞이하는 단계입니다. 사람들이 말하는 죽음은 보통 이것을 지칭합니다. 그런데 죽음이라는 사건은 하나의 사건으로 그치지 않습니다. 여기에는 많은 사건과 이야기들이 있습니다. 죽음은 인간이 겪는 주요 사건 중 가장 중요하다고 해도 과언이 아닐 정도로 우리의 삶에서 차지하는 비중이 큽니다. 그래서 할 말이 많은 것이지요. 예를 들어보면, 이 단계에서 빼놓을 수 없는 주제는 '근사 체험'이라고 할 수 있습니다. 근사 체험은 아주 간단하게 말해서 이른바 '죽었다 살아난 사람'들이 체험한 죽음 뒤의 세계에 대한 것입니다. 이 이야기는 사후 세계의 존재에 대해 결정적인 단서를 제공하기 때문에 중하게 다루어야 합니다. 죽음을 연구하는 학자들이 사후 세계를 논할 때 가장 많이 의존하는 것이 근사 체험인지라 이 체험의 중요성은 아무리 강조해도 지나치지 않을 겁니다.

그런가 하면 임종침상 비전(deathbed vision)도 이 단계에서 다룰 직한 주제입니다. 사람들은 죽기 직전에 먼저 죽은 지인들의 영혼을 만나는 등 나름의 이미지 체험을 합니다. 이 체험도 인간의 사후 세계가 실존한다는 것을 방증해주는 좋은 사례로 꼽히고 있어 일별해보았으면 합니다.

이렇게 해서 죽음이라는 사건을 지나가면 우리는 본격적으로 사후 세계의 단계로 들어가게 됩니다. 이 단계는 앞의 단계와 질적으로 완전히 다릅니다. 앞 단계는 육신이 있는 단계이지만 이 단계는 육신이 존재하지 않는 영혼의 단계이기 때문입니다. 매우 드라마틱한 변화가 일어난 것입니다. 여기서 우선 영혼에 대해 탐구해야 할 것입니다. 가장 먼저 내세울 질문은 '인간의 영혼은 존재하는지'에 대한 것입니다. 만일 이 명제를 받아들인다면 다음으로 영혼의 정체가 무엇일까 라는 질문을 던져야 할 것입니다. 여기서 영혼이 어떻게 생겼는지 혹은 어떤 기능을 갖고 있는지 등에 대해 배우게 될 것입니다.

이렇게 되면 본격적으로 영혼들의 세계에 들어가게 됩니다. 이 단계에서 우리는 영혼들의 세계, 즉 영계(靈界)가 어떤 곳이고 육신을 갖고 사는 이 지상과 어떻게 다른지 검토할 것입니다. 그리고 이곳에서 우리가 무엇을 하는지도 살펴볼 것입니다. 그렇게 영계에 머물다 우리 대부분은 지상으로 다시 내려오게 됩니다. 이른바 환생이지요. 육신으로 다시 태어나는 것입니다. 다시 태어나면 전생과 똑같은 생활을 하게 되니 이 뒤부터는 더 이상 볼 필요 없습니다.

마지막으로 다룰 주제는 카르마 법칙입니다. 카르마 법칙은 삶의 모든 국면을 관장하는 매우 중요한 법칙입니다. 이 법칙을 한마디로 하면 '도덕적 인과율'이라 할 수 있습니다. 카르마 법칙은 인간이 도덕적인 완성을 이룰 수 있게 인간을 끊임없이 안내하는 법칙이라고 할 수 있습니다. 인간은 인간으로서 반드시 행해야 할 일이 있습니다. 그중에서 가장 대표적인 것이 다른 사람을 어떤 식으로든 해쳐서는 안 된다는 것입니다. 만일 우리가 다른 사람을 해치면 카르마 법칙이 작동해 고통을 줍니다. 그래서 그 일이 얼마나 잘못된 것인가를 알려줍니다. 우리가 이 지상에 환생할 때 우리의 카르마를 가장 잘 해결해줄 수 있는 환경으로 태어나게 해주는 것이 바로 이 카르마 법칙입니다. 이런 면에서 카르마 법칙은 그 중요성을 아무리 강조해도 지나치지 않습니다. 이 책은 이렇게 카르마 법칙에 관해 설명하면서 끝나게 됩니다. 이 법칙을 알아야 진정한 인간이 되기 때문에 순서를 그렇게 잡아 보았습니다.

그리고 마지막에는 특강을 넣었습니다. 이 특강은 본강(本講)에는 포함하지 않았지만 중요한 두 가지 주제를 다룹니다. 첫 번째 강의는 한국인의 죽음관에 대한 것입니다. 지금까지 우리는 인간의 보편적인 문제에 대해서 보았는데 이 강의에서는 한국인에게만 해당하는 주제를 보게 됩니다. 한국인은 인간의 죽음을 대할 때 어떤 자세로 대하는지에 관해 설명할 예정입니다. 이 같은 죽음관은 문화권마다 다릅니다. 공동체의 구성원들이 믿는 종교가 다르기 때문입니다. 한국인의 죽음관은 유교로부터 가장 많은 영향을 받았습니다. 그래서 한국에서만 볼 수 있는 장례식이나 추모제, 즉 제사가 생겨났습니다. 이 강의에서는 이런 주제를 다룹니다. 그럼으로써 한국인들이 지니는 죽음관이 어떤 문제점을 지니고 있고 그것을 좋은 방향으로 고치려면 어떻게 바꾸면 좋을지에 대해 보려고 합니다.

마지막 강의는 자살에 대한 것입니다. 자살은 죽음학에서 매우 중요한 주제입니다만 본강에는 딱히 들어갈 자리가 없어 특강으로 대신합니다. 자살은 매우 광범위한 주제라 제대로 다루려면 책 한 권으로도 부족합니다. 여기서는 '자살은 왜 해서는 안 되는가?'와 같은 주제에 한정해서 보려고 합니다. 특히 환생과 카르마 법칙의 입장에서 볼 때 자살이 왜 절대로 해서는 안 되는지에 대해 밝혀보려고 합니다. 여기까지 오면 죽음학을 향한 우리의 긴 여정은 끝이 납니다.

차례

강의를 시작하며 _5

PART I 죽음 앞에서: 죽음을 어떻게 준비해야 할까?

제1강 "우리는 왜 죽음을 공부해야 할까?" _19

1. 죽음학이 아니라 생사학(生死學)이라고 해야 _19
2. 죽음은 인간만이 던지는 질문: 인간만이 자기의식을 갖고 있다! _20
3. 죽음이 두려운 인간 _21
4. 인간은 왜 죽음을 두려워할까? _22
5. 현대에 들어와 더 직면하기 힘들어진 죽음 _24
6. 죽음을 멀리하고 싶은 현대인들 _27
7. 죽음은 마지막 성장의 기회 _30
8. 생의 마지막에서 가장 중요한 질문을 한 이병철 회장 _31
9. 우리는 어떻게 임종을 맞이하면 될까? _34

제2강 "임종 직전에 개인이 할 일과 임종 직전에 일어나는 일에 대해" _37

1. 왜 임종 안내 지침이 필요할까? _37
2. 유언장은 어떻게 쓰면 좋을까? _38
3. 유언장에는 어떤 내용이 들어가나? _40
    i. 임종 방식과 장례 방식에 대해 _40
    ii. 유산의 배분 등에 대해 _42
    iii. 금융정보에 대해 _43
    iv. 마지막으로 남기는 이야기 _44
4. '사전연명의료의향서'에 대해 _46
5. 임종 직전에 일어나는 일에 대해 _49

제3강 "사별의 슬픔과 극복에 대해" _53

1. 사별의 슬픔이 전개되는 과정 _55
2. 유족들이 겪는 사별의 단계에 대해 _56
   i. 초기 단계: 충격과 부정의 단계 _56
   ii. 중간 단계: 고독과 우울의 단계 _58
   iii. 마지막 단계: 수용과 긍정의 단계 _61

PART II 죽음의 언저리에서: 영혼과 사후 세계로 들어가면서

제4강 "사후 세계로 들어가면서"
영혼과 사후 세계가 존재한다는 다섯 가지 증거에 대해 _65

1. 첫 번째 증거: 영혼과 사후 세계를 긍정하는 세계의 종교들 _66
   i. 그리스도교의 사후 세계관 _66
   ii. 이슬람교의 사후 세계관 _68
   iii. 불교와 힌두교의 사후 세계관 _68
2. 두 번째 증거: 신비가들의 가르침-스베덴보리를 중심으로 _70
3. 세 번째 증거: 의사들의 증언 _74
4. 네 번째 증거: 최면을 통한 연구 _82
5. 다섯 번째 증거: 근사 체험자들의 증언 _84

제5강 "근사 체험이란 무엇인가?"
사후 세계 연구에서 근사 체험은 왜 중요한가? _87

1. 근사 체험이란 무엇인가? _88
2. 드디어 빗장이 열리는 사후 세계 _90
3. 근사 체험 연구의 시작을 알린 학자들 _91
   i. 근사 체험 연구의 아버지 레이몬드 무디 주니어 _91
   ii. 근사 체험을 처음으로 학술적으로 연구한 케니스 링 _94
   iii. 그 외의 연구 _95
4. 근사 체험의 단계들 _98
   i. 첫 번째 단계: 체외 이탈 _98
   ii. 두 번째 단계: 터널 체험 _101

iii. 세 번째 단계 1: 빛의 존재와의 만남 _103
　　iv. 세 번째 단계 2: 빛의 존재를 만나 하는 일 _105
　　v. 세 번째 단계 3: 빛의 존재는 누구일까? _109
　　vi. 네 번째 단계: 장벽 앞에서 서기 _111
　　vii. 다섯 번째 단계: 귀환 _112

제6강 "근사 체험자들의 변화에 대해" _115

1. 생명에 대한 경외감 혹은 사랑(appreciation for life) _116
2. 자신을 있는 그대로 수용하기 _118
3. 타인에 대한 전적인 배려 _119
4. 반물질주의와 반경쟁주의를 지향 _122
5. 영성의 심화 _124
6. 지식의 추구 _129
7. 사후생과 환생에 대한 믿음 _130
8. 삶의 목적성을 깨달음 _133
9. 중요한 인간관계의 변화 _136
10. 영적 능력의 확장과 초능력의 발생 _138

제7강 "사후통신이란 무엇인가" _141

1. 고인으로부터 소식이 없으니 사후세계는 없는 것? _141
2. 사후통신이란 무엇인가? _144
3. 빌 구겐하임은 누구인가? _145
4. 사후통신의 유형은? _148
　　i. 지각적 사후통신 _148
　　ii. 청각적 사후통신 _150
　　iii. 촉각적 사후통신 _151
　　iv. 후각적 사후통신 _153
　　v. 시각적 사후통신 1: 부분적인 모습으로 나타나기 _154
　　vi. 시각적 사후통신 2: 전체 모습으로 나타나기 _156
　　vii. 비전으로 만나는 사후통신 _157
　　viii. 중간 지대의 사후통신 _158
　　ix. 수면 상태의 사후통신 _160

x. 체외 이탈 중 겪는 사후통신 _161
xi. 전화로 하는 사후통신 _162
xii. 물질적 현상의 사후통신 _163

PART III 사후 세계에 들어와서: 사후 세계는 어떤 원리로 돌아갈까?

제8강 "영혼이란 무엇인가?" _169

1. 영혼의 몇 가지 속성 _170
   i. 영혼은 에너지체다 _170
   ii. 인간은 3개의 몸을 갖고 있다! _171
   iii. 모든 것을 저장하는 원인체의 놀라운 능력 _174

제9강 "사후세계는 어떤 곳인가?" 1
1차 영역 이야기 _177

1. 사후세계에 대한 약간의 오해(?) _178
2. 본격적으로 사후세계로 들어가기 _182
3. 1차 영역에서 _183
   i. 일단 치유 받기 _183
   ii. 지난 생에 한 일 점검하기 _186
   iii. 죽은 사실 인정하기 _188
   iv. 헤매는 영혼들을 다룬 영화 _190
   v. 지상을 못 떠나는 영혼들이 많은 곳은? _192

제10강 "사후세계는 어떤 곳인가?" 2
2차 영역 이야기 _195

1. 2차 영역은 어떻게 생겼을까? _195
   i. 2차 영역은 어떻게 생겼을까? _196
   ii. 영혼의 등급에 대해 _201
   iii. 2차 영역에서 영혼들은 무엇을 할까? _205

2. 영계는 정말 자유로운 곳일까? _207
    i. 영계는 꼭 자유로운 곳은 아니다 _208
    ii. 영계에서 우리는 어떻게 서로 만나나? _209

제11강 "천당과 지옥은 정말로 존재하는 것인가?" _213

1. 천당과 지옥은 정말로 있나? _213
2. 천당과 지옥의 실체는? _215
    i. 천당과 지옥은 어딘가에 있는 특정한 장소가 아니다 _215
    ii. 천당이나 지옥은 우리가 알아서 찾아가는 곳일 뿐! _217
3. 스베덴보리가 묘사하는 지옥의 모습들 _221
    i. 지옥 영혼들의 흉측한 모습 _221
    ii. 지옥의 환경은 영혼의 내면이 표현된 것!! _224
    iii. 지옥에서 받는 과보가 무서운 이유 _226

PART IV   환생을 준비하면서: 카르마 법칙은 어떻게 작동할까?

제12강 "인간의 환생에 대해" _233

1. 환생론이란? _233
    i. 인간의 일상 의식으로는 환생을 알 수 없다! _234
    ii. 환생론은 인도인이 가장 먼저 발견했다! _236
2. 서양 전통에서는 인간의 환생을 어떻게 보았나? _238
    i. 근세 이전의 서양이 바라본 환생론 _238
    ii. 서양에서 환생론을 주장한 선구자, 에드거 케이시 _241
    iii. 케이시가 인간이 환생한다는 사실을 발견하다!! _243
    iv. 예언자로서의 에드거 케이시 _246
    v. 미국 사회에 '환생' 돌풍을 일으킨 모리 번스타인 _247
3. 서양의 의학자들이 연구한 환생론에 대해 _249
    i. 환생론을 옹호하는 의과학자들의 연구 1: 이안 스티븐슨의 경우 _249
    ii. 환생론을 옹호하는 의과학자들의 연구 2: 브라이언 와이스의 경우 _254

제13강 "카르마 법칙에 대해" _257

1. 카르마 법칙은 삶을 가장 잘 설명해주는 법칙 _258
2. 카르마 법칙이란 무엇인가? _260
   i. 카르마 법칙이란? _260
   ii. 카르마 법칙의 몇 가지 전제조건 _262
   iii. 카르마 법칙은 새로운 도덕률? _264
   iv. 카르마 법칙에 대한 오해 _266
3. 카르마 법칙은 어떻게 작동하나? _269
   i. 카르마 법칙의 속성 1: 연속성 _270
   ii. 카르마 법칙의 속성 2: 직접적인 되갚음 _271
   iii. 카르마 법칙의 속성 3: 간접적인 되갚음 _274
   iv. 에필로그 _277

강의를 마치며 _279

특강 1 "한국인의 죽음관" _285

1. 한국인의 현세중심적인 인생관 _286
2. 유교에 의해 영향 받은 한국인의 죽음관 _288
3. 제사에 나타난 한국인들의 죽음관 _292
4. 장례에 나타난 한국인의 죽음관 _296
5. 건설적인 장례 문화를 지향하며 _299

특강 2 "자살에 관하여" _305

1. 자살을 하면 왜 안 되는가 1: 상식적인 관점에서 _306
2. 자살을 하면 왜 안 되는가 2: 환생과 카르마 법칙의 관점에서 _311

PART
I

죽음 앞에서

죽음을 어떻게 준비해야 할까?

제1강

"우리는 왜 죽음을 공부해야 할까?"

1. 죽음학이 아니라 생사학生死學이라고 해야

이제부터 죽음에 대해 이야기하려고 하는데 가장 먼저 하고 싶은 말이 있습니다. 지금부터 보려고 하는 것은 죽음에 대한 것만이 아니라는 것입니다. 제가 2005년에 한국에서 처음으로 '한국죽음학회'를 세워 죽음학의 기치를 높이 든 적이 있습니다. 그런데 이 '죽음학'이라는 용어는 그리 바람직한 것이 아니었습니다. 왜냐하면 이 학문은 죽음만 다루는 것이 아니기 때문입니다.

이 학문은 죽음뿐만 아니라 삶도 같이 다루는데 다른 학문보다 죽음을 더 강조하면서 인간의 삶을 조망하기 때문에 죽음학으로 불린 것입니다. 한문으로는 생사학(生死學) 혹은 사생학(死生學)이라 용어를 쓰는데 사실 이 용어가 더 적합하다고 할 수 있습니다. 죽음이 삶을 떠나서 홀로 존재할 수 있겠습니까? 죽음을 공부하는 것도 삶을 이해하기 위해서입니다. 그래서 제대로 된 삶을 살려고 하는 것 아닙니까? 흔히 삶과 죽음은 동전의 앞뒷면이라고 하는데 양자가 같이 가야 우리의 전체적인 삶이 완성되지 않겠습니까?

이 책을 계속 읽다보면 처음에는 죽음을 이야기하는 것 같지만 결국은 돌아서, 돌아서 삶으로 되돌아오는 것을 알 수 있을 겁니다. 특히 카르마 법칙을 논하는 단계가 되면 이것은 삶에 대한 것이지 더 이상 죽음만 다루는 것이 아니라는 것을 알게 될 겁니다. 이렇다면 죽음학은 사생학 혹은 생사학이 되어야 하는데 왜 이렇게 쓰지 않는 걸까요? 아마 어감 때문일 것입니다. 생사학이라고 하면 우선 생사탕 같은 뱀으로 만든 탕이 생각나게 되어 그 본래 뜻이 상기되지 않습니다. 그런가 하면 사생학은 '사회생활학' 같은 단어만 생각나 원래의 뜻이 무색해집니다. 만약 제가 '한국죽음학회'라고 하지 않고 '한국사생학회' 혹은 '한국생사학회'라고 학회 이름을 걸었으면 얼마나 이상했겠습니까? 이런 이유로 어쩔 수 없이 '죽음학'이라는 용어를 쓰는 것을 이해해 주시기 바랍니다.

2. 죽음은 인간만이 던지는 질문: 인간만이 자기의식을 갖고 있다!

다음 질문은 매우 근본적인 것입니다. '인간은 왜 죽음을 논하는가?'입니다. 그렇지 않습니까? 인간을 제외한 동물 중에는 죽음을 아는 동물이 없는 것 같지 않습니까? 단도직입적으로 말해 인간만이 '나는 죽는다'라는 사실을 아는 유일한 동물입니다. 인간이 이렇게 자신이 죽는다는 것을 알 수 있는 것은 인간만이 자기의식(self-consciousness)를 갖고 있기 때문입니다. 인간은 바로 이 자기의식 때문에 다른 동물과 구별됩니다.

이 점은 제가 다른 책(『메타 릴리지온』 등)에서 아주 상세하게 설명했기 때문에 여기서는 대폭 줄여서 말하겠습니다. 이 문제는 종교에서 대단히 중요한, 아니 가장 중요한 주제라서 할 말이 엄청나게 많습니다만 이 책은 그것을 논하는 것이 아니니 간단히 하겠습니다. 인간이 자기의식을 갖고 있다는 것은 인간이 자신이 존재한다는 것을 안다는 뜻입니다. 존재한다는 것을 안다는 것은 자신이 존재하지 않는다, 즉 죽는다는 것을 아는 것으로 연결됩니다. 그래서 인간은 죽음과 관련된 많은 의례를 만들어냈습니다. 인간은 동물이 하지 않는 일을 많이 하는데 그중의 하나가 장례 같은 죽음 의례를 하는 것입니다. 이 같은 의례는 동물의 세계에서는 발견할 수 없습니다. 생각해보십시오. 침팬지가 죽은 아비 침팬지의 시체를 앞에 놓고 기도하거나 노래하거나 우는 것을 본 적이 있습니까? 다시 말해 장례 같은 것을 지내는 침팬지가 발견된 적이 있느냐는 것이지요. 그런데 인간은 선사 시대에도 장례를 지낸 것으로 알려져 있습니다. 그 적나라한 예가 바로 네안데르탈인입니다. 그들의 유적에서는 사람의 시체를 놓고 돌이나 꽃을 놓은 흔적을 볼 수 있다고 합니다. 이것은 그들이 나름의 장례 의례를 한 것이라는 게 학자들의 소견입니다. 이 같은 예는 한국에서도 발견되었는데 같은 내용이라 생략하겠습니다.

또 사람은 동물 가운데 유일하게 자살을 감행하는 동물로 알려져 있습니다. 그것은 사람은 목숨을 끊으면 자신이 사라진다(?)고 믿기 때문입니다. 지금 겪는 고통에서 벗어날 수 있다고 믿기 때문에 자살을 하는 것입니다. 그런데 동물은 어떻습니까? 침팬지가 고통에서 벗어나겠다고 자살했다는 뉴스를 들은 적이 있습니까? 그런데 가끔 고래들이 해변으로 몰려와 '자살'을 했다는 소식을 듣습니다. 그러나 그것은 무엇인가 그들의 감각 체계에 문제가 생겨 그런 일이 생긴 것이지 삶을 비관해서 스스로 목숨을 끊은 것이 아닙니다. 동물은 그저 자연과 본능에 순응해서 살지 그것을 어겨서 자신을 죽이는 일을 하지 않습니다.

3. 죽음이 두려운 인간

이제 인간만이 죽음을 안다는 사실을 이해했습니다. 다음으로, 인간은 죽음에 대해 보통 어떤 태도를 보입니까? 모두가 다 그런 것은 아니겠지만 대부분은 죽음을 회피하려고 합니다. 죽음을 외면하려는 것이지요. 이유는 간단합니다. 죽음이 두렵기 때문입니다. 죽음이 두렵다는 것은 사실 잘 알려진 것인데 그것을 체감할 수 있는 기회는 많지 않습니다. 우리는 당연히 자신의 죽음을 두렵게 생각하지만 다른 사람의 죽음을 목도할 때도 엄청난 두려움을 느낍니다.

예를 들어 다른 사람의 자살 현장을 마주치게 된다면 그때 느끼는 무서움과 놀람은 거의 패닉에 가까울 것입니다. 오래전에 어떤 지인이 말하길, 밤에 집을 향해 가는데 어떤 이가 목을 매고 죽은 것을 발견하고 너무 놀라서 가던 길을 되돌아왔다고 하더군요. 죽음은 남의 죽음이라 할지라도 이렇게 무서운 것입니다. 이 대목에서 생각나는 게 있습니다. TV 드라마나 영화를 보면 살인 현장에서 수사관들이 아무렇지도 않게 시신을 보고 만지는 장면이 나옵니다. 그런데 수사관들의 말을 들어보면 실제 상황은 그렇지 않다고 합니다. 특히 끔찍하게 살해된 시신을 보면 엄청난 충격을 받는다고 합니다. 그리고 그 후유증으로 한동안 고생한다고 합니다. 어떤 수사관은 이런 후유증을 치유할 수 있는 곳이 없냐고 하소연하더군요.

그런가 하면 전쟁터에는 신병 증후군이 있다고 하지요. 처음 전투에 참여한 신병이 너무나 두려운 나머지 실성하는 현상 말입니다. 총과 대포가 만드는 소음에 엄청난 위협을 느끼면서 주위에서 죽어가는 병사들을 보면서 자신도 언제 죽을지 모른다는 공포감이 얼마나 대단할지는 상상하기 어렵지 않습니다. 이런 사례는 얼마든지 더 들 수 있지만 다음으로 가는 것이 좋겠습니다.

4. 인간은 왜 죽음을 두려워할까?

그러면 인간은 왜 이렇게 죽음을 두려워하게 되었을까요? 많은 요인이 있겠지만 정리해보면 다음과 같은 몇 가지 요인이 있지 않을까 합니다. 이 가운데 하나는 '내가 더 이상 존재하지 않는 데'에 대한 공포일 겁니다. 이 공포는 인간이 경험하는 공포 가운데 가장 큰 것이 아닌가 합니다. 그 이유는 그다지 어렵지 않게 알 수 있습니다.

생각해보십시오. 나는 내가 존재한다는 생각을 항상 지주支柱처럼 여기고 지금껏 살았는데 이 지주가 없어진다니 얼마나 무서운 일입니까? 아마 하늘이 무너지는 느낌일 것입니다. 생각조차 하기 싫은 끔찍한 일입니다. 내가 없으면 삶에서 어떤 것도 의미를 가질 수 없습니다. 내가 없는데 무엇이 중요하겠습니까? 내가 없어진다면 남는 것은 말할 수 없이 큰 허무뿐입니다. 죽음 앞에 서본 이들은 잘 알 것입니다. 예를 들어 단두대 앞에 선 사형수라든가, 추락하는 비행기 안에서 이제 20~30초 뒤면 지상에서 비행기와 함께 폭발되어 죽는다는 것을 안 조종사는 이 기분이 어떤 것이지 잘 알 겁니다. 이렇게 극적인 경우를 예로 들지 않아도 됩니다. 불치의 병에 걸려서 몇 달 안 남은 생을 살면서 느끼는 불안감과 공포는 평범한 사람들도 알 수 있습니다.

다음에 말하는 요인은 조금 실존적인 것입니다. 우리는 죽는 과정에서, 혹은 죽은 후에 홀로 남을 것이라는 생각으로 인해 공포를 느낄 수 있습니다. 비록 가족이 있지만 저승길은 누구도 같이 갈 수 없으니 마지막 길은 혼자 쓸쓸하게 갈 것이라고 여길 수 있습니다. 그런가 하면 우리는 저승에 대해서 잘 알지 못합니다. 잘 알지 못하는 곳에 혼자 간다는 것은 공포를 자아내기에 충분합니다. 또 저승에서도 혼자 있게 되면 어떻게 하나 하는 공포도 있을 수 있습니다.

공포는 계속됩니다. 우리는 또 다른 공포에 직면합니다. 이것은 사후 세계의 존재 여부와 관계된 것입니다. 우선 사후 세계가 있냐는 물음입니다. 이것은 영혼의 존재에 대한 물음과 직접적으로 연관이 됩니다. 나는 영혼의 존재인지, 아니면 육체만 있어 죽은 뒤에 아무것도 안 남는지에 관한 물음입니다. 내가 육신의 존재에 불과해 죽은 다음에 아무것도 남지 않는다면 허무하기 짝이 없습니다. 이 허무에서 오는 공포도 만만치 않습니다. 그런가 하면 영혼의 존재를 믿어 우리가 죽은 후에 영혼의 세계로 간다는 것을 안다 해도 공포 혹은 불안이 싹 가시는 것은 아닙니다. 가장 큰 불안은 저승이 어떤 세계인지 모른다는 것입니다. 그곳에서 나는 혼자 천당이나 지옥 같은 곳으로 배당되는 것인지, 아니면 먼저 가신 부모님들을 만나 같이 살 수 있는 것인지 등등 아는 바가 하나도 없으니 불안하기 짝이 없습니다.

인간은 원래 자신이 알지 못하는 것에 큰 불안을 느끼는 법입니다. 그곳이 사람들이 사는 세상이라면 다른 이들에게 물어 정보를 얻을 수 있지만 저승에 관한 것은 아는 사람이 없는지라 어떤 정보도 얻을 수 없으니 더더욱 두려운 것입니다.

마지막은 사랑하는 사람들과의 이별에서 오는 두려움입니다. 내가 이 세상을 살 수 있었던 동력 중의 하나는 나에게 가족이 있고 친척 그리고 친구가 있었기 때문입니다. 그런데 지금 내가 죽으면 나의 살가운 가족이나 친지들을 떠나 어디로 가는지도 모르고 혼자 길을 가야 합니다. 이 설명이 마음에 와 닿지 않으면 한 번 이렇게 생각해보십시오. 내가 갑자기 전혀 모르는, 아는 사람 하나 없는 남아메리카 어떤 작은 나라로 혼자 이민을 떠난다고 합시다. 나는 그곳에 대해 전혀 아는 바가 없고, 아무도 아는 사람이 없어 불안하기 짝이 없습니다. 그런데 내가 사랑하는, 그리고 유일하게 내 삶의 기반이 되는 가족들과 이별을 해야 합니다. 언제 다시 만날 수 있는지 알 수 없습니다. 그러나 적어도 편지 왕래를 할 수는 있을 것입니다. 이런 상황에서도 우리 인간은 큰 불안감을 느끼는데 죽는 것은 이보다 훨씬 더 불안합니다. 우리가 죽은 뒤에는 사랑하는 가족과 아무 연락도 할 수 없고 다시 만날 기약도 없습니다. 이민 갈 때는 필요한 물건을 가져가기라도 하지만 저승길은 완전히 빈손으로 가야 합니다. 이렇게 단신으로 아무것도 갖지 않고 어떤 곳인지 모르는 곳으로 떠나는 저승길이 우리에게 얼마나 두렵고 불안한지 모르겠습니다. 인간의 죽음은 이렇듯 불안으로 휩싸여 있는 느낌입니다.

5. 현대에 들어와 더 직면하기 힘들어진 죽음

인간에게 죽음은 이처럼 힘든 현실인데 현대에 와서 더 멀리하게 되었습니다. 죽음을 직면하기 힘들어졌다는 것이지요. 전통 시대에는 어땠습니까? 그때에는 지인들의 임종 과정을 쉽게 목도할 수 있었습니다. 당시에는 대부분 집에서 노환을 앓다가 같은 장소에서 임종을 맞이했기 때문입니다. 그래서 같은 집에 사는 손자 손녀까지 포함해서 모든 식구가 사람이 죽는 모습을 바로 앞에서 똑똑히 목격할 수 있었습니다.

그뿐만이 아니지요. 장례식도 집에서 했습니다. 그 경우 시신은 마루나 방에 펼쳐놓은 병풍 뒤에 있었으니 유족들은 끝까지 망자와 같이 할 수 있었습니다. 묘지도 그리 멀지 않은 야산에 만들었기 때문에 고인은 항상 살아 있는 사람들 옆에 있었습니다. 또 그 묘지 앞에서 일 년에 몇 번씩 정기적으로 고인을 추모하는 제사를 지내지 않았습니까? 이러하니 당시 사람들은 인간의 죽음과 관련된 모든 과정, 즉 임종과 장례, 그리고 제사 등을 겪으면서 죽음이라는 사건을 직접 경험할 수 있었습니다.

그런데 현대에 들어오면서 이 상황은 많이 변했습니다. 현대인은 자기도 모르는 사이에 인간의 죽음이라는 사건에서 멀어지게 되었습니다. 전통 사회에서는 우리가 인간의 죽음이라는 사건에 직접 개입하는 참여자였다면 지금은 소극적인 관찰자가 되었습니다. 이 정황은 현대 사회에서 죽음이라는 사건이 진행되는 모습을 보면 알 수 있습니다. 우선 부모 중 한 사람이 말기질환 상태로 들어가면 우리 일반인들은 할 수 있는 일이 별로 없습니다. 이때부터는 질병과 싸우는 상태가 되어 의사가 중심이 된 의료진이 모든 것을 관장하기 때문입니다. 매우 전문적인 의료 지식이 동원되어야 하기 때문에 어쩔 수 없이 의료진이 제시하는 의견을 따르는 일만 할 뿐 그 외의 일은 하기 힘듭니다.

이렇듯 현대 사회에서는 대부분 삶의 마지막이 병원에서 진행됩니다. 우리가 죽음을 맞이하는 것도 병원입니다. 이 같은 과정이 집에서 이루어졌던 전통 사회와는 사뭇 다릅니다. 죽음을 맞이하면 고인은 곧장 병원 영안실의 냉장고로 직행합니다. 고인은 또 우리와 떨어지게 됩니다. 현대 사회에서 인간의 임종은 삶의 현장인 집이 아니라 병원이라는 세속적 공간에서 이루어집니다. 병원에서 죽고 병원 영안실의 냉장고에 있다가 화장장으로 가니 말입니다. 이렇게 보면, 우리들은 우리가 사랑한 사람들의 죽음을 맞이할 때 철저하게 소외되어 있다는 것을 알 수 있습니다.

이것은 임종 이후에도 크게 변하지 않습니다. 고인이 운명하면 '묻지도 따지지도 않는' 상조회사들이 주도권을 잡게 됩니다. 전통 사회에서는 마을에 상이 생기면 마을에 사는 노인이 전 과정을 책임지게 됩니다. 이런 사람을 호상(護喪)이라고 부르지요. 장례는 이 호상의 지휘 아래 마을 사람들이 진행합니다. 그런데 현대에는 도시이건 농촌이건 호상 같은 것이 있을 리 만무합니다. 유족들은 장례에 대해서 아무것도 모릅니다. 장례라는 사건은 일생에 몇 번 겪지 않는 것이라 제대로 된 지식을 갖기 힘들기 때문입니다. 게다가 고인이 갑자기 임종하면 더더욱 힘들어집니다. 준비해 놓은 것이 없으니 황망해서 어찌할 바를 모릅니다. 모든 게 너무 낯섭니다. 그래서 상조회사에게 장례식의 진행을 맡기게 됩니다. 상조회사는 상복 입는 것부터 아주 세세한 것까지 하나하나 자기식대로 다 알려줍니다. 유족들은 정황을 모르기 때문에 그들이 알려준 것을 그대로 따르게 됩니다. 다른 선택의 여지가 없습니다. 앞에서 현대 사회에 사는 우리는 장례의 참여자가 아니라 관찰자에 불과하다고 했는데 이 정도면 유족들은 관찰자 수준도 아닐 것 같습니다. 맹목적인 추종자(follower)라고 해야 하는 것 아닌지 모르겠습니다.

고인이 임종한 후 시신은 병원 지하실에 있는 냉장고 같은 데에 보관됩니다. 따라서 유족들은 입관식 때까지 고인과 멀리 떨어져 있어야 합니다. 고인의 시신이 계속해서 집에 있으면서 문상을 받던 전통 시대와는 매우 다릅니다. 그렇게 냉장고에 있다가 입관할 때 유족들은 잠깐 고인을 만날 수 있습니다. 그게 고인을 만나는 마지막 순서입니다. 그러다가 발인 날 관을 꺼내는데 그때는 바로 화장장으로 갑니다. 유족들과의 만남이 따로 없습니다. 화장이 끝난 다음에는 바로 봉안당(일명 납골당)에 모셔집니다. 봉안당은 보통 집과는 멀리 떨어져 있고 고인은 생면부지의 타인과 같이 그 공간을 공유합니다. 전통 시대에는 고인의 시신을 집과 가까운 야산에 묻었는데 이 산에는 죽은 조상들이 묻혀 있습니다. 고인을 그가 전혀 모르는 타인들과 같이 모시는 현대와는 아주 다릅니다. 현대에는 이렇게 고인을 봉안당에 모셔 놓고 거의 잊고 있다가 기일이나 명절이 되면 찾아가서 가벼운 제사나 추모제를 지냅니다. 유족들은 그 의례가 끝나고 집으로 돌아가면 고인에 대한 생각은 슬며시 사라지고 바쁜 일상 속으로 돌아갑니다.

이 과정에 대해 더 세세하게 말할 수 있지만, 제가 말하고 싶은 것은 현대에는 이렇게 인간의 죽음이라는 사건이 사람들에게서 점점 멀어져간다는 것입니다. 임종과 장례는 병원에서 이루어지고 화장과 봉안 역시 집과는 동떨어진 공간에서 이루어지고 있으니 말입니다. 따라서 현대 한국인들은 죽음이라는 사건을 우리의 삶에서 중요한 사건으로 여기는 것이 아니라 어쩔 수 없이 당해야 하는 것으로 피하고 싶은 것이라는 인상을 받습니다. 그래서 장례를 치르고 나면 빠르게 잊어야 하는 것으로 여기는 것 같습니다. 빨리 죽음이라는 사건에서 벗어나려고만 하는 것 같다는 것이지요. 그래서 그런지 요즘에는 탈상을 고인을 화장하고 봉안당에 모시고 돌아오면서 한다는 이야기도 있습니다. 이전에는 햇수로 3년이 지난 뒤에 탈상했는데 지금은 단 3일 만에 탈상을 해치운다는 것입니다. 그만큼 현대에는 인간의 죽음이 백안시되고 있다고 할 수 있습니다. 이런 일은 세상이 지나치게 세속화되고 개인화되는 터라 어쩔 수 없는 것인지도 모르겠습니다.

6. 죽음을 멀리하고 싶은 현대인들

앞에서 본 것처럼 현대인은 임종과 장례의 과정에서 죽음을 '아웃'시키려고 하고 있습니다. 일상에서도 현대인들은 죽음을 회피하거나 부정하기 위해 자신도 모르게 많은 시도를 하고 있는 것 같습니다. 이성적으로는 자신도 죽을 것이라는 사실을 알고 있습니다. 그러나 그런 사실이 너무도 부담스러운 나머지 죽음을 잊고자 애써 다른 일을 많이 하고 있습니다.

이런 것을 가장 잘 정리한 사람이 죽음학의 고전이라고 하는 『The Denial of Death(죽음의 부정)』(1973)를 쓴 어니스트 베커(Ernest Backer, 1924~1974)입니다. 이 책은 같은 해에 퓰리처상을 받을 정도로 큰 인정을 받았습니다. 베커는 인간의 죽음을 인간에게 부과되는 근본적인 억압으로 풀었습니다. 이때 인간이 느끼는 억압은 다른 체험에서 느끼는 억압보다 강합니다. 따라서 인간은 이 억압에서 벗어나고자 수많은 일을 획책합니다. 베커가 보기에 인간의 삶은 죽음을 부정하는 일로 점철되어 있습니다. 가장 대표적인 것은 돈을 추구하는 행위입니다. 인간이 돈을 벌려고 하는 것은 단순한 경제적인 행위가 아니라 죽음을 부정하고 나름의 불멸을 추구하는 행위라고 베커는 주장하고 있습니다. 그에 따르면 사람들은 돈이 쌓이는 것을 보고 나는 죽어도 저 돈은 영원히 남는다고 생각하면서 큰 위안을 얻는다고 합니다.

사람이 이 돈으로 하는 일 중에 대표적인 것은 말할 것도 없이 물건을 사들이는 것입니다. 우리는 필요하지 않은 물건을 사들이는 경우가 많습니다. 현대인들의 무분별한 쇼핑 중독 현상을 말하는 것이지요. 베커에 따르면 인간은 자신이 필멸하리라는 것을 알기에 그것을 극복하고자 물건을 쌓아놓고 그것을 근거 삼아 불멸을 꿈꾼다고 합니다. '비록 나는 죽음을 맞아 쓰러지겠지만 저 물건들은 영원히 남을 것'이라고 생각한다는 것이지요. 물건을 통해 영생을 확인하는 것입니다. 베커는 심지어 사람들이 전쟁을 일으키는 것도 불멸을 꾀하는 것이라고 주장합니다. 전쟁에서 적을 죽이면서 '너는 죽지만 나는 살아남는다'라고 생각하면서 자신의 영속을 재확인한다는 것입니다. 베커의 해석에 동의하지 않는 사람도 있겠지만 그의 설이 인간의 죽음을 이해하는 데에 한몫을 했다는 것은 부정할 수 없습니다.

20세기 최고의 철학자로 불리는 마르틴 하이데거(Martin Heidegger, 1889~1976)의 주장에서도 비슷한 이야기를 발견할 수 있습니다. 그가 죽음과 연관해서 주장한 설 가운데 "인간은 죽음을 향하는 유한한 존재"라고 한 것이 있습니다. 더 나아가서 그는 인간이 죽음을 피하지 않고 직시할 때 비로소 본래의 '실존'을 찾을 수 있다고 주장했습니다. 여기서 실존이라는 단어를 두고 많은 설명이 가능할 터인데 그냥 간단하게 '본래의 존재 혹은 모습'이라고 하면 될 것 같습니다. 조금 더 부연 설명을 하면, '인간은 '죽음'을 통해 나의 삶을 반성하고 스스로 결단해서 새로운 삶을 선택하고 결정하며 실천하게 된다'라고 풀이할 수 있습니다. 다시 말해 우리는 죽음 앞에서 진정한 나 자신이 된다는 것이지요.

그런데 우리는 어떻게 하고 있습니까? 시시한 세속사에 전념하면서 죽음을 가능한 피하고 있지 않습니까? 가장 세속적인 일은 앞에서도 말한 것처럼 돈 버는 일입니다. 우리는 어떻게 해서든 돈을 많이 벌려고 아등바등하며 살고 있습니다. 현금을 벌려는 것은 당연한 것이고 주식이나 펀드 등과 더불어 집과 땅 같은 부동산 투자에도 열을 올립니다. 우리들이 하루 중에 하는 대화를 보면 아마 반 이상이 돈에 관한 것일 겁니다. 그런가 하면 과도하게 정치에 몰입해 정치인들을 비판하는가 하면, 자신과 아무 관계없는 연예인에 대해서도 이러쿵저러쿵 많은 이야기를 합니다. 아니면 야구나 축구, 골프 같은 스포츠에 열을 올리면서 이야기에 함몰됩니다. 이 외에도 작은 일에 매달려서 일종의 '덕후'가 되어 그것을 흡사 궁극적인 관심처럼 여기면서 살기도 합니다. 〈세상에 이런 일이〉 같은 TV 프로그램에서는 기이한 일에 매달려 그것에만 몰두하는 사람들을 많이 볼 수 있습니다. 예를 들어 어떤 사람은 과자 봉투의 껍질만을 모으는 기이하지만 외부에서 보기에는 사소한 일을 평생 했는데, 이런 행위도 죽음에 관한 불편한 심정을 잊기 위해 하는 것일 수 있습니다.

지금 우리가 어떤 세속적인 일을 하든 그것은 우리 자신이 죽음 앞에 섰을 때 아무 의미도 없는 것이 됩니다. 나의 여생이 몇 달 남지 않았다는 선고를 받았을 때 우리는 큰 허무를 느끼며 더 살 수 있는 방법이 있는지 찾아봅니다. 그때 자신이 일생 해왔던 일을 되돌아보면 죽음을 극복할 수 있는 수단이 되어 줄 수 있는 것이 하나도 없다는 것을 깨닫게 됩니다. 돈이 많은들, 권력이 높은들, 내가 사놓은 물건이 많은들, 내가 평생 모아놓은 애장품이 많은들, 그 어떤 것도 나의 죽음을 막지 못합니다. 그리고 평생 이런 것들만 추구해온 내가 바보 같고 인생이 허무해집니다. 그래서 앞에서 인용한 베커나 하이데거는 이렇게 뒤늦게 삶과 죽음의 진실을 깨닫지 말고 진즉에 이 진리를 깨우쳐 준비하라는 것입니다. 그러나 이때에도 늦은 것은 아닙니다. 이때라도 할 수 있는 일이 있습니다.

7. 죽음은 마지막 성장의 기회

평생을 물질에 정신을 빼앗겨 살다가 죽음이 코앞에 닥치면 생각이 달라지기 시작합니다. 아니 달라져야 합니다. 이번 생에 나는 열심히 산다고 살았습니다. 모아 놓은 돈도 꽤 되고 땅도 꽤 있으며 쌓아 올린 명예도 있습니다. 그리고 내가 사랑하고 나를 사랑해주는 사람들도 충분히 있습니다. 그런데 죽음을 선고받자 이런 것들이 아무 의미도 없는 것처럼 느껴집니다. 수개월 내로 내가 이 세상에서 사라진다는데 돈이나 땅, 지위, 사랑 등이 무슨 의미가 있겠습니까? 여기서 결단을 내려야 합니다. 끝까지 삶에 집착해 무의미한 연명 치료를 하다 속절없이 생을 마감할지, 아니면 지금까지 외면해 왔던 삶의 가장 중요한 질문을 던질지 말입니다.

가장 중요한 질문이란 이런 것입니다. "나는 누구인지", "나는 왜 살았는지", "나는 잘 살았는지", "이번 생의 나의 삶은 의미가 있었는지", "나는 다른 사람을 배려하는 삶을 살았는지", "나는 중요한 타자들, 즉 부모나 배우자, 자식, 친구 등에게 어떤 존재였는지", "내가 다른 사람들을 심하게 괴롭힌 적은 없는지", "미안하고 잘못한 것은 없는지" 하는 등등의 질문 말입니다.

만일 종교인이라면 자신이 믿는 종교의 가르침에 대해 큰 의문을 던질 것입니다. 예를 들어 기독교를 믿는 사람이라면, "신은 정말로 존재하는지", "(존재한다면) 어떤 분인지", "나는 정말 구원받은 것인지", "나는 진짜 천당에 가는 것인지" 등과 같은 가장 근본적인 질문을, 혹은 불교도라면, "나는 부처님 말씀대로 잘 살아왔는지", "죽은 다음에 극락에 갈 수 있는지 아니면 지옥에 떨어지는 것은 아닌지", "정말로 윤회해서 다음 생에 환생하는 것인지" 등과 같은 질문을 할 수 있을 것입니다.

종교인이 아니라면 다음과 같은 일반적인 질문을 던질지 모릅니다. 바쁘게 살 때는 별로 하지 않은 질문인데 사실은 굉장히 중요한 질문이지요. 예를 들어 "사람은 죽은 뒤에 존속하는지(영혼이 있는지)", "사후 세계가 있다면 그곳은 어떤 곳인지", "나는 죽어서 어디로 가는 것인지", "그곳에 가면 먼저 돌아가신 부모님을 만날 수 있는지" 등등과 같은 질문 말입니다. 이런 질문들은 바쁘게 살 때는 시간이 없다는 핑계로 한 번도 진지하게 던져본 적이 없습니다. 그러다 죽음을 목전에 앞두면 이런 질문들이 자연스럽게 치고 올라옵니다. 이런 질문을 지금이라도 던지는 것은 전혀 늦은 것이 아닙니다. 비록 이제 남은 생이 수개월밖에 없더라도 이 질문들을 진지하게 숙고하기에 부족한 것이 아닙니다.

이런 의미에서 죽음을 '마지막 성장의 기회'라고 하는 겁니다. 마침 이 주제에 관해 다룬 책이 있습니다. 세계적인 죽음학자였던 엘리자베스 퀴블러 로스(Elizabeth Kübler-Ross, 1926~2004) 박사가 펴낸 『Death: The Final Stage of Growth(죽음: 성장의 마지막 단계)』(1974)가 그것입니다. 그가 말하는 것은 지금까지 우리가 본 것과 일치합니다. 그런데 그는 그저 마지막 단계라고 했지만 제가 보기에 이 단계는 한 단계에 불과한 것이 아니라 대단히 중요한 단계입니다. 왜냐하면 우리는 바로 이 시기에 정신적으로 도약할 수 있기 때문입니다. 영적으로 비약적인 발전을 할 수 있다는 것이지요. 죽음을 앞둔 시점에서는 이 질문들에 대해 너무나 절절하게 답을 갈구하기 때문에 발전하는 속도가 굉장히 빠릅니다. 그리고 우리는 이런 질문과 함께 이번 생을 잘 정리할 수 있습니다. 답을 얻지 못할 수도 있습니다마는 그것은 문제가 되지 않습니다. 이런 질문을 심도 있게 한 자체가 큰 수확입니다. 이 질문은 뇌리에 깊이 새겨져 때가 되면 다시 나타날 것입니다. 그런데 정말로 이런 질문을 던지고 생을 마감한 사람이 있을까 하는 의문이 들 수 있습니다. 뜻밖에도 여기에 꼭 부합되는 인물이 있습니다. 이제 그에 대해 살피면서 이번 강의를 마칠까 합니다.

8. 생의 마지막에서 가장 중요한 질문을 한 이병철 회장

앞에서 거론했던 질문을 임종 직전에 실제로 던진 사람은 바로 세계적인 기업인 삼성을 세운 이병철 회장입니다. 그는 1987년 타계하기 한 달 전에 어떤 가톨릭 신부에게 24개의 종교적인 질문을 보냅니다. A4용지로는 5장 분량이었다고 하니 내용이 꽤 많았다는 것을 알 수 있습니다. 여기서 그 내용을 다 볼 필요는 없고 가슴에 와닿는 질문 몇 가지만 보겠습니다.

"신의 존재를 어떻게 증명하나?"

"영혼이란 무엇인가?"

"종교란 무엇이며 왜 인간에게 필요하나?"

"신이 인간을 사랑했다면 왜 고통과 불행과 죽음을 주었는가?"

"지구의 종말은 오는가?"

"부자는 천국에 못 가는가?"

"신앙인은 때때로 광인처럼 되는데 공산당원이 공산주의에 미치는 것과 어떻게 다른가?"

"종교의 종류와 특징은 무엇인가?"

"종교의 목적은 모두 착하게 사는 것인데 왜 다른 종교를 이단시하는가?"

이 질문들을 이렇게 줄을 달리하면서 나열한 것은 종교학의 입장에서 볼 때 놀랄 만큼 좋은 질문이기 때문입니다. 이 질문들은 신학자나 종교학자들이 항상 씨름하는 문제인데 아직도 납득할 만한 답을 찾지 못한 상태입니다. 이 질문들을 보면 평생 사업만 한 사람이 어떻게 종교적으로 이처럼 날카로운 질문을 던졌는지 놀랍습니다. 한국처럼 척박한 땅에서 삼성과 같은 세계적인 기업을 일으킨 사람은 뭐가 달라도 크게 다르다는 생각을 지울 수가 없군요. 이런 좋은 질문을 던졌건만 그는 1개월 후에 세상을 떠나는 바람에 답을 듣지 못합니다. 그러다 2012년에 차동익 신부라는 분이 대신 답을 작성해서 책(『잊혀진 질문』)으로 출간하게 됩니다.

이병철 회장의 이 같은 모습은 죽음을 직면했을 때 취할 수 있는 가장 이상적인 모습이라 할 수 있습니다. 누구도 못한 큰 사업을 했고 돈을 많이 벌어 보았지만 이 같은 세속적인 일은 자신의 영혼이 성장하는 데에 별 도움이 안 된다는 것을 알아차린 것입니다. 이 세상에 온 이유는 내 영혼을 성장시키려는 것인데 그는 한평생을 돈과 씨름 하다가 뒤늦게 삶의 향방을 수정해야겠다는 생각이 든 것입니다. 그런데 우리 주위에는 자신의 임종을 앞두고 이 회장처럼 궁극적인 질문을 던지는 이가 거의 없습니다. 그런 의미에서 그는 실로 뛰어난 인물이라고 할 수 있지요. 비록 답을 얻지 못하고 갔지만 그는 인간의 영성(spirituality)이라는 것에 눈 뜬 것이 틀림없습니다. 그래서 만일 그가 환생한다면 다음 생은 아마도 그 계통을 연구하는 학자나 실제로 수련하는 수도사로 지내지 않을까 하는 억측을 해봅니다.

이 회장의 이야기를 마무리하면서 의문이 두세 개 떠오르네요. 우선 이 회장이 답을 얻으려 한 대상에 관한 것입니다. 그는 가톨릭 신부에게 질문을 보냈는데 과연 신부가 이렇게 포괄적인 질문에 답을 할 수 있을지 의심이 듭니다. 신부들은 그리스도교 신학에는 능하겠지만 세계 종교를 두루 연구하지 않아서 아무래도 가톨릭에 국한된 답이 나올 가능성이 큽니다. 한 사람이 자신이 믿는 종교를 넘어서는 일은 대단히 힘듭니다. 종교학에는 아주 유명한 격언이 있습니다. '하나를 아는 사람은 아무것도 모르는 것이다(One who knows one, knows none)'라는 것인데 한 종교만 아는 사람은 종교를 아예 모르는 것과 같다는 말입니다. 만일 이 신부가 가톨릭만 알고 있다면 그 사람은 종교 자체를 모르는 것과 같다고 할 수 있지요. 종교를 모른다면 위의 질문에 대해 답하는 것은 애당초 가능하지 않을 겁니다.

그다음 질문은 이 회장에게 던지고 싶은 것입니다. 이 회장은 말할 수 없이 큰 질문을 던졌는데 그것도 너무 많이 던졌습니다. 그런데 그런 질문에 대해 달랑 종이 몇 장만 가지고 답할 수 있을까요? 저런 질문들은 수십 년을 배워도 인연이 아닌 사람은 답을 얻지 못합니다. 저도 40년 이상 종교를 공부했지만 저런 질문을 A4 몇 장에 추려서 정리할 자신이 없습니다. 저 질문에 답을 얻으려면 수십 년 동안 공부해야 할 뿐만 아니라 다양한 수련도 해야 합니다. 반드시 몸으로 해야 답을 얻을 수 있습니다. 종교는 책으로 배워서는 그 전모를 알 수 없습니다. 기도도 해야 하고 몸으로 요가나 선, 수피춤 같은 것도 해보아야 합니다. 그렇게 해서 우리가 몸과 마음에 대해 전체적인 이해를 할 수 있을 때 저 질문에 대한 답을 얻을 수 있는 것입니다.

이 회장이 살아 있다면 묻고 싶네요. 어떤 젊은이가 이 회장에게 A4용지에 질문을 잔뜩 써서 장사해서 돈 버는 법을 가르쳐달라고 하면 어떻게 하겠느냐고요. 만일 이런 일이 실제로 일어났다면 이 회장은 그 젊은이에게 코웃음을 날렸을 것입니다. "내 밑에 와서 수십 년 동안 있어도 돈 버는 방법을 알까 말까 하는데 종이 몇 장에 그 노하우를 써 달라고?" 하면서 말입니다. 이 회장 입장에서는 어이없겠지요. 없어도 너무 없을 겁니다. 자신이 수십 년 동안 했던 일을 종이 몇 장에 써달라고 하니 말입니다. 여러분도 능히 짐작하는 것처럼 돈 버는 일에 정통하려면 수십 년을 공부해야 합니다. 마찬가지로 종교가 가르치는 궁극적인 문제를 깨우치려면 수십 년 동안 이 일에만 함몰해야 합니다. 교회나 절 같은 종교 기관에 일주일에 한 번 나가는 것으로는 시간, 그리고 노력이 터무니없이 부족합니다. 이렇게 보면 이 회장은 너무 성급했던 것 같습니다.

이 문제에 대해서는 얼마든지 더 이야기할 수 있지만 그만 옆길로 새기로 하고 이 정도에서 그치겠습니다. 사실 이 회장이 던진 질문에 관해서는 이 책에서 부분적으로 답이 제시되니 조금 기다리는 게 좋겠습니다. 영혼의 문제라든가 신의 문제, 고통의 문제, 카르마의 문제 등을 이 책에서 다루고 있는데 이 내용은 이 회장이 질문한 것에 대한 답이 될 것입니다.

9. 우리는 어떻게 임종을 맞이하면 될까?

이제 첫 번째 강의를 마치려 하는데 결론 삼아 어떤 식으로 임종을 맞이하는 것이 좋을지, 마음가짐을 어떻게 하면 좋을지에 대해 간단하게 보겠습니다. 우선 세간의 일에 관한 관심을 끊어야 할 겁니다. 이승에서의 세월이 얼마 남지 않았는데 돈 문제 같은 세속적인 문제 등으로 골치를 앓으면 되겠습니까? 만일 이병철 회장처럼 인간의 궁극적인 문제에 대해 관심을 보였다면 세속적인 것에 대한 관심은 현저하게 줄어들 것입니다. 이 문제를 풀기 위해 지금까지 신봉했던 종교의 경전을 다시 살펴볼 수도 있을 것입니다. 삶을 몇 달 남겨 놓지 않고 읽어 보는 경전은 남다를 것입니다. 항상 읽었던 구절도 새롭게 보일 수 있습니다.

이러한 일과 함께 반드시 해야 할 일은 감정을 다스리는 일입니다. 특히 마음에 맺힌 일이 있는지 잘 살펴보아야 합니다. 그 가운데에서도 남에게 크게 잘못한 일이 있는지 살펴보아야 합니다. 원불교를 세운 소태산(박중빈, 1916~1943)은 이렇게 말합니다. 사람이 임종이 가까워졌을 때 반드시 해야 할 일이 있는데, 그것은 자신이 어떤 사람에게 잘못한 일이 있었으면 꼭 용서를 구하라는 것입니다. 그럼으로써 맺힌 마음을 풀어주라는 것입니다. 만일 그가 세상을 떠나 이 세상에 없다면 마음속으로라도 용서를 빌라고 권합니다. 그렇게 하지 않고 맺힌 마음 그대로 영혼의 세계로 가면 그 마음에 있는 부정적인 기운 때문에 좋지 않은 일을 당할 수도 있다고 합니다. 이것은 증산교를 세운 강증산(강일순, 1871~1909)이 말한 해원사상과도 맥을 같이 합니다. 증산은 미물인 파리가 죽을 때도 원한을 품으면 그 원한 때문에 천지 기운이 막힌다고 했습니다. 파리의 원한도 그러한데 사람이 원한을 품으면 얼마나 좋지 않은 기운이 생기겠습니까? 우리는 살면서 좋지 않은 기운을 많이 만들어왔는데 이번 생에 만든 나쁜 기운은 이번 생을 마치기 전에 정리하는 것이 좋겠습니다.

물론 이 같은 일과 함께 가족들에게 "감사하고, 미안하고 사랑한다"라고 말하는 것을 잊어서는 안 되겠지요. 아마도 이 말은 우리가 세상을 떠나는 그날까지 해야 할 것입니다. 그런데 소태산은 이런 식으로 죽음을 준비하는 것은 죽음에 닥쳤을 때 하려고 하면 너무 늦는다고 말합니다. 그러니까 그때까지는 죽음에 대해 별생각 없이 살다가 죽음이 코앞에 닥치면 그제야 죽음을 대비하는 것은 가능한 일이 아니라는 것입니다. 그래서 그는 아무리 늦어도 40대에 접어들면 서서히 죽음을 생각하고 준비해야 한다고 주장합니다. 이것은 매우 일리 있는 말입니다. 어떤 사람은 죽음에 대한 것은 미리 준비할 것 없이 죽을 때 하면 된다고 주장하는데 그것은 틀린 견해입니다. 우리가 젊었을 때, 즉 죽음과는 별 연관이 없다고 생각할 때부터 죽음을 생각해야 나중에 자연스럽게 죽음을 대비할 수 있기 때문입니다.

그런데 강의할 때 청중들이 이런 질문을 많이 하더군요. "어떻게 죽으면 가장 이상적인, 혹은 좋은 죽음인가"라고 말입니다. 복잡한 설명 말고 좀 간명한 답을 달라는 것입니다. 이 질문에 답하면, 본인은 임종 직전까지 건강을 유지해야 합니다. 노환으로 아프지 말라는 것입니다. 그러다가 마지막 2주 정도만 아프면서 곧 있을 죽음을 준비합니다. 이처럼 2주 정도 머물다가 죽음을 맞이해야 하는 이유는 유족들이 당사자의 죽음을 받아들일 수 있게 시간을 주는 것입니다. 사실 당사자에게 가장 좋은 죽음은 자다가 죽는 것일 수 있습니다. 고통 없이 가는 것이니 좋겠지요. 노인들의 이러한 사정은 충분히 이해됩니다. 그러나 자식들의 입장에서는 이런 죽음은 결코 좋은 죽음이 아닙니다. 왜냐하면 부모님과 이별할 시간이 없기 때문입니다. 그리고 자식들이 큰 충격을 받는 것도 문제입니다. 어느 날 갑자기 부모님이 방에서 시신으로 발견되면 자식들이 얼마나 놀라겠습니까? 그래서 임종을 맞이할 때 2주 정도는 아프면서 자식들과 충분한 이별의 시간을 가지라고 하는 것입니다. 그렇게 있다가 마지막에 가족에게 둘러싸여 평화롭게 죽음을 맞이하라는 것입니다. 그러면 자식들도 차분하게 부모님을 보내드릴 수 있을 것입니다.

그런데 주위를 보면 이렇게 죽음을 맞이하는 사람을 만나기가 쉽지 않습니다. 그래서 이상적인 죽음이라고 한 것입니다. 이렇게 임종을 맞이하는 것이 힘들지만 이제 이에 대한 정보를 접했으니 생의 마지막을 이렇게 맺기 위해 지금부터 노력해야 할 것입니다. 특히 마지막까지 건강할 수 있는 방법을 생각해 꼭 실천에 옮겨야 합니다. 그렇기 위해서는 식습관 등을 점검해보고 자신에 맞는 운동법을 발견해 꾸준히 하는 것이 요긴한 일이라 하겠습니다. 저는 이를 위해 매일 새벽에 산에 가는데 운동도 되지만 산에서 나무나 흙, 그리고 새 같은 동물을 만나 자연에 가까이 할 수 있어 아주 좋습니다. 여러분들도 잘 생각해보시기 바랍니다.

제2강

"임종 직전에 개인이 할 일과 임종 직전에 일어나는 일에 대해"

이번 강의에서는 말기질환 상태가 되어 임종을 바라보는 사람이 해야 할 일에 대해 보겠습니다. 이때 당사자가 해야 할 일이 많이 있습니다만 여기서는 유언장과 사전연명의료의향서 작성에 관해서만 집중해서 보기로 하겠습니다. 이 문서의 작성은 대단히 중요한 일로서 임종을 맞기 위한 일종의 지침서라고 할 수 있습니다.

1. 왜 임종 안내 지침이 필요할까?

우리가 말기질환 상태에 들어가면 반드시 안내 지침이 필요한데 먼저 확실히 해야 할 것이 있습니다. 말기질환 상태가 어떤 것인가에 대한 것인데 이에 대해서는 이미 앞에서 언급했습니다. 말기질환 상태란 당사자가 건강을 더 이상 회복할 수 없는 상태가 되어 죽음 쪽으로만 향하게 되는 단계라고 했습니다. 의사들에 따르면 이 단계가 되면 남은 수명이 대략 6개월 정도라고 하더군요. 물론 이것은 평균을 말하는 것이고 개인별로 얼마든지 차이가 있을 수 있습니다. 따라서 잔여 수명을 의사 마음대로 결정해서는 안 됩니다. 그러나 수명이 얼마 남았든 그런 것과 관계없이 당사자는 반드시 임종을 맞이하게 됩니다. 따라서 본인은 유언장과 사전의료연명의향서를 작성해야 합니다. 이 문서에 대해서는 곧 논의할 예정인데 이 문서를 통해 본인의 의사가 제대로 전달되어야 본인의 사후에 생길 수 있는 여러 문제를 최소한으로 줄일 수 있습니다.

예를 들어보면, 당사자가 유언장에서 자신이 선호하는 장례법을 밝히면 자신의 사후에 가족들이 혼란에 빠지는 것을 막을 수 있습니다. 또 유산의 분배 문제 같은 것에 대해서도 명확히 밝혀 놓으면 자식들 사이에 생길 수 있는 쓸데없는 분쟁을 피할 수 있습니다. 물론 이런 일이 반드시 고인의 의도대로 이루어지는 것은 아니지만 본인이 지침서를 만들어 놓으면 그것을 기준 삼아 유족들이 잘 대처할 수 있을 것입니다. 그다음은 사전연명의료의향서의 작성입니다. 이 문서는 본인이 의식 불명의 상태가 되었을 때 받지 않았으면 하는 치료를 미리 밝히는 것입니다. 쉽게 말해 무의미한 연명 치료를 받지 않겠다는 것이지요. 이것은 본인에게 대단히 중요한 일로서 마지막에 존엄을 지키고 갈 수 있게 해주는 좋은 방안입니다. 이제 이 두 문서에 대해 좀 더 자세하게 보기로 합니다.

2. 유언장은 어떻게 쓰면 좋을까?

유언장과 관련해 사람들의 입에 회자되는 이야기가 있습니다. "통장은 가족에게 물질을 남기지만 유언장은 가족에게 마음을 남긴다"라는 것인데 이 말은 정곡을 찌르고 있습니다. 유언장이 마음을 남긴다는 것은 본인이 직접 쓰기 때문에 그렇게 말할 수 있습니다. 하지만 유언장이 반드시 마음만 남기는 것은 아닙니다. 유언장은 가족들에게 필요한 정보를 남겨 본인의 사후에 혼란이나 분쟁 등이 생기는 것을 미연에 방지할 수 있습니다.

그런데 유언장을 쓸 때 주의해야 할 몇 가지 사안이 있습니다. 우선 유언장은 자필로 작성해야 한다는 것을 잊지 마시기를 바랍니다. 만일 컴퓨터로 작성한 것을 출력했다면 그것은 반드시 공증받아야 합니다. 그래야 효력이 인정됩니다. 그리고 당사자가 의식이 정상일 때 써야 합니다. 만일 부모가 치매일 때 써서 서명했다면 그것은 법적으로 인정되지 않을 가능성이 꽤 있습니다. 그리고 유언장은 한 번 쓰면 바꿀 수 없는 것이 아니기 때문에 언제든지 새로 쓸 수 있습니다. 자기 가족을 위해 쓰는 것이니 자기 마음대로 쓸 수 있는 것입니다. 어떤 이는 유언장을 진즉에 써놓고 일 년에 한 번쯤 고치는 것이 좋다고 주장하기도 합니다. 마지막으로 중요한 것은 유언장의 소재를 반드시 밝혀 놓아야 한다는 것입니다. 유언장을 자기만 아는 장소에 숨겨놓고 그대로 타계한다면 유언장을 쓸 필요가 없는 것 아니겠습니까?

더 중요한 것이 있습니다. 유언장이 유효 판정을 받으려면 민법 제1066조에 따라 다음의 다섯 가지 사항이 필수적으로 적혀 있어야 한다는 것입니다. '이름', '날인', '날짜', '주소', '전문(내용)'이 그것인데 여기에도 주의해야 할 점이 있습니다. 우선 도장을 찍을 때의 문제인데 반드시 인감도장을 찍을 필요는 없고 일반 도장을 포함해서 엄지손가락[무인(拇印)]으로 찍어도 무방합니다. 그러나 반드시 본인이 무엇인가 찍어야 한다는 것을 잊지 마십시오. 만일 날인되지 않았다면 그 유언장은 법적 분쟁에 휘말렸을 때 효력이 인정되지 않을 수도 있습니다. 이런 일이 실제로 일어나서 하는 말입니다.

이런 사건이 있었습니다. 유산 상속과 관련된 아버지의 유언장 내용에 불만을 품은 자식들이 법원에 유언장 효력 정지 처분을 신청했습니다. 왜냐하면 아버지가 유언장에 자신의 전 재산을 대학에 기증하겠다고 적었기 때문입니다. 자식들은 아버지 사후에 일정한 재산이 자신들에게 상속될 것이라고 기대했는데 아버지가 한 푼도 주지 않으니 불만이 폭발한 것입니다. 그런데 이 재판에서 자식들이 승소했다고 합니다. 이유는 간단했습니다. 아버지 이름 옆에 도장이 찍혀 있지 않았기 때문입니다. 도장의 날인이 없다는 이유로 그 유언장이 무효가 된 것입니다. 이런 작은 실수 하나가 큰 결과를 초래할 수 있으니 주의하시기 바랍니다.

그다음에 유의해야 할 것은 주소 작성인데 주소도 생략하지 말고 전체를 다 적어야 합니다. 특히 집의 번지수를 빠트리는 경우가 있는데 만일 이 상태에서 가족 간에 분쟁이 생기면 법적인 보호를 받지 못한다고 합니다. 그러니까 유언장이 인정받지 못하게 되는 것이지요. 물론 이런 일이 흔하게 일어나는 것은 아니니 크게 걱정할 일은 없겠습니다. 특히 돈 없는 대부분의 서민에게는 이런 이야기가 남의 이야기처럼 들릴지도 모르겠습니다.

3. 유언장에는 어떤 내용이 들어가나?

이번에는 유언장의 내용에 대해 보기로 합니다. 유언장에 들어가는 내용은 개인에 따라 많이 다를 수 있습니다. 따라서 여기서는 가장 기본 되는 점만 추려서 보기로 하는데 이 사례에 따라 자신에게 맞게 조금씩 변형해서 자신만의 유언장을 만들면 되겠습니다.

i. 임종 방식과 장례 방식에 대해

먼저 임종 방식에 대한 것입니다. 자신이 임종을 맞이할 장소를 적어주면 좋겠습니다마는 이것은 자기 의지대로 되지 않을 확률이 높습니다. 왜냐하면 우리는 어쩔 수 없이 병원에서 죽는 경우가 많기 때문입니다. 아무리 내가 집에서 임종하기를 원해도 병을 고치다 임종을 맞이하는 경우가 많으니 어쩔 수 없이 병원에서 최후를 맞이하게 되는 것입니다. 사실 이렇게 하는 것이 유족한테는 훨씬 편합니다. 본인이 임종한 후 바로 상조회사의 도움을 받을 수 있으니 말입니다.

그다음은 장례 방식과 관계된 것입니다. 매장과 화장 중 자신이 원하는 것을 밝히는 것인데 요즘은 대부분 화장을 하니 그것을 따르면 되겠습니다. 다음 문제는 장지 문제입니다. 매장이라면 희망하는 묘지 장소를 밝히면 되겠고 화장의 경우는 어느 곳에 봉안되기를 바라는지 밝히면 됩니다. 화장을 택했을 경우에는 봉안당(납골당)에 모시는 것 외에도 수목장을 할 수도 있고 유해(遺骸)를 바다에 뿌리는 해양장도 할 수 있습니다. 이와 더불어 혹시 본인이 시신 기증이나 장기 기증의 의사가 있으면 그것에 대해서도 밝혀 놓으면 됩니다.

다음 주제는 장례식에 관한 것입니다. 사실 한국의 상례에는 문상만 있고 장례식은 없습니다. 이렇게 말하면 의아해하는 분들이 많을 텐데 한국에서 벌어지는 것은 문상이지 예식이 아니라는 것입니다. 이것이 무슨 말인지 잘 이해가 되지 않으면 결혼식을 생각해보십시오. 결혼식을 할 때 우리는 이 식에 참여하기 위해 정해진 시간에 정해진 장소, 즉 예식장으로 갑니다. 이에 비해 한국의 상례에서는 이런 식으로 의례를 지내는 경우가 거의 없습니다. 결혼식장처럼 장례만 전문으로 하는 식장이 아예 없습니다. 그저 병원에 마련된 문상실에서 유족에게 조문하는 것으로 끝납니다. 이 점에 대해서는 이 책의 말미에서 특강 형식으로 설명할 예정이니 여기서는 이 정도만 하겠습니다. 유언장에는 본인이 이전처럼 문상받는 것으로 만족할지, 아니면 별도로 장례식이 있어야 하는지에 대해서 밝히면 되겠습니다.

이와 더불어 자신을 추모하는 의례에 대해서도 견해를 밝히면 좋겠지요. 그저 이전 식대로 제사 지내주는 것으로 만족할 건지, 혹은 기독교식의 추모제를 부탁할 건지, 아니면 그런 제례를 모두 거부할 건지 등에 대해 이야기하면 좋겠습니다. 어떤 분의 유언장을 볼 기회가 있었는데 그분은, 제사를 지내면 음식 장만 등 때문에 자식들 사이에 갈등이 생길 수 있으니 제사는 지낼 필요 없고 자신의 기일에 그저 자식들이 모여 식사나 하라고 적고 있더군요. 아울러 이것도 2대까지만 하고 3대, 그러니까 손주대로 가면 할 필요 없다고 밝혔습니다. 이런 유언은 대단히 시대를 앞서가는 것이라고 할 수 있는데 앞으로 제사는 이렇게 될 가능성이 큽니다. 이유는 간단합니다. 한국 사회에서 제사는 앞으로 1대에 그치게 되기 때문입니다. 부모만 제사를 지낸다는 것이지요.

ii. 유산의 배분 등에 대해

유산 상속에 대해 밝히는 것은 유언장을 쓰는 중요한 목적 중의 하나입니다. 왜냐하면 고인이 살아 있을 때 유산 상속에 대해 정확하게 해놓지 않으면 나중에 반드시 자식 사이에 분란이 일어나기 때문입니다. 또 공공기관에 기부하고 싶다면 그것도 유언장에 명확히 밝혀야 합니다. 그런데 유산을 분배하는 과정에서 자식들 몰래 혼자 결정하고 그것을 유언장에 써놓는 것은 바람직하지 않습니다. 아무리 공평하게 나눈다 해도 불평이 터져 나올 수 있기 때문입니다.

따라서 유산 분배 문제는 본인의 정신이 성성할 때 자식들과 상의해서 그들의 동의하에 결정하는 것이 가장 이상적입니다. 이처럼 이미 결정된 내용을 유언장에 남기는 것은 나중에 생길 수 있는 문제를 미연에 방지하자는 것입니다. 공식적인 문서로 남겨 놓아야 자식들이 승복하기 때문입니다. 그런데 유산의 분배율을 한번 결정했다고 해서 그것을 바꾸지 못하는 것은 아닙니다. 언제든지 자기가 원하는 대로 내용을 바꿀 수 있습니다. 예를 들어 말기질환 상태에 있던 나를 지성으로 모신 막내딸이 고마워서 그에게 유산을 더 주고 싶으면 이미 작성된 유언장을 수정해도 아무 문제 없다는 것입니다.

유산에는 돈이나 부동산 같은 것만 있는 것이 아닙니다. 도자기나 그림 그리고 당사자가 아꼈던 물건과 같은 유물도 있습니다. 이 유물에 대해서도 상속자가 누가 될지를 명확히 하는 게 좋을 겁니다. 마지막으로 다시 언급하는데 이 유언장은 모두가 아는 장소에 보관해야 한다는 것입니다. 자신만 아는 장소에 감추어놓았다가 그냥 타계하면 남은 가족들이 난감한 상황에 처할 수도 있습니다. 잘 아는 변호사가 있으면 그에게 유언장을 맡겨놓을 수 있겠지요. 이 방법이 제일 간단한 해결책이 될 수 있지만 한국에 이럴 수 있는 사람이 몇이나 되겠습니까? 원래 이런 일은 교회 같은 종교 기관에서 맡아주어야 하는데 한국 사회에서는 종교가 그런 역할을 전혀 하지 못하고 있으니 이 문제는 개인적으로 풀 수밖에 없습니다.

iii. 금융정보에 대해

유산 상속만큼이나 중요한 게 본인이 갖고 있는 금융정보에 대해 알려주는 것입니다. 자신이 지니고 있는 예금 상황을 비롯해서 주식, 펀드, 보험 등 금융에 관한 모든 정보를 알려주어야 할 것입니다. 이 금융에 대한 것은 요즈음 워낙 종류가 많아 여기에 다 적을 수도 없습니다. 예를 들어 이전에는 없었던 '비트 코인' 같은 것도 여기에 포함될 수 있을 텐데 만일 이런 것을 소유하고 있다면 이에 대해서도 유언장에 적어야겠지요.

여기서 환기하고 싶은 것은 예금에 대한 것입니다. 자신이 거래했던 은행을 모두 밝히고 통장이나 현금 카드도 남겨주어야겠지요. 그래야 돈을 찾을 수 있으니 말입니다. 그런데 여기서 잊지 말아야 할 것이 하나 있습니다. 통장의 비밀번호를 꼭 밝혀 놓으라는 것입니다. 이것은 아무것도 아닌 것처럼 보이지만 매우 중요한 일입니다. 비밀번호를 모르면 그 계좌를 가지고 할 수 있는 일이 아무것도 없기 때문입니다. 물론 금융감독원 등과 같은 기관으로부터 도움을 받을 수 있지만 그 과정이 까다로우니 자식들의 수고를 덜어줄 겸 비밀번호를 꼭 적어 놓기를 바랍니다.

그다음은 각종 증서에 관한 것인데 부동산 관련 권리증서나 채무와 관련된 각종 증서가 여기에 해당합니다. 내가 땅이나 집 혹은 건물 등을 소유하고 있다면 그것과 관련된 증서가 있을 테니 그것을 모아서 자식들에게 전달해야겠지요. 그와 아울러 빚에 관해서도 확실하게 밝혀야 합니다. 내가 누구에게 돈을 꾸어주었거나 꾼 적이 있다면 증서가 분명 있을 겁니다. 그것 역시 모아서 유언장과 같이 보관해야겠습니다. 이 증서가 없으면 배우자나 자식이 뜻하지 않은 피해를 받을 수 있으니 이런 일은 미연에 방지해야 합니다.

어떤 서양의 지인과 이야기하다 재미있는 에피소드를 들었습니다. 우리 같은 보통 사람들에게는 그다지 있음직한 일은 아닌데 재미있어 소개해봅니다. 그에 따르면 남자들의 경우 혼외 자식이 있다면 그것도 유언장에 밝혀야 뒤탈이 없다는 것입니다. 이것은 돈이 많은 집에나 해당되는 이야기인데 실제로 이런 일이 있었다고 합니다. 재벌 총수 같은 사람이 죽었는데 뒤늦게 혼외 자식이 나타나 유산 상속을 요구하는 경우 말입니다. 그런 문제가 생길 수 있으니 미리 밝혀두는 게 낫다는 것이지요. 프랑스의 전설적인 가수인 이브 몽탕이 죽은 다음에 이런 일을 당했다고 하더군요. 그의 친딸이라고 주장하는 여인이 나타나서 유산 상속을 요구했다고 합니다. 그래서 친자 확인을 위해 무덤을 파서 DNA 검사를 하는 등 한바탕 소동이 일어났다고 합니다. 죽어서 이런 일 당하고 싶지 않다면 유언장에 사실을 밝혀야겠습니다. 그러나 돈도 없고 평범한 우리들은 전혀 걱정할 일이 아니겠지요.

iv. 마지막으로 남기는 이야기

이런 정보를 모두 밝혔지만 마음이 여전히 허전할지 모르겠습니다. 왜냐하면 본인의 마음을 표현한 글이 없기 때문입니다. 그래서 마지막으로 자식들에게 하고 싶은 이야기를 남기면서 유언장을 끝내면 좋겠다는 생각입니다.

우리는 자식들과 일생을 살면서 많은 이야기를 나눕니다. 그러나 암만 그래도 하지 못한 이야기가 있을 수 있습니다. 특히 마음속 깊은 곳에 있는 이야기는 전하기 어려웠을 겁니다. 그런 이야기를 이 지면에 적는 것입니다. 자식에 대한 큰 사랑과 함께 부모로서 꼭 전하고 싶은 이야기를 남기는 것입니다. 그러면 자식들은 그 이야기를 읽고 부모를 잃은 슬픔을 많이 치유할 수 있을 것입니다. 그뿐만 아니라 그 이야기를 유훈처럼 평생 간직하고 좌우명 삼아 산다면 대단히 의미 있는 글이 될 수 있습니다. 이렇게 설명만 하는 것보다 실례를 들어보는 게 독자들의 이해를 도울 것 같습니다. 아래 유언장은 78세의 어떤 노모가 말기질환을 선고받고 호스피스 병동으로 옮길 즈음에 쓴 것입니다. 마침 MBN방송국 TV 뉴스에 보도되어 알려졌죠. 제목을 뽑는다면 '내 자식이었음이 고마웠네'라고 할 수 있습니다.

"자네들이 내 자식이었음이 고마웠네."

자네들이 나를 돌보아줌이 고마웠네.
자네들이 세상에 태어나 나를 어미라 불러주고
젖 물려 배부르면 나를 바라본 눈길에 참 행복했다네.
지아비 잃어 세상 무너져,
험한 세상 속을 버틸 수 있게 해줌도 자네들이었네.

병들어 하느님 부르실 때,
곱게 갈 수 있게 곁에 있어 줘서 참말로 고맙네.

자네들이 있어서 잘 살았네.
자네들이 있어서 열심히 살았네.

딸아이야 맏며느리, 맏딸 노릇 버거웠지?
큰 애야, 맏이 노릇 하느라 힘들었지?
둘째야, 일찍 어미 곁 떠나 홀로 서느라 힘들었지?
막내야, 어미젖이 시원치 않음에도 공부하느라 힘들었지?

고맙다 사랑한다. 그리고 다음에 만나자 (2017년 12월 엄마가)

이런 내용인데 내용이 얼마나 사무칩니까? 글을 읽어 보면 이분의 종교는 가톨릭인 것 같은데 많이 배우신 분 같지는 않습니다. 그러나 구구절절이 마음속 깊은 곳에서 울려 나와 우리에게 큰 감동을 줍니다. 제삼자인 우리도 이럴진대 자식들은 얼마나 큰 울림을 받았겠습니까? 이 자손들은 이 글을 받고 틀림없이 모친을 잃은 슬픔에서 벗어났을 뿐만 아니라 그 이후의 삶에서도 이 말씀을 계속 기억하면서 큰 위로를 받았을 것입니다.

4. '사전연명의료의향서'에 대해

사전연명의료의향서(이하 의향서)는 이제는 나이 든 이들에게 꽤 알려진 문서입니다다마는 제가 이 의향서 쓰기 운동을 동료들과 시작한 2010년 즈음해서는 상당히 생소한 문서였습니다. 우리는 이 문서에 대해 보통 이렇게 말합니다. 유언장은 자식을 포함한 가족에게 쓰는 것이지만 의향서는 본인을 위해서 쓰는 것이라고 말입니다.

이 문서에 대해서는 앞에서 잠깐 설명했습니다. 본인이 사고나 질환으로 인해 회생 가능성이 없이 의식 불명(식물인간)의 상태에 빠졌을 때를 대비해서 쓰는 문서라고 말입니다. 이 상태에 들어가면 어떤 치료 행위도 의미가 없기 때문에 그것을 받지 않겠다고 미리 밝혀 놓는 것입니다. 그러니까 무의미한 연명 치료를 받지 않겠다는 것이지요. 만일 이것을 밝혀 놓지 않았다면 가족이나 의료진이 무리한 치료를 해도 어쩔 수 없이 응할 수밖에 없습니다. 아니, 의식이 없으니 자신이 선택할 여지가 없겠네요.

이 문서를 쓰는 데는 두 가지 이유가 있습니다. 첫 번째는 본인을 위한 것인데 이 상태에서 다양한 검사를 하고 시술을 하게 되면 환자가 엄청난 고통을 받습니다. 그렇지 않겠습니까? 심폐소생술이나 인공투석 같은 것을 한 번이라도 행하면 환자는 크게 괴로워합니다. 그런데 이런 치료는 아무 소용이 없습니다. 그저 수명을 조금 더 연장하는 것에 불과합니다. 만일 이런 치료가 환자의 건강을 되돌릴 수 있다면 그런 치료를 하는 것을 반대할 사람은 아무도 없습니다. 그렇지만 지금 말기질환 상태에서 이런 치료를 하는 것은 아무 의미가 없습니다. 이런 치료가 환자의 상태를 호전시킬 수 없기 때문입니다.

사정이 그렇지만 실제의 현장에 부딪히면 마음이 달라지기 일쑤입니다. 고인의 마지막 길이니, 자식 된 도리로 할 수 있는 모든 치료를 해야 하는 것 아닌가 하는 생각 때문에 심폐소생술 같은 강력한 치료를 감행합니다. 그러나 이런 시도는 모두 무의미하다고 했습니다. 이때는 환자가 편안하게 임종을 맞이할 수 있게 고통을 없애주는 것에만 집중해야지 어떤 치료도 해서는 안 되겠습니다. 이런 일을 하지 않으려면 이 주제에 대해 사전에 많은 공부를 해두어야 합니다. 그래야 현장에서 시행착오를 면할 수 있습니다.

다음은 가족과 관계된 것입니다. 이 단계에서 무의미한 연명 치료를 하게 되면 가족들이 경제적으로 적지 않은 피해를 봅니다. 돈이 워낙 많이 들어가기 때문이지요. 값비싼 치료와 검사가 그 주범입니다. 한국 의료계가 제시하는 통계를 보니 우리들은 평생 쓰는 의료비의 가운데 절반을 죽기 전 한 달에 소진한다고 합니다. 그중에서도 죽기 전 3일 동안에 평생 의료비의 1/4 정도를 쓴다고 합니다. 이때 얼마나 많은 돈이 지출되는지 아시겠지요? 그렇게 많은 돈을 들여서라도 부모님의 건강을 되찾을 수 있다면 아까울 게 없습니다. 그러나 이 단계에서는 어떤 치료든 듣지 않습니다. 그래서 모두 낭비입니다. 돈을 그냥 버리는 거나 다름없습니다. 게다가 당사자의 고통은 말할 수 없이 크다고 했습니다. 제발 이 점을 잊지 마시고 "부모님, 마지막 가시는 길에 최선을 다하겠다"라는 삐뚤어진 효에 편승해 무의미한 치료를 하지 마시기를 바랍니다.

의향서는 큰 병원에 모두 구비되어 있고 사전연명의료의향서 실천모임이나 각당복지재단 같은 단체에도 있습니다. 여기에 연락하면 무료로 이 서류를 보내줍니다. 또 보건복지부 부설 생명윤리정책연구센터에도 이 문서가 있습니다. 이 문서를 작성해 본인이 갖고 있어도 되지만 지금 언급한 복지부의 센터에서도 보관해줍니다. 그리고 플라스틱으로 된 보관 확인증을 주니 그것을 잘 소지하고 있다가 유사시에 문서를 확인하면 되겠습니다. 원래 이 문서는 지극히 개인적인 것이라서 개인이 갖고 있으면 되는데 한국에서는 관에 대한 믿음이 강해서 나라에서 보관하기로 했습니다. 노인들이 이 문서를 나라에 맡겨야 무언가 권위가 산다고 생각하는 것 같으니 이것은 어쩔 수 없는 일일 것입니다. 또 굳이 문서를 작성하지 않아도 됩니다. 그저 평소에 가족들에게 무의미한 연명 치료는 받지 않겠다고 밝혀 놓기만 해도 됩니다. 그래서 유사시에 가족이 의료진에게 이 사실을 알리면 환자는 연명 치료를 받지 않을 수 있습니다.

그런데 기관에서 주는 의향서는 다소 복잡해서 기입하기가 힘들 수 있습니다. 문서를 작성하기 힘들면 굳이 그 문서에 기재하지 않아도 됩니다. 그냥 본인이 백지에 자기 이름과 날인, 그리고 주소 정도만 적고 다음의 내용만 기재하면 됩니다. 즉,

No: 심폐소생술, 인공호흡기, 인공투석, 항암치료
Yes: 진통제, 영양공급

이렇게만 쓰면 되는 것입니다. 그러니까 진통제(그리고 영양공급)를 제외한 다른 치료는 모두 거부하는 것입니다. 중요한 것은 진통제는 꼭 처방받아야 한다는 것입니다. 말기질환 상태는 고통이 심해 반드시 진통제의 도움이 필요합니다.

그런데 이 의향서는 개인적으로 작성한 것이라 법적 효력이 있는 문서는 아닙니다. 실제에 부딪혔을 때 비록 의향서를 이미 작성했다고 하더라도 본인이나 가족이 연명 치료를 받겠다고 하면 그냥 받으면 됩니다. 이 문서가 치료를 제재할 수 있는 권한은 없습니다. 의료 현장에서는 실제로 이런 일이 적지 않게 일어납니다. 의향서를 쓴 사람도 마지막에 마음이 바뀌어 치료받는 것 말입니다. 지푸라기라도 잡고 싶은 그 심정은 충분히 이해됩니다. 여러분들의 판단에 맡길 따름입니다.

5. 임종 직전에 일어나는 일에 대해

　이렇게 임종을 직면해서 해야 할 일을 마치고 조금만 지나면 드디어 임종이 찾아옵니다. 여기서 임종 직전에 일어나는 일을 알아보면 본인이나 가족들이 더 편안하게 임종을 맞이할 수 있을 것입니다. 다음과 같은 일이 생기기 시작하면 임종이 코앞에 다가온 것이나 다름없습니다. 따라서 이때부터는 당사자의 장례를 준비해야 할 것입니다.

　우선 환자가 섭취하는 음식이나 음료의 양이 현저하게 떨어집니다. 특히 음식에는 그다지 관심이 없습니다. 그럴 수밖에 없는 것이 운동을 거의 하지 않으니 음식을 많이 먹을 필요가 없는 것이지요. 따라서 이때 당사자가 음식을 거의 먹지 않아도 전혀 걱정할 필요가 없습니다. 본인이 알아서 안 먹는 것이기 때문입니다. 그리고 잠도 많이 자는데 이것도 정상적인 일입니다. 당사자가 너무 많이 잔다고 깨우지 마시기를 바랍니다. 그런가 하면 팔 같은 데에 피가 몰려 시퍼렇게 되는 경우가 있습니다. 이것도 이상한 현상이 아닙니다. 그 부분의 몸이 피가 필요해 일시적으로 그런 현상이 생긴 것뿐이니 걱정할 필요가 없습니다. 대부분의 검은 반점은 생겼다가 없어졌다가 하니 걱정 안 해도 된다는 것이지요.

　또 당사자가 불안한 행동을 보일 수도 있습니다. 자신이 어디에 있는지 헷갈려서 이상한 말을 할 수도 있습니다. 가령 병원에 있으면서 이곳이 집이라고 주장하며 이른바 헛소리를 할 수 있습니다. 이런 것들은 임종을 맞이해서 정신이 들락날락하는 바람에 생기는 현상이니 가족들이 전혀 걱정할 일이 아닙니다.

　이때 일어나는 일 가운데 학자들의 연구 거리가 된 것이 있습니다. 임종 침상 비전(death-bed vision)이 그것인데 당사자가 고인, 특히 부모의 방문을 받는 것을 말합니다. 정확히 말하면 부모의 영혼이 방문하는 것이겠지요. 이 현상에서 가장 눈에 띄는 점은, 갑자기 당사자가 앞에 누가 있는 듯 혼자 대화를 하는 것입니다. 왜 혼자 말을 하느냐고 물으면 그는 돌아가신 아버지가 왔다고 답합니다. 물론 부친의 영혼이 온 것이지요. 영혼의 형태로 저승에서 살고 있는 부친이 자식이 세상을 막 떠나려고 하니 마중을 나온 것입니다. 이때 나타나는 영혼은 당사자가 이번 생을 살면서 가장 가까웠던 사람의 영혼인 경우가 많습니다.

이런 현상은 전 세계적으로 일어나는 매우 보편적인 것입니다. 이 현상을 통해 사후 세계가 있다는 것을 더욱 확실히 알 수 있습니다. 당사자의 눈에 돌아가신 부친의 영이 보이는 것은 그가 영혼들의 세계에 아주 가까이 갔다는 것을 방증해줍니다. 다시 말해 이 세상보다 저세상 사람이 다 된 것이라 할 수 있습니다. 그래서 영혼들이 보이는 것입니다. 우리가 이 세상에서 살 때는 저세상의 영혼들이 보이지 않습니다. 이유는 간단합니다. 우리가 이 물질계에 속해 있기 때문입니다.

그러나 임종이 바로 코앞에 다가오면 우리는 거의 저세상 사람이 되어 자연스럽게 영혼들이 보이기 시작합니다. 이때 당사자가 고인의 영혼만 보는 것이 아니라 마차나 자동차 같은 탈 것을 보는 경우도 있다고 합니다. 이런 것이 나타난다는 것은 이것을 타고 저세상을 간다는 의미일 것입니다. 어떤 것이 나타나든 당사자가 이런 경험을 하게 되면 그 사람은 분명 2~3일 내로 이 세상을 떠납니다. 그러니 만일 여러분들의 부모님이 이런 상태에 있다면 장례 준비를 시작해야 할 것입니다.

그런가 하면 사람에 따라서 이때 환한 빛을 목격하는 이도 있습니다. 이 빛은 저세상으로 가는 문과 같은 것입니다. 그 문을 통과하면 우리는 저세상으로 들어간 것이라 이 세상으로 재진입할 수 없습니다. 일방통행인 것이지요. 이 빛이 보인다는 것 역시 저세상이 바로 코앞에 왔다는 것을 의미합니다.

이 빛과 관련해 제가 아는 사람이 실제로 겪은 이야기를 들은 적이 있습니다. 이 사람의 부친이 마지막 순간을 맞이했는데 영혼이 육신을 떠나지 못하고 큰 고통을 느끼고 있었습니다. 이런 일은 적지 않게 발생합니다. 이 세상에 대한 집착이 강하거나 저승에 대한 두려움이 있는 사람의 경우 육신 벗는 것을 거부하면서 큰 고통을 느끼는 것입니다. 그런데 그렇게 거부하면 당사자만 힘듭니다.

떠나야 할 때는 지체 없이 떠나야 합니다. 그래서 이 지인은 부친의 손을 잡고 "아버지, 앞에 있는 밝은 빛이 보이시지요? 보이시면 그냥 그 빛을 따라가세요."하고 안내해주었답니다. 그 이야기를 듣자마자 고인의 영혼은 몸을 편안하게 떠났다고 합니다. 이런 팁을 알고 있으면 활용할 수 있는 날이 올지 모르니 염두에 두시기를 바랍니다.

어떻든 이렇게 해서 고인의 영혼이 몸을 떠나는데 이전에는 마구 울고 고인의 몸을 흔들면서 "가시지 마라"라고 소리치는 경우가 많았습니다. 이렇게 하는 것이 고인에게 얼마나 나쁜가에 관해서는 제가 기회가 있을 때마다 밝혔습니다. 주위 환경이 조용해야 고인의 영혼이 편안하게 몸을 벗을 수 있는데 자손들이 이렇게 떠들어대면 당최 정신이 없다고 하더군요. 그런데 이런 광경은 요즘 들어 많이 줄어든 것 같습니다. 요즘에는 병원에서 오래 앓다 가는 것이 다반사라 마지막에 당사자가 갈 때 그렇게 오열하는 것 같지 않습니다. 어떻든 이 정보도 알고 있으면 이런 일이 생겼을 때 실수를 피할 수 있습니다.

이렇게 해서 당사자는 임종을 맞이합니다. 병원에서 임종을 맞이할 경우 잠시 기다리면 병원 직원이 와서 시신을 가지고 시신 보관실로 가져갑니다. 그사이에 만일 여러분들이 독방에 있다면 마지막으로 고인과 이별을 나누는 작은 의례를 할 수 있습니다. 영능력자에 따르면 몸을 떠난 영혼은 잠시 시신 옆에 머문다고 합니다. 이 말이 사실이라면 임종 직후 어떤 형식이든 고인과 소통하는 시간을 가지면 좋을 것입니다. 이때 고인의 영혼이 헤매지 않고 자신이 속한 영혼들의 세계에 안착하기를 소망하는 기도 같은 것을 할 수 있을 겁니다. 그렇게 차분한 모습을 보인다면 고인은 편안한 마음으로 이 세상을 떠날 수 있겠지요.

이제부터 중요한 것은 유족들 '케어(care)'입니다. 고인을 편안하게 보내드렸으니 더 이상 생각하지 않아도 됩니다. 이제부터는 남은 가족들이 겪게 되는 사별의 슬픔을 어떻게 극복할 수 있는지가 관건입니다. 이 케어 문제는 죽음학에서 대단히 중요한 주제라 죽음학 교과서에서도 한 장(chapter)을 마련하여 매우 중하게 다룹니다. 따라서 우리도 이 문제에 대해 깊이 성찰해야 합니다. 다음 강의에서 이 문제를 집중해서 보도록 하겠습니다.

제3강

"사별의 슬픔과 극복에 대해"

　장례식까지 마치고 일상으로 돌아오면 유족들만 남게 됩니다. 이제부터 문제는 이 유족들이 겪게 될 사별의 아픔입니다. 물론 모든 유족들이 이런 아픔을 겪는 것은 아닙니다. 요즈음은 고인들이 병원에서 오래 고생하다 가는 경우가 많아 큰 슬픔을 겪지 않는 유족도 있는 것 같습니다. 병원 침상에서 오래 고생하시는 부모를 보면서 '저렇게 고생하시느니 차라리 어서 세상을 떠나시는 게 낫겠다'라는 생각을 하고 있던 유족은 고인이 세상을 떠나면 그를 잃은 슬픔보다 외려 안도감을 가질지도 모릅니다.
　이것은 제가 겪은 일이라 이야기해보는 것입니다. 반 코마 상태로 의식이 없었던 부친이 몇 개월을 병원에서 고생하는 것을 보고 당시 저는 '아버지가 빨리 몸을 벗으면 당신이 편하실 텐데' 하는 바람 아닌 바람을 갖고 있었습니다. 그러다 부친이 별세하니 슬픈 마음도 있었지만 '이제는 아버지가 영혼들의 세계에서 편하게 계시겠구나'하는 마음이 생겨 안도감을 들었던 기억이 납니다. 그러나 부모님이나 배우자, 혹은 자식을 먼저 보내는 것은 말할 수 없이 큰 슬픔입니다. 이 슬픔 때문에 일상생활도 제대로 하지 못하고 우울증에 빠질 수도 있습니다.
　특히 자식이 죽었을 때의 슬픔은 극복하기가 참으로 힘듭니다. 고인을 보내고 슬픔을 극복하는 기간은 망자의 종류에 따라 다르다고 하지요. 어느 정도 개인적인 차이는 있지만 일반적으로 그 기간은 대략 다음과 같습니다. 즉, 부모가 죽은 경우는 1년, 배우자가 죽은 경우는 3년, 자식이 죽은 경우는 그 슬픔이 평생 간다고 하지 않습니까? 다른 경우는 몰라도 자식이 죽은 경우는 누구에게나 해당하는 것 같습니다. 자식을 잃은 슬픔과 기억은 죽을 때까지 가지고 간다고 하니 말입니다.

또 죽음의 종류에 따라 그 슬픔의 강도가 달라지기도 합니다. 위에서 본 것처럼 노환으로 자연사를 한 부모를 대할 때는 슬픔이 강도가 덜할 수 있습니다. 그러나 사고를 당해 돌연사를 한 경우에는 유족들의 슬픔이 훨씬 더 커집니다. 너무 갑작스레 죽으니 마음의 준비를 하지 못해 슬픔이 배가되는 것입니다.

이런 죽음 가운데 최악은 자살이 아닐까 합니다. 가족 가운데 한 사람이 자살한 경우, 유족들이 감내해야 할 슬픔은 측정하기가 어렵습니다. 고인이 너무나 비자연적인, 아니 자연을 거스르는 방법으로 죽었기 때문입니다. 큰 대못이 가슴에 꽉 박힌 듯한 심정일 겁니다. 그리고 고인이 우리를 버리고 간 것 같아 매정하기까지 합니다. 자살의 경우에는 이렇게 복잡한 여러 감정이 섞여 분출되니 자신의 마음을 부여잡기가 매우 힘듭니다. 그러다 심한 경우에는 유족들이 고인을 따라 자살을 감행하기도 합니다. 슬픔이 너무 커 나도 죽어서 먼저 간 부모나 배우자, 자식을 만나보겠다는 심정으로 그 같은 일을 하는 것입니다.

이렇게 다양한 사별의 슬픔이 있는데 중요한 것은 남은 가족들이 이 슬픔을 극복해야 한다는 것입니다. 그래야 정상적인 생활로 돌아갈 수 있기 때문입니다. 그러기 위해서는 이 슬픔이 어떤 것이고 어떤 식으로 진행되는지에 대해 알아야 합니다. 여기서는 일반적인 경우에 대해서만 보기로 합니다. 죽음의 종류가 너무 많기 때문에 그 다양한 죽음이 초래한 슬픔들을 따로따로 다룰 수 없어 일반적인 것만 설명하려는 것입니다. 여러분들이 이 내용을 읽어보고 그것을 가지고 각자의 경우에 맞게 응용하면 되겠다는 생각입니다.

1. 사별의 슬픔이 전개되는 과정

　죽음학 교과서를 보면 사별과 그 슬픔에 대해 상당히 자세하게 설명하고 있는 것을 알 수 있습니다. 그리고 사별의 슬픔도 그 전개 과정을 세분화해서 다음과 같은 용어로 설명하고 있습니다. 이 내용이 다소 학술적이라 소개하는 것이 꺼려지지만 참고삼아 간략하게 설명해보려고 합니다. 그러나 추후의 설명은 이 설명에 구애되지 않고 자유롭게 진행할 예정입니다.

　슬픔의 첫 번째 단계는 영어로 'bereavement'라고 하는데 보통 '사별' 혹은 '상실'로 번역합니다. 망자를 잃는 순간에 겪는 상실감을 뜻하는 것으로 가장 초기 단계의 반응을 말합니다. 중요 타자(他者)가 죽었다는 소식을 접했을 때 우리가 겪는 상실감을 의미하는 것이지요. 그럴 때 우리는 좌절감에 빠지면서 세상이 노래지고 크게 허탈해합니다. 그러나 이 기간은 그렇게 길게 가지는 않습니다.

　두 번째 단계는 비탄(grief)의 단계로 첫 번째 단계에서 느꼈던 상실감 때문에 생기는 반응을 겪는 단계입니다. 이 단계에서 우리는 상실감을 너무나 크게 느낀 나머지 여러 가지 감정과 태도를 체험하게 됩니다. 대표적인 감정이나 태도로는 슬픔, 고통, 연민, 분노, 한숨 쉬기, 호흡 짧아지기, 목 졸림, 공복감, 불면 등이 있는데 보시다시피 대부분 부정적인 것들입니다. 이 단계는 보통 몇 개월 지속됩니다. 만일 내가 너무도 사랑했던 아내를 잃었다면 이 같은 부정적인 감정에 휩싸여 쉽게 벗어날 수 없을 것입니다. 그래서 지루한 고통의 세월이 지속되게 됩니다.

　마지막 단계는 애도(mourning)의 과정으로 위에서 본 부정적인 감정이나 태도를 극복하는 단계를 말합니다. 우리가 아무리 사랑하는 사람을 잃었다 하더라도 그 슬픔 속에 영원히 있을 수는 없는 법입니다. 우리는 이것들을 극복하고 다시 원래의 일상생활로 돌아가야 합니다. 애도의 과정은 그런 과정을 말하는 것으로 내 삶이 원래의 상태로 재통합되는 것을 의미합니다. 우리는 이 단계까지 와야 합니다. 그래야 사별의 슬픔이 완전히 극복되기 때문입니다.

2. 유족들이 겪는 사별의 단계에 대해

위의 세 단계는 개념적으로 사별의 슬픔을 다룬 것이라 이해하는 데에 다소 어려움이 있을 수 있습니다. 이번에는 독자들의 이해를 돕기 위해 이 같은 지난한 과정을 단계별로 하나하나 상세하게 설명하려고 합니다. 이 단계에 대해서는 학자마다 그 수가 다릅니다. 10단계나 12단계, 더 나아가서 15단계로 설명하는 경우도 있는데 여기서는 가장 간단하게 10단계로 나누어 볼까 합니다. 그런데 이 10단계도 크게 보면 3단계. 즉 초기 단계, 중간 단계, 마지막 단계로 묶을 수 있어 이 체제로 설명을 이어갈까 합니다.

이것을 보기에 앞서 환기하고 싶은 것은 모든 사람이 이 단계를 다 겪는 것은 아니라는 것입니다. 또 꼭 이 순서대로 겪지 않을 수도 있습니다. 어떤 사람은 일정한 단계를 건너뛸 수도 있고 어떤 사람은 지나친 단계로 돌아가서 다시 겪을 수도 있습니다. 또 어떤 사람은 마지막 단계까지 가지 못하고 그 전 단계에 머물다 생을 마감할 수도 있습니다.

i. 초기 단계: 충격과 부정의 단계

여기에는 1단계~3단계가 포함됩니다. 먼저 제1단계에서 당사자는 고인의 죽음을 접하고 문자 그대로 큰 충격을 받습니다. 내가 사랑하는 가족이 사망했다는 소식을 듣고 너무나 큰 충격을 받은 나머지 기절할 수도 있습니다. 혹은 기절까지는 아니더라도 사지가 얼어붙거나 구토, 망연자실하는 등과 같은 반응을 보일 수도 있습니다. 그러면서 "아니야, 아니야, (엄마가 죽었다는 것은) 사실이 아니야, 꿈일 거야" 하는 식으로 현실을 부정하는 말을 반복하기도 합니다. 한마디로 말해 가족의 죽음을 사실로 받아들일 수 없다는 것이지요.

이런 식으로 반응하는 기간은 일반적으로 일주일 정도 지속되는 것이 정상이라고 합니다. 그 이상 되면 문제가 될 수 있는데 이런 경우는 그다지 흔한 것 같지 않습니다. 그런데 이렇게 충격을 받고 부정을 강하게 표현하는 것은 인간이 자신을 비극적인 손실에서 보호하기 위해 부득이하게 행하는 방어기제의 한 방식으로 이해할 수 있습니다. 그러니까 이때는 이렇게 격렬하고 거친 반응을 보여야 자신을 보호할 수 있다는 것입니다. 만일 이때 억지로 충격과 슬픔을 억누르면서 자신을 표현하지 않으면 나중에 정신 건강에 이상이 올 수 있다는 주장도 있습니다.

두 번째 단계는 '감정의 분출' 단계입니다. 충격의 단계가 지나면 자신의 감정을 분출하기 시작합니다. "아이고, 아이고" 하는 식의 곡이나 깊은 탄식을 계속한다거나 혹은 넋 놓아 울기도 합니다. 망자의 죽음을 현실 사건으로 받아들이면서 통곡을 하는 것입니다. 그러나 이렇게 비탄에 빠져 있다가도 문상객이 오면 환담을 합니다. 그러다 다시 영정 앞에 가면 엉엉 웁니다. 이렇게 감정이 교차하는 것은 이 단계에서는 지극히 정상적인 것이니 자신의 상태에 대해 걱정할 필요는 없겠습니다.

세 번째 단계는 '화'의 단계입니다. 이 단계에서는 고인의 죽음에 책임이 있다고 믿어지는 사람에게 분노를 표출하게 됩니다. 잘 알려진 것처럼 아주 힘든 일이 생기면 우리는 자연스럽게 남 탓을 하게 됩니다. 그렇게라도 해서 힘든 데에서 벗어나려는 것이지요. 그래서 처음에는 공연히 의사나 간호사에게 화를 내는 경우가 있습니다. 치료를 잘못해서 고인이 죽었다고 생각하기 때문입니다. 그런가 하면 신 같은 절대자에게 화를 내기도 합니다. 자신에게 일어날 수 없는, 혹은 일어나서는 안 되는 일에 대한 책임을 신에게 묻는 것입니다.

그렇지 않고 고인에게 죽음의 책임을 묻는 사람도 있습니다. "나를 두고 왜 죽었느냐?" 혹은 "그렇게 술 마시고 안 죽을 줄 알았냐" 하는 식으로 말입니다. 고인을 책망하는 것은 많은 경우 '정을 떼기' 위한 것이라고 하지요. 고인을 너무 사랑했기 때문에 잊을 수 없어 차라리 미워하는 척하면서 그 슬픔에서 벗어나려는 것입니다. 이런 행위들은 모두 이해할 수 있는 것으로 과도하게만 하지 않으면 아무 문제없습니다.

ii. 중간 단계: 고독과 우울의 단계

여기에는 4단계~7번째 단계가 포함됩니다. 먼저 네 번째 단계는 '질병'의 단계라고 할 수 있습니다. 사랑하는 사람을 여의었을 경우 너무 슬퍼한 나머지 몸에 병이 생기는 경우가 있습니다. 그중에서 가장 많이 걸리는 병을 들어보면, 감기나 위장병, 신경성 두통, 궤양, 고혈압, 불면, 설사, 발진 등이 있는데 이것은 과도한 스트레스 때문에 면역력이 떨어진 결과라고 할 수 있습니다. 이것 때문에 공황 상태를 겪는 사람도 있다고 하더군요.

그리고 꼭 질병이라고 할 수는 없지만 당사자가 실제와는 다른 환상을 만들어낼 수도 있습니다. 남편을 잃은 어떤 부인의 경우를 예로 들어보면, 당사자는 매일 저녁 7시가 되면 남편이 직장에서 돌아와 대문을 열고 들어온다는 환상에 빠지는 일을 겪었다고 하더군요. 또 다른 예로 만일 자식이 죽었다면 그 아이가 아침에 방문을 열면서 "엄마, 밥 줘"라고 말할 것 같은 환상이 생길 수도 있습니다. 어떤 부인은 남편이 2년 전에 죽었는데 여전히 밥상에 남편 밥을 놓아둔다고 하더군요. 이것은 남편이 죽었다는 현실을 인정하지 못하거나 남편이 분명히 돌아올 것이라는 환상에 빠진 결과라고 할 수 있지요.

사정이 이러하기 때문에 가족을 잃은 사람들은 그 집에서 더 이상 살기가 힘듭니다. 특히 자식이 죽었을 경우 거의 모든 사람이 이사 갑니다. 그 집에는 아이와 얽힌 추억이 너무 많아 견딜 수 없는 것입니다. 집의 어느 구석을 보아도 아이와 관계되지 않은 곳이 없으니 아이를 잃은 슬픔이 극복되지 않아 어쩔 수 없이 이사를 가는 것입니다.

다섯 번째 단계는 '죄책감'이나 '양심의 가책'을 느끼는 단계입니다. 이 단계에서 당사자는 강하게 후회하면서 죄책감을 가질 수 있습니다. 망자와 있었던 일을 회상하면서 '그때 그렇게 해야 했는데….' 혹은 '그렇게 하지 말았어야 하는데….'라고 하면서 이런 감정을 갖는 것입니다. 망자가 죽은 게 자신이 잘못해서 그런 것 같은 생각이 드는 것이지요. 그러다 그 화살이 다른 사람에게 가기도 합니다. 이런 상태가 오래 지속되면 다른 사람과의 관계에 심각한 문제가 생길 수 있습니다. 예를 들면 이런 겁니다. 일본 가정에서 일어난 일인데, 아들이 아버지 차를 빌려 타고 나갔다가 사고를 당해 죽었습니다. 이때 부친은 아들에게 차 열쇠를 준 데에 대해 죄책감을 느끼고 모친은 남편이 그렇게 한 것을 막지 못한 데에 대해 죄책감을 느낍니다. 그런 감정 때문에 이 부부는 오랫동안 말을 하지 않았습니다. 그러다 스트레스가 너무 커지자 견디지 못하고 그 감정을 상대방에게 투사하기 시작했습니다. 정말로 그렇게 생각하는 것은 아닌데 자신이 그 감정을 감당하지 못하니 공연히 상대방에게 뒤집어씌우는 겁니다. "당신이 그때 그렇게만 안 했어도…."라고 하면 상대방은 또 "뭐야? 당신은 뭘 잘했다고 나한테 뭐라고 그래?"라고 하면서 설전이 붙습니다. 이 정도에서 그치면 좋지만 그렇게 안 되면 갈등이 심해져 결국 이혼하는 경우도 종종 있다고 합니다. 이럴 때는 무조건 언쟁을 쉬고 다른 사람의 도움을 받아 이 국면을 모면해야 합니다. 당사자들은 이때가 흡사 지옥 같았다고 말하는 경우도 있더군요.

여섯 번째 단계는 '고독과 우울'의 단계입니다. 이 단계는 그저 한 단계라고 할 수 없을지도 모르겠습니다. 왜냐하면 당사자가 사별의 슬픔을 느끼는 내내 이 상태에 있을 수 있기 때문입니다. 사랑하는 사람이 갔으니 고독하기 짝이 없습니다. 혼자 있을 때 그런 느낌을 가장 강하게 갖지만 가족이나 지인들과 있을 때도 외롭고 버려진 것 같아서 울음이 나옵니다. 그러다가 큰 실망감이 생기고 희망을 잃어 자살을 생각하기도 합니다. 고인이 없이는 남은 생을 혼자 헤쳐 나갈 엄두가 나지 않아 절망에 빠져 자살마저 생각하는 것입니다.

그렇게 지내다 보면 삶 자체가 무력해지고 아무것도 할 수 없습니다. 밤에 잠이 안 오는 것은 당연한 현상입니다. 밤에 잠을 못 자니 낮에는 계속 졸려 아무 일도 하지 못합니다. 이런 나날이 계속되니 생활이 황폐해집니다. 앞에서 말한 것처럼 이 단계는 전체 단계 중 가장 오래 머무는 단계입니다. 이 단계에 있으면 현실 생활로 돌아오기 힘든데 이에 대해서는 다음 단계에서 구체적으로 살펴보겠습니다.

다음 단계는 일곱 번째로서 '현실로 돌아오는 것이 어렵다는 것'을 느끼는 단계입니다. 사실 이 단계 역시 앞선 단계처럼 굳이 하나의 단계로 보아야 할지 의문이 생깁니다. 왜냐하면 슬프고 고독하고 우울한 상태가 지속되면 당연히 현실로 돌아오기가 힘들기 때문입니다. 따라서 이 상태는 중간 단계 전체에 해당하지 일곱 번째 단계에만 해당하는 것은 아니라고 할 수 있습니다. 그러나 이렇게 한 단계로 설정한 것은 따로 설명할 게 있어서입니다.

중요 타자의 죽음으로 삶에서 방향감각을 상실하고 의욕을 잃어버리면 어떤 일도 하기 싫어집니다. 아니, 생각조차 하기 싫습니다. 그저 하염없이 우울의 세계로 빠져들 뿐입니다. 일례로 그렇게 사랑하던 아들을 교통사고로 잃으면 무감정 상태가 되어 삶의 의미를 잃어버리기 때문에 치유 모임에 초청해도 처음에는 응하지 않습니다. 모든 관심이 죽은 아들에게만 가 있어 그렇게 되는 것인데 이럴 경우 다른 자녀가 심리적으로 크게 위축될 수 있습니다. 부모가 죽은 자식만 생각하느라 자신들에게는 신경을 안 써주니 무시된 것 같아 섭섭함을 느끼는 것이지요.

이런 일을 당한 어떤 어머니는 열 일을 마다하고 아들의 유품을 옆에 두고 매일 슬픔을 곱씹습니다. 일례를 들어 아들이 자주 입었던 옷을 만지작거리면서 아들만 생각하는 것이 그것입니다. 당사자의 이 같은 기분을 풀고자 다른 가족이나 지인들이 여행이나 영화 구경 가자고 해도 응하지 않습니다. 당사자의 입장에서는 아들을 잃어 삶이 의미가 없어졌는데 오락 같은 게 생각나겠습니까?

그런데 이렇게 깊은 상실감에 빠져 있는 기간은 사람에 따라 다릅니다. 또 누구를 잃어버렸는가에 따라 다르겠지요. 앞에서 말한 대로 자식을 잃어버렸을 때 사람들은 가장 오랫동안 상실감에 빠집니다. 그러나 사정이 어떻든 그 기간이 1년 이상 지속되는 것은 바람직하지 않다고 전문가들은 입을 모아 말합니다. 만일 당사자가 계속해서 이 우울증에서 벗어나지 못하면 전문가에게 상담받아야 한다는 주장과 함께 말입니다(그런데 한국에 이런 상담을 해줄 수 있는 전문 상담가가 있는지 잘 모르겠습니다).

iii. 마지막 단계: 수용과 긍정의 단계

여기에는 8단계~10단계가 포함되겠지요. 우선, 여덟 번째 단계는 '체념과 수용'의 단계입니다. 앞에서처럼 오랫동안 충분히 슬퍼하고 나면 사랑하는 이의 죽음을 받아들이는 단계로 들어갑니다. 이때 중요한 것은 망자와의 감정적인 연결점을 끊어야 한다는 것입니다. 이것은 망자를 잊으라는 것이 아닙니다. 다만 감정에 휩싸이지 말라는 것입니다. 감정에 휩싸이면 본인의 일생 생활이 어려워집니다. 따라서 망자를 그리워하는 마음은 언제나 간직하는 것이지만 보고 싶어 어쩔 줄 몰라 하는 그런 감정은 그만 졸업하자는 것이지요. 이것은 망자의 죽음을 있는 그대로 수용할 수 있을 때 가능해집니다. 시간이 충분히 지나면 감정이 순화되면서 망자에 대한 기억과 함께 생활하는 것이 가능해집니다.

아홉 번째 단계는 '희망'의 단계로 명명할 수 있습니다. 여기까지 오면 우리는 삶이 제자리로 돌아갈 수 있겠다는 희망을 갖게 됩니다. 이전에는 '아내가 없으면 아예 못살 것' 같았는데 이 단계가 되면 '비록 아내가 내 곁에 없지만 살 수 있겠다'라는 가능성을 확인하게 됩니다. 또 내가 슬픔을 극복하고 새 삶을 사는 것이 아내가 바라는 것이라는 생각을 가질 수도 있습니다.

당사자가 이 단계에 진입했다는 것을 알 수 있게 해주는 좋은 징표가 있습니다. 유머를 회복하는 것이 그것입니다. 이전 단계에서는 옆에서 재미있는 이야기를 해도 웃을 생각을 하지 않았지만 이 단계에 오면 피식 웃는 일이 가능해집니다. 이것은 그만큼 여유가 생겼다는 것을 의미합니다.

비슷한 일은 사별자의 모임에서도 일어납니다. 이 모임에 처음 간 사별자는 초기에는 마음을 열지 않고 팔을 꼰 채로 앉아서 감정을 전혀 드러내지 않습니다. 이때에는 자신만이 슬프다고 생각하면서 다른 사람은 나의 슬픔을 이해하지 못할 것이라고 생각합니다. 그런데 다른 사별자의 이야기를 들어보면 그들도 나와 같은 슬픔을 겪었다는 것을 알게 됩니다. 그렇게 반년 내지 1년이 지나면 자연히 팔이 내려오고 자신의 슬픔을 이야기하게 됩니다. 그리곤 웃는 일까지 가능해지는데 여기까지 오면 사별의 슬픔을 완전히 극복할 수 있다는 희망도 가질 수 있습니다.

마지막인 열 번째 단계는 '새로운 자아로의 도약' 단계라고 명명할 수 있습니다. 이것은 인격적으로 한 단계 업그레이드되는 것인데 이 단계까지 오면 그 사람은 인생의 새로운 국면을 맞이했다고 할 수 있습니다. 슬픔이 회복되면서 새로운 자기 정체성을 얻게 되는 것이지요. 사랑한 사람의 죽음을 1년 이상 진지하게 슬퍼하고 삶과 죽음에 대해 깊게 생각한 사람은, 이 감정을 극복하면, 매우 성숙한 사람으로 재탄생할 수 있습니다. 이때 우리는 인간의 죽음과 삶이라는 중요한 주제를 총체적으로 사색하는 철학자 같은 면모를 가질 수 있습니다. 그래서 저는 주변에 이런 일을 당한 사람들에게 "제발 중요한 타자의 죽음을 그냥 넘기지 말고 인간의 삶을 깊게 반추(反芻)하는 기회로 삼으면 좋겠다"라고 당부합니다. 인격적으로 버전업할 수 있는 성장의 기회로 삼자는 것이지요.

여기까지가 사별의 슬픔을 극복하는 단계를 순차적으로 본 것인데 앞에서 말한 것처럼 누구나 마지막 단계까지 올 수 있는 것은 아닙니다. 망자의 죽음을 수용하고 새로운 인간으로 도약하는 것은 우리가 진지하게 노력해야 가능한 일입니다. 그런데 전문가들에 따르면 적지 않은 사람이 이 마지막 단계까지 오지 못한다고 합니다. 특히 한국인들은 중간 단계인 '고독과 우울'의 단계에 머물다 사별의 슬픈 감정이 유야무야된다는 연구 결과가 있습니다. 한 번 되새겨보아야 할 사안이라고 생각합니다.

PART
II

죽음의 언저리에서
영혼과 사후 세계로 들어가면서

제4강

"사후 세계로 들어가면서"

영혼과 사후 세계가 존재한다는 다섯 가지 증거에 대해

　이제 우리는 지상에서의 삶을 마치고 죽음 바로 앞에 서 있습니다. 우리의 영혼이 몸과의 연결을 끊으면 우리는 영혼의 세계로 들어갑니다. 지금부터 우리는 사후 세계가 어떤 식으로 구성되어 있는지, 또 어떤 원리로 돌아가는지에 대해 상세하게 볼 것입니다. 이것은 매우 큰 주제라 상세하게 설명하려면 많은 시간이 필요할 것입니다.

　그런데 사람 중에는 영과 사후 세계가 실재한다는 것을 믿지 않거나 회의적으로 바라보는 이가 적지 않습니다. 이것은 근대 교육에서 과학을 지나치게 강조했기 때문에 생긴 결과로 생각됩니다. 과학은 실험해서 증명할 수 없는 것은 인정하지 않기 때문에 실험할 수 없는 것을 부정하는 경향이 있습니다. 영이나 사후 세계는 눈에 보이지 않아 실험할 수 없으니 과학이 그 실재성을 의심하는 것은 그다지 이상하지 않습니다.

　저는 여기서 영과 사후 세계가 존재한다는 것을 증명(?)해줄 수 있는 증거에 대해 보려고 합니다. 이 증거를 다섯 가지로 정리해보았습니다. 이제 그것을 설명하려고 합니다.

1. 첫 번째 증거: 영혼과 사후 세계를 긍정하는 세계의 종교들

첫 번째 증거는 세계의 종교들에 대한 것으로 가장 광범위한 내용이라고 할 수 있습니다. 종교치고 영혼과 사후 세계를 부정하는 종교는 없습니다. 모두 사후에 개아(個我)의 존속을 인정합니다. 지금 세계에는 그리스도교와 이슬람교와 불교(그리고 힌두교)라는 3대 종교가 있습니다. 이 가운데 신도 수가 제일 많은 종교는 그리스도교로 신구교와 동방정교회, 그리고 기타 종파를 합해서 약 25억 명의 신도를 자랑하고 있습니다. 그다음이 이슬람교로 약 18억 명의 신도가 있습니다. 다음은 불교인데 신도가 5억 명밖에 되지 않지만 같은 과에 속하는 힌두교가 약 11억 명쯤 되는 신도를 갖고 있으니 인도 종교를 믿는 신도는 16억 명쯤 되는 것입니다. 이렇게 보면 상당한 수의 인류가 인도 종교를 믿고 있다는 것을 알 수 있습니다(세계 종교의 신도 수를 정확하게 아는 것은 신도 할 수 없는 일이라고 하니 여기서 제시한 것은 어림짐작한 수입니다).

앞에서 말한 것처럼 이 종교들은 모두 인간은 죽은 뒤에 영혼의 상태가 되어 사후 세계에서 존속한다고 주장합니다. 그런데 다른 점이 있지요, 우선 그리스도교와 이슬람교는 인간은 단생(單生), 즉 이번 생 한 번만 살고 죽는다고 주장합니다. 그리고 죽은 뒤에 인간은 천당이든 지옥이든 자기에게 맞는 영혼들의 세계로 가서 영원히 산다고 합니다. 이에 비해 인도 종교인 불교와 힌두교는 다생(多生), 즉 인간은 한 생만 사는 것이 아니라 여러 생을 산다고 주장합니다. 즉 인간은 죽음과 삶을 거듭한다는 환생을 한다는 것이지요. 그럼 각 종교가 주장하는 사후 세계에 대해서 간단하게 보겠습니다.

i. 그리스도교의 사후 세계관

세계 종교 가운데 신도 수가 가장 많은 그리스도교(이하 기독교)부터 보면, 이 종교는 천당을 강조한 것으로 알려져 있습니다. 따라서 이것은 사후 세계를 강력하게 긍정한 것으로 볼 수 있는데 경전에는 외려 사후 세계에 대한 언급이 별로 없습니다. 예수가 사후 세계를 언급했다고 전해지는 문구 가운데 가장 유명한 것은 다음과 같습니다. "내 아버지 집에는 당신들이 있을 곳(mansion)이 많이 있다… 나는 당신들을 위하여 한 장소를 마련하러 간다"(요한 14:2)가 그것입니다. 저도 사후 세계를 설명할 때 이 구절을 많이 인용합니다. 여기 나오는 '있을 곳'은 우리가 죽으면 가게 되는 고향과 같은 곳이라고 할 수 있습니다. 이점에 대해서는 뒤에서 자세히 볼 것입니다.

그런가 하면 사도 바울은 자신의 편지에서 간접적으로 영혼들의 세계에 대해 다음과 같이 표현하고 있습니다. "나는 14년 전에 3층천(天)에 갔다 온 사람을 압니다… 그곳에서 그는 말해서도 안 되고 말로 표현할 수 없는 말을 들었습니다"(고린도후서 12:2~4). 이 문구는 나중에 근사 체험을 말할 때 자주 인용되는 것인데 사람이 영혼들의 세계에 다녀왔고 직접적으로 말하는 아주 이례적인 사례입니다. 유대(기독)교에서는 3층천을 가장 높은 하늘이라고 가르치기 때문에 여기에 나온 것인데 이 주인공은 죽어서 이 하늘에 갔다 온 근사 체험자라고 할 수 있습니다.

기독교의 내세관에 대해서는 얼마든지 설명을 더 이어갈 수 있지만 갈 길이 머니 여기서 그치겠습니다. 중요한 것은 기독교나 이슬람교가 단생론을 주장한다는 것으로 이 사실만 숙지하면 되겠습니다. 그런데 기독교 신자들은 이 단생론을 의심 없이 받아들이지만 꼼꼼하게 따져보면 문제가 적지 않습니다. 그중에서 가장 큰 문제는 우리의 개별적인 영혼이 어디서 어떻게 생겨났는지에 대한 설명이 없다는 것입니다. 기독교가 우리가 죽어서 가는 곳은 밝혔지만 나라는 독특한 특징을 가진 영혼이 어디서 왔는지에 대해서는 별말이 없습니다. 이것을 더 쉽게 설명하자면, 우리가 죽어서 천당에 갔다고 합시다. 그때 우리는 지상에서 왔다고 합니다. 지상에서의 삶이 전생이 되는 것이지요. 그와 마찬가지로 '지상에 태어나기 전에 우리는 어디에 어떤 상태로 있었을까?' 같은 의문이 생기는데 이에 대해서는 기독교(이슬람교도 포함)가 전혀 설명해주지 않는다는 것입니다. 이 점에 대해서는 카르마(karma)를 다룬 저의 다른 책[『Karma Law 인생의 절대 법칙』(2023)]에서 상세하게 다루었으니

제4강 "사후 세계로 들어가면서" | 67

관심이 있는 분은 참고하시기 바랍니다.

ii. 이슬람교의 사후 세계관

이슬람교는 기독교와 그 뿌리(유대교)가 같기 때문에 그들의 사후 세계관 역시 기독교와 크게 다를 바 없습니다. 앞에서 본 것처럼 유대(기독)교에서는 일반적으로 영혼들의 세계가 3층으로 되어 있다고 말하는데 이슬람교에서는 같은 것이 7층으로 되어 있다고 주장합니다. 그렇게 되면 가장 높은 하늘인 7층천이 천국(?)이 되겠습니다.

이슬람교의 경전인 『꾸란(Quran)』에도 기독교의 『바이블(The Bible)』처럼 영혼들의 세계에 대한 묘사가 많지 않습니다. 그 가운데 가장 대표적인 것은 이런 것입니다. "의로운 자들에게 약속된 천국을 비유하사 그곳에 강물이 있으되 변하지 아니하고 우유가 흐르는 강이 있으되 맛이 변하지 아니하며…. 그곳에는 온갖 과일이 있으며 주님의 자비가 있노라"(꾸란 47:15) 같은 문구입니다. 여기에는 시중을 드는 여자들이 있다는 식의 표현이 덧붙여지기도 합니다. 이와 더불어 지옥에 대한 묘사도 꾸란에는 종종 나옵니다. 여기서 지옥은 보통 이슬람교를 믿지 않는 사람들이 가는, 불길이 치솟는 곳으로 묘사되어 있습니다. 그런 것보다 중요한 것은 이슬람교도 인간의 영혼과 사후 세계의 존재를 분명히 인정했다는 것입니다.

iii. 불교와 힌두교의 사후 세계관

이 두 종교는 그 뿌리가 같으니 인간의 삶과 죽음에 대해서도 거의 같은 주장을 하고 있습니다. 이것을 간단하게 보면, 인간은 깨닫거나 신의 은총이 없는 한 환생을 거듭하는 삶을 살아야 합니다. 조금 더 부연 설명하면, 인간은 죽으면 그의 카르마에 따라 배정된 영혼들의 세계[불교 용어로는 중음계(中陰界)]에 있다가 자신의 카르마를 소멸할 수 있는 환경이 지상에 마련되면 지상에 다시 태어난다고 합니다.

이것을 불교에서는 '육도 윤회', 즉 여섯 가지의 환생 환경을 받는다고 표현하지요. 이 육도에는 지옥이나 축생(동물), 천상(천당), 인간 등이 포함되어 있는데 우리가 죽으면 업보에 따라 이 가운데 하나의 세계에 태어난다는 것이 불교의 기본 교리입니다. 그러나 불교의 목표는 이 육도 윤회에서 벗어나서 태어나지 않는 것입니다. 이렇게 하려면 깨닫는 것 외에 다른 방법이 없습니다. 불교의 가르침에는 윤회, 즉 환생이 기본으로 깔린 것이 많아 일일이 경전에서 이 주제와 관계되는 구절을 뽑아낼 필요를 느끼지 않습니다. 대표적인 예가 붓다가 깨닫기 전까지 환생한 이야기를 담은 『본생담(本生譚)』입니다. 여기에는 오백여 가지에 달하는 붓다의 전생 이야기가 나옵니다. 이렇게 많이 환생하면서 많은 수련과 공덕을 쌓은 덕에 붓다가 될 수 있었다고 이 문헌은 전합니다.

또 불교의 주요 종파로 간주되는 '유식학'에서는 우리가 하는 모든 일이 우리의 무의식(정확히 말하면 제8식※) 중에 저장되어 다음 생으로 전달된다고 주장하고 있습니다. 여기서도 인간은 자동으로 영식(靈識)을 가진 존재이고 수많은 생을 환생하는 존재로 그려지고 있습니다. 사정이 이러하니 불교가 영혼과 사후 세계를 인정하는 것은 너무나 자명한 사실입니다.

힌두교는 어떨까요? 힌두교는 생사관이 기본적으로 불교와 거의 같으니 굳이 거론하지 않아도 되겠습니다. 힌두교의 주요 경전인 『바가바드기타(Bhagavad Gītā)』 같은 것을 보면 "인간의 이러한 육신에 유년기와 장년기와 노년기가 있는 것처럼, (죽은 다음에는) 그와 같이 다른 몸을 얻게 됩니다. 용기 있는 자는 여기에 미혹하지 않습니다"(바가바드기타 2:13)와 같은 문구가 있습니다. 여기서 말하는 다른 몸은 영혼

※ 불교에서는 인간의 전체 의식을 8가지로 나눈다. 먼저 감각 기관에 따라 안식(眼識), 이식(耳識), 비식(鼻識), 설식(舌識), 신식(身識)으로 나누는데 이 다섯 가지 식의 뒤에는 이것을 총괄하는 의식(意識, 제6식)이 있다. 우리가 일상적으로 쓰는 의식이라는 용어는 바로 여기에서 나온 것이다. 이 여섯 가지 식은 일반적인 식을 말하고 이 밑에 마나식(제7식)과 알라야식(제8식)이 있는데 현대 용어로 말하면 무의식이라 할 수 있다. 이 가운데 제8식은 가장 심층적인 의식으로 현대 용어로는 원천적인 자아라고 할 수 있겠다(제7식은 자아 개념을 일으키면서 제6식과 제8식을 연결해 주는데 개념이 너무 어려워 설명을 생략한다).

을 지칭하는 것이고 '용기 있는 자'는 지혜를 지닌 사람으로 환생을 거듭하지 않는 사람인 것으로 해석됩니다. 힌두교에서는 이처럼 환생을 기본적인 세계관으로 지니고 있기 때문에 영혼과 사후 세계를 인정하는 것은 당연한 일입니다.

세계 종교들이 말하는 인간의 영혼과 사후 세계에 대한 이야기는 얼마든지 계속할 수 있습니다마는 이 정도면 되지 않았을까하는 생각입니다. 여기서 우리가 생각해야 할 것은, 만일 영혼과 사후 세계를 부정하는 사람이 있다면 그것은 모든 세계 종교를 부정하는 꼴이 된다는 것입니다. 이유는 간단합니다. 이 종교들은 영혼의 불멸설을 교리의 기본으로 삼고 있는데 이 영혼을 부정한다면 이 종교들을 송두리째 부정하는 것이기 때문입니다.

사람들 가운데에는 인간의 영혼이 존재하고 사후에 이 영혼이 존속한다는 것은 과학적으로 증명할 수 없기 때문에 틀린 것이라고 주장하는 사람이 있습니다. 그런 사람들은 다음과 같은 과제에 직면하게 됩니다. 이 종교들이 말하는 것이 모두 틀렸다는 것을 증명해야 한다는 과제 말입니다. 그저 부정만 하고 끝나는 것이 아니라 이 종교들의 교리가 맞는 것이 하나도 없다는 것을 증명해야 진실한 의미의 부정이 되기 때문입니다. 그런데 이는 쉽지 않은 것으로 보입니다. 왜냐하면 우리 주위에는 영혼이나 사후 세계가 존재해야 설명되는 사례가 너무 많기 때문입니다. 앞으로 이런 사례들을 하나둘씩 살펴볼 예정입니다.

2. 두 번째 증거: 신비가들의 가르침 — 스베덴보리를 중심으로

인류의 역사를 보면 영적으로 보통 인간들을 훨씬 뛰어넘는 사람들의 이야기가 나옵니다. 그 가운데 붓다나 예수 같은 분들은 1급이지요. 이런 신화시대에 살았던 분들 말고 우리와 가깝게 살았던 사람 가운데 영능력이 매우 뛰어난 이들이 있어 그들의 가르침을 보려고 합니다. 붓다나 예수 같은 분들은 분명 실제로 이 세상에 살았지만 우리와 너무 먼 시대에 살아서 그들이 산 세상은 신화 속 세상 같습니다. 그에 비해 지금 보려고 하는 사람은 우리와 가까운, 혹은 동시대에 살았던 사람이라 생동감이 느껴집니다. 이들의 가르침은 우리 같은 보통 사람들은 상상도 할 수 없는 것이지만 우리 시대의 언어로 이야기하고 있어 충분히 이해할 수 있습니다.

이런 이들이 많이 있지만 우리의 주제와 관련해서 가장 뛰어난 분을 꼽으라면 스웨덴의 에마누엘 스베덴보리(Emanuel Swedenborg, 1688~1772)를 들지 않을 수 없습니다. 제가 인류 역사에 나타난 영능력자들을 모두 섭렵한 것은 아니지만 인간의 영혼과 그 영혼이 거주하는 사후 세계를 스베덴보리처럼 명확하게 설명한 사람은 없는 것 같습니다. 그는 18세기에 활동한 사람으로 비교적 우리 시대와 가깝게 살았습니다. 개신교도였던 그는 당시 스웨덴에서 저명한 철학자이자 과학자였고 신학자였습니다. 그런 그가 도대체 무슨 소명을 받았는지 모르지만 57세부터 매우 강한 영적인 체험을 합니다. 이것은 보통 사람들로서는 정말로 믿기 어려운 체험입니다.

그가 57세가 되었을 때 어느 날 문득 천사가 그를 방문해서 영혼들의 세계(영계)로 가자고 권유합니다. 스베덴보리는 그때부터 영계를 27년간이나 드나드는 은사를 받습니다. 물론 육체로 간 것이 아니라 체외 이탈해서 영체(영혼)로 간 것이지만 말입니다. 이때 천사들이 안내자 역할을 하는데 이 덕에 그는 인간계와 영계의 이중시민권(double citizenship)을 얻은 사람이라고 일컬어지기도 합니다. 그는 이렇게 영계를 27년간이나 왕래하고 돌아다니면서 자신이 본 영계의 실상 뿐만 아니라 천사나 영혼들과 나눈 이야기를 모두 기록으로 남겨 책(『천국과 지옥(De Coeloet de Inferno』, 1758)으로 출간했습니다. 그 내용을 보면, 시대적 한계나 종교적 편향이 없는 것은 아니지만 대체적인 그의 묘사와 설명은 믿기 어려울 만큼 생생하고 정확하다는 느낌을 받습니다.

그의 책은 그가 죽은 뒤에도 계속해서 주목받았지만, 그는 살아 있을 때도 선지자로서 사람들로부터 추앙을 받았습니다. 이런 일도 있었습니다. 한 번은 스웨덴

여왕이 그의 능력을 시험하려고 했던지 그를 불렀습니다. 그에게 말하길 "나에게는 최근에 죽은 어떤 장군의 유언장이 있는데 그 내용은 아무도 모른다. 만일 당신이 이 장군의 영혼을 만나서 유언장의 내용을 내게 정확하게 전달한다면 당신을 인정하겠다"라고 했습니다. 이에 스베덴보리는 영계로 가서 그 장군을 만나 유언장 내용을 듣고는 그대로 여왕에게 전했습니다. 여왕은 모든 것이 정확하다면서 탄복했다는 이야기가 전해집니다. 또 스톡홀름에 큰불이 난 것을 먼 곳에서 투시력으로 알아내고 그 불이 자신의 집에서 아주 가까운 곳에서 꺼질 것이라는 예언을 하기도 했습니다. 이런 예는 부지기수로 많기 때문에 다 예시할 수 없지만 그럴 필요성도 느끼지 못합니다. 관심 있는 분들은 그의 책을 찾아보시기 바랍니다.

그는 이러한 능력 때문에 서양의 최고 지성인들에 의해 칭송받는 인물이 되었습니다. 예를 들어 독일의 대문호인 괴테(Johann Wolfgang von Goethe, 1749~1832)는 『파우스트』를 쓸 때 스베덴보리의 영계 이야기를 읽고 큰 영감을 얻었다고 하더군요. 또 프랑스의 유명한 소설가인 발자크(Honoré de Balzac, 1799~1850)는 스베덴보리의 가르침에서 최고의 종교적 가르침을 체득했다고 전했습니다. 그래서 그런지 발자크는 인생의 말년을 스베덴보리의 저작을 프랑스어로 번역하는 데에 전념했다고 합니다. 그 외에도 심층심리학자인 융(Carl Gustav Jung, 1875~1961)이나 신비주의 시인인 에머슨(Ralph Waldo Emerson, 1803~1882) 같은 이도 스베덴보리를 칭송했습니다. 이런 찬사 가운데 가장 큰 찬사는 서양에 선불교를 처음 소개한 일본의 스즈키 다이세쓰(鈴木大拙, 1870~1966)가 한 것이 아닌가 합니다. 그가 스베덴보리를 두고 "북구의 아리스토텔레스이자 서구의 붓다"라고 했다고 하니 말입니다. 특히 스베덴보리를 붓다의 경지에 이른 사람이라고 치켜세운 것은 매우 이례적입니다. 스즈키처럼 불교에 정통한 사람이 이런 말을 하니 더 이채롭습니다.

나중에 또 설명할 테지만 스베덴보리는 영계가 천국 3층과 지옥 3층으로 구성되어 있고 죽으면 생전에 했던 언행에 따라 이 가운데 하나로 간다고 주장했습니다. 그러니까 그는 영혼과 사후 세계의 존재를 당연하게 생각한 것입니다. 스베덴보리

같은 유럽 최고의 지성인이 영혼을 인정한다는 것은 상당한 권위가 실리는 주장이라고 할 수 있습니다. 그런데 그의 주장이 신빙성이 있는 것으로 믿어지게 된 데에는 다른 계기가 있었습니다. 현대에 들어와서 영혼의 세계나 전생을 연구한 이들이 스베덴보리와 똑같은 주장을 했기 때문입니다. 그가 묘사한 천국이나 지옥의 모습은 세부적인 것은 조금 다를지 몰라도 현대의 연구자들이 역행 최면이나 영매, 근사 체험자들을 통해 밝혀낸 것과 일치합니다. 그래서 그의 가르침이 더욱더 빛을 발하는 것입니다.

이와 비슷한 묘사는 『티베트 사자의 서(바르도 되톨, Bardo Thodol)』에서도 발견할 수 있습니다. 이 책이 처음 세상에 알려졌을 때 대부분의 사람들은 그 내용을 믿지 않았습니다. 사람이 죽었을 때 엄청나게 밝은 빛이 나타난다고 주장하는 『티베트 사자의 서』의 설명은 처음에는 전혀 설득력을 얻지 못했었지요. 그러나 현대에서 근사 체험자들이 같은 체험을 보고하면서 이 책에 나온 묘사는 큰 호응을 얻게 됩니다. 이처럼 영혼과 그 세계를 긍정하는 가르침은 파면 팔수록 더 나오고 있습니다.

이뿐만이 아닙니다. 우리와 동시대를 산 성자들도 같은 주장을 하고 있습니다. 예를 들어 인도의 유명한 구루였던 라마크리슈나(Ramakrishna, 1836~1886)나 그의 제자 비베카난다(Vivekananda, 1862~1902), 그리고 많은 논란을 일으켰던 라즈니쉬(Rajneesh Chandra Mohan Jain, 1931~1990) 등도 사후 세계를 긍정했습니다. 이들이 단지 사후 세계만 인정한 것이 아니라 환생, 즉 윤회도 존재한다고 주장한 것은 잘 알려진 사실입니다. 이들의 종교적 배경이 인도이니 이것은 당연한 일이겠지요. 또 최근까지 생존해 있었으면서 키프로스의 성자로 일컬어졌던 다스칼로스[Daskalos(스틸리아노스 아테쉴리스, Stylianos Atteshlis), 1912~1995]도 같은 입장을 견지하고 있습니다. 그는 기독교인이었지만 사후 세계를 긍정했을 뿐만 아니라 환생과 카르마 법칙에 대해서도 해박했습니다. 그도 스베덴보리처럼 체외 이탈하여 마음대로 영혼들의 세계를 휘잡고 다녔으니 이 같은 주장을 할 수 있었을 겁니다.

이런 주장을 하는 신비가가 외국에만 있었던 것은 아닙니다. 한국에도 뛰어난 신비주의적인 종교가가 있었습니다. 증산교를 세운 강증산이나 원불교를 세운 소태산과 같은 분들이 그들입니다. 이들의 가르침을 보면 환생이나 카르마 법칙에 대한 언급이 자주 나옵니다. 특히 소태산은 원불교를 세웠기 때문에 이 주제에 대해서는 전통 불교와 같은 주장을 합니다. 나중에 카르마 법칙에 대해 강의할 때 말씀드리겠지만 원불교 경전을 보면 카르마 법칙이 적용되는 실례에 대해 상세히 적혀 있습니다. 그러면서 그는 인간이 카르마 법칙에 따라 환생하는 것은 만고불변의 진리이니 그 이치를 잘 알고 따르라고 권하고 있습니다. 이렇게 보면 동서양의 많은 신비가들이 영혼과 사후 세계의 존재에 대해 한없는 긍정을 보이고 있는 것을 알 수 있습니다.

3. 세 번째 증거: 의사들의 증언

영혼과 사후 세계를 인정하는 사람들의 세 번째 부류는 의사들입니다. 의사란 기본적으로 유물론적인 교육을 받은지라 인간의 정신 작용을 인정하지 않는 경우가 많습니다. 이런 사고를 가진 의사들에게 인간이 생각하고 기억하는 기능은 뇌에서 일어나는 화학 작용에 불과합니다. 이들은 이처럼 정신까지 물질로 설명하려는 사람들이니 영혼 같은 것을 인정할 리가 없습니다. 그런데 그런 그들 가운데 영혼을 인정하는 사람들이 나타나기 시작했습니다. 저는 그 가운데에서 가장 많은 주목을 받은 의사를 몇 사람 골라 소개해볼까 합니다.

가장 먼저 소개해야 할 사람은 앞에서도 이야기한 스위스 출신의 정신의학자 퀴블러 로스가 아닐까 합니다. 그는 인간이 죽어가는 과정과 죽음을 최초로 정리한 학자로 이름이 높기 때문입니다. 특히 그는 인간이 죽음을 선고받았을 때 보이는 반응을 다섯 가지로 정리한 것으로 유명하지요. '부정, 분노, 흥정, 우울, 체념'이 그것인데 이에 대한 반론도 많았지만 인간이 죽음을 대하는 태도를 이렇게 산뜻하게 정리한 것은 그가 처음이었습니다. 이 때문에 그는 '죽음학의 대모'라는 별칭을 받기도 했습니다.

그 역시 처음에는 앞에서 말한 의사처럼 사후생(死後生)이나 영혼 등에 대해 별 관심이 없었습니다. 그런데 그는 호스피스 의료를 담당했기 때문에 그가 주로 상대하는 환자는 임종을 앞둔 사람들이었습니다. 그 가운데에는 사망 판정을 받고 살아난 근사 체험자들이 있었는데 그는 이들의 체험을 접하면서 사후생에 대해 비상한 관심을 갖게 됩니다. 그는 그런 사람들의 체험을 연구하고 자신도 영의 형태로 체외 이탈을 직접 체험하는 등 많은 영적인 체험을 합니다. 그 결과 그는 인간의 영혼과 사후생의 존재를 의심 없이 받아들이게 됩니다.

그가 주장한 인간관은 아주 단순해서 이 주제에 처음으로 입문하는 사람들에게 소개하기가 아주 좋습니다. 그에 따르면 인간은 육체(physical body)와 영체(psychic body)로 되어 있는데 사람이 죽으면 육체만 소멸할 뿐이고 영체는 지속됩니다. 그의 이론은 이렇게 간단합니다. 쉽게 말해 인간은 영과 육으로 되어 있는데 인간의 죽음은 원래의 상태인 영체로 돌아간다는 것이지요.

따라서 그에게 죽음이라는 사건은 나비가 허물을 벗어버리듯 노쇠한 육체를 벗는 것에 지나지 않습니다. 흡사 봄이 되면 두꺼운 외투를 벗는 것과 같은 것이라고 할 수 있습니다. 또 그에 따르면 우리는 죽음을 통해 더 높은 의식의 상태로 진화하기 때문에 죽음은 훌륭한 것입니다. 이처럼 죽음은 인간이 발전하는 데에 도움이 되는 일이지 두려워하고 염오(厭惡)할 일이 아닙니다. 주위에서 누군가가 죽음을 말하면 "재수 없으니 죽음에 대해 말하지 마라"라고 하는 경우가 종종 있는데 퀴블러 로스에 따르면 이런 태도가 얼마나 수준 미달인지 알 수 있습니다.

퀴블러 로스가 이런 주장을 하자 이를 반박하는 사람들이 많았던 모양입니다. 예의 유물론자들이겠지요. 그런 그들에게 퀴블러 로스의 답변은 아주 간명했습니다. "어쨌든 당신(사후생을 믿지 않는 사람)들도 죽으면 사후에도 (의식이) 존재한다는 것을 알게 될 것이다"라는 단순한 것이었지요. 단순하지만 매우 힘 있는 답변입니다.

"당신들도 죽어 영혼의 상태가 되면 알게 될 터이니 입 다물고 있으라!"라는 것 아니겠습니까?

그런 그였기에 그가 죽기 직전 한 말이 의미심장합니다. 이때 그는 "나는 은하수로 춤추러 간다. 죽음은 휴가를 떠나는 것과 같다"라고 말했다고 합니다. 이 말은 적확합니다. 죽음은 이 문제 많고 낡아빠진 육신과의 연결을 끊고 자유로운 영적인 에너지의 세계로 가는 것이기 때문입니다. 그런데 일본에서 죽음학의 선풍을 일으켰던 데켄(Alfons Deeken, 1932~2020) 신부에게 직접 들었습니다만 퀴블러 로스가 말년에 오랫동안 치매를 겪었다고 하더군요. 평생을 호스피스 환자를 위해 일하느라 힘들었던 모양입니다.

그의 장례식 때 참석자들이 봉투에 형형색색의 나비를 담았다가 일제히 공중에 날려 보내는 퍼포먼스를 했다는 것은 잘 알려진 일입니다. 그는 생전에 어린이 호스피스 환자를 많이 돌보았는데 그때 뒤집으면 나비로 변하는 애벌레 인형을 항상 갖고 다녔다고 합니다. 어린이 환자들에게 그 인형을 보여주며 "죽음이란 애벌레로서의 삶을 끝내고 아름다운 나비가 되어 날아가는 것"이라고 설명해주곤 했다지요. 이런 일화에서 우리는 그가 죽음에 대해 어떤 태도를 갖고 있었는지를 잘 알 수 있습니다.

다음으로 거론하고 싶은 의사는 이안 스티븐슨(Ian Pretyman Stevenson, 1918~2007)입니다. 그는 일생을 환생을 연구한 학자로 이름이 높습니다. 이 사람에 대해서는 뒤에 환생에 대한 강의에서 자세히 보겠습니다. 그는 평생 미국 버지니아 대학의 의대 정신과 교수로 있으면서 전생을 기억하는 아이를 비롯해 인간의 환생이라는, 정신과와는 전혀 어울리지 않는 주제를 가지고 연구를 했습니다. 그리고 수천의 사례를 남겼고 그 가운데 수백 개를 뽑아 책으로 엮어냈습니다.

그가 인간의 환생 혹은 전생을 연구한 것은 개인의 육체적인 특징이나 성격적인 특성이 어디에서 유래한 것을 알기 위해서라는, 아주 간단한 이유에서였습니다. 이에 대해 대부분은 유전자 이론과 환경영향론으로 설명이 되지만 간혹 설명이 되지 않는 경우가 있습니다. 그에 따르면 이런 경우는 전생에서 그 원인을 찾아야 한다고 합니다. 예를 들어 어떤 아이가 육체의 특이한 곳에 반점 같은 것이 있을 경우, 혹은 아이가 나이에 맞지 않게 술이나 담배를 좋아하는 경우 이런 특이한 행동이나 특징은 전생에서 비롯될 수 있다는 것입니다. 자세한 것은 환생에 대해 강의할 때 설명할 예정이니 그때까지 기다리시기를 바랍니다.

이 주제를 연구하기 위해 그는 전생을 기억하는 것으로 보이는 어린이들을 주된 대상으로 연구했습니다. 그는 왜 어린이를 대상으로 연구했을까요? 그것은 검증할 수 있었기 때문입니다. 이에 비해 볼 때 역행 최면이나 영매들을 통해 알아낸 사람들의 전생은 검증할 수 없는 것 아니겠습니까? 예를 들어, 어떤 영국인을 역행 최면을 했더니 수천 년 전에 이집트에 살았다는 식으로 결과가 나왔습니다. 그런 결과가 나온 것은 그렇다 치지만 문제는 이것을 검증할 수 있는 방법이 없다는 데에 있었습니다. 아무 증거 자료가 없기 때문입니다. 그렇지 않겠습니까? 수천 년 전에 우리 같은 일반인들이 살았던 기록이 어디에 있겠습니까?

그에 비해 스티븐슨이 연구한 어린이들이 기억하는 전생은 불과 몇 년 혹은 수십 년 전에 있었던 전생이었습니다. 그래서 그가 기억하는 전생의 자기는 현재 살고 있는 마을에서 멀리 떨어지지 않은 곳에 살고 있었습니다. 그런데 그가 죽은 지 얼마 되지 않았기 때문에 그곳에는 전생의 가족이나 친척들이 아직도 살고 있습니다. 스티븐슨은 이런 아이들을 찾아 조사한 것이지요. 예를 들면 이런 겁니다. A라는 어린이가 "나는 전생에 옆 마을에서 B로 살았는데 그 마을에는 아직도 내 처와 자식들이 있다"라고 실토했다고 합시다. 그래서 그 진위를 조사해보니 이 어린 A의 말이 다 맞는 것으로 나오면 사례로 채택되는 것입니다. 이 조사를 위해 스티븐슨 교수는 전 세계를 돌아다니면서 2,500여 개의 사례를 모았고 검증 작업까지 마쳤습니다(물론 검증이 불가능한 것도 꽤 있었습니다). 그런 것을 가지고 쓴 책이 『Children Who Remember Previous Lives(전생을 기억하는 아이들)』(2001)와 같은 것이지요. 이 책은 꼭 한국어로 번역되어야 하는데 아쉽게도 아직 번역되지 않았습니다.

그의 연구에서 특이한 것은 전생에 사고로 죽으면 당사자를 죽게 한 그 원인이 다음 생의 몸에 자취를 남긴다고 주장한 것입니다. 예를 들어 전생에 칼에 찔려 사망했을 경우 환생한 몸에는 그 찔린 부위에 하얀 반점 같은 게 생긴다고 하지요. 혹은 당사자가 전생에 내장 가운데 어떤 부위가 크게 아픈 채로 죽었다면 환생했을 때도 똑같은 부위에 질병이 생길 수 있다고 주장했는데 이것도 비슷한 맥락에서 이해될 수 있습니다. 그는 이런 예 200여 개를 모아 『Reincarnation and Biology (환생과 생물학)』(1997)라는 제목으로 책 두 권을 저술했습니다. 한 권의 페이지 수가 천 페이지가 조금 넘으니 전체로는 이천 페이지가 넘는 방대한 분량입니다.

이처럼 그의 연구에는 전생과 환생이라는 주제가 기본적으로 깔려 있으니 그는 당연히 인간의 영혼과 사후 세계를 인정했습니다. 사실 그는 매우 까다롭고 주밀한 학자인지라 "인간은 환생한다"라고 깔끔하게 주장한 적은 없습니다. 대신 상당히 조심스러운 결론을 내놓았습니다. 자신이 사례로 든 것들을 보면 인간은 분명 환생하는 것 같은데 그러나 그것을 가지고 모든 인류가 환생한다고 주장하기에는 사례가 너무 적다고 했습니다. 그가 이렇게 조심스럽게 말했지만 내심으로는 인간은 영혼의 존재이고 환생을 거듭한다고 믿었던 것이 틀림없습니다. 그런 확신이 없었다면 환생에 대한 연구를 그렇게 오래했을 리가 없습니다.

이 주제와 관련해서 다음으로 시선을 끄는 사람은 이븐 알렉산더(Eben Alexander, 1953~)로 하버드대 의대에서 수학하고 신경외과 전문의와 뇌 과학자로서 저명한 의사입니다. 이 사람 역시 의학도로서 처음에는 영혼이나 사후 세계에 대해서는 부정 일색의 태도를 취했습니다. 추측이지만 그는 의사로서 성공해서 돈을 많이 벌고 싶다는 생각밖에 없었을 겁니다. 그건 전혀 이상한 일이 아닙니다. 그러다가 그는 2008년에 박테리아성 뇌막염이라는 치명적인 병에 걸려 뇌사 판정을 받습니다. 이 병은 생존율이 10% 이하인데 실제로는 0%에 가깝다고 합니다. 그런 중한 병이어서 그랬는지 무려 7일 동안 의식 불명 상태에 있게 됩니다. 뇌사 상태로 7일 동안 있는다는 것은 있을 수 없는 일인데 그에게 이런 일이 일어났습니다.

그러다가 기적적으로 의식을 되찾습니다. 그리곤 자신이 그동안 영혼의 상태에서 그 세계에 가서 겪었던 일을 증언합니다. 그의 체험은 일반적인 근사 체험자들의 그것과 다를 바 없었습니다. 즉 인간은 영혼의 존재이고 영혼들이 사는 세계는 말할 수 없이 아름다우며 그곳에는 내가 진정으로 사랑하고 나를 사랑하는 사람이 있다는 것을 체험한 것이 그것이지요. 그는 이 체험을 하고 나서 완전히 다른 사람이 됩니다. 세상에서 중요한 것은 의사로 성공하고 돈을 많이 버는 것이 아니라 이 같은 종교 체험을 해서 인생의 진실을 깨닫고 다른 사람들과 그 지식을 나누는 일이라는 것을 알게 됐기 때문입니다. 그래서 그는 잘 나가던 의사업도 때려치우고 영적인 생활을 하면서 더 연구하고 사람들과 그 결과를 나누는 일을 하고 있다고 합니다. 이 체험을 바탕으로 그는 『Proof of Heaven(천국의 증거)』(2012)이라는 책을 간행했는데 이 책은 미국에서 '센세이셔널'한 반향을 불러일으켰습니다. 그런데 그의 주장은 근사 체험자들의 주장과 다를 바 없으니 여기서는 더 거론하지 않겠습니다. 나중에 근사 체험을 다룰 때 같이 보면 되겠다는 생각입니다. 어떻든 유물주의자였으면서 의사인 알렉산더가 인간은 영혼의 존재이고 우리의 생명은 사후에도 지속된다고 주장한 것은 시사하는 바가 크다고 하겠습니다.

다음에 거론하는 의사는 본인이 직접 영적인 체험을 한 것은 아니고 자신의 연구를 바탕으로 영혼 불멸설을 주장한 사람입니다. 주인공은 네덜란드의 저명한 심장 전문의인 핌 밤 롬멜(Pim van Lommel, 1943~)입니다. 그는 의사였기 때문에 죽었다 살아나온 사람을 접하는 일이 가능했습니다. 특히 그는 심장 질환이 전공이라 이 병을 겪은 환자들이 사망 선고를 받았다가 소생하는 경우를 꽤 보았던 모양입니다. 갑자기 심장에 충격이 와서 사망했는데 심폐소생술 덕에 소생한 환자가 그의 연구 대상이었던 것입니다. 그는 그 가운데 근사 체험을 경험한 사람들을 연구해서 「Near-death experience in survivors of cardiac arrest: a prospective study in the Netherlands(심장 정지 후 회생한 사람의 근사 체험: 네덜란드에서의 전향적 연구)」라는 논문을 썼습니다. 이 논문의 주요 내용은 인간의 영혼(혹은 의식)은 육신과 별도로 존재하고 그 때문에 육신이 멸한 뒤에도 영혼은 남는다는 것입니다. 이 사실을 근사 체험자들의 경험을 바탕으로 증명(?)한 것입니다.

그런데 중요한 것은 이 논문이 세계 3대 의학학술지 가운데 하나라고 하는 《랜싯(Lancet)》(358호. 2001년)에 실렸다는 것입니다. 이것은 죽음학 연구사에서 대단히 상징적인 사건이라고 할 수 있습니다. 서양 의학이 어떤 학문입니까? 과학적으로 증명되지 않는 것은 용납하지 않는 학문 아닙니까? 그런 서양의학계에서 간행하는 정통 학술지에서 이런 논문을 수용했다는 것은 인간의 영혼이 육신과 관계없이 존재한다는 것을 인정한 것이라 할 수 있습니다. 정확히 말하면 서양 의학계가 인간의 영혼을 인정했다는 게 아니라 인간의 의식(영혼)이 육체와 분리된 상태에서도 존재할 수 있다는 주장을 서양 의학계에서도 논의할 수 있다는 것쯤으로 해석할 수 있습니다. 전에는 이런 문제가 거론조차 되지 않았는데 이제는 공개적으로 토론할 수 있게 된 것이지요. 기존의 입장보다 많이 진보된 것이라고 할 수 있습니다. 서양학계의 학술지는 논문 선정 기준이 대단히 까다로워 조금이라도 하자가 있으면 게재될 수 없는데 이 논문은 그런 심의를 다 통과하고 당당하게 게재되었다는 것이 중요한 것입니다. 그는 그 이후에 이 논문을 발전시켜 『Consciousness beyond Life(삶 너머의 의식)』(2010)라는 제목의 책을 발간하기도 했습니다.

이 기세를 몰아 롬멜은 뜻이 맞는 학자들과 함께 2015년에 매우 뜻깊은 선언문을 발표합니다. 「Declaration for Integrative, Evidence-Based, End-of-Life Care that Incorporates Nonlocal Consciousness」라는 제목인데 이것을 번역하는 일은 번거로우니 그냥 건너뛰겠습니다. 이 제목에서 중요한 것은 마지막에 나오는 'nonlocal consciousness', 즉 '비국소적(非局所的) 의식'이라는 것입니다. 이것은 인간의 의식이라는 것이 뇌라는 국소(局所)에 국한되지 않는다는 뜻입니다. 이것은 기존의 유물론적인 설명을 완전히 뒤엎은 것입니다. 그러면서 우리의 의식(영혼)은 뇌와 관계없이 항상 존재했고 모든 곳에 존재한다는 다소 종교적인 주장까지 했습니다. 이런 주장을 할 수 있는 근거는 연구해온 근사 체험이나 임종 침상 비전, 어린이들의 전생 기억 등이 모두 그런 사실을 보여주고 있기 때문입니다. 이런 현상들을 연구해보니 인간의 의식(영혼)이 뇌와 소통은 하지만 뇌가 없으면 사라지는 것이 아니라 뇌가 없어도 기능할 수 있다는 것을 알게 된 것입니다. 그들이 이런 선언을 발표한 것은 호스피스 케어 같은 의료 현장에서 이 같은 세계관이 응용되어 적절한 케어가 이루어져야 한다는 것을 주장하기 위해서였습니다. 호스피스 의료 현장에는 곧 임종을 맞이할 환자들이 많이 있을 터이니 이들에게 이러한 세계관을 소개하여 존엄한 임종을 맞이하게 하려는 것이 주된 목적이었을 겁니다.

위에서 본 의사 외에도 영혼불멸론을 주장한 의사는 많이 있습니다. 전 세계적으로 큰 반향을 일으켰고 국내에서도 큰 인기를 얻었던 미국의 저명한 정신과 의사 브라이언 와이스(Brian Leslie Weiss, 1944~)도 마찬가지입니다. 그의 연구에 대해서는 나중에 자세하게 다루니 여기서는 간단한 소개만 하고 갈까 합니다. 그 역시 의학도로서 처음에는 영혼의 불멸이나 환생 같은 주제를 미신시했습니다. 그러다가 그가 최면을 시도한 한 환자가 의도치 않게 전생 체험을 이야기하면서 그는 인생에서 대격변을 맞이합니다. 인간의 영혼과 환생을 부정하는 입장에서 완전한 옹호자로 바뀐 것이 그것입니다. 그 과정에 그는 영혼들의 세계에 대해 귀중한 많은 정보를 제공하는데 나중에 자세하게 보기로 합니다.

이 정도면 인간의 영혼과 사후 세계를 증명하려고 했던 의사들에 대한 설명이 어느 정도는 되지 않았을까 합니다. 중요한 것은 이 의사들이 그렇고 그런 의사가 아니라 서양 의료계에서 주류에 속하는 사람들이라는 것입니다. 그런 사람들이 이 주제에 대해 긍정적인 발언을 하니 호응이 큰 것입니다. 저 같은 일개 교수 출신은 떠들어봐야 말에 무게가 실리지 않는데 의사들은 인간의 생명을 다루는 사람들인지라 훨씬 권위가 있습니다. 그래서 저는 평소에 의사들은 '준(準)성직자'라고 말합니다. 성직자는 아니지만 그에 버금가는 권위를 갖고 있다는 의미이지요.

4. 네 번째 증거: 최면을 통한 연구

인간의 영혼과 사후 세계를 긍정하는 증좌 가운데 최면, 그중에서도 역행 최면을 통해 나온 결과를 빼놓을 수 없습니다. 역행 최면이란 사람에게 최면을 걸어 그의 의식을 영혼들의 세계나 전생으로 보내는 것인데 이 방법은 검증이 어렵기 때문에 정통 학계에서는 인정하지 않는 추세입니다. 그렇지 않겠습니까? 어떤 사람이 최면 상태에서 "나는 로마 시대에 네로 황제와 가깝게 지냈다"라고 주장한다면 그것을 어떻게 검증하겠습니까? 그러나 이 방법에도 활용할 수 있는 측면이 있어 그것을 여기서 소개해보려고 합니다. 이 방법은 미국에서 많이 채택되었으니 미국의 사례를 중심으로 볼까 합니다.

이 방법 가운데 효시가 된 것은 1950년대에 모리 번스타인(Morey Bernstein, 1919~1999)이라는 사람이 실시한 역행 최면이 아닐까 합니다. 그는 조금 뒤에 설명하게 될 에드거 케이시(Edgar Cayce, 1877~1945)의 영향을 받아 이 실험을 하게 됩니다. 케이시가 자꾸 전생 이야기를 하니까 자신도 실험하고 싶었던 모양인데 그 자세한 사정은 나중에 다른 강의에서 설명할 예정입니다. 그는 한 미국 여성에게 최면을 걸었는데 최면 상태에서 그 여성은 자신이 직전생에 19세기 아일랜드에서 브라이디 머피라는 이름의 여성으로 살았다고 증언했습니다. 이 내용은 1960년대에 『The Search of Bridey Murphy(브라이드 머피를 찾아서)』(1956)라는 제목의 책으로 출간되어 당시 미국 사회에 일종의 신드롬을 만들기도 했습니다. 당시 이 책이 얼마나 큰 반향을 일으켰는지는 같은 제목으로 영화가 만들어졌다는 사실 하나만으로도 알 수 있습니다. 이 영화는 유튜브에서 찾아볼 수 있으니 언제라도 볼 수 있습니다.

사실 최면과 관련된 환생 탐구는 조금 전에 언급한 에드거 케이시로부터 촉발되었다고 해도 틀리지 않습니다. 그러나 케이시는 다른 사람에게 최면을 건 것이 아니라 스스로를 최면을 걸었기 때문에 여기서는 상세하게 다루지 않으려고 합니다. 이 사람에 대해서는 나중에 환생을 강의할 때 자세하게 다룰 예정입니다. 환생과 카르마 법칙의 연구에서 케이시가 제시한 자료는 엄청난 정보를 제공해주었기 때문에 따로 지면을 마련해 세세하게 보려고 합니다. 여기서 밝히고 싶은 것은 케이시는 독실한 기독교인이었음에도 불구하고 인간이 환생하고 인간의 모든 삶에는 카르마 법칙이 작동되고 있다는 것을 강력하게 주장했다는 것입니다. 사실 케이시의 체험만 살펴보아도 인간이 환생한다는 것을 인정하는 데에 부족하지 않을 것이라는 생각입니다. 그가 수천 명의 사람의 전생을 '리딩(Reading)'하고 그 카르마적 관계를 밝혔을 뿐만 아니라 일일이 기록으로 남긴 것은 인류 역사에 전무후무한 일이라 이 분야에서 그의 지위는 '확고부동'하다고 할 수 있습니다. 자세한 것은 나중에 환생 문제를 다룰 때 설명할 예정이니 기다려주시기를 바랍니다.

이 주제와 관련해 미국에서 많은 인기를 누렸던 연구 중에 마이클 뉴턴(Michael Newton, 1931~2016)이라는 최면사가 행한 연구를 빼놓을 수 없을 겁니다. 그는 역행 최면을 통해 사람들을 영계 혹은 전생으로 보낸 것으로 유명한데 특히 주력했던 부분은 영혼들의 세계에 대한 것이었습니다. 사람들을 최면으로 그들이 태어나기 전 상태인 영혼들의 세계로 보내 그곳에서 일어나는 일을 알아보게 했습니다. 이렇게 함으로써 인간의 삶과 죽음에 드리워진 많은 비밀, 즉 우리는 왜 태어나서 여러 가지 일을 겪는지 등에 대한 여러 정보를 알아냈습니다. 그가 창안한 요법은 Life Between Lives(LBL) 요법이라 불리는데 번역하면 '중간세 요법'이라고 할 수 있겠지요. 이 요법의 목적은 우리가 이번 생에 살면서 풀리지 않는 문제를 태어나기 전인 영혼들의 세계로 돌아가 해법을 찾는 것이라고 할 수 있습니다. 대단히 흥미로운 접근으로 생각되는데 여기서도 인간의 영혼과 사후 세계의 존재는 전적으로 긍정되고 있습니다.

정신과 의사로서 역행 최면으로 직접 환자를 고친 대표적인 예는 브라이언 와이스를 들 수 있습니다. 이 사람은 앞에서 소개한 대로 미국 주류의 정신과 의사인데 어떤 여성 환자를 치료하면서 정신의학에서는 비주류에 속하는 최면 요법을 활용했다고 했습니다. 최면법 중에서도 정통 의학에서는 잘 인정하지 않는 역행 최면법을 사용했는데 이 시도가 대단히 성공적이어서 미국 사회에서 크나큰 반향을 불러일으켰습니다. 그는 이 과정에서 인간의 영혼과 환생을 무조건적으로 긍정하게 됩니다. 그에 대해서는 뒤에서 상세하게 다루니 여기서는 이 정도만 설명하겠습니다.

5. 다섯 번째 증거: 근사 체험자들의 증언

마지막으로 볼 증거는 근사 체험자들이 제시한 것인데 이것은 인간의 영혼과 사후 세계가 인정받는 데에 결정적인 역할을 하게 됩니다. 사후 세계의 존재를 부정하는 이들도 아마 근사 체험자의 경험은 무시할 수 없었을 겁니다. 이들의 체험은 너무도 견고해(solid) 부정하기가 쉽지 않기 때문입니다. 이 주제는 대단히 중요해서 이렇게 파편적으로 다루지 않고 다음 강의에서 단독으로 보려고 합니다. 따라서 여기서는 간단하게 소개하는 것으로 그치겠습니다.

근사 체험이란 익히 알려진 것처럼 사고나 수술 등 뜻하지 않은 사건으로 인해 의학적으로 죽은 사람들이 영혼 상태에 있을 때 겪은 일을 지칭하는 것입니다. 이때 죽었다고 간주되는 시간은 수분부터 며칠까지 다양한데 대부분 5~15분 정도라고 합니다. 이 시간이 짧다고 해도 이때 뇌에 산소가 공급되지 않으면 뇌가 치명적으로 손상되어 다시 회복하지 못합니다. 그런데도 근사 체험자들은 죽음에서 살아날 뿐만 아니라 정상 상태로 돌아와 자신이 영혼의 상태에서 방문한 세계에 대해서 말합니다.

그런데 이들이 영혼 상태에서 겪었던 일은 모두 진실로 밝혀집니다. 특히 영혼 상태에서 목격했던 지상의 모습들이 모두 사실과 부합하는 것으로 인정됩니다. 이것은 이들이 사망해서 두뇌의 기능이 멈추었는데도 주위의 모든 것을 인식하고 있었다는 것을 의미합니다. 가장 비근한 예가 수술받다가 근사 체험을 한 사람입니다. 그는 의료진의 실수로 사망에 이르렀는데 그 뒤 그의 영혼이 체외 이탈해 수술실 천장 근처에서 밑을 내려다봅니다. 그때 그는 의사가 간호사와 무슨 대화를 했는지 등 모든 일을 목격하고 나중에 깨어나서 그것을 의사에게 말해주면 의사는 깜짝 놀랍니다. 환자가 분명 사망했는데 수술실 안에서 일어나고 있던 일을 인식하고 있었으니 말입니다.

이런 체험은 보통 더 복잡하게 진행되지만 자세한 것은 다음 강의 때 보기로 합니다. 이 체험에 대한 것은 1970년대 중반에 세상에 알려지기 시작해 미국에서는 1980년대에 학회까지 생기는 등 전문적인 연구가 이루어집니다(이 학회는 지금까지 왕성하게 활동하고 있습니다). 이 체험에 대한 연구를 보면 마치 천기(天機)가 누설된 것 같은 느낌이 듭니다. 그 이전에는 사후 세계에 대해 명확한 실상을 알지 못했는데 이 체험을 연구하면서 인류가 거의 처음으로 사후 세계에 대해 명확한 그림을 그릴 수 있게 되었기 때문입니다. 그전에는 사후 세계를 민담이나 전설, 어떤 때는 미신 같은 것에 의존해 파악했던 것에 비해 이 체험을 연구한 이후에는 사후 세계가 돌아가는 이치를 상당히 정확하게 알게 되었습니다. 이 주제에는 흥미진진한 것이 많은데 자세한 것은 다음 강의 때 보겠습니다.

이렇게 인간의 영혼과 사후 세계가 존재한다는 다섯 가지 증거에 대해 보았습니다. 이렇게 증거를 들이대도 이것을 받아들이지 않는 사람이 있을 수 있습니다. 이 사람들은 사후 세계가 존재한다고 믿는 것은 소망이나 환상에 불과한 것이라고 주장합니다. 그래서 사후 세계는 존재하지 않는다는 것이지요. 그런 사람들에게는 이런 말을 하고 싶군요. 지금까지 본 증거들이 마구잡이 식 정보의 나열이 아니라 매우 논리 정연하고 수미가 일치하게끔 잘 정리되어 있는데 이것을 다 부정할 수 있겠느냐고 말입니다. 아마 이 전체를 부정하는 일은 쉽지 않을 겁니다.

그래도 받아들이기가 어렵다는 사람들에게는 다시 이렇게 묻고 싶군요. 앞에서 본 내용들이 모두 소망이나 환상에 불과한 것이라면 어떻게 체험자들이 모두 같은, 혹은 적어도 아주 비슷한 이야기를 하고 있느냐고 말입니다. 다시 말해 사후 세계에 대한 믿음이 환상이나 소망에 불과하다면 어떻게 그 많은 사람이 이런 환상을 공유하면서 같은 내용을 말하는지 답해보라는 것입니다.

한 걸음 더 나아가서 사후 세계를 부정하는 사람들은 이런 내용들이 그저 환상이라고 치부하는 것으로 그치지 말고 환상이라는 것을 증명해야 할 것입니다. 조금 더 구체적으로 말하면, 사람이 몸을 벗으면 영체(영혼)가 되어 그 거처인 영계로 간다는 (그리고 때가 되면 다시 새로운 육신을 택해 온다는) 사실이 환상이라고 증명해보라는 것입니다. 이 일에 성공해야 그들의 사후 세계 부정설이 진실(true)이 되는 것이지 그렇지 않으면 그들의 주장은 입지를 잃어버리게 됩니다. 사실 이런 문제는 논쟁할 필요가 없습니다. 영적인 것을 추구하는 세계에서는 타인에게 어떠한 것도 강요하기 때문에 믿기 싫다는 사람과 억지로 토론할 필요를 느끼지 못합니다. 적당한 정보만 주고 그것을 수용하느냐 마느냐는 각자에게 맡기면 됩니다.

제5강

"근사 체험이란 무엇인가?"

사후 세계 연구에서 근사 체험은 왜 중요한가?

근사 체험은 사후 세계의 연구 역사에서 대단히 중요한, 아니 가장 중요한 '터닝포인트'를 제공했다고 할 수 있습니다. 그래서 이렇게 아예 강의를 따로 마련해 자세하게 보려고 합니다. 사실 죽음학 전체에서 볼 때 근사 체험이라는 주제는 작은 부분에 불과합니다. 그러나 이 근사 체험의 연구를 통해 인류 역사상 처음으로 사후 세계를 명확하게 그려낼 수 있었다는 의미에서 이 체험의 중요성은 아무리 강조해도 지나치지 않을 것입니다.

앞에서도 계속해서 언급했지만 인류는 근사 체험을 체계적으로 연구하기 전에는 사후 세계에 대한 그림을 객관적으로 그릴 수 없었습니다. 그저 몇몇 종교나 특정의 신비가가 전하는 것 외에는 사후 세계에 대한 명확한 정보를 접할 수 없었습니다. 인류는 이 정보를 가지고 사후 세계를 대강이나마 알 수 있었지만 부족한 점이 많았습니다. 어떤 것이 부족했을까요? 무엇보다도 이전에는 사후 세계를 비유적인 묘사가 아니라 직접적이고 객관적으로 묘사한 설명이 없었다는 것입니다. 다시 말해 "이게 사후 세계의 실상이다!"라고 말한 예가 없었다는 것이지요.

그러다 몇몇 선구자 덕에 죽었다 살아나온 근사 체험자들이 '커밍아웃'하면서 사후 세계의 비밀이 벗겨지기 시작했습니다. 그들은 육체로서는 사망 선고를 받았지만 영혼이라는 또 다른 형태로 존속했고 그 상태에서 겪은 일이 밝혀지면서 사후 세계가 서서히 베일을 벗기 시작한 것입니다. 문제는 이들이 주장하는 것이 진실인지 아닌지를 어떻게 아느냐는 것이었습니다. 근사 체험을 부정하는 사람들은 ─ 이 가운데에는 의사가 많지만 ─ 이를 두고 약물의 과다 투여 혹은 산소의 공급 과잉으로 일어난 일종의 환상으로 치부하는 경우가 많습니다. 따라서 사후 세계 같은 것은 존재하지 않는다는 것이지요. 그런데 수많은 근사 체험자들을 조사해본 결과 그들이 겪은 것은 사소하게 다른 점은 있지만 큰 틀에서는 정확하게 일치했습니다. 그들은 자신이 속한 나라나 인종, 성별, 나이와 관계없이 거의 같은 경험을 한 것이지요. 그러니 그들의 경험을 믿을 수밖에 없는 것입니다. 그 외에도 이들의 체험을 신임할 수 있는 많은 증거들이 있는데 이것은 본론에서 보기로 하겠습니다. 그럼 먼저 근사 체험이 무엇인가에 대해서 보기로 합니다.

1. 근사 체험이란 무엇인가?

근사 체험에 대해 정의하기 전에 먼저 언급하고 싶은 것은 용어 문제입니다. 시중에서는 이 근사 체험이라는 용어보다는 '임사 체험'이라는 용어가 더 많이 쓰이는 것 같습니다. 임사 체험이라는 용어도 문제는 없습니다마는 저는 근사 체험 쪽이 더 정확하다고 생각해 이 용어를 쓰고 있습니다. 근사 체험은 영어의 'near-death experience(NDE)'를 번역한 것인데 여기 나오는 'near'가 가깝다는 뜻이니 '근(近)' 자를 쓴 것입니다. 반면 임사라고 할 때 '임(臨)'은 그저 임한다는 뜻이지 반드시 가깝다는 것을 나타내는 것은 아니어서 저는 쓰지 않습니다.

이것보다 더 중요한 사안은 근사 체험을 정확하게 정의하는 일입니다. 앞에서 근사 체험은 사고나 수술 등을 당해 의학적으로 죽은 것으로 판명된 사람이 다시 살아나 자신이 영혼 상태에서 겪은 체험을 의미한다고 했습니다. 그런데 근사 체험자들이 의학적으로는 죽었다고 판명됐는지 몰라도 영적으로는 완전히 죽은 것이 아니라고 할 수 있습니다. 그런 까닭에 근사 체험을 할 때 겪은 죽음은 '탯줄을 자르지 않은 죽음'이라고 하는 사람도 있습니다. 완전하게 죽은 것이 아니라는 것인데 이것을 이해하기 위해 기독교 측의 설명을 인용해볼까 합니다.

기독교 전통에 따르면 우리의 몸과 영혼은 은줄(silver thread)로 연결되어 있다고 합니다. 이 줄은 생명선이라고도 할 수 있는데 우리가 통상적으로 말하는 죽음은 이 선이 끊어진 상태를 말합니다. 이 선이 끊어지면 이승으로는 다시 올 수 없고 저승 쪽으로 향하는 수밖에 없습니다. 그래서 제가 농담조로 이런 상태가 된 사람은 예수님의 할아버지가 와도 살릴 수 없다고 말하곤 했지요. 그런데 만일 육신은 죽음을 당했지만 이 선이 육신에 연결되어 있으면 영혼이 언제라도 몸으로 돌아오는 것이 가능하다고 합니다. 이런 시각에서 보면 근사 체험자들은 이 생명선이 끊어지지 않았기 때문에 육신으로 돌아올 수 있었다고 할 수 있겠습니다.

앞에서 근사 체험 시 죽어 있던 시간에 대해 말할 때 보통 5분에서 15분이라고 했습니다. 그런데 그 기간이 이보다 훨씬 더 긴 경우도 있는 것 같습니다. 이것은 이란에서 실제로 있었던 일인데 어떤 남자가 교수형으로 죽임을 당했는데 글쎄 하루 만에 살아났다고 합니다. 이런 경우 선진국에서는 그 죄수를 살려준다고 하더군요. 한 번 죽였으니 두 번 죽일 수는 없다는 것이겠지요. 그런데 이란에서는 그 죄수를 다시 죽였다고 합니다. 이란은 법 집행이 엄한 모양입니다.

같은 일은 한국에서도 있었습니다. 교도소에서 간수 생활을 오래 한 사람이 전한 이야기입니다. 어떤 사형수를 교수형을 시켰는데 그가 다시 살아났다는 겁니다. 그 간수에 따르면 사형을 집행한 다음에 굉장히 까다롭게 검사를 한다고 하더군요. 이 죄수가 진짜 죽었는지를 확정하기 위해 여러 단계를 거쳐 마지막에 교도소 소장이 사인해야 완전히 죽은 것으로 간주한다는 것입니다. 그런 과정을 거친 다음 죄수의 시신을 안치대에 누여 놓았는데 이 사람이 갑자기 숨을 몰아쉬면서 상체를 벌떡 일으켰답니다. 그리곤 숨을 크게 몇 번 내뱉었는데 이에 깜짝 놀란 간수들은 그 죄수를 결박해 다시 교수형을 시켰다고 하더군요. 한 번 죽인 사람을 또 죽인 겁니다. 당시 한국은 선진국이 아니어서 이런 불상사가 일어난 것 같습니다. 지금 같으면 살려줄 뿐만 아니라 세세하게 조사해서 죽어 있던 동안 과연 무슨 일이 있었는지를 기록에 남길 수 있었을 텐데 말입니다. 그런데 이 이야기를 한 사람도 이렇게 할 필요성을 전혀 모르더군요.

이와 관련해 재미있는 이야기가 또 있습니다. 유럽의 경우인데 그곳에서는 전근대 시대 때 무덤 앞에 종을 달아놓는 경우가 있었다더군요. 이 종에는 끈이 달려 있고 이 끈은 관 안에 있는 시신에 연결되어 있습니다. 이렇게 하는 이유는 혹시라도 죽었던 사람이 다시 깨어날지 모르기 때문이랍니다. 만일 그가 죽지 않고 깨어나면 손으로 이 끈을 잡아당겨 종을 칠 수 있게 한 것입니다. 이런 일이 실제로 얼마나 일어났는지는 모르지만 어떻든 재미있는 발상입니다.

2. 드디어 빗장이 열리는 사후 세계

앞에서 말한 것처럼 1970년대가 되자 사후 세계 연구에 큰 전기가 찾아옵니다. 그동안 감추어져 있었던 사후 세계에 대한 빗장이 열리기 시작한 것이지요. 근사 체험에 대한 학술적이고 과학적인 연구가 나오기 시작한 것입니다. 그 효시가 된 것은 잘 알려진 것처럼 1975년에 출간된 레이몬드 무디 주니어(Raymond Moody Jr.,1944~)의 『Life After Life(삶 이후의 삶)』라는 책입니다. 이 책이 나왔을 때 사람들은 경악해했습니다. 사후 세계의 모습이 적나라하게 드러났기 때문입니다. 이 책은 학자에 의해 쓰였기 때문에 그 진실성을 의심할 수 없었습니다. 그 때문에 이 연구는 더 이상 비과학적이라고 경멸당하거나 부정당하지 않았습니다. 물론 이 연구를 인정하지 않는 반대파들은 연구 결과를 받아들이지 않았지만 말입니다.

더 놀라운 일이 있었습니다. 이 책이 발간된 후 자신도 근사 체험을 했다고 주장하는 사람들이 대거 '커밍아웃'한 것입니다. 왜 이런 일이 발생했을까요? 사실 이전에도 근사 체험을 한 사람은 많이 있었습니다. 그런데 그들은 자기 체험을 말할 수 없었습니다. 왜냐하면 주위에서 매도하기 때문입니다. 근사 체험한 사람이 '(자동차) 사고를 당했을 때 나는 혼이 빠져나가 내 몸을 바라보고 있었어'라고 말하면 '무슨 뚱딴지같은 소리를 하느냐' 혹은 '죽다 살아나더니 정신이 회까닥했군'하는 식으로 비아냥거리는 말을 듣기만 했습니다. 그래서 체험자들은 미친 사람이라는 소리를 듣지 않으려고 아예 입을 닫아버렸습니다. 그러다가 무디의 이 책이 나오자 그들은 힘을 얻은 나머지 '이제는 내 체험을 말해도 괜찮겠지' 하면서 발설하기 시작한 겁니다. 당시 갤럽 조사에 따르면 1980년대에 수백만 명의 사람들이 커밍아웃을 했고 그 수는 계속 늘어났다고 합니다.

3. 근사 체험 연구의 시작을 알린 학자들

i. 근사 체험 연구의 아버지 레이몬드 무디 주니어

이 연구의 효시가 된 사람이 레이몬드 무디 주니어이니 이 사람에 대해 조금 알아봐야 하겠습니다. 무디는 원래 대학에서 철학을 전공해 학위를 땄는데 죽음에 대해 강의를 많이 한 모양입니다. 그런데 강의가 끝난 뒤 학생들이 찾아와 자신이 죽었다 살아난 적이 있다고 하면서 체외 이탈한 체험을 말해주었답니다.

이들의 체험에 비상한 관심을 느낀 그는 의학을 공부해 의사 면허증을 땁니다. 굳이 의사 면허증을 딴 것은 아무래도 의사가 되어야 근사 체험자들을 쉽게 만날 수 있기 때문이었을 겁니다. 이것은 잠깐만 생각해보면 알 수 있는 일입니다. 근사 체험자들은 한 번 죽은 사람이기에 병원에 가 있을 확률이 높지 않겠습니까? 의사가 된 후 그는 근사 체험을 했다고 주장한 150명의 사례를 모았고 그것을 바탕으로 책을 쓴 것입니다. 그리고 근사 체험 연구사에서 중요한 것은 그가 이 체험을 지칭하는 용어인 'near-death experience(NDE)'를 처음 만들어 사용했기 때문입니다. 무디의 책은 한국에서도 1977년이라는 대단히 이른 시기에 번역되는데 저는 대학 시절 읽고 많은 감동을 받았던 기억이 납니다. '사후 세계는 분명히 존재하는 것이구나'라는 각성과 함께 말입니다. 그래서 몇 번이고 이 책을 읽었습니다. 이 책은 그 뒤에 많은 나라에서 번역되어 전 세계적인 반향을 얻었습니다.

여기서 먼저 보고 싶은 것은 그가 정리한 근사 체험의 단계입니다. 나중에 조금 달라지는데 처음에 무디는 다음과 같은 9가지의 단계와 그 상태에 대해 설명하고 있습니다.

1단계. 소음 듣기
2단계. 매우 평화스러운 느낌
3단계. 체외 이탈
4단계. 터널을 통과하는 느낌
5단계. 하늘로 올라가는 느낌
6단계. 종종 먼저 사망한 친척을 봄
7단계. 빛의 존재를 만남
8단계. 자신의 삶에 대한 시각적 회상
9단계. 현실 삶으로 돌아옴

이 단계에 대해서 학자들은 조금씩 다른 숫자를 제시합니다. 무디도 나중에 이 단계에 몇 단계를 더 보탭니다. 저는 뒤에서 이 단계를 간단하게 5단계로 축약해서 볼 예정입니다.

그 전에 무디가 설명한 것을 잠시 소개해보면, 처음에 우리가 몸을 벗을 때 '즈즈즈…' 같은 소음을 듣는 경우가 있다고 합니다. 아마 영혼이 몸과 분리되는 과정에 나는 소리인 것 같습니다. 그렇게 해서 영혼과 육신이 분리되면 경험자 대부분은 마음이 차분해진다고 하지요. 이것은 체외 이탈 상태가 되어 이 문제 많은 육신에서 벗어났기 때문에 느끼는 평온감일 것입니다. 육중한 육신을 벗었으니 얼마나 시원하겠습니까?

그다음에는 저 위에 있는 밝은 빛을 목격하고 그것을 향해 빠른 속도로 날아갑니다. 무디는 이것을 터널을 통과하거나 하늘을 날아가는 것으로 묘사하고 있습니다. 이때 많은 경우 먼저 타계한 가족이나 친지, 친구들을 만나게 됩니다. 예를 들어 먼저 가신 아버지를 만나게 되는데 그때의 반가움을 말로 다 할 수 없는 모양입니다. 이처럼 먼저 타계한 고인들과 재회하는 체험은 이때 빼놓지 않고 등장하는 사건입니다.

그다음에 가장 중요한 사건이 나오는데 말할 수 없이 밝은 빛과 만나는 사건입니다. 이 단계까지 겪고 온 사람은 근사 체험에서 깨어난 다음에 완전히 다른 사람이 됩니다. 이 빛의 존재와 함께하는 일 가운데 가장 중요한 일은 지난 생을 리뷰하는 것입니다. 이때 당사자가 지난 생에서 겪었던 일 가운데 가장 중요한 일이 영상으로 바로 앞에 펼쳐진다고 합니다. 그런데 희한하게도 그제야 그 일들이 왜 일어났는지 알게 된다고 합니다. 예를 들어 나는 왜 나를 구박만 했던 아버지 밑에 태어났는지, 왜 내 남편은 술주정뱅이였는지, 왜 내 아들은 어려서 죽었는지 등등 살아있을 때는 전혀 알 수 없었던 일들의 원인을 알게 된다고 합니다. 이 영상에는 자신이 잘못 하는 것도 많이 나오는데 이 빛의 존재는 그때에도 질책하지 않고 무조건적인 사랑과 수용으로 당사자를 감싼다고 합니다. 이 같은 사랑은 이 지상에서 사는 사람들에게서는 한 번도 받아본 적이 없는 것이라 당사자는 이때 종교적인 경지에 달하는 엄청난 회심(conversion) 체험을 하게 됩니다. 이에 대해서는 바로 뒤에서 상세하게 설명할 예정입니다.

다음이자 마지막은 몸으로 돌아오는 것입니다. 당사자가 빛의 존재, 혹은 다른 천상의 존재와 함께 있으면 그곳이 너무 좋아 더 머물려고 하는 경우가 많다고 합니다. 이때 빛의 존재나 다른 천상의 존재는 "당신은 아직 지상에서 할 일이 있어 돌아가야 한다"라고 부드럽게 말합니다. 말한다고 하지만 소리를 내서 하는 것은 아니고 무언으로 전달하는 것이지요. 이를테면 텔레파시 같은 것이라고나 할까요? 그 말을 들으면 당사자는 돌아갈 수밖에 없다고 합니다. 어떤 때는 뒤에서 어떤 힘이 잡아당기는 느낌을 받는 경우도 있는 모양입니다. 그렇게 해서 눈을 뜨면 당사자는 육신과 다시 연결된 자신을 느낍니다.

이런 내용을 무디가 책으로 발표하자 사람들이 난리가 났습니다. "나도 저런 경험을 한 적이 있다"라고 하면서 말입니다. 이 점은 앞에서 이미 말했습니다. 이와 더불어 학계에서도 이 진귀한 정보에 귀를 기울이기 시작했습니다. 학술적으로 연구할 필요를 느낀 것이지요. 그 결과 1980년이 되어 첫 번째 학술 연구가 나옵니다. 이제 그것을 보려고 합니다.

ii. 근사 체험을 처음으로 학술적으로 연구한 케니스 링

이 장의 주인공은 미국 코네티컷 대학 심리학과의 명예 교수인 케니스 링(Kenneth Ring, 1935~)입니다. 링은 근사 체험을 연구하고 1980년에 『Life at Death(죽음 앞의 삶)』라는 책을 출간했습니다. 이 책은 근사 체험에 관한 한 최초의 연구서가 됩니다. 이 책을 필두로 지금까지 얼마나 많은 근사 체험 연구서가 나왔는지 모릅니다. 그 점에서 이 책은 근사 체험 연구사에서 큰 비중을 차지하는데 안타깝게도 한국에는 번역이 되지 않았습니다.

제가 2006년에 근사 체험에 대한 학술적인 개론서(『죽음, 또 하나의 세계』)를 한국 학계에서 처음으로 출간했는데 그때 이 책이 많은 도움을 주었습니다. 이 책이 없었다면 제 책을 쓰지 못했을 것입니다. 이렇게 한 주제에 관해 학술서가 나오는 것이 중요한 이유는 학술적인 연구는 주제에 관해 객관적인 접근을 하기 때문입니다. 그럼으로써 누구나 믿을 수 있는, 혹은 수용할 수 있는 보편적인 근거를 마련해줍니다.

이렇게 연구하기 위해 연구자들은 비교 연구나 통계를 많이 활용합니다. 그래야 좀 더 객관적으로 보일 수 있기 때문입니다. 링의 연구도 이렇게 진행됩니다. 그는 우선 근사 체험자와 비 체험자를 나누어 비교 연구를 하였습니다. 전체 구도를 이렇게 '세팅'하고 연구 대상자들을 남녀, 나이, 종교, 인종, 결혼 여부, 교육 정도 등의 변수로 구분하여 그 차이점을 연구했습니다. 예를 들면 이런 겁니다. '근사 체험을 한 사람과 체험하지 않은 사람이 이혼하는 비율은 차이가 있는가?', '있다면 왜 그런 일이 발생하는가?', 더 나아가서 '근사 체험을 결혼 전과 후에 한 것은 각각 당사자가 이혼하는 데에 어떤 영향을 미치는가?', '미친다면 그것은 어떤 이유에서일까?' 하는 등등이 그것입니다. 이런 게 학술적인 연구입니다. 나누고 구분해서 차이를 밝히는 것 말입니다. 그래서 학술 연구는 '지루한' 과정이 될 수밖에 없고 그 때문에 재미가 없을 수 있습니다. 연구자들은 이런 게 재미있는데 그것을 읽는 독자들은 흥미를 느끼지 않을 수 있지요.

링이 근사 체험 연구사에서 행한 독자적인 업적이 하나 더 있습니다. 위의 책을 내고 다음 해(1981년)에 국제근사체험연구학회(IANDS, International Association of Near-Death Studies)를 발족한 것이 그것입니다. 그는 초대 공동 회장직을 맡지요. 어느 주제를 연구할 때 학회라는 것은 대단히 중요합니다. 다양한 분야의 학자들이 공동의 장으로 나와 자기가 연구한 것을 발표하고 서로 나눔으로써 연구의 깊이나 질이 올라가기 때문입니다. 이 학회는 지금까지도 계속되고 있고 일 년에 몇 번씩 작은 학술지를 내고 있습니다. 벌써 40년이 넘은 학회인데 그사이에 얼마나 많은 연구가 축적되었겠습니까? 근사 체험에 관한 연구는 미국에서 이렇게 대단위적으로 진행되고 있습니다.

iii. 그 외의 연구

근사 체험의 연구는 앞에서 본 의학자들도 대거 참여했습니다. 대표적인 예가 퀴블러 로스인데 그는 이 주제에 대해 『On Life after Death』(1991)라는 책을 남겼습니다. 저는 이 책을 1996년에 '사후생'이라는 제목으로 번역 출간한 바 있습니다.

이 책은 그가 연구한 것이라기보다는 그동안 강연했던 것을 모아서 낸 것입니다. 그동안 자신이 어떻게 해서 인간의 죽음과 사후 세계에 대해서 흥미를 갖게 되었는지를 서술한 것이지요. 강의체라 그런지 읽기가 아주 수월하고 생생합니다. 이 책에는 많은 감동적인 이야기가 있지만 가장 기억에 남는 것은 로스가 이미 죽은 자신의 환자를 만난 것이었습니다. 물론 그 환자는 영혼으로 나타났지요. 이것은 정말 충격적인 일인데 그 간단한 내용은 이렇습니다. 로스는 병원에서 호스피스 담당 의사로 일하고 있었는데 너무 힘들어 그만두려는 생각을 강하게 갖고 있었습니다. 그러던 중 어느 날 수개월 전에 죽은 환자가 영혼의 모습으로 대낮에 그의 앞에 나타납니다. 그 영혼은 로스에게 크게 감사하다고 말하곤 그녀가 병원을 그만두어서는 안 된다고 극력 말렸습니다. 자신도 로스의 덕택에 좋은 임종을 맞이했는데 앞으로 오는 환자들도 로스의 질 높은 간호를 받아야 한다는 것이었지요. 그는 그렇게 말하곤 사라져버렸습니다.

이 이야기는 정말로 믿기 어렵지만 로스 같은 세계적인 학자가 거짓말할 리가 없지 않겠습니까? 사실 이것은 나중에 보게 될 사후 통신(After-Death Communication)의 전형적인 예입니다. 이런 일이 자주 일어나는 것은 아니지만 그렇다고 일어날 수 없는 일도 아닙니다. 그렇지만 이 사례처럼 대낮에 사람 많은 병원에 영혼이 나타나 육신을 가진 인간과 대화하는 것은 아주 희귀한 일입니다. 그 후에 로스는 몸과 영혼을 분리하는 체외 이탈도 직접 체험하는 등 나름의 영적인 체험을 합니다.

다음 예는 앞에서 본 이븐 알렉산더인데 그에 대해서는 이미 대강 설명했으니 여기서는 그가 근사 체험을 하면서 겪은 이야기를 소개할까 합니다. 이 이야기가 귀중한 이유는 여기에 나온 내용 덕에 근사 체험이 환상이 아니라 사실이라는 것을 더 확실하게 인정할 수 있었기 때문입니다. 특히 알렉산더가 근사 체험을 한 후에 사람이 전적으로 바뀐 것도 근사 체험이 진실하다는 주장을 방증하는 것이라고 할 수 있습니다.

그가 의식 불명의 상태가 되어 체외 이탈을 했을 때 그는 매우 아름다운 영혼들의 세계를 어슬렁거리고 있었습니다. 거기에서 그는 매우 아름다운 젊은 여성을 만났는데 그녀가 그에게 보내는 사랑은 절대적이었던 모양입니다. 그녀는 그에게 "당신은 사랑받고 있으니 두려워할 것이 없다. 그리고 당신은 잘못한 것이 없다"라는 식의 말을 건넸는데 그때 알렉산더는 엄청난 안도감과 전적인 수용, 그리고 한없는 자비를 느꼈다고 합니다. 이것은 앞에서 말한 것처럼 근사 체험을 하는 사람들이 빛의 존재를 만났을 때 경험하는 무조건적인 사랑 같은 것이었던 모양입니다. 이 체험 때문에 알렉산더는 회복된 후 진정한 인간으로 되살아나 잘 나가던 의사직도 그만두고 근사 체험에 대해 간증(?)하고 다니면서 자신의 체험을 널리 알리는 데에 주력하고 있습니다.

이야기가 여기서 끝나면 별로 극적인 게 없습니다. 그는 체험 후에 '도대체 내 체험에 나타난 그 여성은 누굴까?'라는 의문을 계속 갖고 있었습니다. 그는 전혀 모르는 여성이었는데 천사처럼 매우 온화한 사람이었습니다. 그런데 이 체험 후 알렉산더는 자신이 입양되었다는 사실을 알게 됩니다. 자연스럽게 그는 육신의 부모가 궁금해졌지요. 마침 어렵지 않게 친부모를 만나게 되었는데 그때 놀라운 사실을 알게 됩니다. 친부모의 가족사진에 그 여성이 있었던 것입니다. 친부모에게 누구냐고 물었더니 그녀는 알렉산더가 그 존재를 모르는 여동생이라고 말해줍니다. 그가 입양 간 뒤 이 여동생이 태어났는데 어려서 죽었기 때문에 알렉산더는 그 존재를 전혀 알 수 없었다고 합니다. 이 여성이 알렉산더가 영혼의 세계에 갔을 때 기다리고 있었던 것입니다. 사정이 이렇게 되니 알렉산더의 근사 체험은 절대로 부정할 수 없는 사실로 판명됩니다. 이유야 간단하지요. 그가 영혼들의 세계에 가서 그녀를 만나지 않았다면 이 같은 증언을 할 수 있었겠습니까?

이런 예는 뒤에 또 나옵니다. 아니 이런 예가 너무 많아 다 다룰 수 없는 지경입니다. 앞에서 알렉산더는 이런 경험을 하고 의사직을 그만두었다고 했습니다. 그런데 제가 우연히 국제근사 체험학회의 홈페이지에 들어가 보았더니 알렉산더가 2022년 학회 때 발표를 했더군요. 학회에서 발표도 하니 아예 이 분야에서 전문가가 된 모양입니다. 이 같은 체험을 하면 세상의 다른 것들이 시시해 보여 이처럼 영적인 일에만 전념하는 경우가 많은데 알렉산더도 예외가 아닙니다.

이 이외에도 롬멜 같은 학자가 있지만 앞에서 언급했으니 여기서는 그냥 통과하기로 하지요. 앞에서 언급한 롬멜의 저서인 『Consciousness beyond Life』를 보면 그가 얼마나 주밀하게 연구했는지 알 수 있습니다. 이런 책이 번역되어 출간되어야 하는데 아직 그런 소식이 없어 안타깝습니다. 이 정도면 이 근사 체험에 대해 어떤 연구가 있었는지 대강 알 수 있었을 겁니다. 이번에는 근사 체험 자체에 대해서 보았으면 합니다. 이 체험은 단계로 나눌 수 있으니 단계별로 보겠습니다.

4. 근사 체험의 단계들

근사 체험은 일련의 단계들로 진행되는데 이 단계에 대해서 학자들은 조금씩 다른 주장을 합니다. 예를 들어 무디는 9단계 내지 11단계를 주장했고 롬멜은 10단계를, 그리고 링은 5단계를 주장했습니다. 저는 설명할 때 항상 간단하게 하는 것을 좋아하기 때문에 이번에도 최소 숫자인 다섯을 택하겠습니다. 다섯 단계로 설명하겠다는 것입니다.

i. 첫 번째 단계: 체외 이탈

이 단계는 영어로 'Out of Body Experience(OBE)'라고 하듯이 우리의 영혼이 몸 밖으로 나가는 단계를 말합니다. 체외 이탈을 '유체 이탈'이라는 별명으로 부르는 경우도 있는데 이때 유체(幽體)는 학술적인 용어가 아니라 저는 이 표현을 쓰지 않습니다. 유체는 육체의 복제품 같은 것으로 그 밀도가 육체보다 훨씬 희박한 것을 의미하는 것 같은데 정체가 불분명해 쓰지 않는 것이 좋겠습니다.

그래서 체외 이탈이라는 중립적인 용어를 쓰는데 이 말을 그대로 따르면 육신에 갇혀 있던 영혼이 몸에서 빠져나오는 것처럼 들립니다. 그런데 이것도 정확한 설명이 아닙니다. 영혼은 육신에 갇혀 있지 않습니다. 나중에 영혼에 대해 살펴볼 때 정확히 말하겠지만 영혼은 육신보다 상위 개념으로 육신을 감싸고 있다고 할 수 있습니다. 그러니까 영혼은 일종의 장(field)과 같은 것이죠. 육신은 영혼에 프로그램된 대로 만들어졌기 때문에 영혼의 하위 개념이라고 한 것입니다. 우리가 지상에서 생활할 때는 육신이 영혼의 에너지장 안에서 활동합니다. 그러다 죽음을 맞이하면 이 영혼은 육체와 분리되어 원래의 모습으로 돌아가는 한편 육신은 소멸됩니다. 그렇게 되면 원래대로 영혼만 남는 것이지요. 그러니까 죽음이라는 사건을 영혼이 빠져나가는 것으로 이해하면 곤란하다는 것입니다. 그러나 이 설명이 어려우면 그냥 영혼이 빠져나간다고 생각해도 무방하겠습니다.

이렇게 영혼이 육신과 분리되는 것은 큰 사고가 났을 때나 병원에서 수술할 때 많이 발생합니다. 육신이 다시 회복할 수 없을 정도로 망가지면 육신과 영혼의 고리가 느슨해져 영혼이 자유롭게 됩니다. 큰 교통사고가 나거나 수술하다가 의료진의 실수로 마취제가 과다 투여되면 영혼이 자동으로 풀려나와 공중에서 자신을 비롯해 그 주위 환경을 바라보게 됩니다. 이게 바로 체외 이탈 체험입니다.

이 체험을 사실로 받아들일 수밖에 없는 것은, 당사자가 나중에 의식이 깨어난 뒤 코마 상태에 있었을 때 일어난 일을 다 기억하기 때문입니다. 병원에서 수술받을 때 이런 일이 일어나면 대체로 다음과 같이 일이 진행됩니다. 당사자가 의식을 되찾은 후 그는 의사에게 자기가 영혼의 상태에 있을 때 본 것을 이야기합니다. 의사와 간호사가 나누었던 말이나 어떤 도구를 썼는지 등에 대해 말하는 것이지요. 그러면 의사는 많은 경우 환자의 진술이 환상이라고 치부해버리면서 무시합니다. 아예 응대를 하지 않습니다. 그러나 환자가 수술 장면을 정확히 기억하니 그의 말을 전적으로 부정하기도 힘든 상황이지요.

여기에 부합되는 예는 아주 많은데 가장 극적인 예를 들어보겠습니다. 근사 체험 연구자들 사이에는 유명한 예인데 미국에서 있던 일입니다. 마리아라는 이름의 여성이 수술을 받다 체외 이탈을 했습니다. 그의 영혼은 수술실에만 있지 않고 병원 밖으로 나갔습니다. 그때 건물의 창문 밑에 운동화가 있는 것을 보았습니다. 다른 것도 많이 보았지만 이 신발에만 집중하겠습니다. 왜냐하면 이 신발이 있던 장소는 병원 내부에서는 절대로 볼 수 없는 곳이었기 때문입니다. 드론을 타고 병원 외부에 떠서 보지 않으면 볼 수 없는 곳에 있었던 것입니다. 수술이 끝난 뒤 이 사실을 의료진에게 말하자 처음에는 당연히 그녀의 말에 귀를 기울이지 않았습니다. 그러나 마리아가 말한 곳에 그 신발이 있는 것을 확인하자 의료진들도 마리아가 경험한 것을 부정할 수 없었습니다. 그렇다고 해서 상황이 달라진 것은 없습니다. 의료진들은 곧 그 사실을 잊어버렸으니까요.

이상이 대강 훑은 체외 이탈 체험에 관한 설명인데 사실 우리는 이런 경우 외에도 이 체험을 꽤 자주 한다고 합니다. 특히 잠을 잘 때 나도 모르게 체외 이탈을 해서 허공을 돌아다니다가 온다고 하는데 이때의 체험은 꿈으로도 나타난다고 하지요. 꿈에 하늘을 날면서 생전 처음 가본 곳을 갔다면, 체외 이탈하여 영혼의 상태로 영계를 방문한 것이라는 해석도 있습니다. 어떻든 이 체험은 우리가 생각하는 것보다 비일비재하니 여러분들도 지금까지 꾼 꿈을 잘 복기해보시기 바랍니다.

그런데 예상과는 달리 근사 체험을 한 사람 가운데 이 단계까지만 체험하고 마는 사람이 많다고 합니다. 그러니까 영혼이 몸과 분리되었다가 다른 특별한 경험을 하지 않고 다시 몸과 합체된 것이지요. 그런데 이 정도만 체험하면 근사 체험의 효과가 그다지 많이 나타나지 않습니다. 근사 체험의 효과는 뒤에서 볼 빛의 존재를 만나야 제대로 나타나는데 그에 대해서는 곧 볼 예정입니다.

ii. 두 번째 단계: 터널 체험

이렇게 육신과 (잠시) 결별한 영혼은 위쪽에 엄청나게 환한 빛이 있는 것을 발견하게 됩니다. 그때 이 영혼은 그 빛으로부터 강한 인력을 느끼고 그쪽으로 빠르게 움직입니다. 그곳까지 가는 체험이 바로 터널 체험이고 그 길이 터널인 것이지요. 그런데 이 길이 반드시 터널로만 나오는 것은 아니라고 합니다. 계곡이나 우물, 원통 등으로 다양하게 나타난다고 합니다. 그리고 이때 당사자는 강한 소음을 들을 수도 있다고 하더군요. 소음을 들으면서 빠르게 빛을 향해 날아가는 것입니다.

이때 당사자는 이미 세상을 떠난 가족이나 지인들의 영혼을 만나게 됩니다. 그 가운데 부모의 영혼이 가장 많이 나타난다고 합니다. 영계에서는 영혼들이 자신과 관계된 사람이 임종을 맞이해 영계로 진입하는 때를 알고 있다고 하더군요. 그래서 이렇게 마중을 나온 것입니다. 그런가 하면 당사자를 영계에서 안내해주는 영혼이 나타나는 경우도 있고 평생을 같이 한 수호령이 보이는 경우도 있다고 하는데 개인마다 다르기 때문에 일률적으로 말하기는 힘듭니다. 어떤 이는 자기보다 먼저 죽은 반려동물의 영을 만난다고도 하는데 그것이 사실이라면 매우 재미있는 경우라고 하겠습니다.

이렇게 여러 영혼을 만나는데 재미있는 것은 부모나 지인들의 영혼은 이처럼 나타났다가 그들의 자리로 되돌아간다고 합니다. 이때 수호령을 만나는 경우도 있다고 했는데 로스에 따르면 우리에게는 누구나 한 명 이상의 수호령이 있다고 합니다. 이 영혼은 항상 우리와 같이하면서 우리를 지켜본다고 하지요. 영혼들은 이 지상계의 일에 개입할 수 없어 지켜만 본다는 것입니다. 그들은 아주 위급할 때를 제외하고는 결코 지상의 일에 관여하지 않는다고 합니다. 로스의 책(『사후생』)을 보면 임종 직전에 이 수호령을 목격하는 어떤 할머니 이야기가 나옵니다. 그녀가 거의 세상을 떠날 때가 되자 그녀는 "오우! 그가 다시 왔군"이라고 하더랍니다. 그래서 누가 왔냐고 물으니까 자기가 아주 어렸을 때 대화하던 수호령이 왔다는 겁니다. 그녀는 어렸을 때 이 영혼과 많은 대화를 했는데 주위의 사람들에게는 그저 상상의 친구라고만 했다고 하더군요. 이런 경우는 우리 주위에도 많이 있는데 수호령이라고 하면 대단한 존재로 생각하기 쉬운데 꼭 그런 것은 아닙니다. 우리같이 평범한 사람들은 수호령도 평범해서 어머니나 아버지, 할머니 등이 죽어서 수호령이 되는 경우가 많다고 합니다. 이 수호령에 대해서도 많은 이야기가 있습니다마는 나중에 사후 통신을 강의할 때 다시 살펴보기로 합니다.

마지막으로 우리는 왜 터널 체험을 하는지 그 이유를 살펴보았으면 합니다. 이것은 추정에 불과합니다마는 꽤 일리가 있어 보입니다. 우리가 죽는다는 것은 차원을 달리하는 것이라 할 수 있습니다. 물질적 차원에서 에너지의 영역으로 넘어가는 것이기 때문입니다. 그래서 터널 같은 통로가 상징적인 이미지로 나타나는 것 아닌가 합니다. 이 두 세계는 명확히 다릅니다. 특히 시공 개념이 다릅니다. 물질계에서는 시공이 엄연히 따로 존재합니다. 반면 영혼의 세계에서는 시공이 동시에 존재하기 때문에 홀리스틱(holistic)한 세계가 펼쳐집니다. 그래서 이 세계에서는 시공의 제약이 없어 순간적으로 이동하는 것이 가능합니다. 예를 들어 전쟁터에서 크게 다친 군인이 체외 이탈해서 고향 집에 가고 싶다고 생각하면 바로 그 집 앞에 있게 되는 것이 그것입니다.

사실 세상의 모든 것은 에너지의 진동으로 되어 있습니다. 그런데 물질계에서는 에너지의 진동이 느려서 우리가 물체를 고체로 느끼는 것입니다. 우리의 뇌는 일종의 '진동 분석기'라고 할 수 있는데 우리가 느끼는 모든 것은 뇌가 진동을 해석하여 보여주는 것이라고 할 수 있습니다. 뇌라는 '필터'를 거친 것이지요. 그런데 육신을 벗고 영혼들의 세계로 가면 뇌라는 분석기가 없어 진동을 있는 그대로 체험하게 됩니다. 이처럼 영혼의 세계에서는 에너지를 직접 체험하기 때문에 우리는 그곳에서 만나는 대상으로부터 매우 강렬하고 지상과는 차원이 다른 아름다움을 느끼게 됩니다. 굳이 비유를 든다면 색깔과 빛의 차이라고 할까요? 색깔이 칠해진 그림은 아무리 해도 찬란하지는 않습니다. 색깔은 기본적으로 물질이기 때문입니다. 그러다 레이저쇼처럼 빛으로 하는 쇼를 보면 꽤 찬란하지 않습니까? 불꽃놀이를 상상해도 됩니다. 이것도 빛으로 하는 놀이라 그 찬란함과 아름다움이 언어로 담기 힘듭니다. 그러나 영계의 아름다움은 이보다 훨씬 그 강도가 강렬합니다. 이것은 근사 체험자들이 이구동성으로 하는 주장입니다. 영계의 아름다움은 지상의 언어로는 도저히 표시할 수 없다는 것이 그것인데 이 점은 곧 다시 다루게 됩니다.

iii. 세 번째 단계 1: 빛의 존재와의 만남

이제 우리는 근사 체험에서 가장 중요한 단계에 와 있습니다. 시쳇말로 하이라이트라고 할 수 있습니다. 빛의 존재와 만나는 일이 그것입니다. 육신과 결별한 영혼은 터널을 통과해 이 빛과 만나게 됩니다. 이 빛은 말할 수 없이 밝다고 하는데 쳐다볼 수 없는 밝음은 아니라고 합니다.

이 상황을 억지로 비유해보면, 해를 직접 보는 것은 눈이 너무 부셔 매우 어렵습니다. 오랫동안 볼 수가 없지요. 그러나 TV나 영화에 해가 나오면, 해의 빛이 대단히 밝다는 것은 알지만 계속 쳐다보아도 아무 문제가 없습니다. 저는 이런 식으로 설명하는데 근사 체험할 때 마주하는 빛은 그 생생함이 다른 어떤 빛도 능가하기에 이 비유가 그리 좋은 것 같지는 않습니다.

이 빛이 있는 세계로 갔을 때 체험자들이 이구동성으로 하는 이야기가 있습니다. 이곳이 말할 수 없이 아름답다는 것입니다. 이에 대해서는 앞에서 기회가 되는 대로 설명했습니다. 어떤 미국인 체험자가 한 이야기가 생각나는군요. 이곳의 아름다움에 비하면 베벌리힐스의 저택들은 아무것도 아니라고 말입니다. 베벌리힐스는 여러분이 잘 아시는 것처럼 미국에서 큰 부호들이 사는 곳입니다. 가볼 수 있는 곳은 아니지만 TV 등에서 엄청나게 큰 집들을 많이 보았습니다. 그런 대단한 저택들도 영혼들의 세계에 있는 집이나 광경에 비하면 아무것도 아니라는 것입니다. 우리는 여기서 다시 한번 에너지의 세계와 물질계의 차이를 느낍니다.

그래서 이 경험을 한 사람은 자신이 천국을 경험했다고 생각합니다. 지상에서는 한 번도 경험하지 못했던 아름다운 음악이 흐르고 건물들은 찬란하게 빛나며 나무나 새, 강이나 언덕 등들도 환상적입니다. 또 그사이를 천사 같은 존재들이 날아다닙니다. 이 모습은 개인마다 다르기 때문에 일률적으로 말할 수는 없습니다. 그러나 한 가지 확실한 것은 여기서 당사자가 목격하는 것은 실제로 존재하는 것이라기보다는 그 영혼의 생각이 투사된 것이라는 것이죠. 본인은 자신이 천국에 왔다고 생각하지만 엄밀하게 말하면 그의 수준에 맞는 천국이라고 하는 편이 맞을 겁니다. 이러다 보니 벌써 영계의 실상에 대한 설명이 나왔네요. 이 점은 나중에 영계를 본격적으로 다룰 때 세세하게 설명할 예정입니다.

이에 대한 것은 1998년에 제작된 〈천국보다 아름다운(What Dreams May Come)〉이라는 영화를 보면 잘 알 수 있습니다. 이 영화는 사후 세계를 다룬 영화 가운데 수위를 다투는 영화입니다. 영혼들이 사는 세계를 본격적으로 다룬 것으로 유명하지요. 이 영화의 대사 가운데 이런 게 나옵니다. 이 사후 세계에서는 앞에 펼쳐지는 세계가 우리의 생각에 따라 나타나기 때문에 각자에게 다르게 나타난다고 말입니다. 그러니까 우리의 생각이 투사되어 세계가 펼쳐진다는 것입니다. 그래서 주인공(로빈 윌리엄스 분)이 새를 생각하자 바로 새가 나타났습니다. 또 그 새가 활강하면서 내려오면 좋겠다고 생각하자 실제로 새가 쏜살같이 주인공 쪽으로 날아왔습니다. 그러자 이번에는 저러다 새가 똥을 싸면 어쩌나 하고 생각하자 바로 새가 똥을 싸서 주인공 옷 위에 갈깁니다. 주인공의 생각에 따라 광경이 펼쳐진 것입니다. 저는 이 장면을 보고 이 영화의 각본을 쓴 사람은 사후 세계를 많이 연구한 사람이라는 것을 확신하였습니다. 사후 세계를 정확하게 묘사하고 있으니 말입니다. 그런 의미에서 저는 이 영화를 여러분께 적극적으로 추천합니다.

이 빛의 존재를 만난 영혼들은 이 존재를 여러 가지로 해석합니다. 나중에 이 존재의 정체에 대해서 다시 볼 테지만 사람들은 자신들의 종교적 신념에 따라 이 존재를 해석하는 경향이 있습니다. 기독교를 믿는 사람들은 이 존재를 두고 예수나 마리아라고 해석하는데 어떤 기독교인은 아예 하느님이라고 믿는 경우도 있습니다. 그런데 재미있는 것은 마리아라고 보는 사람은 천주교인에게만 국한되지, 개신교인은 그렇지 않다는 것입니다. 이 세계에서는 자기가 원하는 대로 본다는 것이 여기서도 확실해집니다. 이런 원리에 따라 불교도들은 이 존재를 불보살로 여긴다고 하더군요.

iv. 세 번째 단계 2: 빛의 존재를 만나 하는 일

이 단계에서 가장 중요한 것은 이 빛의 존재를 만나서 같이 하는 일입니다. 이것은 근사 체험에서 가장 중요한 것이라 이처럼 장을 달리해서 설명하려 합니다. 이 체험의 '클라이막스'라고 할 수 있습니다.

여기서 하는 일 중 가장 중요한 것은 당사자가 빛의 존재와 함께 그동안 살아왔던 삶을 회고하는 것입니다. 이것을 두고 '삶을 리뷰'한다고 하는데 바둑으로 치면 복기하는 것으로 이해할 수 있습니다. 이때 당사자 앞에는 그가 겪었던 일 가운데 중요한 사건들이 '파노라믹'하고 생생한 영상으로 펼쳐진다고 합니다. 사실 이런 일은 이때만 생기는 것은 아니고 우리가 위험한 사고를 당해 생명이 경각에 달렸을 때도 종종 일어난다고 합니다. 예를 들어서 우리가 느닷없이 자동차에 받혀서 튕겨 나갈 때, 떨어지기까지의 그 짧은 시간에도 라이프 리뷰가 진행된다고 합니다. 그런데 이때 나오는 영상은 사람마다 조금씩 다르다고 합니다. 어떤 사람은 각 영상이 정지 화면으로 나오는가 하면 어떤 사람은 동영상으로도 나온다고 합니다. 그러나 어찌 됐든 중요한 사건의 영상이 나오는 것은 두 경우 다 동일합니다.

이 영상에는 그동안 살아오면서 자신이 행했던 좋고 나쁜 일들이 모두 담긴다고 합니다. 그런데 특이한 것은 그런 일이 있었는지도 모르는 뜻밖의 사건들이 나타난다는 것입니다. 그런 사건 가운데에는 내가 잘못한 일인데 전혀 인식하지 못했던 일도 있다고 하더군요. 남에게 말로든 육체적으로든 크게 상처를 주었는데 자신은 완전히 잊고 있었던 일이 생각난다는 것이지요. 그 영상을 보면 자신이 그때 얼마나 잘못된 일을 했는가를 곧 알게 된다고 합니다. 이런 일이 가능한 것은 그 영상에서 가해자인 자기가 피해자의 입장이 되기 때문이랍니다.

조금 설명이 어려워졌는데 예를 들어 설명해보지요. 다음은 앞에서 거론했던 링 교수가 그의 저서에서 든 예입니다. 어떤 트럭 운전기사가 다른 차와 접촉 사고가 났는데 그 분풀이로 상대방 운전자를 10번 이상 가격했답니다. 그리곤 아무 일 없다는 듯이 제 갈 길을 간 모양입니다. 그런데 이 트럭 기사가 우연한 기회에 근사 체험을 했는데 그때 라이프 리뷰를 하게 됐더랍니다. 놀라운 것은 그 영상에 자신이 완전히 잊고 있었던 이 일이 나타난 것이었습니다. 자동차 추돌 사고로 시비가 생겨 상대방 운전자를 10번 이상 가격하는 사건 말입니다. 그는 이 사건을 완전히 잊고 있었습니다. 그럴 수 있는 것이 자신이 맞은 것이 아니라 상대방을 때렸으니 그 뒤로 별생각을 하지 않았던 것입니다. 그런데 놀라운 것은 이 리뷰에서는 자신이 상대방이 되어 자신이 가격한 만큼 맞으면서 그 고통을 그대로 느꼈다고 합니다. 놀라운 일이지요. 그제야 그는 자신이 얼마나 잘못했는지를 철저하게 깨닫게 되었다고 합니다.

이처럼 라이프 리뷰에서는 특히 자신이 잘못한 행동들이 영상에 나와 당사자가 스스로 반성하게 한다고 합니다. 그런데 그때 빛의 존재는 결코 이 영혼을 질책하지 않고 스스로 자신의 잘못을 깨닫게 해준다고 합니다. 당사자는 그때 엄청난 사랑을 경험하게 됩니다. 그들은 그 당시 자신들이 느꼈던 사랑은 세계 종교에서 말하는 무조건적인 사랑이었다고 증언합니다. 이 사랑은 인간 세상에서 살 때는 전혀 느껴보지 못했던 엄청난 사랑입니다. 이런 사랑을 받은 덕에 이 사람은 대변신합니다. 이기적인 나에게서 벗어나 진정한 사랑을 나눌 수 있는 보살 같은 존재로 거듭납니다. 참으로 대단한 체험인데 겪어보지 못한 우리로서는 무엇이라고 말할 수가 없군요. 이때 빛의 존재와의 소통은 텔레파시로 이루어진다고 합니다. 당사자가 생각하는 순간 그 생각은 빛의 존재에 전달되고 그 반대도 마찬가지입니다.

이때 당사자는 이 이외에도 엄청난 체험을 합니다. 자신을 둘러싼 여러 가지 조건이나 그동안 겪었던 일들의 의미를 알게 되는 것이 그것입니다. 예를 들면 이런 겁니다. 왜 나는 이런 부모 밑에 태어났는지, 왜 나는 형편없는 남편과 같이 사는지, 왜 나는 어렸을 때 큰 사고를 당해 장애인이 되었는지, 왜 나는 어린 딸을 사고로 잃었는지 등등 그동안 살면서 그 발생 이유에 대해 알 수 없었던 사건들이 왜 일어났는지를 알게 된다는 것이지요. 그런 사건들이 모두 우연으로 일어난 것 같았는데 사실은 미리 계획되었던 것이라는 것을 알게 된다고 합니다. 이 점은 대단히 중요한 것인데 나중에 카르마 법칙을 말할 때 다시 보게 될 겁니다. 그러면서 이생에서 가장 중요한 것은 '배움과 사랑'밖에 없다는 아주 평범한 사실을 절실하게 깨닫게 된다고 하지요.

그뿐만 아니라 남을 판단하는 일이 얼마나 잘못된 것인가도 확실하게 알게 됩니다. 우리는 살면서 얼마나 남을 많이 판단합니까? 자신의 잣대를 가지고 남을 마구 비판하고 재단했습니다. 주변 사람은 물론이고 정치인이나 연예인들을 얼마나 많이 판단하고 욕을 해댔습니까? 이런 일이 잘못된 것이라는 사실을 이때 절실하게 깨닫게 된다고 합니다. 이 일이 가능한 것은 앞에서처럼 빛의 존재로부터 큰 사랑을 겪었기 때문입니다. 빛의 존재가 보여준 큰 사랑을 겪은 근사 체험자는 남을 판단하지 않고 있는 그대로 수용하게 된다고 합니다. 사실 이것은 성숙 인격자들에게서 많이 발견되는 특징입니다. 이들은 절대로 남을 비판하는 일이 없습니다. 자신이 소중하듯이 남도 소중하기 때문입니다.

근사 체험자들은 이처럼 큰 사랑을 느끼면서 동시에 자연과 우주에 대해 순수한 호기심을 갖게 되고 과학적인 지식을 강렬하게 갈망하는 경우가 있습니다. 그래서 삶에 극적인 반전이 생기기도 합니다. 여기에 딱 부합되는 좋은 예가 있습니다. 이 사례는 근사 체험 연구계에서 유명한데 아주 간단하게만 보겠습니다. 주인공은 미국의 톰 소이어(Tom Sawyer)라는 사람인데 그는 고등학교만 졸업하고 자동차 정비소에서 일하던 기술자였습니다. 그런데 이 사람이 근사 체험을 했습니다. 문제는 그 뒤부터 그의 머리에는 자꾸 'quantum mechanics', 즉 '양자 역학'이라는 단어가 떠올랐다고 합니다. 그는 대학을 다니지 않았기 때문에 이 단어가 무엇을 뜻하는지 알 수 없었습니다. 그래서 동네 도서관에 가서 사서에게 양자 역학에 대해 알려면 어떻게 하면 좋으냐고 물으니 사서는 마침 서가에 있던 노신사에게 물어보면 된다고 대답했습니다. 소이어가 노신사에게 물으니 그는 친절하게 가장 쉬운 책 몇 권을 소개해주었습니다. 소이어가 그 책을 읽어보니 처음 접하는 내용이었지만 다 이해가 되었다고 합니다. 그 뒤 그는 이 분야에 비상한 관심을 느껴 대학에 진학했고 급기야는 대학원에까지 가서 박사학위를 받았다고 합니다. 그 뒤로 그는 그 지역에서 유명 인사가 되어 지역 언론에도 나가는 등 활발한 활동을 했습니다.

여기서 양자 역학에 대해 잠깐 보기로 하는데 이 개념은 매우 어려운 것이라 아주 쉽게 설명하려 합니다. 이 학문은 20세기 초에 발현한 현대물리학으로 지금까지 있었던 고전물리학의 패러다임을 완전히 바꾼 최고의 학문입니다. 이 학문으로 인류는 자연이나 우주에 대해 훨씬 더 정확한 지식을 갖게 됩니다. 예를 들어 이전에는 나라는 주체가 있고 외부에 객체가 따로 존재한다고 믿었는데 양자 역학에서는 주체와 객체는 따로 존재하는 것이 아니라 항상 서로 'intertwined', 즉 서로 맞물려 있다고 주장합니다. 조금 어려워졌는데 이것은 인류의 과학적 지식이 한층 업그레이드된 것이라 할 수 있습니다. 이것은 최고의, 혹은 새로운 진리라고 할 수 있지요. 이 같은 현대물리학은 우리를 거의 도인처럼 만들어줍니다. 그 정도로 대단한 지식 체계입니다. 우리가 성숙한 인간이 되기 위해서는 이 같은 지혜를 확실하게 알아야 합니다.

그런데 고등학교 교육으로는 이런 지혜를 접하지 못했던 소이어는 근사 체험을 한 뒤 자기도 모르게 무의식적으로 이 새로운 진리에 대한 갈망이 생겨났습니다. 그래서 그는 그것을 전문으로 공부해 대단한 지혜를 갖게 되었습니다. 근사 체험이 바로 이런 겁니다. 무한한 사랑과 함께 절대적 진리에 대해 눈뜨는 기회가 근사 체험을 통해 생길 수 있으니 말입니다.

v. 세 번째 단계 3: 빛의 존재는 누구일까?

이제 이 단계에 대한 설명을 마쳐야 하는데 아직 남은 과제가 있습니다. 빛의 존재는 누구일까에 대한 것입니다. 이 단계에서는 할 말이 이리도 많습니다. 설명해야 할 것들이 계속해서 나오는군요. 근사 체험자들에 따르면 이 빛의 존재는 무한한 자비를 느끼게 하는 존재이지만 동시에 모르는 게 없는 존재로 느껴진다고 합니다. 과거나 미래에 대해 모든 일을 알고 있었다는 것이지요.

그런데 이 빛의 존재는 이미 동양의 불교 문헌에서 언급한 적이 있습니다. 『티베트 사자의 서』를 보면 사람이 죽음을 맞이하면 빛의 존재를 만난다고 쓰여 있습니다. 그러면서 망자에게 어서 이 빛의 존재와 하나가 되라고 권합니다. 그렇게 하면 바로 해탈의 경지로 들어갈 수 있기 때문이랍니다. 이것이 가능한 것은 이 존재가 모든 것을 아는 전지(全知, omniscient)의 존재이기 때문입니다.

처음에 저는 이 같은 빛의 존재에 대한 설명을 이해하지 못했습니다. 그러다 근사 체험자들이 말하기를 빛의 존재가 모든 것을 다 알고 있다고 하길래 그 실체를 이해하기 시작했습니다. 근사 체험자들이 이렇게 말할 수 있었던 것은 앞에서 말한 것처럼 체험자들이 자신의 삶을 완전하게 이해할 수 있었기 때문입니다. 그러니까 자신이 지상에서 살 때는 우연으로 알고 있었던 많은 사건들이 사실은 다 의미가 있다는 것을 알게 되지 않았습니까? 이것은 체험자가 빛의 존재와 함께 있었기 때문에 가능한 일이었습니다. 빛의 존재가 갖고 있었던 전지적인 지혜가 텔레파시로 체험자에게 전달되기 때문에 가능한 일이었다는 것이지요.

그러면 이 존재는 무엇일까요? 현대적 용어로 어떻게 표현할 수 있을까요? 앞에서 언급한 링은 여기에 좋은 의견을 제시합니다. 그는 이 존재를 'higher self'라고 해석했습니다. 저는 이것을 번역할 때 '참 나' 혹은 '진아(眞我)'라고 했지요. 이것을 조금 풀어서 설명하면, '전체적 자아' 혹은 '심층적 자아'라고도 할 수 있겠습니다. 그러니까 이 말은 이 빛의 존재가 나와 다른 어떤 신적인 존재가 아니라 나의 본래 모습이라는 것이지요. 기독교를 믿는 사람 가운데 어떤 이는 이 빛의 존재를 신으로 풀기도 하는데 그것도 틀린 것은 아닙니다. 그것을 무엇이라고 해석하든 간에 저는 (인간의) 의식의 핵이라고 하고 싶습니다. 그런 면에서 궁극적 의식(Ultimate Consciousness) 혹은 우주 의식(Cosmic Consciousness)이라고 해도 괜찮을 겁니다. 공연히 어려워진 느낌인데 이 존재는 과거와 현재, 그리고 미래의 모든 것을 알고 있는 궁극의 존재인데 나와 다른 존재가 아니라는 것만 염두에 두면 되겠다는 생각입니다.

사람들이 이처럼 이 존재에 대해 종교적인 해석을 많이 하지만 정작 이 존재는 당사자에게 종교에 대해서는 일절 언급하지 않았다고 합니다. 주로 기독교와 관계된 이야기가 많은데 예를 들어 "당신은 지상에 있을 때 교회를 다녔는가?" 혹은 "하느님을 잘 섬겼는가" 하는 식의 질문은 일절 없었다는 것이지요. 이게 무슨 말인가 하면, 빛의 존재는 당사자가 외적으로 무슨 종교를 가졌는가에 대해서는 아무 관심이 없고 그 사람이 살면서 내적으로 얼마나 선한 생각을 많이 하고 그것을 실행에 옮겼는가에 대해서만 관심이 있다는 것을 말합니다. 그러니까 "교회 잘 나가고 헌금 잘 하고" 하는 식의 일반적인 종교 행위는 별 의미가 없다는 것이지요.

이 이야기를 하는 이유는 이 체험에 대한 미국 개신교계의 반응이 재미있기 때문입니다. 처음에 근사 체험에 대한 이야기가 무디 등에 의해 공론화되기 시작했을 때 미국의 일부 개신교계에서는 크게 환영했다고 합니다. 체험자들이 주장하기를 우리가 죽은 다음에 너무도 아름다운 세계가 있다고 하니 개신교도들은 그곳이 바로 기독교가 말하는 천당이라고 주장했습니다. 교회에서 인간이 죽으면 천당이나 지옥에 간다고 가르쳤는데 근사 체험자들이 나와 천당이 실제로 있는 것처럼 증언하니 좋아한 것이지요. 그런데 문제는 앞에서 말한 것처럼 이 빛의 존재가 당사자에게 "교회를 잘 다녔는가?", "예수를 믿었는가?" 등과 같은 질문을 일절 하지 않고 당사자의 행동이 얼마나 선하고 순수했는가만 따지니 교회 관계자들이 크게 실망한 것입니다. 그런 끝에 개신교는 근사 체험을 긍정하는 분위기에서 벗어나 비판하는 쪽으로 바뀌었다는 후문이 들립니다. 한껏 기대하고 근사 체험에 귀를 기울였는데 자신들이 바라는 것이 나오지 않으니 외려 원망하기 시작한 것이지요.

이제야 이 단계에 대한 설명을 마치게 되었습니다. 마치기 전에 다시 강조하고 싶은 말은 이 같은 빛의 존재와 만나는 체험은 그리 흔한 것이 아니라는 것입니다. 학자들의 조사에 따르면 근사 체험자들의 10% 정도만이 이 체험을 한다고 하더군요. 그 외의 사람들은 체외 이탈 체험 정도만 하고 의식을 찾는다고 하지요. 그렇게 되면 그런 사람들은 근사 체험을 하고도 인생이 크게 바뀌지 않습니다. 근사 체험한 사람 가운데에는 "근사 체험, 그거 나도 해봤는데 별거 아니더라."라고 말하는 사람이 있습니다. 저는 이런 사람을 직접 만나본 적이 있습니다. 그런데 이것은 그가 체험을 깊게 하지 않았기 때문에 이 같은 말을 하는 겁니다. 이런 사람들의 말을 듣고 근사 체험을 폄하하지 말았으면 하는 바람입니다.

빛의 존재에 대해서는 얼마든지 더 설명할 수 있지만 다음 단계를 위해 여기서 접어야 하겠습니다. 이제 귀환하는 단계입니다. 아무리 영혼들의 세계가 매력적이라 하더라도 아직 죽을 운명이 아닌 사람은 되돌아와야 합니다.

vi. 네 번째 단계: 장벽 앞에서 서기

이 같은 빛의 존재와의 만남이 끝나면 당사자는 일종의 장벽 앞에 선다고 하더군요. 이것은 이승과 저승의 경계라고 보면 되겠습니다. 이제 저 장벽 같은 것을 넘어서면 완전히 영혼들의 세계로 넘어가는 것입니다. 그렇게 되면 다시 이 지상으로 돌아올 수 없습니다. 그것으로 그 생은 끝나는 것입니다.

그런데 재미있는 것은 이 장벽 같은 것이 사람마다 다르게 나타난다는 것입니다. 문이나 담장 같은 것으로도 나타난다고 하는데 이런 것들은 보편적으로 나타나는 것입니다. 그런데 문화에 따라 장벽이 다르게 나타나는 경우도 있는데, 예를 들어 사막이 많은 아랍 세계에서는 이승과 저승의 경계를 사막으로 묘사한다고 합니다. 일생을 사막만 보고 살았기 때문에 모든 것을 사막으로 해석하는 것입니다. 그런가 하면 평생 바다만 보고 살았던 폴리네시아 사람은 이 장벽을 바다로 인식한답니다. 같은 것을 일본인들은 삼도천(三途川)이라 불리는 강으로 묘사합니다. 이것은 불교적인 발상으로 한국인들에게도 익숙한 이야기입니다. 재미있는 것은 이 강 저편에는 먼저 죽은 친지가 있다는 것입니다. 어떤 사람은 강 너머에서 타계한 할머니의 영혼을 보았는데 그녀가 "여기는 아직 네가 올 데가 아니다"라고 말을 했다고 합니다. 그럴 경우 당사자는 귀환을 준비해야 합니다. 이제 육신으로 돌아갈 시간이 다 되었습니다.

vii. 다섯 번째 단계: 귀환

근사 체험의 과정이 모두 끝나고 육신으로 돌아올 때 당사자는 두 가지 상황에 처합니다. 자신이 먼저 알고 돌아오는 경우와 자신은 싫은데 어쩔 수 없이 돌아오는 게 그것입니다.

예민한 사람은 지금 자신이 영혼들의 세계로 들어갈 때가 아니라는 것을 안다고 합니다. 그런 사람은 마음을 먹으면 바로 육신과 다시 합체가 된다고 하더군요. 그런데 적지 않은 사람이 그가 처한 세계가 너무도 좋은 나머지 돌아가기를 거부한다고 합니다. 이것은 충분히 이해되는 사안입니다. 돌아가 보아야 만신창이가 된 육신밖에 없으니 다시 합체됐을 때 느껴야 하는 고통을 피하고 싶은 것이겠지요. 그에 비해 지금 있는 세계는 천국과 같은 곳이니 돌아가고 싶은 생각이 나지 않습니다. 이럴 때 만일 빛의 존재와 만나고 있다면 이 존재가 가볍게 권유한다고 합니다. "당신은 아직 지상에 할 일이 남아 있으니 그 일을 마치고 오라."라고 말입니다. 절대로 강권은 하지 않지만 따르지 않을 수 없게 권한다고 하더군요.

빛의 존재가 아니고 다른 영혼을 만나고 있을 때도 상황은 마찬가지입니다. 체험자들은 이때 지상에서 가족 관계에 있었던 영혼을 많이 만나는데 바로 이 영혼이 지상으로 귀환해야 한다고 말해준다고 합니다. 어떤 체험자 이야기를 들어보니 근사 체험에서 아버지 영혼을 만났는데 그가 귀환할 것을 종용하더랍니다.

보통 "너는 아직 여기 올 때가 아니다. 돌아가서 할 일이 남았다."라는 식으로 말입니다. 그러나 이때에도 "귀환 여부는 너의 자유로운 결정에 맡기는데 육신으로 돌아가는 게 너에게 도움이 될 것이다."라고 부드럽게 말한다고 합니다.

　이렇게 해서 육신으로 돌아오면, 아니 정확하게 말해서 육신과 다시 연결되면 근사 체험이 끝나는 것입니다. 그런데 이 이후에 몸과 관련해서 기적적인 일이 생겨 우리를 놀라게 합니다. 근사 체험자 가운데 매우 중한 병에 걸린 사람이 완전하게 치유되는 경우가 있다고 하니 말입니다. 그런 사례가 많지만 가장 극적인 예를 하나 소개해봅니다. 이 사례는 매우 유명해서 국내에도 이 사람의 이야기가 번역되어 나왔습니다. 무르자니(Anita Moorjani)라는 여성인데 그의 이야기는 그가 2012년에 펴낸 『그리고 모든 것이 변했다(Dying to Be Me: My Journey from Cancer, to Near Death, to True Healing)』라는 책에 자세히 나옵니다. 인도 여성인 그는 임파선 암 말기라 병원에서 사경을 헤매다 근사 체험을 합니다. 무려 약 30시간 동안 체외 이탈을 한 모양인데 그때 그는 엄청난 종교 체험을 하고 완전히 다른 사람으로 거듭 태어납니다. 그 뒤에 그가 행하고 말하는 것을 보면 인도의 구루 같더라고요. 그것은 앞에서 말한 책만 보아도 잘 알 수 있습니다.

　그런데 근사 체험을 하기 전에 앓았던 그의 병은 치료 불가능한 것이었습니다. 그것은 당연합니다. 암 말기니 재생한다는 것은 상상할 수 없었습니다. 그런데 그가 체험에서 깨어난 후 5주 만에 암이 완치되었답니다. 체험 직후부터 꾸준히 상태가 좋아져 5주가 되자 퇴원할 수 있었다고 합니다. 그가 퇴원하기 전에 의사가 그를 검사했는데 암세포가 하나도 남아 있지 않은 것을 발견하고 너무나도 놀라지요. 그러니 퇴원할 수 있었던 것이지요. 그가 엄청난 종교 체험 같은 것을 하니 독한 암마저 극복된 것입니다. 이런 것을 보면 확실히 인간의 몸은 정신보다 하위에 있는 것으로 보입니다. 정신 상태가 바뀌니 몸 상태도 따라 바뀌니 말입니다.

　이렇게 회복된 사람들은 이전과는 완전히 다른 사람으로 재탄생합니다. 이런 상태를 종교 용어로 하면 거듭남(重生, born again)이라 할 수 있습니다. 평범한 중생(?)에서 보살로 다시 태어나는 것입니다. 이들은 이때 이전에는 갖고 있지 않았던 특별한 성향이나 능력을 갖추게 됩니다. 다음 강의에서는 이에 대해 보려고 합니다.

제6강

"근사 체험자들의 변화에 대해"

근사 체험자들이 겪게 되는 변화에 대해 따로 장을 마련하여 설명하는 것은 이 변화가 너무도 극적이기 때문입니다. 체험 후에 자기밖에 모르던 일반 중생에서 갑자기 타인만을 위하는 보살로 바뀌니 그렇습니다. 진정한 종교인, 즉 무조건적으로 사랑을 베푸는 이상적인 인간이 된 것이지요. 사람이 이렇게 총체적인 변신을 하려면 수십 년 동안 수행해도 될까 말까 한데 그 짧은 시간의 근사 체험으로 변화하니 경이롭기 그지없습니다. 그래서 한 장을 별도로 할애해 쓰려고 하는 것입니다.

그런데 이에 대해서 마침 잘 정리된 것이 있어 그것을 기반으로 서술할까 합니다. 앞에서도 거론했던 링은 자신의 저서, 『Lessons from the Light(빛의 존재가 주는 교훈)』(1998)에서 근사 체험자들의 체험을 10가지로 잘 정리했습니다. 이 10가지에는 세계 종교가 말하는 내용이 다 들어 있습니다. 그러니까 진정한 인간이 되려면 어떻게 살아야 하는가에 대한 내용이 모두 포함되어 있다는 것입니다. 여기서 제시하는 10가지 특징을 모두 갖고 있는 사람이 있다면 그는 이 세상에 다시 환생하지 않아도 되는 높은 영혼이라고 하겠습니다. 환생 이야기가 벌써 나왔군요. 여러분들이 이 10가지 특징 가운데 몇 가지나 자신에게 해당하는지 점검하면서 읽어보면 재미있지 않을까 하는 생각이 듭니다.

1. 생명에 대한 경외감 혹은 사랑 appreciation for life

첫 번째 특징은 가장 기본적인 것입니다. 근사 체험을 제대로 한 사람은 살아 있는 모든 것에 대해 사랑 혹은 경외감을 느낍니다. 살아 있는 것에서 느끼는 생동감을 누구보다도 더 강하게 느끼는 것입니다. 잘 알려진 것처럼 생명은 말할 것도 없고 자연에 있는 모든 것은 에너지의 진동으로 되어 있습니다. 우리 같은 평범한 사람들은 그 진동을 잘 느끼지 못합니다. 그러나 근사 체험자들은 아주 예민한 감각을 갖게 되어 살아 있는 것들에서 그 진동을 느끼고 같이 공명합니다. 그들의 눈에는 자연의 모든 것이 빛이 나는 것처럼 생생하게 보입니다. 사물이 발산하는 기(운) 때문에 그런 것이겠지요. 그 기운을 느끼면서 그들은 그 사물에 대해 하염없는 사랑의 감정을 느낍니다. 그 사랑에 가슴이 벅차오르기까지 합니다. 그런가 하면 할머니의 얼굴에 깊이 패어 있는 주름에서 한없는 아름다움을 느끼기도 한답니다. 세월의 연륜이 느껴지는 것이겠지요.

사람에 대해서만 그런 것이 아닙니다. 지나가는 동물도 그렇게 예쁘게 보일 수가 없습니다. 길에서 만나는 하찮게 보이는 길고양이일지라도 그 걷는 걸음 하나하나가 유연하게 보이고 정돈된 느낌을 받습니다. 그리고 그런 동물들과 내가 하나라는 느낌을 강하게 받습니다. 같은 생명에서 나왔기 때문에 그렇게 느끼는 것입니다. 길에는 동물만 있는 것이 아닙니다. 아무렇지 않게 있는 들풀도 많습니다. 이전에는 그런 것을 보고 잡초라고 생각해 거들떠보지도 않았습니다. 그러나 근사 체험 후에는 이 하찮게 보이는 들풀도 그렇게 사랑스러울 수가 없습니다. 인간들은 잡초라고만 여겨 별 관심을 두지 않지만 근사 체험자는 이 풀들도 자연 혹은 신의 조화로운 섭리에 따라 제 몫을 다 하고 있다는 느낌을 받습니다.

더 놀라운 것은 이들이 무생물에서도 그런 생명의 기운을 느낀다는 것입니다. 사실은 생명의 기운보다는 에너지의 기운이라는 하는 것이 더 정확한 표현이겠지요. 그래서 이들은 사물도 막 대하지 못합니다. 흡사 살아 있는 것처럼 취급합니다.

일례로 방에서 책상에 부딪히면 책상 보고 '미안하다'라는 말이 튀어나올 정도라고 합니다. 하기야 고체라는 게 별것 아니지요? 고체나 액체나 에너지로 되어 있는 것은 마찬가지인데 고체는 에너지의 진동이 느린 것에 불과하다고 하지 않습니까? 그러니 이 진동에 예민한 체험자는 고체에서도 에너지의 흐름을 느끼는 것입니다. 이슬람의 대표적인 신비주의자였던 루미(Mevlana Celaleddin Rumi, 1207~1273)도 그랬지요. 무생물에서도 생명이 잠들어 있을 뿐, 생명이 없는 것은 아니라고 말입니다. 이때 말하는 생명은 아니마(anima)와 같은 것으로 사물에 깃들여 있는 기운 정도로 보면 되겠습니다.

이렇게 설명해도 실감이 잘 나지 않지요? 독자 여러분들의 이해를 위해 예를 하나 들어보지요. 우선 근대 인도에서 요가 수행자로 가장 유명했던 라마크리슈나(Ramakrishna, 1836~1886)의 이야기입니다. 한번은 어떤 사람이 그의 앞을 지나가다 몰고 가던 소를 채찍으로 갈겼습니다. 그러자 라마크리슈나는 등을 부여잡고 통증을 호소했습니다. 소가 겪는 고통이 라마크리슈나에게 직접 전이되어 똑같은 강도로 그 통증을 겪은 것입니다. 그에게는 소가 그저 소에 그치는 게 아니라 귀중한 생명이기에 그 고통을 같이 느낀 것입니다.

이보다 한 걸음 더 나아간 분도 있습니다. 동학을 세운 수운(최제우, 1824~1864)의 제자였던 해월(최시형, 1827~1898)의 이야기입니다. 하루는 해월 앞을 어떤 아이가 나막신을 신고 쿵쿵거리며 지나갔던 모양입니다. 땅을 쾅쾅 친 것이지요. 그러자 이번에는 해월이 가슴을 부여잡고 땅이 느꼈을 충격을 자신이 받았다고 하면서 고통을 호소했습니다. 해월에게 땅은 죽은 무생물이 아니라 살아 있는 사물이었던 것입니다. 실제로 해월은 땅은 부모님 얼굴이라는 말을 한 적도 있습니다. 그래서 땅에다가 함부로 물을 버리지 말라고 충고하기도 했습니다. 이렇게 세계적인 종교가들은 동물이나 사물을 모두 살아 있는 것으로 보고 존중하고 있는 것을 알 수 있습니다.

2. 자신을 있는 그대로 수용하기

두 번째 특징은 자기 자신이 어떤 상태에 있든 무조건 있는 그대로 긍정하는 것입니다. 이게 무슨 말일까요? 자기가 진정으로 원하는 것을 찾아서 확실한 주관을 갖고 살아야 한다는 것입니다. 그런데 대부분의 우리는 그렇게 살지 않고 남들이 원하는 대로 살고 있습니다. 이것은 자기를 자기 관점에서 보는 것이 아니라 타자의 관점에서 보는 것을 말합니다. 그러니 자신의 삶을 사는 게 아니라 남의 삶을 사는 것이 됩니다. 이렇게 살면 결코 행복할 수 없습니다. 내 안에 내가 없고 다른 사람이 있기 때문입니다.

예를 들어보지요. 우리에게 가장 많은 영향을 미치는 사람은 부모입니다. 그런데 부모들은 끊임없이 우리에게 무엇이 되라고 강요해왔습니다. '공부를 잘해라'는 기본이고 사회에서 잘 나가는 직업을 가지라고 요구합니다. 그런데 어떤 사람이 그림을 그리고 싶어서 미대에 진학하기를 원했다고 합시다. 이에 대해 많은 부모는 그림 그리는 화가가 되면 밥도 제대로 못 먹는다고 하면서 법대 가기를 강요합니다. 판사나 변호사가 되라는 것이지요. 그러면서 은근히 협박합니다. 만일 자기 멋대로 미대를 간다면 등록금은 단념하는 게 나을 거라고 말입니다. 그런데 이런 사람이 법대를 가면 적성에 맞지 않아 크게 고생합니다. 그래서 죽도 밥도 안 될 수 있습니다. 따라서 이런 사람은 대학을 졸업한 후 직업 잡기가 아무리 힘들어도 미대로 가서 그림 그리는 게 훨씬 마음이 편할 겁니다.

이런 예는 숱하게 많은데 근사 체험자들은 더 이상 남의 눈치 보지 않고 자신의 줏대를 확실하게 세웁니다. 그렇다고 고집을 피운다는 것은 아닙니다. 다른 사람과 마찰이 나지 않으면서도 자신이 생각하는 것을 올곧게 관철합니다. 강한 자아존중감을 갖고 있어 다른 사람도 정중하게 대합니다. 존중하는 것이지요. 이런 사람은 항상 다른 사람을 기쁘게 만드는데 그 동기가 비체험자와 다릅니다. 보통 사람들은 다른 사람의 기대에 부응해 그가 원하는 사람이 되어서 그를 기쁘게 하려고 하는 경우가 많습니다. 이에 비해 근사 체험자는 상대방을 있는 그대로 받아줌으로써 그를 기쁘게 만듭니다. 앞에서 말한 것처럼 자신을 있는 그대로 수용하는 사람들은 다른 사람도 똑같이 대해줍니다. 이런 대접을 받은 사람은 기쁘지 않을 수 없습니다. 자기 존재 전체가 긍정되기 때문입니다.

이런 사람들의 특징은 또 있습니다. 조화로운 삶에 순응하면서 살게 되니 걱정이 대폭 줄어들게 됩니다. 근사 체험을 제대로 한 사람은 우리의 삶을 지배하고 있는 어떤 큰 힘의 존재를 알게 됩니다. 그것을 신이라 해도 괜찮고 절대 존재 혹은 절대 법칙이라 해도 관계없습니다. 이런 사람은 이런 존재를 확실하게 느끼기 때문에 자신의 삶을 그 존재에게 맡깁니다. 자신이 주도하는 것을 포기하고 삶의 향방을 이 존재에게 기탁하는 겁니다. 이게 바로 진정한 종교인의 삶입니다. 십자가에 못 박힌 예수가 "내 뜻대로 말고 하느님 뜻대로 하옵소서"라고 한 것이 바로 이런 것을 말해줍니다. 근사 체험자는 이처럼 종교적으로 상당한 경지에 오르게 됩니다.

3. 타인에 대한 전적인 배려

바로 앞에서 보았듯이 이 체험을 한 사람은 타인을 존중해서 전적인 배려를 아끼지 않습니다. 여기서 가장 중요한 것은 타인을 대상이나 수단으로 여기지 않는다는 것입니다. 보통의 우리는 인간관계에서 타인을 이용하는 경우가 많습니다. 다른 사람을 만나면 저 사람으로부터 무엇을 빼먹을 수 있을까 하는 생각을 많이 한다는 것이지요. 따라서 그 사람이 무엇을 생각하고 그의 처지가 어떤가에 대해서는 그다지 관심이 없습니다. 대신 자기 이익만 내세웁니다. 우리가 상대방과 대화할 때 그와 대화하는 것 같지만 사실은 자기 이야기만 하는 경우가 태반입니다. 다른 사람의 말을 듣지 않는다는 것이지요. 우리 주위를 보면 다른 사람의 말에 마음을 다해 경청하는 사람은 참으로 보기 힘듭니다.

우리는 자신이 다른 사람에 의해 대상화되고 수단으로 취급받는 것을 아주 싫어합니다. 대신 하나의 인격체, 즉 주체로 대우받기를 원합니다. 만일 우리가 수단으로 취급받는 일을 싫어한다면 우리도 그런 일을 남에게 하면 안 됩니다. 그런데 우리는 이런 일을 남에게 여반장으로 합니다. 다른 사람을 놓고 마음대로 판단하고 비난하는 일을 수도 없이 자행합니다. 우리는 '쟤는 이래서 안 되고 쟤는 저래서 안 좋고' 같은 말을 입에 달고 삽니다. 자기 잣대로 남을 마구 재단하는 겁니다. 근사 체험자나 인격적으로 성숙한 사람은 이런 일을 하지 않습니다. 결코 남을 자기 마음대로 판단하지 않는다는 것이지요.

이 점이 얼마나 중요하면 예수께서도 "남이 나를 판단하는 것이 싫으면 본인도 남을 판단하지 마라"라는 말씀을 남기셨겠습니까? 우리는 누구나 독특한 존재이기 때문에 평가될 수 없습니다. 그런데도 내가 남에 의해 재단되고 심판받는다면 기분이 최악일 겁니다. 더군다나 공개적으로 이런 일이 발생하면 그것은 우리의 인생에 큰 오점을 남길 것입니다. 따라서 이런 일이 발생하지 않도록 조심의 조심을 해야 할 것입니다.

인격적으로 성숙한 사람은 타인을 만나면 그 사람의 상황을 먼저 생각합니다. 그리고 그 사람의 이야기를 어떻게 하면 잘 들어줄 수 있을까에 대해 고심합니다. 그 사람과 있을 때는 그 사람에게만 '올인'합니다. 그 사람을 만날 때는 그 사람이 전부이기 때문입니다. 그를 온전한 주체로 생각하고 동등한 차원에서 대합니다. 이렇게 올인하니까 상대방이 '저 사람이 나를 좋아하나?' 하는 착각을 할 정도입니다. 이런 사람은 자기 이야기는 가능한 하지 않고 상대방 이야기를 들어줍니다. 그런데 보통의 우리는 상대방과 대화할 때 어떻게 합니까? 자기 이야기만 하지 않습니까? 가령 주부들이 만나면 자기 자식 (혹은 남편) 이야기만 합니다. 예를 들어 내가 물어보지도 않았는데 "아들이 군대 갔다느니", "미국 대학에 장학금 받고 입학했다"라느니 하는 말을 늘어놓습니다. 나는 그 사람의 아들에 대해 아무 관심이 없는데 말입니다. 그런데도 그 사람의 입장을 생각해 들어주는 척이라도 해야 합니다. 안 그러면 실례가 되니까요. 그러나 그것은 피곤합니다. 그래서 저는 사람 만나는 것을 꺼리는 경향이 있습니다.

아, 잊은 것이 있군요. 이렇게 인격적으로 성숙한 사람은 다른 사람의 단점을 지적하지 않는다는 것입니다. 우리는 다른 사람의 단점을 발견하고 그것을 지적하기를 좋아합니다. "너는 이래서 문제야!" 혹은 "너는 그 점이 잘못됐어. 고쳐야 해", "당신도 그랬으면서 내게는 고치라고?" 등으로 말하면서 말입니다. 이런 일의 전형은 부부관계입니다. 예를 들면 이런 겁니다. 아내가 남편에게 어떤 버릇이나 태도를 고치라고 잔소리해댑니다. 그러면 남편은 잔소리하지 말라고 맞섭니다. 그때 아내는 보통 "다 이게 당신을 위해서 하는 거지 나 좋다고 하는 거 아니야"라고 하면서 남편의 태도를 이해하지 못하겠다고 말합니다. 여기까지 오면 대화는 더 이상 되지 않습니다. 서로를 이해하지 못하니 말입니다. 그런데 근사 체험자처럼 인격이 높은 사람들은 절대로 잔소리를 하지 않습니다. 잔소리는 사실 자신의 단점을 남에게 투사할 때 하는 것입니다. 잔소리는 다른 사람을 위해서 하는 것이 아니라 자신에게 있는 단점을 남에게 뒤집어씌우는 것이지요. 이것은 치졸한 일이라 우리가 아주 어릴 때나 어울리는 짓입니다. 근사 체험자처럼 성숙한 사람은 이런 일을 하지 않습니다. 이런 사람들은 다른 사람의 단점을 지적하지 않고 그가 스스로 고칠 때까지 기다립니다.

이런 사람들은 잔소리를 하지 않으니 당연히 남 탓을 하지 않습니다. 세상의 모든 일은 자기에게서 비롯된다는 것을 잘 알기 때문에 다른 사람을 탓하지 않는 것입니다. 우리도 어렸을 때는 남 탓을 많이 합니다. 심지어 자신이 잘못해서 넘어져 놓고도 땅이 잘못한 것이라고 땅을 야단치는 경우도 있습니다. 이런 일이 성인이 되어서도 계속 벌어진다면 좋은 일이 아닙니다. 그런데 우리는 이 습속을 벗어나지 못합니다. 자기가 잘못됐을 때 그것을 남에게 돌려버리면 자신이 편하기 때문입니다. 심지어 어떤 아내는 남편에게 이렇게 말합니다. "나 이전에 이렇지 않았어. 당신 만나기 전에는 잘 나갔다구. 내가 이렇게 초라하게 된 건 모두 당신 책임이야."라고 말입니다. 이것은 명백한 '남 탓 정신'이 구현된 현장입니다. 모든 것은 남이 잘못한 것이고 나는 잘못한 게 없다고 생각합니다. 그런데 이런 식으로 하면 어떤 세상일도 풀리지 않습니다. 일이 잘못됐을 때 남 탓하면 그때는 편할지 모르지만 그렇게 해서는 문제가 절대로 풀리지 않는다는 것을 알아야 합니다. 따라서 여러분들도 남을 탓하고 싶은 생각이 날 때 그것은 명백한 판단 착오라는 것을 알아야 할 것입니다.

4. 반물질주의와 반경쟁주의를 지향

이렇게 영적인 인간이 된 근사 체험자들은 영의 중요함을 알게 되면서 물질을 멀리하게 됩니다. 물질이라는 것이 신기루에 불과하다는 것을 알게 되는 것입니다. 따라서 이런 사람들은 물질만능주의에서 벗어나 물질에 그다지 관심을 두지 않습니다. 먹는 것도 그다지 밝히지 않고 입는 것에 대해서도 관심이 없습니다. 그런 것들에 대해서는 기본적인 것만 갖추고 명품을 좇는 등 사치스러운 일은 결단코 하지 않습니다.

더 단순하게 말해서 이런 사람들은 돈과 관계된 것에 별로 관심을 두지 않습니다. 사업을 해서 돈을 버는 것을 비롯해 주식이나 펀드 등 수많은 종류의 돈 관련 사업에 전혀 관심이 없습니다. 주식 시장을 보면 사람들이 생명을 건 것처럼 주식에 매달리는데 이런 사람은 그런 광경을 신기하게 쳐다봅니다. 부동산도 마찬가지지요. 많은 사람들이 땅과 집으로 돈을 벌려고 혈안이 되어 있는데 이런 사람들은 부동산에 투자한다는 개념 자체가 없습니다.

이런 사람은 물질적인 것뿐만 아니라 권력이나 명예, 지위, 인기 등과 같은 비물질적인 것에도 관심이 없습니다. 근사 체험자들은 이런 것들이 모두 그림자에 불과한 것이라는 것을 잘 압니다. 권력이 아무리 강한들, 지위가 아무리 높아 본들, 인기가 아무리 많은들 이런 것은 모두 갑자기 불다 스러지는 광풍에 불과하다는 것을 간파하고 있습니다. 그리고 이런 것들은 인간의 진정한 행복과 관계가 없다는 것도 잘 압니다. 이런 사람들은 설령 높은 지위에 오르든가 많은 인기를 얻게 되더라도 절대 그런 세속적인 것에 취하지 않습니다. 세속적으로 얄팍한 것에 연연하지 않는다는 것이지요. 대신 그런 상태에 있는 자신을 관찰하면서 담담하게 즐길 뿐입니다.

이런 상황을 잘 설명해주는 불교 우화가 있습니다. 『법화경』에 나오는 것으로 일명 '삼계화택(三界火宅)'이라고 불리는 이야기입니다. 그대로 해석하면 '삼계는 불타는 집'이라는 뜻이지요. 삼계란 중생들이 사는 세상을 말합니다. 비유를 보면 집이 불타고 있는데 그 안에 있는 아이들은 장난감을 가지고 노는 데에 정신이 팔려 빠져나올 생각을 하지 않고 있습니다. 그래서 아이들의 아버지가 그들에게 집 밖으로 나오면 수레 같은 것을 가지고 놀 수 있으니 어서 나오라고 타이릅니다. 경에서는 아이들이 나오는 것으로 해피엔딩이 됩니다.

여기서 이 집은 세상을 의미하는데 집이 불타고 있다는 것은 이 세상이 욕망으로 활활 타고 있다는 것을 의미합니다. 집이 불에 타고 있으니 언제 궤멸할지 모릅니다. 이것은 이 세상이 이처럼 위험하기 짝이 없다는 것이지요. 그런데 중생들은 장난감 가지고 노는 데에 정신이 팔려있어 자기가 얼마나 큰 위험에 처해 있는지 모릅니다. 여기 나오는 장난감은 돈이나 권력, 명예, 인기 등 극히 세속적인 것들을 의미합니다. 이 이야기는 우리의 모습을 적나라하게 보여주고 있습니다. 지금 얼마나 위험한 상태에 있는 줄 모르고 주식이나 부동산 투자 같은 것만 일삼고 있으니 말입니다. 이 비유는 한번 음미해볼 만한데 비유라고 하기에는 너무도 사실적인 이야기를 하고 있습니다.

근사 체험자가 비물질주의와 함께 보여주는 정신은 반경쟁주의입니다. 다른 사람과 경쟁하지 않는다는 것이지요. 우리가 살면서 다른 사람과 얼마나 많이 경쟁합니까? 그럼으로써 우리의 마음은 산산이 찢기고 많은 스트레스를 받게 됩니다. 특히 한국 사회는 경쟁이 너무 심하지요. 한국인들이 어려서부터 경쟁에 시달린다는 것은 누구나 아는 사실입니다. 그런데 근사 체험자들은 생명의 본래 모습은 경쟁이 아니라 협동과 조화, 사랑이라는 것을 알고 있습니다. 남을 이기기 위해 그들을 짓밟는 것은 상상조차 할 수 없습니다. 그래서 이런 사람들은 심지어 화투 같은 카드놀이나 윷놀이 같은 게임도 하지 못합니다. 이런 게임은 남을 이기는 것이 기본 목표 아닙니까? 따라서 아무리 게임이지만 남을 쓰러트려야 합니다. 이렇게 남을 이기는 것은 생명의 기본 법칙에 위배됩니다. 따라서 근사 체험자들은 이런 하찮은 게임도 멀리합니다.

이런 생각을 가지니 근사 체험자들은 정상적인 세속 생활을 할 수 없습니다. 세속적인 가치와는 정반대로 가니 말입니다. 따라서 이런 사람들은 근사 체험 후에 직업이 획기적으로 바뀝니다. 앞에서도 말했지만 이븐 알렉산더 같은 의사도 체험 뒤에는 전같이 의사 생활을 더 할 수 없었을 겁니다. 영에 눈이 뜬 그가 보기에 의사라는 직업이 매우 세속적으로 보였을 겁니다. 어떤 사람은 월스트리트에서 증권맨으로 활약했는데 근사 체험 후 돈 버는 것을 포기하고 사람들을 영적으로 돕는 자원봉사자가 되었습니다. 증권맨으로 있을 때는 돈 버는 것이 최고의 목표였는데 체험 뒤에는 그 모든 게 하찮아 보였던 것이지요. 그리고 다른 사람을 돕는 것만이 가장 가치 있는 일이라는 것을 확실하게 깨달은 것입니다.

5. 영성의 심화

근사 체험자는 이처럼 비물질적이거나 비경쟁적이 되면서 자연스럽게 영성(spirituality) 쪽에 비상한 관심을 갖게 됩니다. 이 점에 대해서는 바로 앞에서 보았습니다. 그런데 여기서 명확히 해야 할 것이 있습니다. 사람이 더 영적인 사람이 된다고 해서 더 종교적인 사람이 되는 것은 아니라는 것입니다. 이런 사람들은 외려 덜 종교적인 태도를 취하게 됩니다. 이때 말하는 종교는 제도권적인 종교를 말합니다. 기성 종교를 뜻하는 것이지요.

여러분도 알다시피 기성 종교에는 '예수를 믿어야 천당 간다'느니 '알라만이 유일한 신'이라느니 하는 도그마적인 교리가 많습니다. 기존 신도들에게는 이런 교리가 가장 중요한 것처럼 되어 있지만 근사 체험자들에게는 한낱 관습적인 교리에 불과합니다. 그들은 이것이 종교의 '엑기스'가 아니라는 것을 확실하게 압니다. 더 나아가서 종교를 믿든 안 믿든 그런 것은 전혀 중요하지 않다는 것도 알게 됩니다. 그보다는 지금 내가 타인을 얼마나 사랑하고 있는지, 지혜를 닦기 위해 무엇을 하고 있는지 등과 같은 인류의 보편적인 덕목을 중요하게 생각합니다.

이것은 기존의 관습적인 종교적 태도를 탈피하는 것을 뜻합니다. 예를 하나 들어보지요. 어떤 목사 부인이 우연히 근사 체험을 한 뒤 늘 하던 대로 일요일에 예배에 참석했습니다. 그런데 목사인 남편의 설교를 들어보니 그녀가 보기에 편협한 기독교적인 도그마로 가득 차 있었습니다. 그래서 그 뒤로 남편이 이끄는 예배에는 참석하지 않았다고 합니다. 자신이 근사 체험에서 직접 체험한 것과 비교해보면 목사 남편이 설교하는 것은 죽은 이야기나 다름없었기 때문입니다. 이런 경우 이혼하는 사례도 꽤 발견되는데 이 문제는 나중에 다시 다룰 예정입니다.

이 부인은 앞으로 제도권 종교를 벗어나서 진정한 영성을 추구할 것입니다. 아마 그녀에게는 신에 대한 진정한 믿음 혹은 지식이 생겨날 터인데 여기에는 기독교다, 유대교다, 하는 구분이 없습니다. 쉽게 말해 '너희 신'이다, '우리 신'이다 하는 구별이 없어지는 것이지요. 기성 종교에서 자기 종교만 내세우는 것은 진정한 영성에 반하는 편협한 태도라는 것을 절감하게 됩니다. 따라서 이런 사람들은 다른 종교에 대한 배타적인 태도가 일절 없어집니다. 이것을 굳이 전문적인 용어로 표현한다면 '종교다원주의'적인 태도라고 할까요? 종교다원주의는 모든 종교는 진리나 신으로 가는 통로이기 때문에 거기에는 우열이 없다는 것을 강령으로 하고 있습니다. 비유해서 말하면 산 정상으로 올라가는 길은 하나만 있는 것이 아니라 얼마든지 많다는 주장이지요. 이렇게 되면 내 종교만이 구원을 줄 수 있다는 식의 배타주의적인 태도는 설 자리가 없어지게 됩니다.

근사 체험자들의 영성이 심화하는 모습은 일상생활에서도 보입니다. 그들은 체험 후에 매일 매일을 흡사 그날이 마지막 날인 것처럼 열심히 살게 된다고 합니다. 이것은 한마디로 말해 현재에 충실한 삶을 산다는 것을 의미합니다. 우리는 대부분의 시간을 현재에 있지 못합니다. 항상 과거를 기억하면서 회상한다거나 후회하는 삶을 살고 있고, 아니면 미래에 대해 막연한 불안을 품고 삽니다. 몸은 현재에 있는데 생각은 과거나 미래에 가 있는 것입니다. 이처럼 자기 자리에 있지 않기 때문에 우리는 항상 불안합니다. 그러나 근사 체험자들은 내일은 없다는 식으로 현재에만 몰두하며 삽니다. 이런 생활이 가능한 이유는 영성이 높아져 우리의 삶에는 어떤 섭리나 기운이 있다는 것을 느끼기 때문입니다. 이것을 신으로 풀어도 좋고 카르마 법칙이라 해도 좋습니다.

이들은 우리의 삶이 이런 보이지 않는 상위의 원리나 존재에 의해 작동하고 있다는 것을 알게 됩니다. 그래서 그 원리나 존재에 모든 것을 맡기고 그 안에서 자유롭게 삽니다. 자신을 보호하고 사랑해주는 큰 존재나 원리가 있는 것을 아니 그것에 완전하게 조복하는 것입니다. 그래서 이런 사실을 아는 사람들은 자유로움을 만끽하고 환희가 넘칩니다. 자유로워지려고 노력하는 게 아니라 인위적인 노력을 포기하고 다 맡겨놓으니 진짜로 자유로워진 것입니다. 이런 지경을 설명해주는 좋은 비유가 있습니다. 기차를 타고 가는 사람이 짐을 내려놓지 않고 들고 가는 것이 그것입니다. 짐을 내려놓으면 기차가 당연히 운반해줄 텐데 이 사람은 그것을 믿지 못하고 짐을 들고 있으니 이 얼마나 어리석은 일입니까? 이와 마찬가지로 우리도 모든 것을 내려놓으면 우리를 안내하고 있는 원리나 존재가 알아서 가장 좋은 곳으로 이끌고 갈 것입니다.

이런 삶을 보통 '지금 여기(here and now)'의 삶이라고 하지요. 지금 여기만 생각하고 다른 시간이나 장소는 생각하지 않는다는 것인데 그렇다고 마구잡이로 계획 없이 산다는 것은 아닙니다. 이게 무슨 말인지는 다 아실 겁니다. 이것은 순간순간을 의식하면서 깨어서 산다는 것을 의미합니다. 여기서 중요한 것은 순간순간에 깨어 있다는 것입니다. 모든 순간을 의식하면서 자신을 주시하고 있다는 것입니다. 우리 같은 보통 사람 가운데에는 이렇게 매 순간을 깨어있는 사람을 찾기 힘듭니다. 우리들 대부분은 정신 '줄'을 놓고 '멍'하니 있는 경우가 많습니다. 그리곤 주체 의식 없이 남들 하는 대로 사는데 이것은 '좀비'처럼 사는 것이니 결코 바람직한 삶이 아닙니다. 그래서 이런 삶에서 벗어나야 하는데 이런 것이 머리로는 다 이해되는데 몸으로는 잘되지 않습니다. 이 경지는 이처럼 진입하기 어려운데 근사 체험자들이 이렇게 산다고 하니 놀랍습니다.

다음 특징은 환경 보호와 관계됩니다. 근사 체험자들은 어머니 별인 지구에 대해 강한 애정과 관심을 갖습니다. 그래서 그들은 생태계에 비상한 관심을 나타내는데 특히 현재 자행되고 있는 엄청난 생태계 파괴에 대해 매우 비판적입니다. 그래서 이들은 이러한 현실을 타개하고자 자기 나름의 노력을 기울이는데 그 일환으로 환경보호단체 같은 데에 지원하여 자원봉사 활동하는 것도 마다하지 않습니다. 사실 사람이 영적으로 높은 경지가 되면 자연스럽게 생태계에 비상한 관심을 갖습니다. 종교인 가운데 생태계 문제에 관심 없는 종교인이 있다면 그는 진정한 종교인이라고 할 수 없습니다. 이것은 제가 자신 있게 말할 수 있습니다. 그들은 성직자의 탈을 쓴 가짜 종교인인 것이지요.

그런데 근사 체험자들은 이처럼 지구에만 관심 있는 것이 아닙니다. 이 사람들은 자연히 우주에 대해서도 큰 관심을 갖습니다. 저명한 천문학자였던 칼 세이건이 지구를 '창백한 푸른 점'이라고 하지 않았습니까? 근사 체험자들은 이런 표현을 크게 반깁니다. 그러면서 이 큰 우주 안에서 지구의 지위를 생각하고 그 안에 살고 있는 자신과 인류에 대해 반추적인(reflective) 생각을 하게 됩니다. 전체로서의 우주에 대해 큰 경외심을 갖는 것이지요. 우주가 어떻게 창조됐는지, 왜 생겨났는지, 얼마나 큰지, 어떻게 생겼는지 등 우주의 전체 모습에 대해 비상한 관심을 갖고 실제로 혼자 공부를 하기도 합니다.

그런가 하면 근사 체험자들은 우주에 대해 전에는 갖지 못했던 새로운 통찰력을 얻게 됩니다. 우주 안에 있는 모든 것이 서로 연결되어 있다는 새삼스러운 진리를 깨닫게 되는 것입니다. 그래서 '우주는 하나'라는 새삼스럽게 새로운 진리를 알게 됩니다. 학자들은 이것을 'unbroken wholeness' 즉 '분할되지 않은 전체'라는 용어로 표현하기도 합니다. 또 다른 용어로는 'inter-connectedness', 즉 '상호연계성'이라고 서술하기도 합니다. 이 용어를 보면 생각나는 용어가 있지요? 불교의 화엄사상에서 말하는 인드라망(因陀羅網)이 그것입니다. 인드라 천신[한자로는 제석천(帝釋天)]이 주재하는 하늘에는 그물이 있는데 그 그물의 코에는 투명한 보석이 달려 있습니다. 이 보석은 투명해서 모든 보석들이 서로 반사합니다. 그래서 하나만 보면 다른 보석들을 모두 알 수 있습니다. 여기서 나온 철학이 '일즉다 다즉일(一卽多 多卽一)', 즉 '하나가 전부요, 전부가 하나'라는 것입니다. 이 표현은 앞에서 근사 체험자들이 말하는 우주의 특징과 똑같지요?

이때 항상 나오는 비유가 있습니다. 바다에 있는 섬의 비유입니다. 밖에서 보기에 섬들은 모두 따로 떨어져 있는 것처럼 보입니다. 우리가 모두 개개인으로 존재하는 것처럼 말입니다. 그런데 바다 밑으로 가보면 이 섬들은 모두 연결되어 있는 것을 알 수 있습니다. 그래서 상호연계성이라는 용어가 나오는 것입니다. 바로 이게 자연 혹은 우주의 본 모습입니다. 불교에서는 사물을 있는 그대로 보아야 한다고 하는데 이렇게 보는 게 바로 그렇게 보는 것입니다. 근사 체험자들은 이처럼 깨달은 자만이 가질 수 있는 시각을 갖게 되니 놀라울 따름입니다. 근사 체험이 이렇게 엄청납니다. 수십 년 동안 수도해야 알 수 있는 것을 단 몇 분의 체험으로 알게 되었으니 말입니다. 그래서 우리가 죽음학을 공부할 때 근사 체험을 중하게 다루는 것입니다.

6. 지식의 추구

근사 체험자들이 다음에 보이는 변화는 지식을 왕성하게 추구한다는 것입니다. 그런데 여기서 주의해야 할 것은 이 지식이 그렇고 그런 세속적인 지식이 아니라 인간과 자연, 그리고 우주에 관한 순수한 지식이라는 것입니다. 따라서 이 지식에는 경영학이나 공학 같은 실질적인 학문은 포함되지 않고 순수 학문이라 할 수 있는 종교학, 과학이 포함됩니다. 종교학은 인간의 궁극적인 문제를 다루는 것이고 과학은 우주나 사물의 근본을 탐구하는 것입니다. 이때 특히 중시되는 과학 분야는 물리학이나 양자 역학, 천문학입니다.

이 가운데 양자 역학은 현대물리학에서 가장 주목받는 분야입니다. 왜냐하면 양자 역학은 지금까지 인류가 진리로 알고 있었던 것이 지닌 오류를 밝혀냈기 때문입니다. 이 자리는 그 진상을 설명하는 자리가 아니라 상세하게 말하지는 않겠습니다만 그 요점은 이런 겁니다. 이 점은 앞에서도 잠깐 언급했었죠? 지금까지 인류는 뉴턴의 역학을 절대 진리로 생각했는데 양자 역학이 나와서 뉴턴의 이론은 더 이상 보편적인 진리가 아니라고 주장합니다. 뉴턴의 이론이 틀렸다는 것은 아니고 부분적으로만 유효하다는 것을 증명해낸 것입니다. 이것은 인류가 그만큼 사물을 더 포괄적이고 정확하게 보게 됐다는 것을 의미합니다. 이것은 비전공자들에게는 별것 아닌 것처럼 들리지만 인류지성사에서는 몇 백 년에 한 번 일어날까 말까 하는 엄청난 사건입니다. 앞에서 근사 체험을 설명할 때 소이어라는 사람을 예로 든 적이 있습니다. 이 사람은 근사 체험을 한 뒤에 양자 역학에 비상한 관심이 생겨 독학으로 공부하다 나중에는 대학에 가서 박사학위까지 받은 사람입니다. 이 사람이 과학의 많은 분야 가운데 가장 큰 관심을 갖게 된 분야가 양자 역학이라는 사실은 이 분야가 얼마나 획기적이었나를 보여줍니다.

근사 체험자들은 이와 더불어 우주의 기원 등에 대해 지식을 전달하는 천문학에도 관심을 갖게 됩니다. 지금까지의 설로는 이 우주가 대폭발로 시작했습니다.

그런데 근사 체험자들은 이 같은 물리적인 지식만 추구하는 것이 아닙니다. 대폭발 이전에는 우주가 어떤 상태였는지, 혹은 대폭발이 갖는 철학적인 의미는 무엇인지와 같은 형이상학적인 데에 더 관심을 많이 갖습니다. 그런 의미에서 그들은 그냥 지식만 추구하는 물리학자나 천문학자와는 다르다고 할 수 있습니다.

마지막으로 그들이 진정으로 관심을 갖는 것은 '나는 누구인가'와 같은 대단히 종교적인 주제입니다. 이런 질문은 보통 때는 거의 하지 않는 질문입니다. 이것은 나라는 존재의 의미를 물어보는 것입니다. 도대체 나는 어떤 존재이고 왜 사느냐는 데에 대해 의문을 던지는 것이지요. 인생의 궁극적인 의미에 대해 질문하는 것은 가장 종교적인 행위입니다. 이 질문에 대한 답을 알아야 삶을 진정으로 행복하게 살 수 있기 때문입니다. 그렇지 않습니까? 내가 여기 엄연히 존재하는데 왜 여기에 있는 건지 알아야 인간으로서 존엄한 삶을 살 수 있는 것 아니겠습니까? 근사 체험자는 이 질문에 대한 답을 얻기 위해 여러 종교, 혹은 자신과 가장 가까운 종교에 문을 두드릴 겁니다. 그리고 관련 분야의 책을 읽거나 눈 밝은 이를 찾아다니는 등 여러 가지 일을 수행할 것입니다. 이 질문은 쉽게 답을 얻을 수 있는 것은 아니지만 이 찾아다니는 행위 자체가 한없이 숭고한 것입니다.

7. 사후생과 환생에 대한 믿음

이 특징은 충분히 예견될 수 있는 것입니다. 왜냐하면 근사 체험자는 한 번 죽었다 살아나온 사람이기 때문입니다. 그는 체험을 통해 사후에 자신이 성성한 의식을 갖고 존재한다는 것을 알았기에 사후생을 확신하게 됩니다. 이 때문에 이들은 더 이상 죽음에 대해 두려움을 갖지 않는다고 하더군요. 이것 역시 당연한 이야기겠지요. 자신이 직접 사후 세계를 탐방하고 왔으니 말입니다.

사람들이 근사 체험을 그저 탐구의 대상으로 생각해 별것 아닌 것으로 여길 수 있는데 사실은 그렇지 않습니다. 근사 체험이란 한 사람이 죽었다 살아난 것이니 엄청난 체험입니다. 흡사 신화에서 죽음의 땅에 갔다가 살아서 돌아온 영웅의 이야기 같은 것입니다. 죽었다 다시 살아난다는 것은 있을 수 없기에 신화에서나 다루는 것인데 근사 체험자들은 이를 실제로 겪은 것이니 얼마나 대단한 것이겠습니까? 따라서 이 체험을 한 사람은 극소수에 불과하고 이런 사람들은 특등의 지혜를 얻게 되는 것입니다.

우리는 자동차 사고 등으로 온몸이 으스러지기만 해도 엄청난 체험이라고 말합니다. 그런 것에 비해 근사 체험은 아예 죽었다 살아온 것이니 인간이 가질 수 있는 체험 가운데 가장 큰 것일 수 있겠다는 생각이 듭니다. 이런 사람은 적어도 죽음 하나만큼은 확실하게 극복하게 됩니다. 죽음을 직접 체험했으니 죽음이 두렵지 않은 것이지요. 제가 책을 통해서 접한 근사 체험자들을 보면 예외 없이 죽음에 대한 공포는 완전히 사라졌다고 주장하고 있었습니다. 그런데 이런 사람들이 죽음에 관한 모든 것을 극복한 것은 아닙니다. 이들에게도 두려워하는 것이 있었습니다. 죽기 전에 병 등으로 인해 겪게 되는 고통이 바로 그것입니다. 아픈 게 싫은 것입니다. 이것을 피하기 위해서 우리는 젊을 때부터 준비해야 합니다. 마지막까지 건강하게 살 수 있도록 여러 가지를 준비해야 합니다.

죽음은 언뜻 생각하면 대단히 두려운 것처럼 보이지만 사실 죽음 자체는 두려워할 것이 없다는 것은 제가 주장해왔던 바입니다. 그렇게 말할 수 있는 근거는 선지자들의 증언에서 찾을 수 있습니다. 선지자들은 죽음에 대해 이런 식으로 말합니다. "죽음은 신이 인간에게 준 선물 가운데 가장 뛰어난 것이다" 라든가 "죽음은 달콤한 키스와 같다"라고 말입니다. 그들이 이렇게 말하는 것은 충분히 이해됩니다. 왜냐하면 죽음은 고체 덩어리인 육신에서 벗어나는, 즉 육신에서 해방되는 것이기 때문입니다. 육신을 유지하면서 사는 것이 얼마나 힘든가는 다시 언급할 필요가 없겠지요. 육신이 한번 아프기라도 하면 그 고통이 무지막지합니다. 죽음은 바로 이런 육신으로부터 영혼이 자유롭게 해방되는 사건입니다. 영혼은 그동안 육신을 관리하느라 대단히 힘든 시간을 가졌습니다. 그러나 죽음을 맞이하면 영혼은 짐을 덜 듯 원래의 자유로운 상태로 돌아가니 얼마나 좋은 일입니까? 흡사 어떤 사람이 그의 뒤에다 큰 돌덩어리를 줄로 연결하여 끌고 다니다가 그 끈을 끊는 것과 같다고 하겠습니다. 그 끈을 잘라내면 그는 홀가분하기 짝이 없을 겁니다.

그런데 근사 체험자들은 단지 사후생만 긍정하는 것으로 그치지 않고 한 걸음 더 나아가는 경우가 많습니다. 이들은 라이프 리뷰를 통해 자신들이 이전에도 지상에 태어났다는 것을 알게 됩니다. 앞에서 우리는 근사 체험자들이 죽음을 맞이하고 라이프 리뷰를 할 때 지난 생에 겪었던 모든 일이 왜 일어난 것인가를 알게 된다고 했습니다. 즉, 나는 왜 극악한 부친을 만나 그렇게 고생했는지, 왜 나는 어린 자식을 자동차 사고로 잃게 됐는지, 왜 나는 큰 사고를 당해 장애인이 됐는지 등등과 같은 사건이 왜 생겼는지를 알게 된다고 했습니다. 이런 사건들은 모두 우연히 생긴 것으로만 보여 그 원인을 알 수 없었는데 이렇게 영혼 상태가 되니 여기에는 전생의 숙연이 있었다는 것을 알게 됩니다. 우연이 아니라 필연으로 발생한 사건이라는 것이지요. 이 과정에서 그들은 자연스럽게 환생, 즉 사람은 윤회해서 태어난다는 것을 알게 됩니다. 그리고 우리가 이렇게 생을 거듭해서 태어나는 이유는 카르마를 풀기 위함이고 이것은 종국적으로 자신의 완성을 위해 벌어지는 일이라는 것을 확실하게 깨닫게 됩니다.

그래서 이런 체험을 한 사람은 건강이 회복된 뒤 동양 종교의 교리인 환생에 대해 큰 관심을 갖고 연구할 수도 있습니다. 이 주제에 대한 것은 서양, 특히 미국에서 많이 연구되었기 때문에 공부할 거리가 대단히 많습니다. 그리고 그는 그 공부를 통해 자신의 생은 물론이고 인간에 대해서 다른 사람과는 비교도 안 되게 깊은 이해를 갖게 될 것입니다.

8. 삶의 목적성을 깨달음

이번 특징은 바로 이전 특징과 직결되는 것입니다. 앞에서 근사 체험자들은 인간이 환생한다는 믿음을 확실하게 갖게 된다고 했습니다. 그는 이 믿음과 함께 인간은 반드시 해결해야 할 과제를 갖고 태어난다는 것을 알게 됩니다. 이렇게 보면 삶의 목적은 아주 간단한 게 됩니다. 우리는 소시 적에 "도대체 왜 사는 것일까?"하는 꽤나 철학적인 질문을 스스로에게 던지곤 했습니다. 근사 체험을 한 사람은 이 문제에 대해 확실하게 대답할 수 있습니다. 이번 생에 가져온 카르마를 푸는 것이라고 말입니다.

거창하게 생각할 것 없이 삶의 주요 목적은, 이번 생이 아니면 풀 수 없는 카르마를 푸는 것이라고 할 수 있습니다. 그 이유는 간단합니다. 이번 생에 할당된 카르마를 풀어야 얼마간이라도 영적인 진보를 할 수 있기 때문입니다. 우리 인간은 수많은 생을 거치면서 영적으로 성장해 이 지구라는 학교를 졸업해야 하는 숙명을 갖고 태어났습니다. 이 같은 영적인 성장을 돕는 것이 카르마 법칙인데 이는 매우 중요한 사안이기 때문에 나중에 자세하게 볼 예정입니다. 여기서는 다만 우리의 삶을 총체적으로 지배하고 있는 카르마 법칙이라는 게 있고 이 법칙은 우리를 윤리적으로 완성된 존재로 만들기 위해 불철주야 인간을 연단하고 있다는 정도만 알면 되겠습니다.

우리가 태어나면서 가져오는 과제는 사람마다 천차만별이라 일률적으로 말할 수 없습니다. 그런데 주로 인간관계에 얽힌 과제가 가장 많은 것 같습니다. 그러니까 어떤 사람과 은원(恩怨) 관계로 얽혀 있을 때 그것을 풀러 오는 경우가 가장 많다는 것이지요. 예를 들어 내가 전생에서 A라는 사람에게 못된 짓을 했다면 이번 생에는 반대로 A로부터 못된 짓을 당해 다른 사람을 괴롭히는 것이 얼마나 나쁜 것인지 알아야 하는 카르마를 갖고 오는 것이 그것이지요. 그 반대도 마찬가지입니다. 내가 전생에 A라는 사람에게 은혜를 베풀었다면 이번 생에는 그로부터 갚음을 받는 것이 카르마가 되어 환생할 수도 있습니다.

그런가 하면 특별한 은원 관계가 아니더라도 순수하게 다른 사람을 돕기 위해 태어나는 경우도 있습니다. 이 같은 예 가운데 가장 극적인 것으로 붓다의 모친(마야 부인)을 꼽는 경우가 많습니다. 이분은 그 생의 목표를 오로지 붓다를 잉태하고 태어나게 해주는 것으로 정하고 이 땅에 왔을 것입니다. 짐작할 수 있는 것처럼 붓다 같은 전체 인류사에서 손꼽히는 최고의 성인은 아무나 잉태할 수 없습니다. 붓다 같은 분의 모친은 붓다와 비슷한 경지에 다다른 분이 아니면 안 될 것입니다. 그런데 붓다와 비슷한 수준의 분이라면 영적으로 매우 탁월한 분이기 때문에 이 지구에 환생하지 않아도 되는 분일 것입니다. 그런데도 붓다의 모친은 이 고통으로 가득 찬 거친 사바세계에 태어나기로 했습니다. 목적은 오로지 인류에게 구세주를 선사하기 위해서이지요. 그런데 그분의 카르마는 붓다를 출산하는 데까지만 해당되었던 모양입니다. 그래서 그분은 붓다가 태어나고 7일 만에 열반에 듭니다. 할 일을 했으니 더 이상 이 힘든 지상에 머물 필요가 없었던 것이지요. 그는 환생하지 않아도 될 영혼인데 환생했으니 목적을 이루자 바로 원래의 위치로 돌아간 것입니다. 계속해서 지상에서 사는 것은 그에게 의미 없는 일이었던 것이죠. 이런 경우는 은원의 관계가 얽혀서 발생한 것은 아니고 모종의 성스러운 목적을 위해 스스로 택한 것이라고 할 수 있습니다.

이 대목에서 앞서 인용한 미국의 정신과 의사인 와이스와 아주 어려서 죽은 그의 아들이 생각나는군요. 원래 와이스는 전형적인 정신과 의사답게 사후 세계니 환생이니 카르마니 하는 영적인 데에는 관심이 전혀 없었습니다. 그저 관심 없는 정도가 아니라 비과학적인 주제라고 생각해 경멸했지요. 그런 그를 지금처럼 만든 것은 그의 아들입니다. 그의 아들은 태어난 지 20여 일 만에 죽는 바람에 그는 정신적으로 큰 타격을 받습니다. 자식이 죽으면 가슴에 묻고 평생을 지낸다고 하지 않습니까? 그 뒤로 와이스는 인간의 죽음과 사후 세계 같은 영적인 주제에 관심을 갖게 되었고 캐서린이라는 환자에게 역행 최면을 하면서 삶이 완전히 뒤집힙니다. 그는 이 환자를 통해 인간은 수없이 환생한다는 사실을 알았고 이 모든 것은 카르마 법칙이라는 초월적인 윤리적 원리가 관장하고 있다는 엄청난 사실을 알게 됩니다.

그런데 캐서린에게 최면 치료를 하던 중 놀라운 사실이 밝혀집니다. 즉, 와이스의 아들이 태어나자마자 죽은 것은 와이스에게 영적인 자극을 주어 그 같은 주제에 관심을 갖게 만들기 위함이었다는 것입니다. 어린 아들이 죽었으니 와이스는 크게 낙망했고 그것을 극복하고자 이전에는 관심이 없었던 영적인 주제에 관심을 갖기 시작한 것입니다. 와이스 아들의 카르마는 와이스를 영적으로 자극하기 위해 이번 생에 일찍 죽는 것이라고 할 수 있습니다. 와이스의 아들도 붓다의 모친처럼 은원 관계가 아니라 개인적인 동기로 이 세상에 태어나 과업을 완수한 후 바로 귀환한 것입니다.

우리가 모두 이처럼 자기만의 과제를 갖고 태어난다는 것은 앞에서 검토한 것처럼 근사 체험자들의 증언을 통해서도 알 수 있었습니다. 체험자가 영혼 상태에서 다시 육신으로 돌아가기를 주저하자 빛의 존재가 "당신은 지상에서 할 일이 남았으니 돌아가야 한다"라고 말한 것이 그것입니다. 이번 생에 해결해야 할 과제를 풀지 못했으니 다시 몸으로 돌아가서 숙제를 마치고 오라는 것입니다. 이것은 적절한 처사라고 생각됩니다. 왜냐하면 만일 우리가 이번 생에 할당된 숙제를 풀지 못하고 생을 마친다면 그 과제가 없어지는 게 아니고 언제가 될지 모르는 다음 생에 다시 풀어야 하기 때문입니다. 카르마 법칙으로부터 부여된 과제는 절대로 없어지는 것이 아니기 때문에 그때그때 푸는 것이 가장 이롭습니다. 여러분들도 모두 다른 과제를 갖고 태어났을 터인데 과연 이번 생에 여러분이 카르마 법칙으로부터 받은 과제가 무엇인지 한번 생각해보시기 바랍니다.

9. 중요한 인간관계의 변화

근사 체험자들은 체험을 겪은 후 인간관계에서 많은 변화를 겪는다고 합니다. 당사자가 엄청난 체험을 했으니 다른 사람과의 관계가 변화하는 것은 능히 짐작할 수 있는 일입니다. 그런데 여기에 이해하기 힘든 일이 일어납니다. 적지 않은 체험자들이 이혼한다는 것이 그것입니다.

제가 근사 체험에 대해 공부를 하면서 제일 이해되지 않았던 점이 바로 이것이었습니다. '아니, 사람이 근사 체험을 하면 보살 같은 존재가 되어 사랑의 화신으로 바뀐다는데 왜 이혼을 해?'라는 것이 주된 의문이었습니다. 체험 후에 사랑의 화신이 됐다면 외려 자신의 배우자를 더 사랑할 텐데 왜 이혼하느냐는 것입니다. 이혼은커녕 부부관계에 금슬이 더 좋아져야 하는 것 아니냐는 것이었죠.

이 현상을 이해하게 된 것은 체험자들의 배우자들이 내는 생생한 목소리를 들은 다음이었습니다. 근사 체험을 공부할 때는 체험자들의 증언을 중심으로 보았기 때문에 그 배우자의 입장을 잘 알 수 없었는데 나중에 배우자의 입장을 들어보니 그들이 이혼하는 이유를 알 수 있었습니다. 그 사정을 보면, 근사 체험을 한 배우자는 분명 엄청나게 좋은 사람으로 바뀌어 돌아왔습니다. 그런데 왠지 낯설었습니다. 왜냐하면 나만 사랑하던 예전의 남편 혹은 아내가 아니었기 때문입니다. 이 사람은 보살 같은 사람이 되어서 누구에게나 잘합니다. 그러나 내 입장은 다릅니다. 그에게 나만을 사랑해달라고 요구하지는 않더라도 적어도 다른 사람보다 나를 더 사랑해달라고 하고 싶은데 그는 그렇게 하지 않습니다. 이 사람은 나에게도 다른 사람에게 잘하는 만큼만 잘할 뿐이지 나라고 더 잘해주는 게 없습니다. 그러니 남과 같이 산다는 느낌을 받습니다. 그래서 그런지 그런 사람과 자식에 대해 논의하는 것이 이상합니다. 더 나아가 같이 생활하는 게 어색하고 더더욱 한 이불을 덮고 자는 게 생경하기까지 합니다. 이런 날이 하루 이틀이면 견딜 만하지만 계속해서 이어지니 참고 지내기가 힘듭니다. 그래서 이혼하는 것입니다. 배우자가 남과 같으니 더 이상 같이 생활할 수 없었던 것입니다.

그런데 이와 관련해 흥미로운 연구 결과가 있더군요. 이혼율이 근사 체험의 시기에 따라 달라진다는 것입니다. 무슨 말인가 하면, 당사자가 결혼 전에 근사 체험을 했을 경우에는 이혼율이 낮아진다고 합니다. 왜 이런 결과가 나왔을까요? 원인을 추정해보면, 근사 체험을 한 사람은 결혼할 때 자신이 체험한 것에 비추어 본인과 같이 살 수 있는 사람을 면밀하게 골랐을 겁니다. 결혼하기 전에 상대방과 충분히 논의해 자신이 겪은 근사 체험을 이해할 수 있는 사람을 택했을 것입니다. 그렇게 되면 그 상태로 결혼하는 것이니 결혼한 뒤에도 생소한 느낌을 받지 않을 테고 그 결과 이혼하는 비율이 낮아진 것입니다.

다음은 직업에 생기는 변화입니다. 근사 체험을 진정으로 한 사람은 대부분 직장을 바꿉니다. 그들이 원래 속해 있던 직장은 모든 직장이 그렇듯 돈과 욕망, 그리고 경쟁만이 '득실거리는' 곳입니다. 관심은 오로지 돈을 얼마나 받느냐, 다른 직원들보다 더 좋은 지위로 승진하느냐에 있습니다. 남을 밟고 올라가 어떻게 하면 더 많은 돈을 받을 수 있을지에 관해서만 골몰합니다. 그저 경쟁, 경쟁만 있을 뿐입니다. 그런 직장에서는 동료를 먼저 생각하고 배려하는 마음을 가질 수 없습니다.

그런데 근사 체험을 진하게 한 온 사람이 직장에 돌아오면 그는 이런 살벌한 환경이 대단히 잘못된 것이라는 것을 깨닫게 됩니다. 빛의 존재로부터 무조건적인 사랑을 받고 사람은 절대적인 사랑의 존재라는 것을 깨달은 당사자는 경쟁만 가득하고 남을 짓밟기만 하는 세상이 너무도 생경할 뿐만 아니라 자신은 더 이상 그런 사회에 속할 수 없다는 것을 깨닫게 됩니다. 그래서 유감없이 자신이 속해 있던 직장을 떠나게 됩니다. 그 대표적인 예가 바로 앞에서 본 이븐 알렉산더입니다. 그가 했던 근사 체험은 같은 체험 중에서도 강도가 굉장히 강한 것에 속합니다. 7일간이나 의식 불명의 상태로 있으면서 영혼들의 세계를 깊고 강하게 체험했기 때문입니다. 그런 그였기에 체험을 한 후 더 이상 의사직을 고수할 수 없었습니다. 미국 의료계는 경쟁이 심해서 아주 살벌한 곳으로 알려져 있는데 견딜 수 없었을 겁니다. 지금은 자신의 홈페이지를 만들어 영적인 일에 전념하면서 학회에서 발표도 하고 관련 저서도 내는 등 의사와는 영 다른 영적인 작업에만 몰두하고 있습니다. (그런데 돈은 어떻게 버는지 잘 모르겠습니다.)

알렉산더와 같은 예는 많이 있지만 다 같은 양상을 보이는지라 더 볼 필요는 없습니다. 그런데 이 같은 변화를 겪는 사람 중에는 근사 체험을 하지 않은 사람도 있습니다. 간접적이지만 이 주제를 깊게 체험한 사람 역시 직업을 바꾸는 경우가 있습니다. 그 예가 앞에서 본 의사 브라이언 와이스이지요. 그는 근사 체험을 직접 하지는 않았지만 환자를 최면하면서 얻은 체험을 통해 인생관이 송두리째 바뀌게 됩니다. 거의 근사 체험자처럼 바뀌게 되지요. 그래서 그 좋은 대학병원의 의사직을 그만두고 영적인 일에만 전념하게 됩니다. 알렉산더나 와이스 같은 경우에는 의사였기 때문에 학술적인 활동을 했지만, 보통은 본인이 하던 세속적인 일을 떠나 봉사단체 같은 데에 들어가는 경우가 많은 것 같습니다. 인생의 본질이 사랑인 것을 깨달았으니 그 지혜를 실천할 수 있는 직장으로 옮기는 것입니다. 그들에게는 다른 어떤 것보다도 사랑과 지혜를 이웃과 나누는 일이 가장 중요하게 된 것입니다.

10. 영적 능력의 확장과 초능력의 발생

이제 마지막 항목에 다다랐습니다. 근사 체험을 강하게 한 사람들은 보통 사람이 가지지 못한 초능력을 갖게 된다고 하는데 이것은 쉽게 믿기지 않습니다. 이 능력을 초능력이라고 볼 수 있을지 모르겠는데 예를 들면 이런 겁니다. 근사 체험자가 차고 있는 시계가 고장 나서 제대로 가지 않는다거나 그가 평소에 멀쩡하게 쓰던 컴퓨터가 고장 나는 것이 그것입니다. 시계 같은 것은 그리 쉽게 고장 나는 게 아닌데 기이하게도 근사 체험자의 시계는 이상하게 작동한다고 합니다.

이것보다 더 이해할 수 없는 게 있습니다. 근사 체험자 주위의 전기 기물들이 이상하게 작동한다고 하는데 예를 들면 침대 옆에 있는 스탠드가 제멋대로 켜졌다 꺼졌다 하는 것이 그것입니다. 체험자의 몸짓에 따라 명멸하는 것 같습니다. 더 재미있는 것은 길가의 가로등까지 반응한다는 것입니다. 이것은 정말로 믿기 어려운 것인데 체험자가 그렇게 증언하니 믿지 않을 도리가 없습니다. 체험자가 길을 걸으면 가로등이 자동으로 꺼졌다 켜졌다 한다는데 참으로 기이한 현상이 아닌가 합니다. 이런 일이 생기는 이유를 굳이 추정해보면, 체험자의 몸에 있는 전자기장이 강해져서 그런 것 아닌가 합니다. 우리 인간들은 오라(aura)라 불리는 일종의 전자기장이 몸을 감싸고 있는 것으로 알려져 있습니다. 그런데 근사 체험자들은 이 자기장이 평범한 사람의 그것보다 힘이 강해진다고 하는데 그 결과 영향을 미칠 수 있는 범위가 넓어지는 모양입니다. 이런 힘이 전자 기계에 영향을 주어 오작동을 하게 만드는 것 아닌가 합니다. 그러나 이것은 추정이고 확실한 것은 아직 밝혀지지 않았습니다.

그다음 초능력은 정신적인 것과 관계가 있습니다. 근사 체험자들은 영적인 힘을 얻게 되어 다른 사람의 마음을 읽을 수 있다고 합니다. 어떤 사람을 만나면 그가 말을 하지 않아도 그가 무엇을 생각하고 무엇을 말할지를 알 수 있다고 합니다. 그렇게 되니까 체험자들은 다른 사람에게 자신의 생각을 마음으로 전하는 텔레파시가 가능합니다. 이런 능력은 사실 우리가 모두 갖고 있는 것인데 우리는 잘 발현시키지 못하고 있는 반면, 체험자들은 그 능력을 발휘하고 있는 것입니다. 체험자들이 이렇게 영적으로 앞서게 되니 이들은 다른 사람을 보기만 해도 그의 전체적 성향을 단번에 파악할 수 있습니다. 특히 그가 영적으로 얼마나 성숙한 사람인가를 확실히 알 수 있지요. 심지어 체험자들은 미래를 예측하는 일도 가능하다고 합니다. 물론 모든 미래를 예측할 수 있다는 것은 아니고 체험자와 가까운 사람의 가까운 미래 정도를 예측하는 일이 가능해집니다.

사람은 원래 정신이 맑아지면 가까운 미래는 어느 정도 예측할 수 있습니다. 절에는 이런 이야기가 있지 않습니까? 큰 스님이 말하길 "오늘 A라는 사람이 올 것 같으니 미리 준비하라"라고 하면 그날 오후에 그 사람이 정말로 당도한다는 이야기 말입니다. 큰 스님들은 오랫동안 수도해서 정신이 맑아져, 혹은 예민해져 다른 사람의 염파, 즉 마음의 에너지파를 감지할 수 있기에 이런 일이 가능한 것입니다. A가 이 절을 방문하겠다는 마음을 내면 그 염파가 예민한 큰 스님한테 전해진 것입니다. 근사 체험자들도 정신의 에너지 진동이 매우 섬세해졌기 때문에 가까운 미래를 예측하는 일이 가능합니다.

마지막으로 볼 초능력은 근사 체험자에게 생기는 치유 능력입니다. 전언에 따르면 이 사람들은 우리 몸을 감싸고 있는 오라를 볼 수 있다고 하더군요. 그래서 이 오라의 색깔을 통해서 당사자가 어떻게 아픈지 진단도 한다고 합니다. 앞에서 거론했던 링의 연구에 따르면 근사 체험자 가운데 약 40%가 치유 능력을 갖게 되었다고 합니다. 그런데 이 사람들이 고칠 수 있는 병은 아마도 암 같은 중병은 아닐 겁니다. 한의학으로 치면 기혈이 막힌 것을 풀어주어서 고칠 수 있는 가벼운 병 정도를 고칠 수 있을 겁니다. 아마도 해당 환자의 아픈 부위에 손을 얹고 자신의 기 같은 에너지를 불어넣어서 고치는 식이 아닐까 합니다. 이 사람들이 그렇게 해서 사람을 고칠 수 있는 것은 이들의 몸을 감싸고 있는 에너지장이 강력해져 그 힘으로 자연스럽게 고치는 것 같습니다.

제7강

"사후통신이란 무엇인가?"

이번 주제는 '사후통신'인데 매우 재미있고 산뜻한 주제로 고인의 영혼과 교통하는 체험을 말합니다. 사후통신은 영어의 'After-Death Communication(ADC)'을 번역한 것인데 이 용어를 만든 사람은 미국인 빌 구겐하임(Bill Guggenheim)입니다. 이 사람이 이 주제를 연구하는 배경에 대해서는 나중에 자세하게 보겠습니다만 그는 사후통신을 최초로 분석하고 정리한 사람으로 정평이 나 있습니다.

1. 고인으로부터 소식이 없으니 사후세계는 없는 것?

위의 의문은 사후세계를 부정하는 사람들이 많이 제기하는 것입니다. 그 사람들의 주장은 이렇습니다. 사람이 죽어서 영혼으로 계속해서 존재한다면 왜 우리에게 나타나서 속 시원하게 자신은 여기에 이렇게 잘 있다고 말하지 않느냐는 것입니다. 예를 들어 돌아가신 아빠가 그렇게 보고 싶은데 만일 아빠가 영혼으로 존재한다면 한 번이라도 연락할 것 아니냐는 것입니다. 하다못해 꿈에라도 와서 "나 잘 있다"라고 말해주면 보고 싶은 마음을 조금이라도 달랠 수 있을 텐데 아빠가 아무 소식도 주지 않으니 야속하다는 것입니다. 또 내가 그토록 사랑했던 딸이 불의의 교통사고로 타계해서 나는 지금 깊은 좌절과 실의에 빠져 있습니다. 너무도 고통스러운 나머지 나도 세상을 버릴까 하는 생각마저 합니다. 이럴 때 딸의 영혼이 나타나서 "아빠, 나 여기서 잘 있으니 걱정하지마"라고 한마디만 해주면 여한이 없을 텐데 딸은 매정하게 어떤 소식도 전하지 않습니다. 이런 이야기 끝에 그들은 사후세계나 영혼은 존재하지 않는다고 할 수밖에 없다고 항변합니다.

이에 대해 전문가는 완전히 반대의 생각을 갖고 있습니다. 전문가에 따르면 고인의 영혼들은 여러 방법으로 우리에게 접촉을 시도했는데 우리가 알아차리지 못한 경우가 많다고 합니다. 왜 알아차리지 못했을까요? 이승과 저승이 차원이 달라 교통이 어렵기 때문입니다. 우리 주위에는 이승에 사는 우리가 저승에 있는 영혼들과 교통하는 것이 가능하다고 생각하는 사람들이 있습니다. 그런데 이들이 크게 오해하는 게 있습니다. 우리가 영혼들과 면대면으로 대화할 수 있다고 생각하는 것이 그것입니다. 그러니까 이 세상에서 하듯이 영혼과 서로 얼굴을 바라보면서 대화한다고 생각하는 것이지요. 이것은 사실이 아닙니다. 영혼계와 물질계는 차원이 달라 서로 교통하는 일이 쉽지 않습니다.

독자들의 이해를 돕기 위해 무당을 예로 들어보지요. 사람들은 무당들이 점을 칠 때 그 무당의 몸주(몸주신, 무당에게 강신하여 영력의 주체가 되고 있는 신)가 직접 나타나서 정보를 준다고 생각하는 것 같습니다. 그러니까 몸주와 무당이 일대일로 대면해서 대화를 나눈다고 생각하는 것이지요. 이것은 사실이 아닙니다. 몸주가 직접 나타나는 경우는 드물고 대신 약간의 힌트만 준다고 합니다. 예를 들어 간단한 단어를 한두 개 정도 들려준다거나 무슨 냄새를 풍긴다거나 적절한 영상을 하나 보여준다거나 하는 식으로 아주 작은 단서만 준다는 것이지요. 그러면 무당은 그것을 가지고 탐문 수사하듯이 내담자와 대화하면서 정보를 끌어내는 것입니다.

이와 비슷한 이야기는 현재 미국에서 꽤 인기 있는 영매로 알려진 존 에드워드(John Edward, 1969~)에게서도 들을 수 있습니다. 그에 따르면 우리가 영혼과 교통하려면 두 가지 조건이 충족되어야 한다고 합니다. 영계와 지상은 각각 에너지계와 물질계이기 때문에 그 파동이 너무나 차이 납니다. 영혼은 순수 에너지체이니 진동이 굉장히 빠른 반면 물질계는 고체로 되어 있으니 진동이 영계에 비해 현저하게 느립니다. 이렇게 진동에서 차이가 나니 두 세계의 교통이 어려운 겁니다. 영혼이 지상에 있는 친지에게 소식을 전하려면 자신의 진동수를 대폭 내려야 하는데 이는 대단히 어려운 일이라고 합니다. 영혼은 자신의 진동수를 어느 정도는 내릴 수 있는 모양인데 그 정도 내린 것 가지고는 지상에 사는 우리와는 접촉이 되지 않는다고 하지요. 그런가 하면 지상에 있는 우리도 나름의 노력을 해야 합니다. 즉 영혼과 접촉하려면 우리의 진동수를 끌어 올리는 것이 그것입니다. 그런데 평범한 우리는 그런 일을 할 수 없습니다. 지상에서 이 일을 할 수 있는 사람은 영매라고 불리는 사람밖에 없습니다.

그런데 영매가 자신의 진동수를 끌어 올릴지라도 영혼과는 여전히 멀리 떨어진 상태라고 합니다. 그래서 면대면으로 직접적인 대화는 힘들다고 하지요. 이런 상황에서 영혼이 무슨 소식을 전하려면 긴 문장은 가능하지 않고 짧은 단어나 숫자 혹은 이미지 같은 것만 잠깐 보여준다고 합니다. 그러니까 간신히 소식을 전하는 것입니다. 이것은 흡사 이전에 전화기가 발달하지 않았을 때 수화기로 들리는 소리가 잡음과 함께 멀리서 들리는 것과 같다고 하겠습니다. 그러니 잘 들리지 않습니다.

여러분들은 에드워드의 설명을 들어보면 이해하기가 쉬울 겁니다. 그가 여러 사람 앞에서 공개 세션을 할 때의 상황입니다. 이때 어떤 영혼이 나타나 'fr⋯.'처럼 명확하지 않은 단어를 말합니다. 그러면 에드워드는 관객에게 "여기 fr로 시작하는 이름을 가진 사람이 있냐?"라고 묻습니다. 몇 사람이 그렇다고 답합니다. 그다음 에드워드에게 이미지로 심장이 상한 것 같은 사람의 모습이 나타나면 에드워드는 당사자들에게 "(당신들의 지인 중에 누군가가) 심장병으로 죽은 적이 있는가?"라고 묻습니다. 그러면 그 가운데 한 사람이 그렇다고 답하고 그 뒤의 세션은 그 사람하고만 진행됩니다. 세션은 보통 이런 식으로 진행되는데 영매가 영혼이 지상에 있는 친지에게 전하고 싶은 말을 전달하면서 끝이 나게 됩니다.

서론이 너무 길어진 느낌인데 여기서 중요한 것은 이처럼 영계와 지상계는 소통하기가 어렵다는 것을 알아야 한다는 것입니다. 고인이 된 영혼들도 지상에 두고 온 자식들에게 소식을 전하고 싶지만 자신들의 능력으로는 되지 않기 때문에 적극적으로 소식을 전하지 못하는 것입니다. 또 소식을 전한다 해도 상징적으로만 전할 수 있기 때문에 지상에 있는 가족들은 알아차리지 못하는 것입니다. 이런 배경을 이해하고 이제 사후통신에 대해 자세하게 보기로 합니다.

2. 사후통신이란 무엇인가?

사후통신에 대해 본격적으로 보려하는데 먼저 이 개념을 정의하는 일이 필요할 것 같군요. 사후통신에 대해서 빌은 다음과 같이 산뜻하게 정리합니다. 사후통신이란 "어떤 사람이 사망한 가족이나 지인(의 영혼)에 의해 '직접적이고', '자발적으로' 접촉되었을 때 생기는 영적 체험이다"라고 말입니다. 이 정의를 통해 사후통신은 인간과 인간 사이의 교통이 아니라 인간과 영혼 사이의 교통이라는 것을 알 수 있습니다. 빌은 접촉이라고 표현했지만 말입니다. 이렇게 보면 굳이 '사후'라는 단어를 사용할 필요가 있는지 모르겠습니다. 사람과 영혼의 접촉이라는 의미에서 육(肉)과 영(靈)의 통신이라고 하는 게 더 적합한 표현이 아닌가 합니다.

그다음으로 논의해야 할 단어는 '직접적으로'라는 것입니다. 이것은 육신을 가진 당사자가 다른 사람의 중재 없이 자신이 직접 (고인의) 영혼과 접촉하는 것을 말합니다. 이게 무슨 말일까요? 우리 보통 사람들은 영적인 능력이 없든지 혹은 부족해 영혼들과 직접 소통할 수 없습니다. 따라서 영혼들과 소통하고 싶을 때는 영매 혹은 무당의 힘을 빌려야 합니다. 이에 비해 사후통신은 이런 제3의 조력자들의 도움 없이 당사자가 직접 고인의 영혼과 만나는 체험을 하는 것입니다.

다음은 '자발적'이라는 용어입니다. 이것은 영혼이 자발적으로 주도권을 갖고 움직인다는 뜻입니다. 그러니까 이 지상에 살고 있는 내가 원했을 때 영혼이 그에 응해서 오는 게 아니라 영혼이 일방적으로 먼저 접촉을 시도한다는 것입니다. 이것은 영혼이 지상의 인물과 언제, 그리고 어디서 접촉할지를 정한다는 것을 의미합니다. 물론 그렇지 않은 경우가 없는 것은 아닙니다. 간혹 당사자가 부탁했을 때 영혼이 그에 응하는 경우도 있습니다. 그러나 대부분은 영혼 쪽에서 주도권을 갖고 접촉을 시도하는 것 같습니다. 이 점은 앞으로 보게 될 사례에서 충분히 드러나니 그때 확인할 수 있을 것입니다.

3. 빌 구겐하임은 누구인가?

이제 소개할 사람은 사후통신을 처음으로 연구했다고 할 수 있는 빌 구겐하임입니다. 그는 원래 사후 세계 같은 영적인 데에는 관심이 없는 사람이었습니다. 관심이 없었을 뿐만 아니라 영혼이나 사후 세계의 존재에 대해 회의적인 태도를 취하고 있었습니다. 그가 이 주제에 관심 두기 전에 뉴욕의 월 스트리트에서 '증권맨(애널리스트)'으로 일하고 있었으니 사정을 알 만합니다. 인생의 관심사는 오로지 돈이었지요. 그러다 우연히 앞에서 언급한 죽음학의 대가인 로스의 강연을 듣게 되었는데 그때 자신이 사후세계나 영혼들에 대해 관심이 적지 않다는 사실을 알게 됩니다. 자신은 증권맨이라 영적인 것에는 관심이 없는 줄 알았는데 그렇지 않다는 것을 발견한 것입니다.

그 강의에서 그가 충격받은 내용은 로스가 대낮에 병원에서 수개월 전에 죽은 환자의 영혼을 만났다는 이야기였습니다. 이 이야기는 앞에서 간단하게 언급했습니다. 이때 로스는 이 영혼과 같이 복도를 걷기도 하고 방에서 대화를 나누는 등 기이한 일을 합니다. 이것은 고인의 영혼이 나타났으니 전형적인 사후통신의

한 사례인데 여간해서는 일어나지 않는 매우 드문 경우입니다. 영혼이 나타났는데 그것도 대낮에 사람이 많은 병원 안에서 그런 일이 발생했으니 말입니다. 그리고 로스는 그 영혼을 만져보기도 하고 수 분간 대화를 나누었다고 하니 더 믿기 힘듭니다. 제가 사후통신의 예를 많이 접해봤는데 이런 경우는 거의 발견하지 못했습니다. 부활한 예수가 제자들과 같이 대화하고 식사한 사건이 연상되기까지 하네요. 이런 일은 아무에게나 일어나는 일이 아닌 것 같습니다. 로스처럼 세계적인 죽음학의 대가나 겪을 수 있는 사건이 아닌가 합니다.

어떻든 이 사건을 계기로 빌은 사후통신이라는 주제에 대해 관심을 갖기 시작했습니다. 그런데 바로 연구를 시작한 것은 아니었습니다. 그는 계속해서 증권 관계 일을 했는데 몇 년이 지났을 때 갑자기 이 주제를 가지고 책을 쓰라는 내면의 목소리를 듣게 됩니다. 이것은 그동안 사후세계나 통신에 대해 무의식적으로 관심을 갖고 있었는데 이것이 숙성되어 내면의 목소리 형태로 분출된 것 아닌가 합니다. 그런데 빌의 연구를 보면 이렇게 내면의 목소리로 나오는 경우의 상당수가 사실은 영혼들이 보내는 메시지라고 하더군요. 빌의 경우도 여기에 해당하는지 모르겠습니다.

이렇게 해서 빌은 사후통신을 주제로 책을 쓰기로 작정하는데 이 기획에는 부인도 참여하게 됩니다(부인과는 후에 이혼합니다). 이 작업을 위해 그들은 우선 1988년부터 체험담을 모집하기 위해 사람들을 찾아다니기 시작했습니다. 특히 친지를 여읜 유족들의 모임 같은 데에 가서 고인과 영적인 교통이 없었는지를 물어보곤 했습니다. 그러다 이런 소식이 지역 사회에 알려지게 되어 그 지역의 방송에도 나가고 신문에도 기사화되어 많은 사람들이 자신들이 겪은 체험을 빌의 부부에게 알려주었습니다. 이 방송 덕에 그들의 하는 일은 해외에도 알려져 미국뿐만 아니라 캐나다나 호주, 일본 등지에서도 제보가 들어왔다고 하더군요. 이런 것 보면 미국이라는 사회의 저력을 느낍니다. 일반인이 책을 쓰겠다고 하니 사회 전체가 도와주는 것은 부럽기 짝이 없습니다.

어떻든 이렇게 해서 빌 부부는 약 2,000명과 면담했고 약 3,300개의 사례를 수집할 수 있었다고 합니다. 더 놀라운 것은 이 사후통신이라는 것이 결코 드문 현상이 아니라 수많은 사람들이 경험한 일반적인 현상이라는 것이었습니다. 그렇게 생각할 수 있는 것은 미국인 가운데 20%에 해당하는 5천만 명이 사후통신의 경험이 있었다고 하니 말입니다. 그동안 자신의 체험을 표현할 수 있는 통로가 없어 말을 못 했을 뿐이지 사실은 사람들이 영혼들과 수없이 교통을 하고 있었던 것입니다. 이들은 이 자료를 정리하여 1995년에 『Hello from Heaven(하늘에서 온 인사)』이라는 책을 출간하게 되는데 이 책은 사후통신이라는 개념을 처음으로 분석적인 방법으로 알린 책으로 알려져 있습니다.

이 책에서 빌은 많은 사람이 겪은 사후통신을 꼼꼼히 분석해서 12가지의 유형으로 나누고 있습니다. 사후통신을 이렇게 분석한 것은 빌이 처음인데 각각의 유형을 보면 그 다양함에 놀랍니다. 우리가 영혼과 교통할 수 있는 방법이 이렇게 많았는지 새삼 놀라게 됩니다. 여러분들도 이 유형들을 보면 이전에 자신이 겪었던 경험이 여기에 포함될 수 있다는 것을 알게 될 겁니다. 그때는 그 경험이 무슨 의미를 갖는지 몰랐는데 빌의 설명을 적용해보면 그것이 사후통신으로 읽힐 수 있다는 것입니다. 저도 이 책을 읽고 난 뒤에 제가 여러 해 전에 겪었던 신기한 일이 사후통신일 수 있겠다는 생각이 들었습니다.

그런데 빌의 연구는 나름의 약점이 있습니다. 대표적인 것은 검증하기가 힘들다는 것입니다. 그렇지 않겠습니까? 어떤 일정한 영적인 현상이 있는데 그게 영혼으로부터 온 것이라는 것을 검증하려면 그 영혼에게 물어보는 수밖에 없는데 그렇게 하는 것은 불가능한 일이지 않습니까? 그래서 검증하기 힘들다는 것인데 그럼에도 불구하고 그 현상이나 메시지가 영혼으로부터 왔다고 생각할 수 있는 증좌(evidence)가 의외로 많습니다. 이런 점들을 감안하고 이제부터 빌이 제시한 12가지에 달하는 사후통신의 유형을 보기로 합니다.

4. 사후통신의 유형은?

사후통신의 유형은 앞서 말한 것처럼 12가지로 나뉘는데 그것을 보면 다음과 같습니다.

i. 지각적 사후 통신(영혼의 임재함 느끼기)

ii. 청각적 사후통신

iii. 촉각적 사후통신

iv. 후각적 사후통신

v. 부분 시각적 사후통신

vi. 전체 시각적 사후통신

vii. 비전(vision)적 사후통신

viii. 선잠 상태(중간 지대)의 사후통신

ix. 꿈속의 사후통신

x. 체외 이탈 사후통신

xi. 전화로 하는 사후통신

xii. 물질 현상으로 나타나는 사후통신

이상이 빌이 나눈 12가지 유형의 실체인데 '12'이라는 숫자에 맞추려고 인위적으로 나눈 것 같은 느낌이 있습니다. 그러나 설명의 편의를 위해 그냥 위의 분류를 따라 진행하도록 하겠습니다. 각 유형에는 독자 여러분의 이해를 위해 사례가 포함되는데 여기에는 빌이 수집한 사례가 많이 인용될 것입니다.

i. 지각적 사후통신

첫 번째는 가장 간단한 유형이라고 할 수 있습니다. 망자의 영혼이 내 곁에 있고 그것을 내가 느끼는 것이니 말입니다. 그런데 이것은 그저 느낌인지라 정말인지 아닌지 모호할 수 있습니다. 그런데 직접 겪은 사람은 확신에 차서 "분명히 그가 왔었어"라고 말한다고 합니다. 그렇게 말할 수 있는 것은 사람의 영혼에는 그만이 소유한 독특한 에너지 패턴이 있기 때문이라고 하지요. 이것을 지문에 비유하기도 합니다. 사람들의 지문은 얼핏 보면 다 비슷하게 보이지만 같은 지문은 하나도 없다고 하지 않습니까? 그처럼 우리의 영혼도 그 풍기는 에너지가 다 다르다고 합니다. 그래서 어떤 영혼이 내 옆에 있으면 금세 그 사람이 왔다는 것을 알 수 있다고 합니다.

빌이 제시한 예를 하나 들어보지요. 호스피스 간호사인 A씨는 자신이 간호하던 환자가 위독하다는 전화를 받고 병원에 가기 위해 옷을 갈아입고 있었습니다. 그 순간 그녀의 오른쪽에 이 환자가, 정확히 말하면 이 환자의 영혼이 임재한 것을 느낄 수 있었습니다. 위에서 한 설명에 따르면 이 환자가 지닌 에너지 패턴을 감지한 것이지요. 아마도 이 환자는 마지막 작별 인사를 하러 온 것 같았는데 약 30초 정도 머물러 있다가 사라졌다고 합니다. 그녀가 서둘러 병원에 가보니 그는 이미 유명을 달리했습니다. 그런데 그가 죽은 시각을 알아보니 A에게 나타난 바로 그 시각이었습니다.

다음은 한국 사례입니다. 20세기 초에 왕성한 작품 활동을 했던 마해송이라는 한국 최초의 창작동화 작가에게는 마종기라는 아들이 있었습니다. 그는 시인이자 의사이었는데 미국에서 의사업을 했다고 합니다. 그런데 하루는 일찍 타계한 부친이 너무나 보고 싶어 벤치에서 울고 있는데 누군가가 따뜻하게 안아주는 듯한 느낌을 받았다고 합니다. 이때 그는 아마 부친이 미국에까지 와서 아들을 위로한 것 아닌가 하는 생각을 했다고 합니다.

이런 식의 체험은 우리 주위에서 많이 발견됩니다. 얼마 전에 돌아가신 어머니가 사무치게 보고 싶어 멍한 상태로 있는데 갑자기 스산해지면서 누군가 내 옆에 있는 느낌을 받는 것이 그것입니다. 이때 느낀 그 기운이 무엇인지는 잘 모르겠지만 혹시나 돌아가신 어머니의 영이 나타난 것 아닌가 하는 생각을 할 수 있습니다. 그러나 이런 경우 주관적인 체험이 많이 섞일 수 있다는 것을 잊어서는 안되겠습니다.

ii. 청각적 사후통신

다음은 영혼으로부터 일정한 소리를 듣는 사례입니다. 망자의 목소리를 듣는 것인데 이 소리를 직접 듣는 일은 쉽게 일어나지 않는 것 같고 대신 머리나 마음 안에서 들리는 경우가 많다고 합니다. 그 내용은 대부분 고맙다거나 걱정하지 말라는 것입니다. 이 지상에 살고 있는 우리는 먼저 타계한 사람들을 걱정하는 경우가 많은데 그럴 필요가 없다는 것입니다. 이것은 다음과 같은 사례를 보면 금세 알 수 있습니다.

첫 번째 사례는 어린 아들을 잃은 어떤 엄마의 경우입니다. 그녀는 주기적으로 꽃을 가지고 아들 무덤에 다녔는데 어느 날 그만 꽃을 가지고 가는 것을 잊었습니다. 그래서 그날은 아들의 무덤에 들리지 않고 그냥 집으로 향했습니다. 그런데 그때 묘지를 지나는데 갑자기 그녀의 머릿속으로 "엄마 걱정하지 마, 나는 무덤에 있지 않아. 나는 먼저 돌아가신 할아버지와 잘 있어"라는 말이 들려왔다고 합니다. 이 소리를 들은 그녀는 아들이 영으로 살아 있음을 확인하고 사별의 슬픔을 많이 극복할 수 있었다고 합니다. 특기할 만한 사실은 영혼이 자신은 무덤에 있지 않다고 한 것입니다. 사람들은 무덤에 가서 고인을 찾는 경우가 많은데 사실은 이 같은 시도가 불필요하다는 것을 말해줍니다. 이 이야기는 죽음과 관련해 유명한 노래인 「Do not stand at my grave and weep(천개의 바람이 되어)」에서도 '내 무덤 앞에서 울지 마라. 나는 그곳에 있지 않다'라고 하고 있지 않습니까? 이 점을 진지하게 받아들인다면 우리의 장묘 문화는 많이 바뀔 수 있을 것입니다.

청각적인 사후통신은 이 사례만으로도 충분할 것 같은데 제가 국내에서 아주 특이한 사례를 발견한 것이 있어 한 번 소개해볼까 합니다. 다음 예는 아주 극적입니다. 이 예는 제가 방송에서 직접 목도한 것인데 1995년 삼풍백화점 붕괴 사건

때 극적으로 살아남았던 A라는 여성의 예입니다.

그때 이 여성은 지하 1층에서 일하고 있었는데 백화점이 무너진 직후에 그녀의 앞에서 누군가 이 여성의 이름을 불렀답니다. 그래서 아무 생각 없이 그곳으로 갔는데 그 순간 아까 있던 자리로 건물이 무너져서 큰 냉장고가 박살이 났다고 합니다. 그러니까 그가 그곳에 계속 있었으면 즉사했을 텐데 불과 몇 걸음으로 죽음을 면한 것입니다. 그 뒤에도 이 여성에 관한 이야기가 많이 있지만 우리의 주제와는 별 관계가 없으니 생략하기로 합니다. 여기서 중요한 것은 어떤 미지의 목소리가 이 여성을 구한 것이니 이 사례 역시 청각적인 사후통신이 아닐까 합니다. 그런데 이 여성을 상담했던 무속인 이야기로는 그 목소리의 주인공이 타계한 아버지라고 하더군요. 이 여성의 상황이 워낙 위급하니까 아버지 영이 어렵게 목소리를 내서 물질계에 있는 딸과 교통한 것이라는 것이지요. 이것은 일리 있는 해석이라고 생각합니다.

iii. 촉각적 사후통신

다음은 촉각으로 체험하는 사후통신입니다. 이것은 망자와 육체적인 접촉을 한 것처럼 느끼는 사례를 말합니다. 이러한 접촉에는 다음처럼 꽤 여러 종류가 있습니다.

① 가볍게 치기
② 부드럽게 만지기
③ 다정한 입맞춤
④ 어깨 감싸기
⑤ 크게 안기

이 체험들은 당사자가 평소에 망자와 같이 지상에서 살 때 경험했던 것과 비슷해 그다지 설명이 필요 없을 것 같습니다. 우선 가볍게 치는 것은 망자의 영혼이 나를 손으로 가볍게 치는 느낌을 받는 것을 말합니다. 부드럽게 만지는 것도 마찬가지이지요. 망자의 영혼이 내 팔이나 등을 부드럽게 만지는 것이 여기에 포함됩니다. 그런가 하면 망자가 살아 있을 때 해주었던 것처럼 가볍게 키스하는 경우도 있다고 합니다. 다음으로 어깨 감싸기는 말 그대로 어깨를 부드럽게 감싸는 것을 말합니다. 이런 행동은 친근한 사이에 많이 하는 것 아닙니까? 마지막으로 크게 안기는 크게 포옹하는 것을 말합니다. 위의 설명을 읽으면 대강 이 체험이 어떤 것인지 알 수 있으니 간단하거나 특이한 예를 한두 가지만 보겠습니다.

아이를 세 명이나 둔 여성이 남편을 잃었습니다. 그녀는 아이 셋을 혼자 키울 생각을 하니 암담했습니다. 그녀는 이처럼 희망을 잃고 할 수 있는 일을 찾지 못하고 남편의 묘에 가서 흐느꼈습니다. 망연자실하니 호소할 겸 남편의 묘를 찾은 것이겠지요. 그렇게 하염없이 울고 있는데 갑자기 남편이 왼쪽에 서 있다는 느낌을 받습니다. 그리고는 남편이 팔로 그녀의 등을 감싸며 오른쪽 어깨를 잡는 느낌을 받았습니다. 이럴 때 당사자는 진짜 사람이 만지는 것 같은 느낌을 받는다고 합니다. 그렇게 5초 정도 있다가 남편은 떠났습니다. 이처럼 짧은 만남이었지만 그녀는 이 만남에서 크나큰 위로를 받고 다시 살아나갈 용기를 얻었다고 합니다. 그 뒤에 일이 어떻게 풀렸는지는 잘 모르지만 분명히 자식들도 잘 키우고 여생을 잘 살았을 것입니다.

다음 사례는 정말로 기이한 예로 2011년 미국에서 발생했던 9.11 테러 때 일어난 일입니다. 이 예는 제가 직접 다큐멘터리 필름에서 본 것인데 하도 신기해 전해보려고 합니다. 당시 비행기가 쌍둥이 빌딩 가운데 한 건물의 80층 근처를 들이받았는데 그곳에 있다 살아난 브라이언이라는 사람의 이야기입니다. 비행기가 충돌하고 큰 진동이 느껴졌는데 그때 이 사람의 머릿속에 '브라이언 넌 괜찮을 거야'라는 근원을 알 수 없는 소리가 들렸답니다. 그래서 이 사람이 황급히 복도로 나갔는데 거기에는 계단이 3개가 있었습니다. 그 가운데 그는 A라는 계단으로 가려고 했는데 갑자기 웬 힘이 그의 팔을 잡아당겨 C라는 계단으로 내려가게 했답니다. 그렇게 해서 이 사람은 이 계단으로 내려와서 살았습니다. 그런데 나중에 보니 이 계단 중에 성한 것은 C 계단뿐이고 다른 두 계단은 궤멸되어서 그 계단으로 내려왔으면 살아남을 수 없었다고 합니다.

이 사례가 사실이라면 이것은 촉각적인 것과 청각적인 사후통신이 동시에 일어난 경우라고 할 수 있습니다. 그런데 도대체 이 목소리의 주인공은 누구였고 브라이언을 잡아끈 그 힘은 어디서 나온 것일까요? 사후통신 이론에 따르면 그것은 모두 이 사람의 수호령(들)이 벌인 일 같은데 이 영이 목소리를 내서 브라이언을 안심시킨 것은 이해할 수 있습니다. 그러나 순수 에너지체인 영이 어떻게 힘을 내서 브라이언의 팔을 잡아당겼는지는 정녕 해독이 안 됩니다. 이 상황을 추정해본다면 브라이언은 당시 죽을 운명이 아니었을 겁니다. 그래서 수호령들이 사력을 다해 그를 살 수 있는 길(계단)로 갈 수 있게 힘을 쓴 것 같습니다.

iv. 후각적 사후통신

이번에는 냄새와 관계된 사후통신입니다. 망자와 관련된 향기를 맡는 것으로 이것은 상대적으로 흔하다고 하더군요. 이 향에는 향수, 로션, 꽃, 특정한 음식이나 음료, 시가 등 다양한 냄새가 포함되는데 이 향들은 모두 망자가 살아 있을 때 쓰던 것이라고 합니다. 이 향들이 특정한 시기에 특정한 장소에 가득 차게 되는데 문제는 그곳은 그 냄새가 날 수 있는 곳이 아니라는 것입니다. 이게 무엇을 뜻하는지는 빌이 예시한 다음의 사례를 보면 금방 알 수 있습니다.

어떤 여성이 엄마가 죽고 2주가 지난 다음 침대에서 엄마 생각이 나서 흐느끼고 있었는데 갑자기 풋사과 향이 1분 이상 났다고 합니다. 생전에 이 여성의 엄마는 이 향의 공기 청정제를 썼기 때문에 그 향을 기억할 수 있었습니다. 그런데 그녀의 주위에는 이 냄새를 유발할 수 있는 어떤 물건도 없었습니다. 따라서 이 향은 이 여성의 엄마(의 영혼)가 풍긴 것으로 추정해볼 수 있습니다. 이것은 아마도 어머니를 잃고 힘들어하는 딸이 안쓰러워 "나는 여기에 잘 있으니 걱정하지 마라"는 어머니의 메시지가 아닌가 합니다.

다음은 두 번째 사례로 어떤 여성이 아버지 기일에 유대교 교회(회당)에서 식을 마치고 지인과 같이 승강기를 탔습니다. 그런데 갑자기 승강기 안에 애플파이 냄새가 나는 파이프 담배 냄새가 나더랍니다. 이 냄새는 같이 승강기를 탔던 세 사람도 맡았는데 이 여성은 이 일이 왜 벌어졌는지 알 수 없었습니다. 게다가 아버지는 생전에 담배를 피우지 않았기 때문에 이것은 아버지와 관계된 일이 아니라고 생각했지요. 그런데 집에 돌아와 모친에게 이 이야기를 하니까 모친이 "네 아버지는 사과파이 냄새가 나는 담배를 피운 적이 있다"라고 실토하더라는 겁니다. 이렇게 되면 이 냄새는 아버지의 영혼이 기일에 자신을 기억해준 딸에게 감사하면서 소식을 전한 것이라고 추정해볼 수 있습니다.

v. 시각적 사후통신 1: 부분적인 모습으로 나타나기

이번에는 망자의 영혼이 시각적으로 나타나는 경우로 망자가 생전의 모습으로 나타나는 사례입니다. 이 현상을 세간에서는 귀신이나 유령이 나타났다고 표현하기도 합니다. 왜 소위 흉가라 이르는 집에서는 이런 일이 흔하게 있지요? 사람의 모습을 한 유령 같은 것이 움직이는 것을 보았다는 목격담 말입니다. 이 같은 영혼의 출현은 사실인 것으로 보이는데 어떤 때는 망자가 전체적인 모습으로 나타나고 어떤 때는 부분적인 모습으로 나타난다고 합니다. 먼저 부분적으로 나타나는 경우를 보기로 합니다.

이렇게 부분적으로 나타날 때도 경우에 따라 조금씩 다르게 나타납니다. 예를 들어 영혼의 모습은 보이지 않고 단지 빛으로만 나타나는 경우가 있습니다. 그다음은 얼굴만 나타나는 경우가 있는데 이때 얼굴 뒤에는 밝은 빛이 찬란하게 비춥니다. 그런가 하면 상반신만 나오는 경우도 있습니다. 그런데 이때 영혼이 투명한 안개처럼 나타나 뒤가 보이는 경우가 있는가 하면 이보다 견고하게 나타나 불투명하게 보이는 경우가 있다고 합니다. 이렇게 나타날 때 청각이나 촉각적인 체험도 같이 일어날 수 있습니다. 그뿐만이 아니라 그렇게 나타난 영혼이 말을 걸거나 만지는 일도 가능하다고 합니다. 아니면 이런 다양한 체험이 한꺼번에 같이 일어나는 것도 드물지 않게 일어난다고 하네요.

이 같은 것의 전형적인 예는 앞에서 이미 설명한 임종침상 비전(death-bed vision)이 아닐까 합니다. 환자가 임종할 때가 되면 먼저 타계한 망자들의 영혼이 방문하는 것 말입니다. 이 영혼들은 환자의 친척이나 지인이었던 사람입니다. 이때 영혼은 앞에서 본 것처럼 여러 가지 모습으로 나타납니다. 그런데 제가 조사해본 바로는 영혼만 나타나고 말이나 행동은 없는 경우가 제일 많았던 것 같습니다. 그러니까 망자의 영혼들이 아무 말 하지 않고 나타났다가 사라지는 경우가 제일 많았다는 것이지요.

다음은 오토바이 사고로 아들(20세)을 잃은 어느 어머니의 예입니다. 아들을 잃었으니 상실의 극에 달했는데 10일 뒤에 이 어머니는 신이한 체험을 합니다. 그날도 매우 힘들어하고 있었는데 갑자기 침실에 환한 빛이 가득 차더랍니다. 그리고 그 가운데에는 아들이 웃고 있었습니다. 얼굴만 나온 것이지요. 그런 아들의 환한 모습을 본 이 어머니가 "나도 네게 가고 싶다"라고 하니 아들은 "아직 엄마가 올 때가 아니다"라고 말하고 천천히 사라졌다고 합니다. 이 경험을 하고 이 어머니는 아들을 잃은 슬픔에서 많이 벗어날 수 있었다고 합니다. 이 경우는 시각적인 것과 청각적인 것이 같이 나타난 경우입니다.

이런 식으로 몸이 일부분만 나타날 수 있는데 그 외에도 이와는 조금 다른 특이한 경우도 있습니다. 어느 며느리의 사례인데 그는 시아버지가 사망해 장례식에 가야 했습니다. 그런데 마침 임신 중이라 비행기를 탈 수 없어 할 수 없이 집에 머무를 수 밖에 없었습니다. 자식 된 도리를 하지 못해 크게 상심하고 있었는데 갑자기 옷장 오른쪽에 시아버지의 영이 나타났습니다. 그런데 실제의 모습이 아니라 몸 전체의 선만 보였다고 합니다. 그렇지만 그녀는 직감으로 이게 시아버지(의 영혼)라는 것을 금세 알아차릴 수 있었습니다. 그때 시아버지는 며느리에게 "장례식에 못 온 것에 대해 미안해할 필요 없다"라고 말했습니다. 물론 영혼이니 말로 한 것은 아니고 텔레파시로 의사를 전했겠지요. 그때 이 며느리는 큰 사랑의 기운을 느꼈다고 합니다. 이런 일이 가능했던 것은 생전에 이 며느리와 시아버지가 매우 좋은 관계에 있었기 때문일 겁니다. 며느리를 사랑한 시아버지가 마지막으로 사랑의 인사를 전한 것이지요.

vi. 시각적 사후통신 2: 전체 모습으로 나타나기

같은 시각적 사후통신인데 이번에는 전체 모습으로 나타나는 사례를 보겠습니다. 이 사례에서 의문이 드는 것은 이때 영혼이 어떤 때의 모습으로 나타나느냐는 것입니다. 빌에 따르면 이때 나타나는 영혼은 나이와 관계없이 그의 생전 모습 가운데 가장 좋은 모습으로 나타난다고 합니다. 그러나 지상에 있는 사람들이 아는 모습으로 나타나야지. 어린이의 모습으로 나타나는 것은 아니겠지요. 그런가 하면 생전에 병을 앓다 타계했다면 병 때문에 망가진 모습이 아니라 치유된 모습으로 나타난다고 합니다. 또 만일 생전에 시각장애자로 살았다면 그런 장애를 극복한 상태로 나타난다고 하지요. 그러면서 아주 평온한 모습을 띤다고 하는데 그 영혼을 만나는 것만으로도 병이 치유되는 느낌을 받는다고 합니다.

이런 예를 수도 없이 들 수 있지만 가장 극적인 예는 로스의 책에 나오는 슈왈츠 부인이 아닐까 합니다. 이 이야기는 제가 번역한 『사후생』에 나오는데 하도 극적이라 잊히지 않습니다. 이 사건에 대해서는 앞에서 이미 언급했으니 여기서는 아주 간단하게만 보겠습니다. 당시 로스는 병원에서 환자 돌보는 일에 지쳐서 병원을 떠나려고 했습니다. 그런데 그때 로스 앞에 수개월 전에 죽은 슈왈츠 부인이 영으로 나타납니다. 그녀는 로스와 함께 사무실까지 같이 걸어가서 로스에게 "당신에게 받은 간호는 최고였으니 제발 병원을 떠나지 말고 계속해서 환자들을 돌봐 달라"라고 부탁합니다. 말을 마치고 그 영은 흐트러지면서 사라졌습니다. 이 사례에서 이 영혼은 전신이 다 나타난 것인데 로스의 증언에 따르면 그 영혼이 반투명해서 뒤에 있는 벽이 흐리게나마 보였다고 합니다. 이런 경우는 매우 극적이라 잘 일어나는 일은 아닙니다. 이렇게 대낮에 영혼이 나타나려면 대단한 영력의 소유자가 아니면 힘들 것입니다.

순수한 에너지로만 된 영이 물질계에 나타나려면 엄청난 집중력이 필요하다고 합니다. 이것을 이렇게 생각해보면 어떨까 합니다. 수증기를 가지고 그 기운을 모아 반(半)고체를 만든다고 생각해보십시오. 수증기는 기체니까 그 운동이 자유롭습니다. 그것을 일정한 힘으로 붙들어서 고체처럼 응고시키는 것인데 이것이 가능한지는 잘 모릅니다. 그러나 가능하다 하더라도 그것은 대단히 힘들 겁니다. 영도 마찬가지입니다. 순수 에너지체인 영의 기운을 모아 물질처럼 만들려면 그 영혼의 사념이 만드는 집중력이 엄청 강해야 합니다. 이 일이 힘들기 때문에 고인들의 영혼이 우리 앞에 나타나지 못하는 것입니다. 보통의 우리들은 그런 영적인 힘이 없어 자신을 물질계에 현현하지 못하는 것이지요. 예수가 부활해서 제자들에게 나타난 것도 이런 원리로 가능했던 것 같은데 이 주제는 논란이 많으니 여기서 접겠습니다.

vii. 비전으로 만나는 사후통신

이번 사후통신은 조금 독특합니다. 영혼의 이미지가 직접 나타나는 것이 아니라 외부에 동영상처럼 나타나거나 의식의 내면에 심상(心象)으로 보이는 경우이기 때문입니다. 쉽게 말해서 영혼이 TV나 영화에 출연한 것처럼 보인다는 것이지요. 빌의 조사에 따르면 이런 사례는 상대적으로 적게 나타난다고 합니다. 그런데 영상이 물질계를 떠난 다른 차원에서 펼쳐지는 것 같아 신묘한 느낌을 준다고 하는군요.

이 사례는 많지 않다고 하니 대표적인 사례 하나만 보고 넘어가지요. 말기질환에 걸린 아이를 돌보는 여성 심리상담가 이야기입니다. 이 여성이 명상하고 있었는데 얼마 전 죽은 수지(13세)가 이미지로 나타나 다음과 같은 부탁을 하더랍니다. 아주 단순한 부탁이었습니다. 그저 자신의 엄마에게 전화해 "누비이불에 대해 걱정하지 마라"라고 말해달라는 것이었으니까요. 상담가는 이 이야기가 무슨 의미인지 전혀 모른 상태에서 수지의 엄마에게 전화해서 자초지종을 전했더니 그 반응이 의외였습니다. 수지의 모친이 이야기하기를, 이 이불은 수지가 자신의 분신처럼 아끼던 것이라 수지를 묻을 때 관에 넣었어야 하는데 그렇게 하지 못했다는 것이었습니다. 수지를 잃고 너무 힘들어 수지의 분신인 이 이불이라도 지니고 싶었던 것이었지요. 실제로 이 이불을 잡고 많이 울기도 했는데 동시에 이불을 수지에게 돌려주지 못해 자책감도 많이 들었다고 합니다. 그런데 수지로부터 자책감을 가질 필요가 없다는 소식을 받아 기뻤다고 하더군요. 이 경우에 중요한 것은 수지가 자신의 소식을 전하고자 할 때 마지막까지 같이 있었던 상담가를 택했고 그가 명상하는 사람이었기에 명상 중에 영상으로 나타났다는 것입니다. 이것을 보면 이 상담가도 영성이 높은 사람인 것을 알 수 있습니다. 명상 중에 영과 통할 수 있었으니 말입니다.

viii. 중간 지대의 사후통신

이 통신은 사후통신 가운데 가장 흔한 것이라고 합니다. '트와이라이트(twilight)'라는 조금 생소한 이름이 붙었지만 이것은 '중간 지대'를 뜻합니다. 중간 지대란 의식 상태도 아니고 잠든 상태도 아닌 그 중간 상태를 말하는 것이지요. 가장 많이 알려진 중간 지대의 사후통신은 잠이 덜 깬 선잠 상태에서 고인의 혼이 당사자의 꿈에 나타나는 것입니다. 가장 흔한 예는 새벽녘에 잠이 덜 깬 상태에서 꿈에서 고인을 만나는 것입니다.

이런 사례가 워낙 많으니 간단한 사례 한 가지만 보겠습니다. 에디는 7개월 전에 죽은 아빠 때문에 큰 고통과 슬픔 속에 살고 있었습니다. 그러다 어느 날 선잠에 빠졌는데 그때 아빠가 나타나 "아들아 슬퍼 말아라. 나는 행복하다. 그런데 부탁이 있다. 나를 지상에 돌아오라고 하지 마라. 나는 이곳에서 할 일이 있다. 그러니 나를 좀 가게 내버려 두어라(let me go)."라고 말했다고 합니다. 이러한 만남을 갖고 곧 잠에서 깼는데 그때 아빠의 영혼이 방구석에 상반신만 훤하게 나타났다가 서서히 사라졌다고 합니다. 이렇게 죽은 아빠를 생생하게 재체험한 덕에 에디는 그 뒤 아빠의 죽음을 수용하고 사별의 슬픔에서 벗어나게 됩니다.

이것은 우리가 영혼을 선잠과 같은 중간 지대에서 만나는 전형적인 사례인데 이 사례에는 다른 재미있는 내용이 있습니다. 아마 에디는 아빠를 잃은 슬픔이 너무 커 계속해서 아빠에게 돌아와 달라고 요구한 모양입니다. 물론 마음으로 그런 생각을 아빠에게 보냈겠지요. 그런데 이런 경우에 고인의 영혼이 갈 길을 가지 못하고 지상에 묶이는 경우가 있는 모양입니다. 고인의 영혼은 온존하게 영계로 진입하여 자기가 있던 곳으로 돌아가야 하는데 지상에 있는 가족이 강렬하게 이 영혼을 생각하면 제 갈 길을 가지 못하는 것 같습니다. 이것은 충분히 있을 수 있는 일입니다. 영혼도 에너지이고 생각도 에너지이니 지상의 가족이 고인의 영혼에게 가지 말라고 강렬하게 기원하면 그때 나오는 에너지가 영혼을 묶어둘 수 있습니다. 그래서 에디 아빠의 영혼은 에디에게 "내가 가게 좀 내버려 두어라"라고 부탁한 것입니다. 에디가 너무나 아빠에게 집착하니 이런 일이 생긴 것입니다. 따라서 우리는 망자를 잊을 수는 없지만, 아니 잊을 필요도 없지만 감정적인 것은 정리해서 너무 강한 애착을 갖지 않도록 주의해야 할 것입니다.

이 사건에 대해 빌은 아주 재미있는 비유를 들고 있습니다. 비유를 보면, 도시에 있는 고등학교에서 공부하던 아들이 노력해서 전액 장학금을 받고 해외 대학에 진학할 수 있는 기회를 얻었습니다. 그런데 고향에 있는 부모들이 전화나 편지로 "우리는 네가 보고 싶으니 너를 해외로 보낼 수 없다. 그러니 어서 고향으로 돌아오라"라고 한다면 본인의 심정이 어떻겠습니까? 자신은 해외의 명문대학에 가서 새로운 삶을 살고 싶은데 가족들이 무작정 고향으로 돌아오라고 하니 난감하지 않겠습니까? 앞에서 본 에디의 아빠가 그런 심정이라는 것이지요. 자신은 지상의 삶을 털고 어서 새로운(?) 곳에 가서 멋진 삶을 살고 싶은데 지상의 가족들이 보내주지 않으니 말입니다. 여러분들은 이런 사정을 알게 되었으니 혹여 이런 일이 여러분들에게 생기면 오판하지 마시기를 바랍니다.

ix. 수면 상태의 사후통신

이번 경우는 앞의 것과 그렇게 다르지 않은데 이 경우에는 선잠이 아니라 아예 자면서 꿈을 꿀 때 일어나는 사례입니다. 이때 주의해야 할 것이 있는데 고인이 꿈에 나타났다고 해서 모두 사후통신은 아니라는 것입니다. 그보다는 그저 그런 꿈의 한 장면에 불과한 경우가 많습니다. 그러면 진짜 사후통신과 그렇지 않은 경우를 어떻게 구분할 수 있을까요? 우선 체험의 선명성에서 찾을 수 있습니다. 실제로 고인의 영혼이 나타나는 꿈은 선명성의 면에서 그렇지 않은 것과 크게 차이가 납니다. 진짜로 고인의 영혼이 나타나는 꿈은 아주 명징하게 나타나는 반면 그렇지 않은 꿈은 그저 그런 상태로 나타납니다. 전자의 사례는 워낙 강렬하기 때문에 우리는 고인의 모습은 물론이고 손길이나 냄새까지도 느낄 수 있습니다. 그리고 내용이 선명하기 때문에 절대로 잊히지 않습니다. 뒤에 언제고 기억해내면 당시의 선명함을 곧 재체험할 수 있습니다. 그리고 고인의 영혼으로부터 받은 메시지도 정확하게 기억할 수 있습니다. 반면 그저 그런 꿈은 며칠만 지나면 생각나지 않을 뿐만 아니라 나중에는 그런 꿈을 꾸었다는 사실조차 기억하지 못합니다. 이게 무슨 말인지는 다음의 사례들을 보면 알 수 있을 것입니다.

제인이라는 여학생이 자면서 꿈을 꾸고 있는데 갑자기 타계한 할아버지가 꿈에 나타났습니다. 맥락을 무시하고 틈입한 것처럼 나타난 것이지요. 그때 할아버지는 늘 쓰던 향수와 담배 냄새를 풍겨 제인은 할아버지를 더 생생하게 느낄 수 있었습니다. 할아버지는 제인에게 어서 일어나 밖으로 열린 두 창문을 닫으라고 종용했습니다. 재인은 어리둥절했지만 일어나 창문을 닫고 잠시 기다리는데 바로 밑에 사는 여자가 비명을 질렀습니다. 괴한이 침입했기 때문인데 나중에 알아보니 이 괴한이 제인이 사는 방의 창문을 열려고 하다가 안 되니까 밑에 있는 방으로 간 것이었습니다. 이것은 손녀가 곧 끔찍한 사고를 당할 것을 예견한 할아버지가 그녀의 꿈에 나타나 그 사실을 알려준 것이라고 할 수 있습니다. 이 사건을 계기로 제인은 할아버지가 항상 자신과 함께 있다는 것을 알게 되었고 할아버지에 대한 큰 감사의 마음을 느끼게 됩니다. 그런데 이 이야기에는 안 나오지만 아마 제인은 할아버지 생존 시 그와 관계가 남달랐을 것입니다. 아마도 영적으로 통하는 사이가 아니었나 싶군요. 그러니 이렇게 영적인 교통이 이루어진 것일 겁니다.

다음은 아주 재미있는 예입니다. BTN(Buddhist True Network)에서 이 강의를 할 때 제 프로그램을 맡았던 김동현 PD의 경험담입니다. 사후통신에 대한 제 강의를 듣더니 김 PD가 자신의 재미있는 경험담을 귀띔해주었습니다. 평소에 아주 가깝게 지냈던 할머니가 타계한 지 얼마 안 되어서 꿈을 꾸었답니다. 꿈에서 할머니는 그를 화장실로 데려가 손으로 장 위를 가리켰답니다. 잠에서 깬 김 피디는 반신반의하면서 할머니가 가리킨 곳을 가보았더니 글쎄 거기에 5만 원권이 있었다고 합니다. 횡재한 것이지요. 이것도 일종의 사후통신으로 보이는데 이 사건을 해석하자면, 손자를 아주 아꼈던 할머니가 이 세상을 뜨면서 자신이 감추어 놓았던 돈을 손자에게 선물로 주고 간 것 아닌가 합니다. 진실 여부를 떠나서 아주 아름답고 재미있는 이야기입니다.

x. 체외 이탈 중 겪는 사후통신

이 사례는 그다지 흔한 사례 같지 않은데 빌이 소개하고 있어 인용해봅니다. 일상생활을 하다가 영혼이 빠져나가는 체외 이탈(일명 유체 이탈)을 한 것이니 흔한 체험일 수는 없습니다. 이 같은 체험에 대해서 우리는 근사 체험자들에게서 많이 접했었지요? 근사 체험자들이 체외 이탈을 통해 타계한 친지들을 만나고 그들로부터 소식을 들었다는 것은 많이 알려진 사실입니다. 사례 하나만 들고 넘어가기로 하지요.

44세의 주부인 낸시는 잠을 자다가 체외 이탈 체험을 합니다. 그녀는 그때 72세로 죽은 엄마를 만나게 됩니다. 시점은 엄마가 죽은 지 2개월 뒤인데 당시 낸시는 500km나 떨어진 곳에서 휴가를 즐기고 있었습니다. 여기서 낸시는 체외 이탈을 하게 됐는데 순식간에 그녀는 자기 집 부엌으로 왔습니다. 500km를 단번에 온 것이지요. 그랬더니 거기에는 엄마가 서 있었고 "안녕"하면서 인사를 하더랍니다. 너무 놀란 낸시는 말을 잇지 못하고 그저 "엄마"라고만 외쳤는데 그때 엄마는 50대의 모습으로 나타났다고 합니다. 엄마의 얼굴은 빛이 나면서 오로라 같은 것이 보였다고 하더군요. 이어서 엄마는 밖으로 나가며 "네게 작별 인사차 왔단다. 나는 항상 우리 가족을 위에서 보고 있어"라고 말하고 손을 도닥거려주었다고 합니다. 그리고 미소를 띠었는데 흡사 천사와 같은 모습이었다고 하는군요. 그 만남을 갖자 마자 낸시는 다시 휴가지에 있는 자기 몸으로 하강하는 느낌을 받았습니다. 그리고는 잠에서 깼는데 그녀는 이 사건을 통해 자신이 아이처럼 보호받고 있다는 느낌이 들어서 마음이 훈훈해졌다고 합니다.

xi. 전화로 하는 사후통신

이번 사례 역시 재미있지만 아마 지금까지 본 사례 가운데 가장 믿기 어려울 것 같습니다. 전화로 고인의 영혼과 교통하는 경우이기 때문입니다. 다른 사람과 전화하는 중에 고인의 목소리가 들리는가 하면 전화가 수리 중이라 전화를 받을 수 없는 상황인데 벨이 울리고 고인이 등장하는 등 믿을 수 없는 일이 일어나는 경우입니다. 이때 고인의 목소리는 어떤 경우에는 깨끗하게 들리는 적도 있고 어떤 경우에는 먼 곳에서 들리는 것 같답니다. 통화가 끝나면 그냥 아무것도 들리지 않는다고 하더군요. 일상에서는 통화가 끝나면 '뚜뚜' 하는 소리가 나는데 고인과 통화가 끝났을 때는 이런 소리가 들리지 않는다는 것입니다. 이렇게 설명하기보다 재미있는 예를 소개하는 게 나을 것 같습니다.

샐리는 부친이 사망한 지 3개월 뒤에 회사에 있는 친구에게 전화했습니다. 교환원이 나와 잠깐 기다리라고 말하자 항상 그렇듯이 음악이 흘러나왔습니다. 그런데 갑자기 아빠가 나와 "내가 누군지 알겠지?"라고 하더랍니다. 갑작스러운 아빠의 등장에 놀라서 샐리는 말을 이어갈 수 없었습니다. 장거리 전화를 걸 때처럼 아빠의 목소리가 멀리서 들렸지만 잡음 없이 깨끗하게 들렸다고 합니다. 그러는 사이 교환원이 다시 들어와 샐리가 찾는 사람이 자리에 없다고 해서 전화를 끊었습니다. 그 이후에 샐리는 혹시나 해서 그 친구에게 다시 전화해보았는데 같은 일은 일어나지 않았습니다. 샐리는 원래 영적인 데에 별 관심이 없고 회의적이었는데 이 일을 겪은 뒤로는 그 같은 태도를 버렸다고 합니다. 아빠의 목소리를 들은 것이 너무도 실감 나는 일이라 그렇게 바꾼 모양입니다.

다음의 예는 상당히 신비한 사례라 소개할까 합니다. 이번 예는 힐다라는 폴란드계 미국 여성이 전한 이야기입니다. 힐다는 부친이 죽은 지 2주 뒤에 그로부터 전화를 받게 되는데 고인으로부터 전화를 받는다는 것도 이상하지만 더 이상한 일이 있었습니다. 당시 그녀의 집 주위에는 길 넓히는 공사가 진행되고 있어 전화가 다 끊긴 상태였다고 합니다. 그런데도 전화벨이 울렸고 그것도 집 안에 있는 3대의 전화 중 부엌에 있는 전화만 울렸다고 합니다. 그런데 처음 두 번은 소리가 안 들리고 '솨' 하는 바닷소리 같은 것만 들렸다고 합니다. 그러다 3번째 통화에서 부친이 나와 폴란드어로 "힐다야. 사랑해"라고 말했다고 합니다. 그 말에 힐다는 "아버지…."라고 답했는데 아버지 쪽의 소리는 작아지다가 없어졌습니다. 이게 이번 사례의 전모인데 도저히 믿기 힘든 예이지만 빌이 소개한 것이라 인용해보았습니다.

xii. 물질적 현상의 사후통신

이제 마지막 사례인데 물질적인 현상을 통해 고인의 영과 교통하는 사례입니다. 예를 들어 전구나 라디오, 텔레비전 등이 저절로 꺼졌다 켜진다거나 물건이 저절로 움직이는 현상이 그것입니다. 그런데 이런 현상이 그냥 생기는 것이 아니라 지상에 있는 사람과 소통하면서 일어나는 것이라 우리의 시선을 끕니다. 그러니까 이런 현상의 배후에는 일종의 의식체(intelligent being)가 있는 것으로 보입니다. 그 의식체는 물론 고인의 영혼으로 추정됩니다. 여기에도 예가 아주 많은데 그중에 인상적인 것 몇 가지만 들어보겠습니다.

줄리는 아빠가 타계한 뒤 어느 날 아빠가 그리운 나머지 "아빠, 사후생이 존재하는지 알려주세요"라고 말했더니 갑자기 옆에 있는 전등이 꺼지더랍니다. 이 반응에 놀란 줄리는 혹시나 하는 마음에 다시 "아빠가 지금 여기 있으면 알려주세요"라고 말했더니 이번에는 불이 다시 들어왔습니다. 그 뒤에도 같은 현상이 계속 이어지자 그녀는 이것은 분명 아빠의 영혼이 응답하는 것이라고 확신하고 아빠가 항상 자신과 함께하고 있다는 것을 믿게 되었다고 합니다.

이런 사례는 전기 기구에서만 발견되는 것이 아니라 자연적인 것, 즉 나비나 무지개, 꽃, 새 등 같은 것을 통해서도 나타납니다. 사실 후자의 경우가 더 흔하게 나타나는 것 같습니다. 이 같은 자연의 사물들이 예기치 않은 경우에 신기한 모습으로 나타나는데 당사자는 이 현상이 고인과 관계되어 있다는 것을 단번에 알아차린다고 합니다. 고인이 기운을 느끼기 때문에 그렇다고 하더군요. 이런 사례가 있습니다.

톰은 아내가 살아 있을 때 크리스마스선인장을 하나 샀는데 이 식물은 크리스마스 때만 꽃을 피우기 때문에 아내 생전에는 꽃이 피지 않았습니다. 아내가 죽은 뒤 톰은 여행 갔다가 그녀의 생일에 집으로 돌아왔습니다. 그런데 그때는 6월 중순이라 이 식물이 꽃을 피울 때가 아닌데 꽃이 활짝 피어 있더랍니다. 이것을 보고 톰은 아내가 자신에게 '나는 잘 있다'라는 인사를 한 것이라고 생각했습니다.

여기서 또 소개하고 싶은 사례는 제가 직접 들은 이야기입니다. 어느 날 어떤 부인이 제게 전화해서 다음과 이야기를 들려주었습니다. 제가 죽음학회장이라고 하니까 꼭 하고 싶은 이야기가 있다고 하면서 그녀가 말하길 아버지가 돌아가셔서 장사지내고 묘 앞에서 제사를 지냈답니다. 그런데 제사 지내는 동안 내내 검은 나비가 묘에 앉아 있었는데 제사가 끝나니까 날아갔다는 것입니다. 그러면서 그 나비가 자신의 아버지가 보낸 것 아니냐고 제게 물었습니다. 저는 그렇다고 단정할 수는 없지만 개연성은 충분하다고 답했지요. 왜냐하면 이런 일이 많이 보고되기 때문입니다. 빌의 책에도 이런 예가 나오는 것을 보니 나라를 불문하고 이런 일이 두루 생기는 모양입니다. 이 사건을 해석해보면, 고인의 영혼이 지상에 있는 가족들에게 소식을 전하고 싶어 나비를 매개체로 택했다고 볼 수 있습니다. 나비는 연약한 곤충이라 영혼이 구사할 수 있는 약한 에너지로 조종할 수 있는 모양입니다. 게다가 나비는 부활의 상징이기도 합니다. 고치에서 새로운 생명으로 태어나는 것이 나비인지라 인간이 육신으로 죽은 뒤에 다른 형태로 살아 있다는 것을 알리려 할 때 좋은 매개체가 아닌가 합니다.

이제 빌의 설명을 정리하고 싶은데 그의 책에 꼭 소개하고 싶은 가외의 사례가 있어 그것을 잠깐 볼까 합니다. 이것은 공포가 가득한 무서운 체험이라 가외의 사례라고 한 것입니다. 빌의 책에 소개된 사례를 보면 대부분 좋은 것인데 꼭 그런 것만 있는 것은 아니기 때문에 이 사례들을 소개했으면 합니다. 이 책에 나온 사례를 보면 영혼의 세계로 간 고인들이 대부분 평화롭고 좋은 분위기에 있는 것으로 나오는데 그렇지 않은 경우도 있다는 것이지요. 제 개인적인 생각으로는 그렇지 않은 경우도 꽤 많을 것 같습니다. 그것은 당연한 일입니다. 이 생을 살면서 나쁜 짓과 나쁜 생각을 많이 했다면 그런 영혼은 죽은 뒤에 당연히 좋지 않은 곳으로 갈 것이기 때문입니다.

이것은 충분히 예상할 수 있는 것입니다. 영계라는 곳은 당사자의 의식이 만들어내는 것이라 만일 그가 좋지 않은 생각을 갖고 있으면 그 주위도 그렇게 나타날 수밖에 없습니다. 가령 자살한 영혼들은 자신을 죽이는 엄청나게 나쁜 일을 했기 때문에 사후에 결코 좋은 곳에 있을 수 없습니다. 자살할 당시 그의 마음은 엄청난 좌절과 고뇌, 공포 등으로 가득 차 있을 터이니 그런 심적 상태가 그대로 외계(영계)에 투영되면 매우 나쁜 환경이 만들어질 것입니다. 그와 같은 예가 빌의 책에 실제로 나오니 그것을 보겠습니다.

제임스의 친구가 충동적으로 자살했습니다. 그가 자살한 지 한 달이 지나 제임스의 꿈에 나타났습니다. 그는 황무지 같은 데에서 안개에 휩싸여 있었는데 첫눈에 그곳이 고독하고 암울한 곳이라는 것을 알 수 있었습니다. 그 친구는 누더기 티셔츠와 반바지를 입고 있었는데 모든 것을 단념하고 실의에 빠진 모습이었습니다. 그가 실의에 빠진 이유는 누군가로부터 '영원히 이런 상태로 있으라'는 선고를 받았기 때문이랍니다. 만일 이 예가 사실이라면 우리는 이 사례를 통해 자살이 얼마나 나쁜지 알 수 있습니다. 자살이란 명백한 살인 행위이고 자신을 세상에서 억지로 단절시키는 것입니다. 게다가 제임스의 친구는 충동적으로 자살을 했습니다. 자신의 생명을 너무도 가볍게 본 것이지요. 주위 상황이 너무나 좋지 않아 어쩔 수 없이 자살했을 때도 징벌이 뒤따를 수밖에 없는데 이 사람처럼 충동적으로 자살을 감행하면 죗값이 훨씬 더 클 게 분명합니다.

사후통신에 대한 강의는 여기까지입니다. 이렇게 강의를 들어도 부족하다고 느끼는 분들은 제가 쓴 책을 읽어보면 되겠습니다. 그 안에는 빌이 든 수많은 재미있는 사례가 수록되어 있습니다. 그렇게 읽고 나면 자신이 이전에 그냥 지나친 사건인데 사후통신으로 해석할 만한 것들을 발견할 수 있을지도 모릅니다.

PART
III

사후 세계에 들어와서
사후 세계는 어떤 원리로 돌아갈까?

제8강

"영혼이란 무엇인가?"

우리는 영혼의 세계로 들어가기 위한 준비를 마쳤습니다. 이제부터는 본격적으로 사후세계로 들어가려고 합니다. 사후세계로 들어간다는 것은 육체를 벗고 에너지체인 영체가 되어 들어가는 것을 말합니다. 이 영체는 지상에서 생활하기 위해 지구의 옷(earthly suit)이라 할 수 있는 육신을 만들어 그것에 의거해 생활했습니다. 그러다가 육신이 수명을 다하자 그것을 버리고 원래의 상태로 돌아가는 것입니다. 이것이 흔히들 죽음이라고 일컫는 사건입니다. 우리는 이처럼 지상에서의 생활을 마친 뒤에 이른바 본향(本鄕)이라고 불리는 곳으로 돌아가는데 이 사건을 이해하기 위해서는 먼저 영혼에 대해 살펴보아야 합니다. 이 영혼이 바로 현상적인 자기 자신이기 때문에 이에 대한 이해가 중요한 것입니다.

그런 맥락에서 누군가 "나는 누구인가?"라고 묻는다면 그 질문에는 일단 "나는 영혼이다"라고 답할 수 있습니다. 나중에 다시 언급하겠지만 이 영혼에는 내가 무시 이래로 살았던 모든 생의 기억이나 정보가 들어 있기 때문에 이 영혼을 나라고 보아도 그리 틀리지 않을 것입니다("나는 누구인가"라는 문제는 형이상학적으로 가면 대단히 복잡해지기에 여기서는 다루지 않겠습니다). 영혼은 이렇게 중요한 삶의 요소인지라 인간적인 삶을 살기 위해서는 영혼에 대한 이해가 긴요합니다.

1. 영혼의 몇 가지 속성

i. 영혼은 에너지체다

영혼에는 몇 가지 속성이 있는데 그 가운데 첫 번째로 꼽을 수 있는 것은 '영혼은 에너지로 구성되어 있다'라는 것입니다. 에너지 자체라고도 말할 수 있지요. 그래서 에너지체라고 부르는 사람도 있습니다. 영혼은 에너지체이기 때문에 일정한 진동수를 갖는데 이 진동은 물질인 육신의 것보다 훨씬 빠릅니다. 이것은 당연한 일입니다. 우주 안에 있는 모든 것은 나름의 진동수를 갖습니다. 물질인 고체는 진동이 아주 느린 반면 순수 에너지체인 영혼은 매우 빠른 진동수를 갖습니다.

따라서 영혼이 물질계에 나타나려 한다면 자신의 진동수를 낮추어서 물질계의 진동수에 맞추어야 합니다. 그런데 이 일이 그리 쉬운 일이 아니라고 합니다. 보통의 영혼들은 하지 못한다고 하지요. 이 일이 왜 어려운지는 앞에서 이미 설명했습니다. 에너지를 응집해 고체처럼 만드는 일이라 어렵다고 했습니다. 그렇기 때문에 고인들의 영혼이 이 지상에 현현하는 것이 매우 어렵다고 한 것입니다.

다음으로 언급해야 할 것은, 영혼은 모두 자기 나름의 독특한 진동 패턴을 갖고 있다는 것입니다. 사람이 모두 성격이 다르듯이 영혼의 진동도 다 다르다고 합니다. 저는 앞에서 이를 지문에 비유했습니다. 인간은 누구나 지문을 갖고 있는데 이 지문이 보기에는 다 비슷하게 보이지만 사람마다 다르다고 하지 않습니까? 그와 마찬가지로 우리의 영혼은 모두 다른 에너지 패턴을 갖고 있습니다. 이것을 지문에 빗대어 영문(靈紋)이라고 부르기도 합니다. 영의 무늬라는 뜻이지요. 이 영문 덕에 우리는 어떤 영혼이 이 세상에 현현하면 금세 그게 누구인지 알 수 있게 된다고 했습니다. 이것은 앞에서 사후통신에 대해 강의할 때 살펴본 바 있습니다.

영혼의 그다음 특징이 중요합니다. 아마 가장 중요한 특징일 겁니다. 자기의식이 있다는 것이 그것입니다. 이 의식은 인간만이 지니는 것으로 이것을 통해 인간은 인지하는 능력을 갖추게 됩니다. 쉽게 말해 생각할 수 있는 능력을 갖게 된다는 것이지요. 이 때문에 영혼은 다른 이름을 많이 갖고 있습니다. 예를 들어 의식체 (conscious being)라든가 영체, 영식(靈識), 영인(靈人) 등이 그것인데 저는 이 가운데 '영식'이라는 용어를 제일 좋아합니다. 왜냐하면 이 단어 안에는 영혼의 특성이 잘 들어 있기 때문입니다. 우선 영이라고 했으니 이것은 영이 물질이 아니라 에너지체라는 것을 뜻합니다. 그런데 여기서 끝나지 않고 식이라고 했으니 이것은 영혼이 단순한 에너지가 아니라 의식을 갖고 있다는 것이 됩니다.

이 용어 가운데 재미있는 것은 '영인'이라는 단어입니다. 이것은 개신교의 최고 신비가 중 한 사람이었던 에마누엘 스베덴보리가 주장한 용어입니다. 그가 이 용어를 제시한 이유는 영혼이 영계에서도 지상에서 살 때와 똑같은 모습을 띠기 때문입니다. 이처럼 온전한 사람의 모습으로 나타나기 때문에 스베덴보리가 영의 사람, 즉 영인이라고 표현한 것입니다. 이것은 상당히 설득력이 있는 의견 같습니다. 전문가에 따르면 우리는 영혼들의 세계에서 자기가 원하는 모습으로 나타날 수 있다고 합니다. 그러니까 임종할 때 지녔던 늙고 병든 모습이 아니라 그 생에서 가장 좋았던 시기의 몸으로 나타날 수 있다는 것입니다. 이것은 모든 것이 사념으로 이루어지는 영의 세계라 가능한 것입니다. 따라서 만일 내가 30대의 건강한 모습으로 나타나기를 원한다면 그 모습에 대해 강력하게 집중하면 됩니다. 그러면 나의 영혼이 그런 모습으로 나타날 것입니다.

ii. 인간은 3개의 몸을 갖고 있다!

인간이 3개의 몸을 갖는다는 것은 고대 힌두교의 이론에 따른 것입니다. 이 이론에서는 인간의 몸을 세 개, 즉 육체와 미세체와 원인체로 나누고 있습니다. 이 가운데 육체는 워낙 자명한 것이니 언급할 필요가 없겠지요? 그러나 미세체와 원인체에 대해서는 설명이 필요합니다. 우리가 통칭 영혼이라고 부르는 것이 이 미세체와 원인체이기 때문입니다. 그러니까 이 이론에서는 우리의 영혼이 2개로 구성되어 있다고 본 것입니다.

이처럼 사람의 영혼을 여러 개로 나누어 보는 것은 흔히 있는 일입니다. 연구자에 따라 우리의 영혼을 7개로 나누는 사람도 있고 9개나 그 이상으로 나누는 사람도 있습니다. 그런가 하면 퀴블러 로스처럼 아주 간단하게 인간의 몸을 육신(physical body)과 싸이킥 바디(psychic body)로 나누는 사람도 있습니다. 이 주장에서는 싸이킥 바디가 영혼이 되는 셈이지요. 이 주장도 문제없습니다마는 여기에 힌두교에서 주장하는 미세체를 합하면 훨씬 더 좋은 이론이 되기에 저는 이 힌두교의 이론을 따릅니다. 이론이라는 것은 간단하면 간단할수록 좋은 것인데 이 이론만큼 간단한 것도 없지만 이것만큼 많은 것을 설명해주는 이론도 없기 때문입니다.

여러분에게는 이 미세체(subtle body)라는 용어가 다소 생소할 것 같습니다. 미세체는 영혼이라 말할 수 있는 원인체와 육체를 연결해주는 중간자라고 할 수 있습니다. 앞에서 말한 것처럼 이 원인체에는 나에 대한 모든 기록이 저장되어 있습니다. 내가 언제부터 존재했는지는 모르지만 그 이후로 나와 관계된 모든 정보가 이 원인체에 저장되어 있다고 했습니다. 그런데 우리가 각 생에 태어날 때 이 모든 기록을 가져오지는 않습니다. 대신 이번 생에 필요한 것만 가져온다고 하지요, 이런 기억이나 정보를 통칭해서 카르마라고 부를 수 있는데요, 이 카르마를 싣고 오는 것이 바로 미세체라는 것입니다.

여기서 벌써 카르마 이야기가 나오는데요, 이 방면의 이야기들은 모두 서로 엮여 있어 하나만 이야기하기가 힘듭니다. 카르마 법칙에 따르면 우리가 이 세상에 태어나는 이유는 명확합니다. 과거에 지었던 카르마를 풀기 위해 오는 것입니다. 이 카르마 가운데에서도 특히 문제가 되는 것은 도덕적으로 잘못한 것입니다. 도덕적으로 잘못했다는 것은 남에게 상처와 피해를 주었다는 것인데요, 이런 것이 남아 있으면 우리의 영혼은 진화하지 못합니다. 영혼이 진화하지 못하면 그것을 풀기 위해 우리는 계속해서 이 지상에 환생해야 합니다. 그런데 이 지상은 아주 '빡센' 훈련장 같아 지내기가 매우 힘든 곳입니다. 우리는 어떻게 해서든 빨리 이 지상에서 벗어나야 합니다. 이 지상을 학교로 비유하는 경우가 많은데 그럴 경우 우리는 이 학교를 하루빨리 졸업해야 한다고 할 수 있지요. 학교라는 것은 졸업해야 의미가 있지, 그곳에 계속 머무는 것은 학생의 발전상 좋지 않습니다.

그런데 우리가 풀어야 할 카르마는 엄청 많기 때문에 한 생에 다 풀 수 없답니다. 그래서 우리는 이번 생에 풀 수 있는 만큼만 가져오게 됩니다. 이번 생에 어떤 카르마를 가져올지는 영혼의 세계에 있을 때 결정한다고 하더군요. 이것을 결정하는 것은 상당히 어려운 작업이라 영혼의 세계에 있는 마스터들의 도움을 받는다는 것이 정설입니다. 마스터라는 존재는 지상에 환생하는 것을 마친, 영적으로 대단히 뛰어난 존재라고 하지요. 이 존재는 지상이 아니라 영계에서 수많은 영혼들을 돕고 있다고 합니다.

우리의 미세체는 그런 식으로 결정된 카르마를 지니고 지상으로 내려오게 됩니다. 이 미세체 안에는 이번 생의 여러 조건을 만들어내는 일종의 프로그램이 들어 있습니다. 이 프로그램에 따라 이번 생이 펼쳐진다고 할 수 있지요. '나는 어떤 성격이나 심리적 성향을 갖고 태어나고 전체적인 외모는 어떻게 취할 것인가'와 같은 일차적인 것부터 '어떤 가정에서 태어나는가'와 같은 조건이 모두 이 프로그램에 포함됩니다. 그뿐만이 아닙니다. 우리가 살면서 어떤 사건을 겪고 어떤 직업을 갖고 어떻게 살다 언제 생을 마치는지 등에 대해서도 미세체 안에 정보가 들어 있습니다.

따라서 우리는 살면서 항상 미세체와 같이 있습니다. 미세체는 원인체와 육체 사이에서 매개체 역할을 한다고 했는데, 그러면서 흡사 육신의 더블, 즉 쌍둥이 짝과 같은 역할을 합니다. 그렇게 미세체는 당사자의 삶이 전개되는 것을 주도하는데 그러면서 또 하는 일이 있습니다. 이번 생에 당사자가 만드는 카르마를 모두 저장하고 그 카르마를 원인체로 전달하는 일이 그것입니다. 여기서도 중간자 역할을 하고 있는 것이지요. 그런데 미세체는 이번 생에 살 때만 유효한지라 당사자가 사망하면 잠시 더 남아 있다가 종국에는 없어진다고 합니다. 이번 생에서 당사자의 삶을 인도하고 이번 생의 카르마를 저장해 원인체에 넘기면 더 이상 할 일이 없기 때문입니다.

iii. 모든 것을 저장하는 원인체의 놀라운 능력

이제 우리는 영혼의 또 다른 능력에 대해 보기로 하는데 이것은 이미 앞에서 많이 거론했습니다. 바로 원인체의 놀라운 저장력입니다. 앞에서 누누이 말한 대로 나라는 하나의 의식 체계가 생긴 이래로 내가 행한 모든 것이 영혼에 저장된다고 했습니다. 여기서 '행'이란 몸과 말과 생각 전체를 뜻합니다. 그러니까 우리가 어떤 '짓'을 하든 어떤 '말'을 하든 어떤 '생각'을 하든 모두 우리의 의식에 저장된다는 것이지요. 이것을 전통 불교에서는 '신구의(身口意)'라는 한자로 표현했습니다.

그런데 이러한 주장은 이미 전통 불교의 교리 안에 다 들어 있습니다. 잘 알려진 것처럼 우리가 행한 모든 것이 우리의 의식 안에 저장된다는 것은 불교의 유식학에서 줄곧 주장하던 바였습니다. 유식학은 복잡하고 어렵기로 소문난 교학이라 그 체제를 다 볼 수는 없고 우리의 주제와 관계된 것만 보기로 합니다. 유식학은 인간의 의식을 8개의 층으로 나눈 것으로 유명합니다. 그 가운데 6번째가 의식이고 의식 밑에도 두 개의 의식이 더 있는데 가장 밑에 있는 것이 그 유명한 제8식인 알라야식입니다. 바로 이 알라야식이 우리가 하는 모든 것을 저장하는 역할을 합니다. 우리가 몸과 입과 의식으로 행한 모든 것이 알라야식에 씨앗의 형태로 저장되고 이것이 후에 인연이 맞으면 발현된다고 하지요. 그래서 알라야식은 한자로 번역할 때 저장할 때의 '장'을 써서 '장식(藏識)'이라 하고 영어로 번역할 때는 'store-consciousness'라고 합니다. 'store'는 가게라는 뜻 말고도 '저장하다'라는 뜻이 있지 않습니까?

제가 1970년대에 불교를 공부할 때 이 유식학의 교리를 접하고 이것은 불교만이 주장하는 그렇고 그런 교리로만 알았습니다. 불교에서는 윤회를 주장하니까 이번 생의 카르마가 다음 생에 전해진다는 것을 설명하기 위해 만든 개념이 이 제8식이라 생각했던 것이지요. 그때는 이 교리를 긴가민가한 정도로만 파악하고 사실일 것이라고는 생각하지 못했습니다. 그것은 당연한 일입니다. 이 사실을 증명할 수 있는 방법이 없으니 덥석 믿어버릴 수는 없는 것 아니겠습니까? 그런데 20세기 중엽부터 서양의 학자들이 매우 객관적이고 과학적인 방법으로 카르마 법칙, 즉 업보설을 연구해서 그 실상이 드러나기 시작했습니다. 그런 학자들이 한둘이 아닙니다. 앞에서 본 이안 스티븐슨이나 브라이언 와이스 등이 대표적인 학자입니다. 서양 학자들은 구체적이고 객관적으로 연구했기 때문에 이 원리를 믿을 수 있는 충분한 증거를 제공해주었습니다.

이렇게 해서 다시 한번 불교 교리의 우수성이 부각되었습니다. 이 카르마 저장설 같은 원리는 동양 종교 가운데 불교만이 매우 정교한 설명을 지니고 있기 때문입니다. 힌두교에도 비슷한 교리가 있지만 불교처럼 체계 있고 정확하게 정리되어 있지는 않습니다. 이런 불교 교리를 현대의 서양 학자들이 객관적인 연구로 지지하는 것은 반겨야 할 일이지만 동양인의 입장에서는 씁쓰레한 기분이 들지 않을 수 없습니다. 이렇게 훌륭한 가르침을 수천 년 동안 갖고 있으면서 제대로 발전시키지 않아 연구의 주도권을 서양 학자들에게 빼앗겼으니 말입니다. 섭섭한 일이지만 서양에서나마 이렇게 좋은 연구가 나왔으니 다행입니다.

그런데 서양에서는 더 향상된 연구를 한 결과 이러한 정보의 저장은 우리의 영혼 안에서만 이루어지는 것이 아니라 우주적인 차원에서도 이루어진다는 것을 밝혀냈습니다. 우리는 이 이론을 에드거 케이시에게서 제일 먼저 발견할 수 있었습니다. 그가 내담자들이 지닌 병의 명칭과 그 치유 약을 알아내고 그 약의 소재까지 파악한 것은 아카샤 레코드(ākāśa record)를 읽은 결과라고 했습니다. 케이시는 교육의 정도가 높지 못하고 의사도 아닌지라 인간의 질병에 대해서 잘 알지 못하고 더더욱 그 치료약에 대해서는 아무것도 아는 바가 없었습니다. 그런데도 병명과 치료약을 전문적인 용어로 발설한 것은 그가 자기 자신이 아니라 우주적인 정보의 풀(pool)에서 알아낸 것이기 때문에 가능한 일입니다. 여기에 나온 아카샤는 산스크리트어로 하늘을 뜻한다고 하는데 이 하늘은 물리적인 하늘이 아니라 (우주) 의식으로 구성된 것을 뜻합니다.

이것은 힌두교의 근본 교리와 통하는 바가 있습니다. 힌두교에서는 온 우주가 의식으로 되어 있다고 주장합니다. 조금 어려운 말로 절대적인 실재가 의식이라는 것인데 우주에는 오직 의식만이 존재한다는 것이 힌두교의 근본 교리이지요. 이것을 그들은 브라만이라고 불렀습니다. 우리 개인의 의식인 아트만은 바로 이 브라만이 개별화된 것인데 그런 의미에서 아트만과 브라만은 하나라고 할 수 있습니다. 여기에서 "네가 바로 그것이다(타트 트밤 아시, Tat Tvam Asi)"라는 힌두교의 가장 유명한 교리가 나옵니다. 이것은 '당신이 바로 브라만'이라는 말입니다. 이 브라만에 저장된 것이 바로 아카샤 레코드라고 할 수 있습니다. 그러니까 개인이 행한 모든 것이 개인의 (무)의식 뿐만 아니라 이 우주에 저장되어 있다는 것이 힌두교가 주장하는 바라는 것입니다. 우리의 의식이 바로 브라만, 즉 우주의식이니 우리가 행한 모든 것이 우주에 저장되는 것은 당연한 것이겠지요. 브라만이나 우주의식과 비슷한 용어를 불교에서 찾는다면 일심(一心)이 되지 않을까 싶습니다.

어떻든 불교나 힌두교는 이 같은 교리나 용어를 진작부터 갖고 있었는데 이것을 구체적으로 밝히거나 일상에서 응용되는 모습을 밝혀내지 못했습니다. 그런데 서양, 특히 미국에서는 에드거 케이시 같은 선지자들이 아카샤 레코드를 구체적으로 활용하는 모습을 보여주었고 그 뒤로도 많은 학자들의 연구가 뒤따르게 됩니다. 미국 학자들의 경우 더욱 놀라운 것은 미국 최고의 학자이자 금세기 최고의 철학자 중의 한 사람인 윌리엄 제임스(William James, 1842~1910)가 20세기 초엽에 이와 비슷한 개념을 제시했다는 것입니다. 제임스는 우주를 '의식의 우주적 저장고(cosmic reservoir of consiousness)'라고 불렀습니다. 제임스도 우리가 행한 모든 정보가 우주에 저장되어 있다고 믿은 것이 틀림없습니다.

이 정도면 영혼에 대해서 대강의 면모를 살펴본 것 같습니다. 우리의 영혼은 에너지체인데 정보를 무한으로 저장할 수 있는 능력을 지녔다고 했습니다. 그러면서 우리의 영혼은 카르마 법칙에 따라 계속해서 진화해 나아갑니다. 이를 위해 이 지상에 태어나고 죽는 작업을 계속해야 합니다. 환생을 거듭하는 것이지요. 제일 중요한 것은 카르마 법칙인데 이에 대해서는 뒤에서 중히 다루겠습니다. 여기까지 영혼에 대해 보았고 이제 우리는 영혼들의 세계로 긴 여행을 떠납니다.

제9강

"사후세계는 어떤 곳인가?" 1

1차 영역 이야기

　이제 우리는 영혼이 되어 사후세계로 들어왔습니다. 이곳은 어떤 세계일까요? 우리는 이곳이 어떤 곳인가를 어떻게 알 수 있을까요? 사후세계에 대한 것은 20세기 전까지는 불교나 기독교 같은 세계 종교가 알려주는 것 이외에는 충분한 정보가 없었습니다. 그런데 종교들이 전달한 사후세계에 대한 정보는 객관적이기보다는 그 교리에 의해 굴절되는 경우가 많았습니다. 예를 들어 지옥은 생전에 나쁜 짓을 많이 한 사람이 가는 곳인데 유황불이 타고 있거나 사람의 사지가 잘려 나가고 붙는 일이 반복되는 처참한 형장이라고 하는 것이 그것입니다. 이런 교리에 접한 사람들은 그 황당함에 긴가민가하면서 반신반의하는 태도를 취했습니다. 그런가 하면 종교를 믿지 않는 사람들은 이런 교리가 미신적이거나 주술적(magical)이라고 하면서 사후세계를 아예 부정해버렸습니다.

　제가 사후세계에 대해 강의할 때 청중으로부터 많이 받는 질문이 있습니다. "(사후세계가 있는 것에 대한) 과학적인 증거가 있는가?"가 그것입니다. 그러면 제가 되묻습니다. "이 주제에 관한 책을 읽어본 적이 있는가?"라고 말입니다. 그러면 백이면 백 "읽은 적이 없다"라고 답합니다. 그런 사람에게 저는 그동안에 인류는 사후 세계에 대해 엄청나게 많은 연구를 해서 그 결과가 산더미처럼 쌓여 있다고 말해줍니다. 그리고 그 연구의 태반이 사후세계를 긍정하는 것이라 사후세계를 부정하려 해도 부정할 수 없는 지경이 되었다고 대답해주지요.

20세기 중반이 되면서 마치 하늘이 열린 듯 '천기'가 마구 누설되었습니다. 이에 대해서는 제4장에서 사후생이 존재하는 증거를 5가지로 정리해서 자세하게 다루었습니다. 인류는 지금처럼 사후세계에 대한 정보를 많이 접한 적이 없는데 대부분 서양의 학자들이 객관적으로 연구한 결과입니다. 사후생이 존재한다는 증거를 가장 확실하게 제시하는 분야는 근사 체험입니다. 근사 체험자들의 체험은 너무도 확실해서 부정할 수 없습니다. 그런데 이 체험은 인류가 유사 이래로 겪었을 텐데 1970년대 들어와 레이몬드 무디 같은 서양 학자가 연구를 시작하기 전까지 그 누구도 학술적으로 연구하지 않았습니다. 이 체험에 대해서는 학회까지 만들어져 수많은 학자들이 과학적인 방법으로 연구한 끝에 대단히 믿을 만한 체계가 만들어졌습니다. 그 외에도 제4장에서 말한 것처럼 최면이나 영매를 통해 사후세계를 연구하는 사례도 많아 사후세계에 대한 지식이 점차 정교해지고 정확해집니다.

1. 사후세계에 대한 약간의 오해(?)

이제 우리는 지금까지 연구된 자료를 가지고 사후세계를 탐색해보려 합니다. 그런데 그 전에 사후세계에 대한 오해 혹은 그릇된 정보가 있어 그것부터 풀고 갔으면 합니다. 사후세계에 대한 생각은 개인이나 종교, 문화에 따라 다르기 때문에 이 주제를 처음 접하는 사람은 혼돈에 빠지기 쉽습니다. 이 점을 여기서 먼저 짚고 가면 좋겠습니다.

일례로 불교에서는 이 우주가 욕계, 색계, 무색계라는 3개의 세계로 구성되어 있다고 합니다. 그리고 이 3개의 세계에는 33개의 하늘(天)이 나뉘어서 배치됩니다. 각각 욕계에 11개, 색계에 18개, 무색계에 4개의 하늘이 배정되는데 거칠게 보면 이 가운데 욕계가 대체로 물질계에 해당하고 색계와 무색계는 영혼들의 세계라고 할 수 있습니다. 불교 교리에 따르면 우리의 자아의식이 희박해질수록 더 높은 하늘에 처하게 됩니다. 우리는 욕계인 물질계에서는 강한 자아의식 때문에 욕심을 많이 내며 살고 있지만 수도를 해서 자아의식을 조금씩 넘어서면 그 정도에 따라 더 높은 하늘, 다시 말해 더 높은 의식의 세계로 상승하게 됩니다. 이 정도만 설명해도 복잡하지요? 그런가 하면 또 다른 종교에서는 불교의 33천과는 달리 하늘이 7개나 9개로 구성되어 있다고 주장합니다. 그러면 도대체 어떤 것이 맞는 것일까요? 우리에게는 이것을 객관적으로 판단할 수 있는 기준이 없습니다.

　기독교로 시선을 돌리면 또 다른 이야기가 나옵니다. 기독교는 유대교의 영향을 받아 하늘을 3개로 나누는 것 같습니다. 이 이야기는 바울의 증언에 적나라하게 나옵니다. 『신약』을 보면 「고린도후서」라는 장이 있습니다. 이 문헌에 대한 복잡한 이야기는 생략하고 다만 바울이 '고린도'라는 곳의 기독교인들에게 보낸 편지라는 것만 밝히면 되겠습니다. 이 편지는 두 개로 되어 있는데 우리가 주목하려는 것은 두 번째 편지입니다. 여기서 바울은 지인의 경험을 말하고 있는데 그 지인이 3층천에 갔다가 왔다고 전하고 있습니다(고린도후서 12장). 바울은 이 사람이 탈혼해서 갔다 왔는지 아닌지는 잘 모르겠다고 실토하는데 이것은 사실 바울이 자신의 체험을 이야기한 것입니다. 추정컨대 그는 근사 체험을 한 것 같습니다. 왜냐하면 바울이 이 3층천은 인간의 언어로는 설명할 수 없을 정도로 아름답다고 묘사했는데 이는 근사 체험자들의 증언과 일치하기 때문입니다. 이 사건에 대해 할 말은 많지만 우리의 주제에서 너무 벗어나면 안 되니까 예서 그칩니다. 여기서 우리가 주목해야 할 것은 바울이 영혼의 세계를 3층으로 나누었다는 사실입니다.

　불교에서는 33개의 하늘을 주장하고 기독교의 바울은 3개의 하늘을 주장하는 등 편차가 커졌습니다. 기독교에는 이런 의견만 있는 것은 아닙니다. 다른 강의에서 잠깐 설명했지만 개신교의 신비가인 스베덴보리는 하늘을 6개로 나눈 것으로 유명합니다. 그에 따르면 우리가 죽어서 가는 하늘은 천계에 3개, 그리고 하계에 3개, 이렇게 6개가 있습니다. 그런데 우리가 죽었을 때 바로 이 6개의 하늘 가운데 하나로 바로 가는 것이 아니라 일단 중간 지대 같은 데에 가서 그곳에서 생전에 했던 일을 검사받고 그 심사 결과에 따라 이 6개의 하늘 가운데 하나에 배당받는다고 합니다. 이 과정에 대해서는 뒤에 다룰 예정입니다. 이렇게 해서 같은 기독교 계통인데 바울은 3층천을, 스베덴보리는 6층천을 주장하니 이런 주장을 처음 접하는 사람들은 헷갈리기 쉬울 것입니다.

그런데 하늘이 3개든, 6개든 그런 것과 관계없이 사람들이 크게 오해하는 것이 있어 그것을 살펴보려 합니다. 사람들은 보통 영혼들의 세계가 하늘 저 높은 곳, 어딘가에 있다고 생각하는 것 같습니다. 그래서 기도할 때나 먼저 타계한 사람들을 생각할 때에 하늘을 쳐다보고 하는 경우가 많습니다. 그리고 착한 일을 많이 한 사람은 높은 하늘로 가고 악한 일을 많이 사람은 음산하고 유황불이 타고 있는 어두운 땅 밑으로 간다고 생각합니다. 그런데 이런 생각은 영혼들의 세계를 물리적인 공간으로 이해한 데에서 오는 오해입니다. 앞에서 누누이 말했지만 영혼들의 세계는 순수한 에너지로 구성되어 있어 이 세계를 물질계의 연장선상에서 보는 것은 잘못입니다.

이것과 관련해 사람들이 오해하는 것이 또 하나 있습니다. 이 오해는 앞의 것보다 더 큰 것입니다. 이것은 사람들이 영계에서 살았던 기억을 완전히 망각하는 바람에 생긴 오해입니다. 사람들은 이승의 물질계에 너무나 적응해 있어 이 세계만이 '리얼'하고 영계는 부수적이고 희미할 것이라고 생각하는 것 같습니다. 그래서 영화 같은 것을 보면 이른바 '유령'들의 세계는 뿌옇게 묘사하고 불분명하게 그립니다. 이것은 영계가 이 물질계에 부속되어 있다고 생각해서 나온 결과로 보입니다. 그런데 이것은 완전히 반대로 생각하는 것입니다. 저는 종종 이것을 카를 마르크스의 용어를 빌려서 '전도된 세계관'이라고 부르곤 했습니다. 세계를 바라보는 시각이 뒤집혔다는 것이지요. 이와는 정반대로 영계가 '리얼'한 세계이고 물질계는 그 그림자라고나 할까, 혹은 칙칙한 세계라는 것이 제 생각입니다. 그리고 영계가 물질계에 부속된 게 아니라 그 반대로 물질계가 영계에 부속된 것이라는 것입니다.

이런 입장에서 보면, 이 지상에서의 삶은 잠정적인 것이라고 할 수 있습니다. 이것을 달리 표현하면 우리의 고향은 영계이고 이 지상에는 잠시 왔다가 돌아가는 것이라고 할 수 있겠지요. 왜 "우리는 지구별 여행자"라는 말도 있지 않습니까? 이 입장에서 보면 불교에서 말하는 '중음계(中陰界)'라는 개념은 문제가 있어 보입니다. 불교도들은 잘 아는 교리이지만 불교에서는 영혼들이 사는 세계를 중음계라고 부릅니다. 이때 '중'이라는 글자를 쓰는 이유는 이 세계가 이번 생과 다음 생 사이에 있기 때문입니다. 그 가운데 있다는 것이지요. 이 입장은 지상의 삶을 본으로 삼고 영계에서의 삶은 가지로 보는 것 같습니다. 그런데 조금 전에 그랬지요? 영계가 본이고 이 지상은 잠깐 있다고 가는 부속적인 것이라고 말입니다. 이 입장에서 보면 외려 이 지상이 중음계라고 할 수 있습니다. 본향인 영계에 있다가 지상에 내려와 잠깐 있다가 다시 영계로 돌아가니 이 지상이 중간 세상이 된다는 것이지요.

그런데 이 지상에서의 삶이 부차적이라고 해서 절대로 중요성이 떨어지는 것은 아닙니다. 이 점은 앞에서 이미 누누이 설명한 것입니다. 우리는 이 지구에 중요한 일이 있어 태어났습니다. 이런 일은 매우 다양해서 일률적으로 말하기 힘듭니다. 내가 다른 사람을 괴롭혀 그에 상응하는 업보를 받아야 하는 경우도 있고 이전 생에 남에게 은혜를 입어 그것을 갚아야 하는 경우도 있습니다. 아니면 이전 생에 열심히 했던 일을 계속해서 하려는 욕망이 있을 때도 환생할 수 있습니다. 이처럼 경우의 수가 대단히 많은데 여기서 중요한 것은 지구에서 만든 카르마는 여기에서만 풀 수 있다는 것입니다. 그 때문에 우리가 이 지구에 환생하는 것인데 그런 의미에서 이 지구에서의 삶은 대단히 중요하다고 할 수 있습니다. 여기가 아니면 카르마를 소멸할 수 없기 때문입니다. 따라서 우리는 이곳에서 열심히 생활하면서 카르마를 소멸하는 일에 대해 진지하게 생각해야 합니다. 만일 이번 생에 소멸할 목적으로 가져온 카르마를 이번에 제거하지 못하면 또 다른 생을 받아야 하니 꼼꼼하게 따져보자는 것입니다.

2. 본격적으로 사후세계로 들어가기

사후세계, 즉 영계는 어떻게 생겼을까? 제가 지금까지 공부해본 바로는 이 세계는 너무도 장대해서 그 전모를 알기가 대단히 힘듭니다. 셀 수 없이 많은 영혼들이 모두 자기에게 맞는 세계를 만들어 살고 있을 테니 그 수가 얼마나 많을지 도저히 감이 오지 않습니다. 일단 추정이 가능한 것은 이 세계에는 일정한 계층이 있을 것이라는 것입니다. 계층으로 나뉘어 있다는 것입니다. 그런데 이때 말하는 계층은 지상처럼 물리적인 개념으로 이해해서는 안 됩니다. 이 세계에서 계층이 나뉘는 것은 영혼들이 지닌 진동수가 다르기 때문에 생긴 결과입니다. 영혼이 갖고 있는 진동수에 따라 세계가 나뉘는지라 계층이 아래위로 나뉘는 것은 아니지만 이 지상에 사는 우리들이 이해하기 쉽게 아래위로 나누는 경우가 많습니다.

앞에서 이 영혼들의 세계가 3천으로 구성되어 있다느니 7천으로 구성되어 있다느니 했는데 이것은 다음과 같이 이해할 수 있습니다. 즉, 진동수가 가장 느린 저질(?)의 영혼은 가장 낮은 천에 속해 지상과 제일 가까운 데에 있는 것이고 반면에 진동수가 높은 영혼들은 높은 하늘에 거한다는 것입니다. 진동수가 높은 영혼들은 진동수가 높을수록 더 높이 가니 지상과 멀어질 수밖에 없겠습니다. 그리고 이렇게 높은 곳으로 간 영혼들은 영혼의 형태로 지상에 나타나는 것이 매우 힘들다고 했지요? 그 이유는 아시겠지요. 지상에서 현현하려면 자신의 진동수를 지상의 진동수에 맞게 많이 낮추어야 하는데 이게 굉장히 힘들기 때문입니다.

그러나 정확하게 말하면, 영혼들의 세계는 층으로 이해할 것이 아니라 차원으로 이해해야 합니다. 그러니까 진동수가 높은 영혼이 진동수가 낮은 영혼보다 높은 층에 위치한다고 볼 게 아니라 단지 다른 차원에 존재한다고 보아야 한다는 것입니다. 그런 의미에서 이 영혼들의 세계는 중첩되어 있다고 할 수 있습니다. 그렇다고는 하지만 차원이 다르면 서로 접촉하는 일이 불가능합니다. 이 생각을 더 밀고 나아가면 영혼들의 세계는 지상에 사는 우리들 위에 존재하는 것이 아니라 우리의 세계와 중첩되어 있다고 할 수 있습니다. 그런데 우리가 그 세계를 보지 못하는 것은 그 세계가 우리보다 차원이 높기 때문입니다. 반면 영혼들은 자기들 세계보다 차원이 낮은 우리 세계를 볼 수 있습니다.

이런 선(先)이해를 갖고 이제 영혼들의 세계에 대해 보고자 합니다. 이번에도 아주 간단하게 보겠습니다. 세상의 이치를 설명할 때 가장 간단하게 설명하는 것이 이해를 높일 수 있다고 생각하기 때문입니다. 그래서 저는 사후세계를 딱 둘, 즉 1차 영역과 2차 영역으로 나누어 보려고 합니다. 1차 영역은 중간 지대로 2차 영역으로 가기 위한 준비 영역으로 보면 되겠습니다. 반면 2차 영역은 진정한 의미에서 영계가 되겠습니다. 이곳은 우리가 지상에 환생하기 전에 원래 있던 곳으로 고향과 같은 곳으로 보아도 무방하겠습니다. 사실 이렇게 2개의 영역으로 나누지 않아도 되지만 설명의 편의상 이렇게 나누어 보았습니다. 그럼 우선 1차 영역부터 볼까요?

3. 1차 영역에서

몸을 벗은 우리는 드디어 1차 영역에 도착했습니다. 이곳은 잠시 머무는 곳으로 영원히 있는 곳은 아닙니다. 여기서 하는 일 중에 가장 중요한 것은 생전에 했던 일을 점검하는 것입니다. 그리고 그 결과를 가지고 자신에게 할당된 2차 영역으로 가게 됩니다. 사실 할당되었다기보다 자신이 지닌 진동수와 같은 영혼들이 있는 곳으로 자동으로 이끌린다고 보아야 할 것입니다. 그런데 이 중요한 일을 겪기 전에 영혼들이 치러야 하는 일이 있다고 합니다. 바로 치유하는 과정입니다.

i. 일단 치유 받기

우리는 지상에서 어떻게 살았든 간에 대부분 힘든 삶을 살았습니다. 수십 년 동안 살면서 힘든 일도 많이 겪었고 병도 많이 앓았습니다. 게다가 임종할 때 우리는 노쇠해서 온몸이 병약하기 짝이 없습니다. 그런 기억을 가지고 영계로 들어오니 그런 영에는 부정적인 에너지가 따라오기 마련입니다. 이 영역에서는 그렇게 남아 있는 심적인 찌꺼기를 제거해준다고 하더군요. 치유를 해주는 겁니다.

이에 대해 역행 최면으로 유명했던 마이클 뉴턴은 꽤 구체적인 묘사를 했습니다. 영혼이 여기에 도착하면 어떤 빛 같은 것이 해당 영혼을 감싸고 안으로 들어가 치유를 해준다는 겁니다. 이것은 일종의 영적인 샤워 아닌가 하는데 곧 가게 될 2차 영역에 들어가기 전에 우리의 영혼을 정화하는 것으로 보입니다. 우리가 태어날 때를 생각해보면 이 과정이 이해될 것 같습니다. 우리가 모친의 자궁에서 갓 나오면 바로 목욕을 하지 않습니까? 지상이라는 새로운 세계로 들어가기 위한 준비 작업으로 말입니다. 영계에서도 이와 비슷한 일이 일어나는 것 아닌가 합니다. 그런데 사람이 태어날 때 그가 악한 카르마를 가졌든 선한 카르마를 가졌든 그런 것에 상관없이 몸을 씻겨주지 않습니까? 그와 마찬가지로 해당 영혼이 지상에서 악행을 많이 행한 영혼이든지 그 반대든지 관계없이 모든 영혼이 치유를 받게 된다고 합니다. 우리의 얕은 생각에는 악인들은 치유를 받을 자격이 없을 것 같은데 그렇지 않은 모양입니다. 그러나 그 뒤에 카르마 법칙에 따른 업보의 적용이 단 한 치의 어김도 없이 시행되니 우리가 걱정할 일은 아닙니다.

이 치유 과정을 적나라하게 묘사한 영화가 있어 비상한 관심을 끕니다. 브라질에서 만든 〈아스트랄 시티(Astral City, 2020)〉이라는 제목의 영화인데 이 영화는 사후세계를 다룬 영화 중에 최고라는 평가를 받습니다. 이 영화는 브라질에서 최고의 영매로 손꼽혔던 치코(Chico Xavier, 1910~2002)가 쓴 책을 바탕으로 만든 영화입니다. 이 책은 치코가 '안드레'라는 영혼으로부터 들은 영계 이야기를 담고 있습니다. 치코가 영매이니 영혼과 자유롭게 교통할 수 있어 가능했을 것입니다. 이 영화는 사후세계를 가장 리얼하게 다룬 것으로 정평이 나 있기 때문에 이 영화를 세밀하게 보면 사후세계에 대해 많은 정보를 얻을 수 있습니다. 그러나 너무나 방대한 주제인지라 여기서는 우리의 주제와 관계된 것만 보기로 합니다.

이 영화의 주인공인 안드레는 생전에 매우 이기적인 삶을 살았던 터라 죽어서 1차 영역으로도 가지 못하고 어둡고, 더러운 구정물이 흐르는 시내나 늪 같은 것이 있는 곳에서 처참한 생활을 합니다. 그곳에는 그와 비슷한 수준의 저질 영혼들이 서로 으르렁거리고 온갖 고통을 감내하면서 살고 있습니다. 그곳 생활에 너무나도 지친 안드레는 절대 존재에게 용서를 구하고 구해달라는 기도를 간절하게 합니다. 그러자 하얀 옷을 입은 천사 같은 존재들이 나타나 그를 데리고 1차 영역으로 보이는 곳으로 갑니다. 이런 모습들이 영화에 구체적으로 묘사되어 있어 매우 흥미로웠습니다.

　이곳에 도착한 안드레가 처음 받은 처우가 바로 그의 영혼을 치유하는 일이었습니다. 이 영화에서는 이 치유의 과정을 재미있게 묘사하고 있습니다. 안드레는 지상에서 복부 부분에 큰 병이 있어 죽게 되는데 이 영역에서 바로 이 부분을 치유하더군요. 그곳에는 치유를 전담한 사람이 있었는데 그가 안드레의 복부 부분에 손을 가져다 대니 복부의 상처가 감쪽같이 치유되었습니다. 그리곤 병상에 누워 몸(?)이 완전히 회복될 때까지 있다가 다 나은 다음에 영계의 생활을 시작하더군요. 이 생활에 대해 보기 전에 여러분들과 꼭 나누고 싶은 이야기가 있습니다.

　앞에서 말한 것처럼 이 영화에는 저질의 영혼들이 어두운 연옥 같은 곳에서 살면서 고통받는 장면이 나옵니다. 빛이라고는 거의 없었고 서로 싸우기만 하고, 한 마디로 시궁창 같은 곳에서 아주 더럽게 살고 있었습니다. 여기에 다음과 같은 아주 재미있는 장면이 나옵니다. 안드레를 구하러 온 천사 같은 존재들이 그곳에 있는 영혼들에게 같이 가자고 손을 뻗으면서 그들에게 다가갔습니다. 그러자 그 영혼들은 다가오지 말라고 소리를 질러댔습니다. 하는 수 없이 구급대는 안드레만 데리고 갑니다. 이 사건에서 우리는 귀중한 교훈을 얻을 수 있습니다. 우선 알아야 할 것은 우리가 영혼들의 세계에 있을 때 어떤 곤경에 처하든 도움을 받을 수 있다는 것입니다. 중요한 것은 진정으로 뉘우치고 용서를 바라는 마음으로 도움을 청해야 한다는 것입니다. 안드레가 그랬습니다. 그곳 생활이 너무나 고통스럽고 참담하자 자신이 지상에서 살아온 인생을 통절하게 반성하고 도움을 청했지요. 그러자 바로 하얀 옷을 입은 구급대 천사들이 왔습니다.

이 문제에 관해서 현인들은 이렇게 말합니다. "영계에는 우리를 도우려는 고급령들이 많이 있다. 그들은 우리를 돕지 못해 안달이 난 보살 같은 존재이다. 그런데 그들은 우리가 요구할 때만 우리에게 다가올 수 있다. 만일 우리가 그들을 거절하면 그들은 가까이 오고 싶어도 올 수 없다"라고 말입니다. 이것이 바로 안드레가 진정으로 참회하고 도움을 청했을 때 일어난 일입니다. 그런데 그곳에 같이 있던 다른 저질의 영혼들에게는 이게 통하지 않았습니다. 그곳에 도착한 천사 같은 영혼들은 자비심으로 그곳에 있는 저급한 영혼들에게도 같이 가자고 손을 내밀었습니다. 그러나 저급의 영혼들은 그 제안을 극력 거부하면서 천사 같은 영혼들을 물리쳤습니다. 이게 바로 이곳에서 정확히 일어나는 일입니다. 이 저급한 영혼들이 구제받지 못하는 것은 자신들이 거부했기 때문이지 다른 존재가 그렇게 만든 것이 아닙니다. 이렇게 보아도 저렇게 보아도 영계에서는 모든 것이 자기에게서 비롯된다는 것을 알 수 있습니다(사실은 이 사바세계도 마찬가지입니다마는).

ii. 지난 생에 한 일 점검하기

치유를 끝낸 영혼들은 이곳에서 해야 할 중요한 일이 있습니다. 지난 생에 했던 일을 점검하는 것입니다. 특히 중요한 것은 지난 생에 했던 일을 카르마 법칙에 의거(依據)해서 점검하는 일입니다. 카르마 법칙의 관점에서 판단하는 것이지요.

저는 이 주제와 관련해 다음과 같은 말을 자주 했습니다. 사람들은 우리가 태어날 때 빈손으로 오고 죽을 때 빈손으로 간다면서 '공수래공수거'라고 하는데 이것은 물질의 입장에서만 그런 것이고 카르마의 입장에서는 완전히 반대라고 말입니다. 우리가 태어날 때도, 죽을 때도 가져오고 가져가는 것은 오로지 카르마뿐이기 때문입니다. 따라서 지난 생에 지은 카르마를 고스란히 이곳으로 가지고 와서 검사받아야 합니다. 그런데 이런 내용은 이미 전통 종교에서 많이 설해지고 있었습니다.

먼저 불교부터 볼까요? 이것은 불교의 정통 교리라고는 할 수 없고 민간 불교에서 많이 회자되는 이야기입니다. 민속적인 불교에서는 사람이 죽으면 염라대왕 앞에서 가서 심판을 받는다고 합니다. 그런데 그 재판장에 아주 재미있는 물건이 하나 있습니다. '업경대(業鏡臺)'라는 것으로 업을 보여주는 거울 정도로 이해하면 되겠습니다. 붙잡혀(?) 온 영혼이 앞에 서면 그 거울에 당사자가 지상에서 했던 일이 영화처럼 펼쳐집니다. 그러면 염라대왕은 그것을 보고 그 영혼을 지옥에 보낼지 극락에 보낼지를 결정한다고 합니다. 이 이야기에 대해서는 할 말이 많지만 가장 중요한 포인트인 업경대에 대해서만 집중하겠습니다. 이 업경대에 당사자가 행한 모든 것이 영상으로 펼쳐진다고 했는데 이것이야말로 라이프 리뷰가 아니고 무엇이겠습니까? 지난 생을 점검하는 것이지요.

그런가 하면 고대 이집트에서도 비슷한 이야기가 전해집니다. 고대 이집트인들은 사람이 죽으면 신들이 그 사람의 심장을 가져다 저울에 단다고 합니다. 반대편에는 지혜의 여신이라고 하는 '마트'의 깃털이 놓여 있습니다. 당사자가 생전에 나쁜 일을 많이 했다면 그의 심장이 더 무거운 것으로 나타납니다. 이처럼 당사자의 심장이 깃털보다 무거운 것으로 판명되면, 머리는 악어, 몸은 사자, 하체는 하마의 것으로 되어 있는 '암무트'라는 기괴한 동물이 이 심장을 먹어버려 다시는 되살아나지 못한다고 합니다. 그렇지 않고 만일 평행으로 나타난다면 그 사람은 재생과 부활의 신인 오시리스 앞에 서서 부활을 기다리게 됩니다. 이집트인들은 심장만 갖고 있으면 언젠가는 부활할 수 있다고 믿었다고 합니다. 이들이 이렇게 하는 이유는 심장에 그 사람이 생전에 했던 말과 행동, 생각이 모두 담겨 있다고 믿었기 때문입니다. 이 이야기는 앞의 불교 이야기와 다른 점이 많이 있지만 우리가 행하는 모든 것이 어딘가에 저장되어 있다는 믿음은 같다고 하겠습니다.

그런데 이곳에서 일어나는 일을 상당히 구체적으로 설명한 사람이 있어 소개하려고 합니다. 스베덴보리가 그 주인공인데 그의 설명도 앞의 종교에서 말한 것과 기본적으로 일치합니다. 스베덴보리는 이곳에 도착한 영혼들이 생전에 행했던 일들을 점검받을 때 일어나는 일을 생생하게 묘사하고 있습니다. 스베덴보리에 따르면 이곳에서는 당사자의 품성이 있는 그대로 드러난다고 합니다. 그래서 악한 영혼이 자신의 나쁜 인격이나 생전에 자행했던 악행을 위선자처럼 감추려 해도 안 된다고 합니다. 자기의 민낯이 있는 그대로 드러나는 것입니다. 그냥 가만히 있어도 본인이 했던 나쁜 일들이 그대로 밝혀진다고 하네요.

이것은 지상에서 살 때와 아주 다른 상황입니다. 지상에 살 때 우리는 자신의 위선성을 숨기고 좋은 사람인 척 할 수 있습니다. 이게 가능한 것은 육신이라는 중간막이 있어 자신의 성품이 있는 그대로 드러나는 것을 막기 때문입니다. 그래서 다른 사람을 잘해주는 척하면서 뒤로는 그의 뒤통수를 치는 일이 가능했습니다. 그러나 영계에서는 사정이 다릅니다. 육신이라는 가림막이 없어 에너지로만 된 영혼의 속내가 단박에 드러납니다. 그래서 영계에서는 영혼들이 한 번 만나면 서로 어떤 영혼인지 알 수 있습니다. 에너지파가 그대로 느껴지기 때문입니다. 사실 지상에서도 상대방의 얼굴, 그중에서도 특히 눈을 보면 그 사람의 인품을 알 수 있기는 합니다. 그러나 이것은 인생을 깊게 산 사람한테만 가능한 일이고 보통 사람들에게는 다소 어려운 일일 수 있습니다.

iii. 죽은 사실 인정하기

그런데 선지자들은 우리에게 이 영역에서 주의해야 할 일이 있다고 알려줍니다. 이곳에 들어오자마자 조심해야 하는 것인데 그것은 자신이 죽었다는 사실을 빨리 인정하라는 것입니다. 이것은 일부 영혼에만 해당되는 것이기는 한데 의외로 자신이 죽었다는 사실을 모르는 영혼이 많다고 합니다.

여러분들은 이 이야기를 들으면 이상하지요? 사람이 죽으면 금세 주위 환경이 바뀌니 자신이 죽었다는 사실을 알 수 있을 것 같은데 그렇지 않다고 하니 말입니다. 이 이야기는 많은 연구자들이 언급하고 있는데 스베덴보리에 따르면 이런 사람들을 위해 영계에 있는 천사들이 그들에게 가까이 가서 '당신은 죽었다'라고 말해준다고 합니다. 그렇게 말했는데도 당사자들은 자신이 죽었다는 사실을 잘 받아들이지 않는다고 합니다. 왜 이런 일이 일어날까요? 이것을 알려면 사후세계의 구성 원리를 알아야 합니다.

사후세계가 지상계와 가장 다른 점은 사후세계에서는 외부 환경이 우리가 무엇을 생각하느냐에 따라 만들어진다는 것입니다. 그러니까 우리가 생각하는 것이 그대로 투사되어 나타난다는 것이지요. 불교에서 말하는 '일체유심조' 교리, 즉 '모든 것은 우리의 마음이 만들어낸다'라는 교리가 그대로 적용되는 것입니다. 이렇게 되는 이유는 다음과 같습니다. 사후세계는 에너지로 구성되어 있는데 이 에너지는 우리의 생각에 따라 반응해서 그 생각을 외현화한다는 것이 그것입니다. 예를 들어 내가 시원한 강물을 생각하면 바로 내 앞에 강물이 생깁니다. 그런데 강물이 얕다고 생각하면 그 순간 강물이 많이 흘러 내 배까지 찹니다. 수위가 높아진 것이지요. 이처럼 사후세계에서는 내가 생각하는 대로 외경(外境)이 펼쳐집니다.

이해를 돕기 위해 생생한 예를 들어보지요. 이 예는 다스칼로스의 책에 나오는데 아주 재미있습니다. 그의 친구 중에 노름을 좋아하던 이가 죽었답니다. 그의 안위가 걱정된 다스칼로스는 탈혼해 그 친구에게 갔더니 그곳(사후세계)에서도 노름판을 만들어 노름을 하고 있었답니다. 이 사람은 생전에 노름을 무척 즐겨서 노름판 생각이 머리에서 떠나지 않았습니다. 혼의 상태가 되어서도 노름판만을 생각하니 그의 앞에 노름판이 만들어진 것입니다. 그리고 거기에는 노름을 같이 하는 사람도 나오는데 이 사람 역시 이 노름꾼이 자신의 생각으로 만들어낸 가상의 존재입니다. 이렇게 완벽하게 지상에 있었던 환경이 만들어지니 이 사람은 자신이 죽었다는 사실을 모르는 겁니다. 다스칼로스는 또 다른 예로 생전에 과수원을 했던 사람을 들었습니다. 이 사람은 평생 과수원만 생각하고 살았던지라 죽어서도 과수원을 사념으로 만들어놓고 거기서도 비 안 오면 어떻게 하나 하면서 걱정하더랍니다. 이 사람들처럼 사후세계의 구성 원리를 잘 모르는 사람은 그곳에서도 지상과 똑같은 환경을 만들어 놓고 거기에 안주하는 것입니다.

이 상황을 잘 아는 어떤 선지자는 이런 상태를 심적 감옥(mental prison)이라고 부르더군요. 자신의 사념으로 만들어 놓았으니 이렇게 부르는 것인데 그런 까닭에 여기서 벗어나는 일이 쉽지 않습니다. 다른 사람이 만든 감옥은 명확하게 보이니 탈출할 생각을 하는데 자기가 만든 감옥은 감옥처럼 보이지 않으니 탈출할 생각조차 하지 않는 것입니다. 그런데 이곳에 계속 있는 것은 본인의 발전에 하등의 도움이 되지 않습니다. 우리가 사후세계에 들어갔으면 절차를 다 밟고 자기가 속했던 곳으로 어서 돌아가야 합니다. 이렇게 사후세계의 기초 영역에서 헤매는 것은 어떤 집을 방문했을 때 거실로 들어가지 않고 행랑채 같은 데에서 머무는 것과 같다고 하겠습니다. 이 점은 뒤에서 더 상세하게 논의할 예정입니다.

iv. 헤매는 영혼들을 다룬 영화

이렇게 망자의 영혼이 자신이 죽었다는 사실을 모르고 영계를 헤맨다는 것은 신비가들만 아는 사안이 아닙니다. 이 사실은 서서히 일반 대중들에게도 알려지기 시작해 눈치 빠른 감독들이 영화를 만들기 시작했습니다. 이런 주제를 다룬 영화는 꽤 있는데 그중에 몇 개만 소개할까 합니다. 이 영화들은 여러분들에게 강력 추천하는 명화이니 시간이 허락하면 꼭 관람하시기 바랍니다.

이런 주제를 다룬 영화 가운데 효시를 이룬 것은 잘 알려진 것처럼 브루스 윌리스가 주연으로 나온 〈식스 센스(The Six Sense, 1999)〉입니다. 이 영화는 가장 극적인 반전을 보여준 영화로도 유명하지요. 이 영화의 내용을 잘 모르고 보면 주인공인 윌리스가 온전한 인간으로 보일 겁니다. 실제로 그렇게 생각했던 사람들이 꽤 있었습니다. 그런데 그는 사실 영화 초반에 죽었고 그 뒤에는 계속해서 영혼의 상태로 돌아다녔습니다. 그가 그렇게 할 수 있었던 것은 자신이 죽었다는 사실을 몰랐기 때문입니다. 그래서 그는 살아 있을 때와 똑같이 자기 주변을 돌아다닙니다. 그러다 자신을 알아본 한 꼬마를 만나게 되고 영화의 후반부에 자신이 죽었다는 사실을 비로소 인정하게 됩니다. 그때 관객들은 깜짝 놀라게 됩니다.

내내 산 사람인 줄 알았는데 영혼으로 판명되었으니 말입니다. 이 사실을 알았다면 이 영화는 다시 한 번 보는 게 좋습니다. 세밀하게 보면 윌리스가 나타났을 때 사람들은 그가 거기에 있는지 모르고 있었다는 것을 알 수 있을 겁니다. 저도 다시 봤는데 그런 모습들이 많이 보이더군요.

이 영화보다 더 섬뜩한 영화는 니콜 키드먼 주연의 〈디 아더즈(The Others, 2001)〉라는 영화입니다. 이 영화도 제대로 설명하면 긴데 재미있는 점은 이 영화에 나오는 거의 모든 사람은 영혼이라는 점입니다. 쉽게 말해 유령이라는 것이지요. 살아 있는 사람은 영화가 거의 끝날 때쯤 잠깐 나옵니다. 그럴 수밖에 없는 것이 이 영화는 주인공 키드먼이 자식 둘을 죽이고 자신은 자살한 후부터 시작했기 때문입니다. 그들은 자신들이 죽은 줄 모르고 그 집에서 계속 삽니다. 그 외에 하인이었던 사람이나 남편이 찾아오기도 하는데 이들도 모두 죽은 사람인 것은 마찬가지입니다. 그런데 사실 그 집에는 한 가족이 살고 있었습니다. 키드먼 가족이 죽은 뒤 다른 가족이 들어와 산 것이지요. 그런데 키드먼 가족의 영혼이 자꾸 출몰하니까 이 가족이 참지 못하고 그 집을 떠납니다. 이 가족이 떠나는 날 이 집의 2층에서 키드먼 가족이 그들을 쳐다보는 장면으로 영화는 끝납니다. 키드먼 가족은 여전히 자신들이 죽었다는 사실을 알지 못하고 계속해서 그 집에 머무는 것입니다. 〈식스 센스〉에서는 그래도 영화 말미에 주인공이 자신이 죽었다는 것을 알게 되는데 이 영화에서는 그렇게 되지 못했습니다.

〈식스 센스〉나 〈디 아더즈〉는 흥행에도 엄청난 성공을 거두는데 같은 주제를 다루었지만 흥행에는 그다지 재미를 보지 못한 영화가 있습니다. 리암 니슨이 주인공으로 나오는 〈애프터 라이프(After Life, 2009)〉라는 영화인데 여기서 니슨은 장의사로 나옵니다. 장의사인 니슨은 죽은 사람을 임바밍(embalming), 즉 시신을 방부처리나 보존처리하는 일을 하는데 재미있는 점은 그가 자신 앞에 누워 있는 여자 시신과 대화를 한다는 점입니다. 니슨은 영혼을 볼 수 있고 대화할 수 있는 능력을 갖춘 사람이었던 것입니다. 그런데 영화가 이렇게 진행되니 관객들은 이 누워 있는 사람이 살아 있는 사람이라고 착각합니다. 그러나 니슨이 대화하고 있는 상대는 죽은 여성의 영혼입니다. 이렇게 대화하게 된 것은 이 여성이 자신이 죽은 줄 모르고 살아 있다고 주장하기 때문입니다. 이 여성(의 영혼)에게 니슨은 어서 죽은 것을 인정하고 다음 단계로 가라고 조언합니다. 그러다 이 여성의 약혼자가 죽어서 영혼으로 그곳에 나타나는 등 이야기가 복잡하게 전개되는데 그것은 우리의 주제와 무관하니 다루지 않겠습니다.

영화들이 이 같은 주제를 다루게 된 것은 주제가 '쇼킹'한 점도 있겠지만 이러한 일이 대중들에게 많이 알려져 공감을 샀기 때문일 것입니다. 다시 말해 대중들의 이해도가 높아져 그것을 가지고 영화로 만들 정도가 됐다는 것입니다. 이것은 한국의 현실과 비교해보면 알 수 있습니다. 한국에는 이런 주제로 만든 영화가 매우 드문데 그런 영화가 있다 하더라도 작품성이 떨어져 흥행이 되지 않았습니다. 대신 죽은 이후의 세계를 다루되 환타지 같은 류의 〈신과 함께(2017)〉 같은 영화만이 흥행했습니다. 이것은 아직 한국인들이 사후세계를 객관적으로 이해하지 못하고 있어 생긴 일로 생각되는데 앞으로는 많이 달라질 것입니다.

제가 지금 이 같은 사실을 여러분들에게 이야기하는 이유는 다음과 같습니다. 여러분들이 사후세계에 대해 실상을 알고 있으면 나중에 몸을 벗고 사후세계에 들어갔을 때 공연히 헤매는 것을 피할 수 있기 때문입니다. 이것이 바로 우리가 사후세계를 공부하는 이유이지요. 사후세계를 잘 알고 가면 우리가 그곳에 도착했을 때 시행착오를 대폭 줄이고 빨리 그 세계에 정착할 수 있을 것입니다.

v. 지상을 못 떠나는 영혼들이 많은 곳은?

강의를 마치기 전에 재밌는 이야기를 하나 해볼까 합니다. 지박령에 대해 들어보셨지요? 이승에 미련이 많아서 지상을 떠나지 못하는 영 말입니다. 이 지박령들이 어디에 많은지 생각해보셨습니까? 물론 그가 죽은 장소를 못 떠나는 경우가 제일 많을 테지만 그 외에 어떤 장소에 많이 출몰할까요?

사람들은 영(귀신이나 유령)이 많이 나타나는 장소로 공동묘지나 흉가 같은 곳을 생각합니다. 그래서 이른바 귀신 영화로 불리는 영화를 보면 그 배경이 묘지 같은 곳이 많이 나옵니다. 제가 어렸을 때인 1960년대에는 〈월하의 공동묘지(1967)〉라는 영화가 대표적인 것이었습니다. 공동묘지에 귀신이 나온다는 발상에서 비롯된 영화였지요. 그런가 하면 밤에 흉가를 찾아가 유령을 영상에 담으려는 사람들도 있습니다. 저도 그런 영상을 보았는데 유령 같은 존재가 '스르르' 지나가기도 하고 물체가 움직이기도 하는 등 믿기 힘든 영상이 꽤 있었습니다. 또 흉가가 된 정신병원을 찾아가서 영상을 찍는 것을 주제로 한 〈곤지암(2018)〉 같은 영화도 있습니다.

그런데 이런 생각들은 실제와 그리 가까운 것 같지 않습니다. 그러니까 한마디로 말해 공동묘지나 흉가에는 이른바 귀신, 즉 영혼들이 없다는 것이지요. 물론 그곳에도 영혼들이 있을 수 있습니다. 그곳에서 죽어서 그곳을 떠나지 않는 영혼이 있을 수 있습니다. 앞에서 말한 것처럼 자신이 죽은 것을 모르고 그냥 그곳에 있는 영혼들이 있을 수 있다는 것이지요. 그러나 대부분의 영혼들은 그렇지 않다는 것이 전문가들의 의견입니다. 이들에 따르면 영혼들이 많은 곳은 공동묘지나 흉가처럼 사람들이 없는 곳이 아니라 외려 사람들이 많은 운동경기장이나 술집, 시장 같은 곳이라고 합니다. 아주 의외이지요? 그런데 전문가들의 이야기를 들어보면 수긍이 갑니다. 공동묘지나 흉가에는 영혼들이 취할 게 없어서 가지 않는다고 합니다. 영혼들은 육신이 없으니 우리처럼 물질을 먹을 수 없습니다. 그들이 취할 수 있는 것은 에너지인데 그들에게 가장 좋은 먹이는 사람들이 뿜어내는 생각이라고 합니다. 생각은 에너지입니다. 그래서 영혼들은 그 에너지를 자신의 자양분으로 삼는데 사람들이 많은 경기장이나 술집 같은 곳에는 그 에너지가 대단히 많습니다. 그럴 수밖에 없는 것이 이곳에는 사람이 많을 뿐만 아니라 사람들이 흥분해 소리를 마구 지르니 거기서 나오는 에너지가 엄청날 겁니다.

또 생전에 술을 좋아했던 사람은 영혼이 됐을 때 술집에 가서 술 마시는 사람 옆에 붙어 그에게서 나오는 알코올 에너지를 취하면서 좋아한다는 설도 있습니다.

이와 관련해 재미있는 이야기를 들은 적이 있습니다. 영혼을 볼 수 있는 사람에게 들은 것인데 경복궁에는 궁녀들의 영혼이 많이 돌아다닌다고 합니다. 그러면서 연인들이 궁에 오면 그들 옆에서 그들이 '스킨십'을 하면서 내뿜는 묘한 욕정의 에너지를 취하면서 즐거워한다고 합니다. 어떻게 들으면 황당한 소리 같은데 일리가 없는 것은 아닙니다. 궁녀들은 평생 결혼하지 못하고 궁에서 일생을 보냅니다. 그러나 이들도 사람이니 남녀관계에 대한 궁금증과 욕정이 있을 수 있습니다. 그런데 이들은 궁에서 평생을 노비처럼 살았기 때문에 한을 품고 죽은 경우가 많을 겁니다. 그런 그들이 죽어서도 궁을 떠나지 못하고 그곳에 묶여 있는데 현대에 들어와 연인들이 들어오니 앞에서 말한 것 같은 일을 하는 것입니다.

더 재밌는 것은 궁 안에서 일하는 사람들의 증언입니다. 선뜻 받아들이기에는 무리가 있지만 재미있어서 한번 소개해봅니다. 궁 안에서 휴게실을 운영하는 사람들이 궁녀의 영혼으로 보이는 것들이 궁 안을 돌아다니는 것을 보았다고 한답니다. 이런 것은 참으로 믿기 힘든 이야기인데 지금까지 우리가 공부한 바에 의하면 영혼들은 어느 곳이든지 나타날 수 있으니 불가능한 일은 아닐 것입니다.

영혼들의 사정은 위와 같은데 왜 사람들은 영혼이 묘지나 흉가에만 출몰한다고 생각할까요? 그것은 영혼들의 사정은 생각하지 않고 자신들이 볼 때 묘지나 흉가가 으스스하니까 그런 곳에 영혼이 나타난다고 믿는 것입니다. 한마디로 말해 자신들의 생각을 투사한 것이지요. 이처럼 영혼과 영계의 이야기는 끝이 없으니 영혼이 머무는 1차 영역에 대한 설명은 일단 예서 마무리하는 것이 낫겠습니다. 이제 영혼들이 가는 종착지인 2차 영역으로 떠나렵니다.

제10강

"사후세계는 어떤 곳인가?" 2

2차 영역 이야기

　1차 영역에서 할 일을 다 마치면 우리는 2차 영역으로 가는데 여기가 바로 우리의 본향이라고 했습니다. 그런데 스베덴보리에 따르면 우리가 1차 영역을 떠날 때 안내령이 당도하는 경우가 있다고 하네요. 우리를 우리에게 맞는 2차 영역의 한 지점으로 데리고 가기 위해 오는 것입니다. 자신에게 맞는 곳으로 가는 일이 생각하는 만큼 쉬운 일이 아닌 모양입니다. 나중에 보겠지만 영계에는 공동체가 많다고 합니다. 그러니 아주 오랜만에 온 평범한 영혼들은 어리둥절해서 제 갈 길을 잘 찾지 못할 수도 있겠습니다. 그에 비해 수준 높은 영혼들은 1차 영역에서 일을 마치고 안내령의 도움 없이 바로 2차 영역으로 간다는 말도 있습니다. 아니 아주 높은 영혼들은 죽은 뒤 바로 2차 영역으로 간다는 확인되지 않은 소문도 있습니다.

1. 2차 영역은 어떻게 생겼을까?

　이 영역과 관계해서 스베덴보리가 한 발언이 있어 소개해볼까 합니다. 부부가 죽은 다음에 가는 곳에 관한 이야기입니다. 언뜻 생각하기에 부부란 세상에서 가장 가까운 사이이니 죽어서도 같이 있는 것 아닐까 하고 생각할 수 있습니다. 그런데 스베덴보리에 따르면 완전히 다른 곳으로 가는 부부가 꽤 있다고 합니다. 이생에서는 부부로 살았을지라도 죽은 뒤에는 각기 다른 곳으로 갈 수 있다는 것이지요. 이것은 어떤 카르마에 따라 이번 생에는 부부가 되어 같이 살았지만 그 인연이 다하면 더 이상 붙어있지 않게 된다는 것으로 해석할 수 있겠습니다. 이와 비슷한 이야기를 소태산도 남겼습니다. 부부가 같이 사는 것은 마치 모르는 남녀가 여관에서 하룻밤 동숙하고 헤어지는 것과 같다고 했습니다. 한 생을 같이 사니 부부 사이가 대단한 인연으로 보일지 모르지만 전체 생의 관점에서 보면 이번 한 생에서 같이 산 것은 그리 큰일이 아니라는 것처럼 들립니다.

i. 2차 영역은 어떻게 생겼을까?

앞에서 이 2차 영역은 영혼들에게 고향과 같은 곳이라고 했습니다. 우리는 환생하기 전에 이곳에 있다가 지상으로 내려갔고 지상에서의 생활이 끝나면 이곳으로 돌아온다고 했습니다. 그런 의미에서 고향이라고 한 것인데 사람들은 이 사실을 잊고 외려 지상을 더 중요하게 생각하는 경향이 있다고 했습니다.

이곳은 어떻게 생겼을까요? 우리는 이곳에 대해 잘 알지 못합니다. 왜냐하면 이곳은 의식의 층차에 따라 너무나 많은 공동체가 있어 대부분의 우리는 이곳을 다 둘러볼 수 없기 때문입니다. 이 세계의 특징이 무엇이라고 했습니까? 자신과 의식의 진동수가 같거나 비슷한 영혼만 만날 수 있다고 했지요? 그러니 이곳에는 얼마나 다양한 진동수를 가진 영혼들이 있겠습니까? 그런데 우리가 경험할 수 있는 공동체는 우리의 진동수와 비슷한 영혼들이 있는 공동체밖에 없습니다. 그러니 그런 곳은 아주 소수에 달할 수밖에 없고 그 결과 우리들은 이 세계의 광대함을 경험할 수 없는 것입니다. 그러나 다행히도 선지자들이 알려 준 것이 있어 그것을 가지고 전체적인 얼개를 알 수 있습니다. 그 세계를 전부 아는 것이 아니고 전체적인 모습만 알 수 있다는 것입니다.

이 주제와 관계해서 가장 먼저 언급해야 할 사람은 예수일 것입니다. 그가 한 발언이 이 세계를 가장 간단하게 묘사하고 있기 때문입니다. 우리는 기독교(그리고 유대교)에는 사후세계에 대한 언급이나 설명이 많이 있을 것으로 생각하기 쉬운데 신약에 있는 네 복음서에는 그런 언급이 별로 없습니다. 그중에 가장 두드러진 발언이 있는데 이것은 요한복음(14:2)에 나옵니다. 이 구절은 기독교의 내세관을 말할 때 단골손님처럼 나오는 구절입니다. "내 아버지 집에는 있을 곳이 많다(In my Father's house are many mansions)"가 그것입니다. 여기서 가장 중요한 것은 '있을 곳'이고 영어로는 'mansions'라고 표현되었습니다. 이것은 우리가 죽은 뒤 가게 되는 고향 집과 같은 곳을 말하는 것일 겁니다. 그런데 그런 집이 하나만 있는 것이 아니라 비슷한 급의 영혼들이 각각 자기 집을 갖고 있을 터이니 그런 집들이 모여 일종의 공동체를 형성하고 있다고 볼 수 있겠습니다. 그래서 앞서 말한 다스칼로스라는 선지자는 이곳에는 성스러운 도시나 작은 천국(local paradises)이 있다고 말한 적이 있답니다.

그런데 이런 상황을 잘 보여주는 영화가 있습니다. 앞에서 인용했던 〈아스트랄 시티〉라는 영화인데 이런 상황이 잘 그려져 있습니다. 앞에서 이 영화를 언급할 때는 주인공이 고생하면서 1차 영역에 들어가 치료받는 것에 대해서만 설명했는데 뒷부분을 보면 바로 이 공동체에 대한 영상이 나옵니다. 영화에는 이 영역에 장대한 입구가 있고 그 안에는 꽤 큰 규모의 도시가 있는 것으로 묘사되어 있습니다. 이곳에서 주인공 영혼은 다시 영적 성장을 위해 여러 가지 일을 학습하는 것으로 그려지고 있습니다. 그래서 이 영역을 '영적인 도시'라고 하는 것이지요. 그런데 이 도시는 주인공이 소속된 한 개의 도시에 불과하고 다른 곳에 어떤 도시가 얼마나 많이, 그리고 어떻게 있는지 알 수 없습니다.

여기서 우리는 다시 스베덴보리의 흥미로운 주장에 주의를 기울여야 합니다. 그에 따르면 우리가 진정한 고향인 이 맨션에 돌아가면 그곳에 있는 영혼들이 아주 기뻐하면서 맞아준다고 합니다. 흡사 오랜만에 고향 집에 와서 오래 알고 있는 친지와 친구들을 만나는 느낌이라고나 할까요? 여러분들도 이 느낌이 무엇인지 잘 아실 겁니다. 아주 오랜만에 시골에 있는 고향에 가서 친척이나 친구들을 만나는 느낌 말입니다. 마음이 그렇게 푸근해질 수 없지 않습니까? 그런 게 고향이라는 것이지요. 우리가 이 영역에 도착했을 때는 아마 이보다 더 강한 친밀감을 느낄 겁니다. 영적으로 거의 같은 사람들을 만나는 것이니 말입니다. 그런데 이것은 좋은 경우이고 나쁜 경우는 제가 두말하지 않아도 아시겠지요? 원한과 증오의 마음으로 가득 찬 곳으로 가면 그런 곳에서 일어나는 일이 어떤 것일지는 말하지 않아도 아실 겁니다.

그런데 이렇게 자신이 속한 작은 공동체는 그 크기가 얼마나 될까요? 이에 대해 어떤 선지자는 이 공동체에는 평균 15명의 영혼이 거주한다고 말하더군요. 만일 이 주장이 맞는다면 꽤 작은 공동체라고 하겠습니다. 그러니까 지상의 규모로 하면 조금 큰 대가족 집안이라고나 할까요? 그러나 그 공동체의 규모는 영혼에 따라 다를 것이기 때문에 일률적으로 말할 수는 없습니다. 이렇게 해서 우리는 이 세계가 그와 같은 작은 공동체로 구성되어 있고 이것들이 모여 일종의 도시를 형성하고 있다는 것을 알았습니다.

그런데 이 공동체의 속성에 대해 스베덴보리가 좋은 설명을 남기고 있어 우리의 흥미를 자아냅니다. 앞에서 저는 이 세계에서는 같은 진동수를 지닌 영혼들이 모여 있다고 했습니다. 즉 유유상종이라는 것인데요, 이에 대해 스베덴보리는 각 영혼이 지닌 선(善) 혹은 사랑의 정도에 따라 그 회동 여부가 결정된다고 주장하더군요. 이때 말하는 선이나 사랑은 우리가 이기적인 욕망에서 벗어나 얼마나 타인을 위하는 삶을 사느냐와 관계되어 있지요. 쉽게 말해 항상 남을 먼저 생각하는 고귀한 영혼들은 그런 영혼들과 공동체를 이룬다는 것을 말합니다. 그런 곳은 사랑이 넘칠 터이니 얼마나 좋겠습니까? 저는 바로 그런 곳이 천당이라고 누누이 말하곤 했습니다.

스베덴보리는 이와 관련해 또 재미있는 주장을 합니다. 이 세계(영계)에서의 거리 개념에 대해 말하고 있는데 여기에서는 지상에서 통용됐던 물리적 개념이 적용되지 않는다고 합니다. 대신 각 영혼이 지닌 사랑(선)의 정도에 따라 서로 간의 거리가 결정된다고 합니다. 그러니까 진동수가 비슷한 영혼들은 서로 떨어져 있는 거리가 가깝다고 할 수 있고 진동수가 다르면 멀다는 것입니다. 그런데 영계에서는 진동수의 많고 적음이 바로 드러나기 때문에 비슷한 영혼들끼리는 자동으로 가까워집니다. 반면 사바세계에서는 이 진동수가 육체에 의해 가려지기 때문에 진동수가 많이 다른 영혼들도 만날 수 있다고 했습니다. 그래서 그 점이 사바세계의 장점이자 단점이라고 했지요.

여기서 영혼의 진동수가 많고 적다고 할 때 그것을 알 수 있는 방법이 있습니다. 이것은 영혼의 등급과 관계되는 것인데 이는 매우 중요한 주제라 다음 강의에서 조금 자세하게 보려고 합니다. 영혼들은 모두 일정한 밝기와 색깔을 갖고 있습니다. 이 가운데 영혼의 영성을 알게 해주는 가장 확실한 것은 밝기입니다(색깔에 대한 것은 복잡해서 다음에 설명하겠습니다). 높은 영들은 매우 빠르게 진동하기 때문에 빛이 납니다. 진동수가 더 많아질수록 빛이 더 나겠지요. 반면 이기심이 많고 남을 해치려는 의도를 가진 영혼들은 환한 빛을 내지 못하고 칙칙한 빛을 낼 겁니다.

이것은 스베덴보리의 증언에 따라 추정해보는 건데 그가 천계와 하계를 방문했을 때의 일입니다. 천계에는 그 중심에 환한 빛이 있어 빛이 나는 영혼들이 그 옆에 있습니다. 그런데, 하계, 그중에서도 낮은 하계에는 환하게 빛나는 빛이 아니라 달궈진 석탄 같은 것에서 나오는 희미한 빛만 있다고 합니다. 같은 빛도 이렇게 차이가 납니다. 태양처럼 환하게 빛나는 빛과 석탄이 타면서 나오는 빛의 차이 말입니다. 그는 또 다른 증언도 했습니다. 사후세계는 6층으로 되어 있고 각 영혼은 자신에게 해당하는 층으로 간다고 합니다. 그런데 여기서도 차등이 있다고 하네요. 어떻게 차등이 있는 것일까요? 같은 층에 있을지라도 중심에 가까이 있는 영혼은 변두리에 있는 영혼보다 영성이 높은 영혼이라고 합니다. 그럴 수밖에 없는 것이 중심에는 환한 빛이 있으니 그 빛에 상응하는 영혼은 진동수가 높고 빛이 많이 나기 때문입니다. 그에 비해 바깥으로 빠질수록 그곳에 있는 영혼들은 그 밝기가 약해질 것입니다. 이런 설명으로 짐작해보면 영혼들의 세계에는 일정한 층이 있고 그 층에는 각각 수없이 많은 공동체가 있는 것 같습니다. 그리고 영혼들의 수준을 계량(?)해보면 위로 갈수록 더 높은 영들의 세계가 있고 같은 층에 있을지라도 중앙으로 향할수록 더 높은 영들의 공동체가 있다고 할 수 있습니다. 만일 이 생각이 맞는다면 가장 높은 영들이 있는 곳은 천계의 3층천의 중앙에 있는 공동체라고 할 수 있습니다. 여러분들이 생각하기에 자신은 스베덴보리가 나눈 영계에 어디에 속할 것 같습니까?

이외에도 스베덴보리는 또 재미있는 주장을 하는데 그것은 각 층 간의 소통에 관한 것입니다. 이 소통은 일방적이라고 하는데 위층에서는 아래층을 보거나 왕래할 수 있지만 그 반대는 안 된다고 합니다. 그래서 일방적이라는 것이지요. 이 때문에 우리는 자신보다 높은 급의 영혼들이 사는 세계에는 갈 수 없습니다. 이유는 간단합니다. 거기서 나오는 강한 열이나 빛을 감당할 수 없기 때문입니다. 앞에서 본 대로 영혼은 그 수준이 높을수록 빨리 진동하기 때문에 빛이 많이 나고 열도 많이 납니다. 따라서 그보다 진동수가 떨어지는 영혼은 그 열기와 밝기를 감당하지 못하는 것입니다.

이 문제와 관계해서 스베덴보리의 증언을 보면, 영혼들은 자기가 속한 층보다 더 높은 층은 정확하게 볼 수 없고 다만 흰 구름이나 불꽃이 있는 것처럼 보인다고 합니다. 이런 말들이 지금 지상에 살고 있는 우리가 듣기에는 귀신 씻나락 까먹는 소리 같지만, 선지자들이 이렇게 이야기하니 적어도 참고는 해야 하겠습니다. 그런데 스베덴보리의 이야기가 다른 매체에서도 발견되어 비상한 관심을 끕니다. 앞에서 보았던 〈아스트랄 시티〉라는 영화에 나오는 장면인데요, 영화 중간에 주인공의 모친이 주인공을 방문하는 장면이 있습니다. 이때 모친은 매우 밝은 빛을 발하면서 주인공을 방문했는데 그녀는 주인공이 있는 곳보다 높은 층에서 내려온 것입니다. 그들은 잠깐 조우하고 모친은 다시 자신의 세계로 돌아갑니다. 여기서 중요한 것은 주인공이 모친에게 간 것이 아니라 모친이 주인공에게 왔다는 것입니다. 이처럼 높은 영혼은 그 밑의 세계에 살고 있는 영혼을 방문할 수 있지만 반대의 경우는 가능하지 않다고 합니다. 그러나 특별한 은총이 있어 저층의 영혼이 고층으로 가는 경우가 있다고 하는데 자세한 것은 번거로워 생략하겠습니다. 사람이 있는 곳은 다 그렇듯 수준에 따라 계층이 나뉘는 것은 어쩔 수 없는 모양입니다.

ii. 영혼의 등급에 대해

이렇게 해서 2차 영역의 모습에 대해 대강 훑어 보았습니다. 다음으로는 이 2차 영역이 구체적으로 어떻게 돌아가는지에 대해 보았으면 합니다. 이 작업이 끝나면 영계 탐험은 대강 끝나는 게 됩니다. 그전에 앞에서 말한 영혼의 등급에 대해 조금만 보았으면 합니다. 2차 영역은 영혼의 등급에 따라 그 층차가 갈리니 이 영역을 이해하려면 영혼이 어떤 등급으로 나뉘는지를 알아야 할 것입니다.

영혼의 등급에 대해서 많은 주장이 있지만 여기서는 앞에서 보았던 역행 최면의 대가 마이클 뉴턴의 이론을 중심으로 살펴보겠습니다. 그는 역행 최면으로 사람들을 영계로 보내 탐색했기 때문에 누구보다도 그 세계에 밝습니다. 그는 영혼의 등급을 6단계로 나누고 있습니다. 단계가 높아질수록 수준 높은 영혼인 것인데 이 숫자는 요가에서 말하는 일곱 개의 차크라나 무지개의 7가지 색깔과 그 수가 비슷합니다. 숫자만 비슷한 것이 아니라 색깔로 영혼의 등급을 나누는 것도 뉴턴과 요가의 설이 비슷해 흥미를 자아냅니다.

잘 알려진 것처럼 무지개 색깔은 '빨강, 주황, 노랑, 초록, 파랑, 남색, 보라'입니다. 그런데 요가에서 말하는 7개의 차크라도 차례로 이런 색깔을 띠고 있습니다. 사타구니에 있는 뿌리 차크라(첫 번째 차크라)는 빨간색을 띠고 있고 정수리에 위치한 왕관 차크라(일곱 번째 차크라)는 보라색을 띠고 있는 것이 그것입니다. 뉴턴도 이와 비슷하게 영혼의 등급을 색깔로 구분하고 있습니다. 그런데 그가 각 영혼의 등급에 부과한 색깔은 무지개 색깔과 유사하기는 한데 무지개처럼 단색은 아니었습니다. 무슨 소리인가 하면, 1단계는 분홍빛이 나는 흰색이고 2단계는 붉은 빛과 노랑 빛이 섞여 있고 6단계는 짙은 파랑 빛 위에 자줏빛이 도는 색깔이며 마지막인 7단계는 자줏빛만 난다는 것입니다. 이것은 무지개의 7가지 색깔과 흡사한데 저는 뉴턴의 설명이 더 와닿습니다. 왜냐면 한 단계 올라갈 때마다 색깔이 단번에 바뀌는 게 아니라 이렇게 전 단계의 색깔도 있으면서 서서히 해당 단계의 색깔로 바뀐다는 설명이 더 설득력이 있기 때문입니다. 그런데 6단계 이상이 되면 보랏빛만 난다는 그의 설명은 요가에서 말하는 것과 정확히 일치하는군요. 요가에서도 가장 높은 차크라인 7번째 차크라는 보랏빛을 띤다고 했으니 말입니다.

영혼이 지니는 색깔로 그 수준을 판단하는 것은 조금 현실과 동떨어진 것이라 이해하는 일이 쉽지 않을 수 있겠습니다. 이보다 더 쉽게 이해할 수 있는 방법이 있어 소개해봅니다. 영혼의 수준을 알 수 있는 첫 번째 기준은 그가 갖고 있는 지혜의 수준일 것입니다. 이때 말하는 지혜는 인간의 의식이나 생사 원리, 그리고 우주 등에 관한 깊은 이해를 말합니다. 이런 것을 정확하고 깊게 알고 있는 사람은 분명히 고급 영혼이라 할 수 있습니다. 그런데 이런 사람은 매우 드물고 우리 같은 범인(凡人)들은 수준이 그리 높지 않아 이런 사람을 잘 알아채지 못합니다.

그래서 우리도 알 수 있는 조금 쉬운 기준을 알아보면 좋겠습니다. 그 기준은 영혼이 지닌 사랑 혹은 자비의 범위입니다. 이것은 당사자가 사랑할 수 있는 사람 혹은 생명의 범위가 얼마나 되느냐에 관계된 것입니다. 이 사랑은 우선 자기부터 시작합니다. 사람은 자기를 가장 아끼고 사랑합니다. 이른바 '자기애'입니다. 그런데 만일 우리의 사랑이 이 수준에 그치면 우리는 이기주의자로 남고 이런 영혼들은 저급에 속하는 영혼이라고 할 수 있습니다. 그러나 여기서 그치지 않고 영적인 수준이 올라가면 자신이 사랑하는 범위가 더 넓어집니다. 자기애를 넘어서는 단계는 자기가 속한 공동체나 조직을 아끼는 태도입니다. 자기가 속한 공동체는 가족에서 시작해서 학교, 회사, 군대 등 부지기수입니다. 사람들은 나이를 먹으면서 이런 공동체를 사랑하는 쪽으로 성숙하게 됩니다. 여기서 한 단계 더 상승한 사람은 사회 전체나 국가에 대해 진정한 관심과 애정을 갖게 됩니다. 한국인이라면 그는 한국의 미래와 발전에 대해 큰 관심을 갖고 자신이 할 수 있는 일을 찾아 실천합니다. 이런 문제에 대해 그저 말로만 하는 사람이 있는데 그런 사람은 인격적인 성숙과는 거리가 멉니다. 여기서 중요한 것은 사랑하는 대상에 대해 진정으로 관심을 가져야 할 뿐만 아니라 행동으로도 보여야 한다는 것입니다.

성숙의 단계는 아직 끝나지 않았습니다. 위의 단계보다 더 성숙한 사람은 전체 인류에 대해 관심을 갖습니다. 이런 사람들은 다음과 같은 문제에 대해 비상한 관심을 표합니다. 그 가운데 가장 중요한 것은 생태계 문제입니다. 지금 인류가 가진 문제 가운데 생태계 혹은 지구 온난화 문제는 가장 심각하기 때문에 인류 전체를 생각하는 사람은 이 문제를 진지하게 생각해야 합니다. 그 외에도 핵이나 전쟁, 테러, 난민, 젠더 문제 등에 대해서도 일정한 관심을 보여야 합니다. 그리고 이 다양한 문제의 해결을 위해서 자신이 해야 할 일을 찾아 묵묵히 실천에 옮겨야 합니다. 여기서도 실천이 중요합니다. 생각만 하고 아무 일도 안 한다면 생각하지 않고 사는 사람과 다를 바가 없기 때문입니다.

성숙의 단계가 끝난 것 같지만 아직 다하지 않았습니다. 진정으로 성숙을 이룬 사람은 생명 그 자체와 우주에 대해 관심을 갖습니다. 이런 사람은 인간 중심의 삶이 아니라 생명 중심의 삶을 삽니다. 동물을 보호하고 존중하는 것은 물론이고 식물, 더 나아가서는 무생물에게도 관심을 갖습니다. 또 우주에 대해서도 그 기원이나 변화상, 미래 등에 대해서 깊게 생각합니다. 그런가 하면 대단히 영적이라 삶과 더불어 죽음에 대해서도 큰 의문을 갖고 영혼이나 사후세계, 그리고 환생(카르마 법칙도 포함)에 대해서 비상한 관심을 보입니다(그런데 재미있는 것은 이런 사람은 UFO 현상에 대해서도 호기심을 갖는다는 것입니다). 이런 과정을 거친 끝에 우주와 자신이 하나라는 것을 깨닫게 된다면 의식의 발전이 정점에 다다랐다고 할 수 있습니다. 이런 경지를 시쳇말로 하면 '깨달음을 얻었다'라고 할 수 있겠지요.

이 문제와 관계해 뉴턴은 재미있는 설을 주장했습니다. 그는 자신이 만났던 피상담자 가운데 6단계에 속한 사람은 없었다고 실토하더군요. 그가 말하는 6단계를 앞에서 제가 설명한 것에 대입해보면, 우주와 생명, 삶과 죽음에 대해 진정한 관심을 가졌을 뿐만 아니라 나름의 깨달음을 통해 상당한 수준에 달한 사람이 처한 단계라고 할 수 있습니다. 지금 생존해 있는 유명인 가운데 과연 누가 이 단계에 있다고 할 수 있을까요? 글쎄요, 잘 떠오르지 않는데 아마 이런 분들은 세상에 잘 드러나지 않기 때문에 그럴 것입니다. 제가 알고 있는 사람으로는 작고한 분이지만 지두 크리슈나무르티(Jiddu Krishnamurti, 1895~1986)나 유지 크리슈나무르티(Uppaluri Gopala Krishnamurti, 1918~2007) 같은 분이 떠오르는군요. 이런 분들은 6단계가 아니라 아예 단계로 가늠할 수 없는 최고의 경지에 오른 분이 아닐까 합니다.

뉴턴이 전하는 그다음 설명도 재미있습니다. 그에 따르면 5단계 이상이 되면 이 지상에 환생하지 않아도 된다고 합니다. 이는 지구 학교를 졸업한 것이니 대단한 것이지요. 이것을 불교 용어로 하면 아나함, 한자로는 불환(不還)의 단계라고 할 수 있습니다. 불환이니 '(지상으로) 돌아오지 않음'을 의미합니다. 여기까지만 와도 정말 대박입니다. 이 생사고해의 땅에 다시 태어나지 않아도 되니 말입니다.

다음으로 뉴턴은 영혼의 등급을 백분율로 나누는 흥미로운 시도를 합니다. 그에 따르면 현재 전 인류 가운데 1단계 영혼이 42%, 2단계 영혼이 31%를 차지하고 있다고 합니다. 1, 2단계는 미숙한 단계라 할 수 있는데 합하면 73%나 되니 이 계산을 따르면 지금 지구에는 7할 이상의 사람들이 미숙한 단계에 있다고 하겠습니다. 이것은 굳이 그의 주장을 따르지 않더라도 알 수 있는 주장입니다. 지금까지 인간은 탐욕과 증오, 무지 등으로 전쟁을 벌이면서 살육을 자행하는 등 문제가 없었던 적이 없기 때문입니다.

그런가 하면 중간 단계로 넘어가면 3단계가 17%, 4단계가 9%라고 하는데 그 비율이 갈수록 줄어들고 있는 것을 알 수 있습니다. 중간 단계라 할 수 있는 3, 4단계가 26%가 되니 전 인구의 1/4이 되는 것입니다. 이 인구가 조금 많은 것 아닌가 하는 생각을 하는데 그보다 더 큰 문제는 5단계에 대한 뉴턴의 주장입니다. 이 5단계에 속한 인구도 만만치 않게 많습니다. 뉴턴에 따르면 5단계에 속한 인류는 전체의 1%라고 하는데 그냥 1%라고 하니 많지 않은 것 같지만 계산해보면 그렇지 않습니다. 지금 인류 인구를 70억 명으로 잡으면 그 1%는 7천만 명이 됩니다. 그런데 뉴턴은 5단계에 속하는 영혼들은 환생하지 않아도 되는 높은 영혼이라고 했습니다. 이 수준이라면 굉장히 수준 높은 영혼이라고 할 수 있는데 그 실제적인 수가 7천만 명이 되니 여러분들은 이 숫자를 믿을 수 있겠습니까? 지구에 영적으로 높은 영혼이 이렇게 많다는 것을 믿을 수 있겠냐는 것입니다. 저는 뉴턴의 주장에 동의하기 힘드네요. 이유는 간단합니다. 지구에 저렇게 수준 높은 영혼이 많다면 세계가 이렇게 혼탁할 수가 없기 때문입니다. 따라서 그저 참고하는 수준에서 이 주장을 받아들이면 되겠습니다.

iii. 2차 영역에서 영혼들은 무엇을 할까?

이렇게 고향에 안착한 영혼들은 그곳에서 무엇을 할까요. 앞에서 언급한 다스칼로스 같은 선지자의 증언에 따르면 많은 영혼들이 이곳에서 영적인 문제에 관심을 갖기 시작한다고 합니다. 앞서 1차 영역에 있을 때는 아직 지상에 대한 기억이 남아 있어 그것을 투사해 지상과 같은 세계를 만들어 놓고 그것을 조정하는 데에 관심을 두지만, 이 영역에서는 지상에 대한 기억이 희미해지면서 이 세계에 적응하게 된다고 합니다.

이곳에서 우리는 자신과 같은 급의 영혼들과 교류하면서 공부를 하는 등 여러 가지 일을 한다고 하지요. 그런데 이곳에는 엄청나게 방대한 규모의 도서관이 있다고 주장하는 선지자도 있습니다. 그 도서관에는 우리가 알기를 원하는 모든 것에 대해 쓰여 있는 책이 있는데 우리는 마음대로 그 책을 볼 수 있다고 합니다. 마침 이런 장면을 묘사한 영화가 생각나는군요. 앞에서 언급한 〈천국보다 아름다운〉이라는 영화에 나오는 장면인데 주인공이 지상에 있을 때 자신의 지도 교수였던 사람을 찾아가니 그곳에 엄청난 규모의 서가가 있더군요. 이 지도 교수는 아무래도 학자이니 자신에게 가장 익숙한 환경에 있게 되어 그런 도서관 같은 곳에 거하게 된 모양입니다. 저도 그 세계에 가면 그런 도서관 같은 곳에 있을 것 같은데 그곳이 어떨지 여간 궁금한 게 아닙니다.

우리가 이곳에서 하는 가장 중요한 일은 지금까지 살아온 수많은 생을 되돌아보는 일이라고 합니다. 바둑으로 치면 복기하는 것이지요. 여기 오기 전에 있었던 1차 영역에서는 주로 직전 생에 겪었던 일들을 점검했다면 이곳에서는 자신이 지나온 전체 생을 되돌아보는 것입니다. 이렇게 하는 이유는 다음 생을 디자인하기 위해서라고 합니다. 이때 우리는 많은 일을 결정합니다. 가장 먼저 결정해야 할 일은 다음 생을 받아서 지상에 내려갈지에 대한 것입니다. 물론 이것은 우리가 마음대로 결정할 수 있는 일은 아니지만 말입니다.

우리가 환생하기로 작정하면 정해야 할 것이 많이 있습니다. 예를 들어 언제 환생할지를 비롯해서 어떤 가족에 태어날지, 그리고 그 생에 살면서 어떤 사회적 환경에 살고 어떤 사건을 겪을지 등을 모두 정해야 합니다. 이것은 한 개인에게는 대단히 중요한 일로 자신의 카르마를 총체적으로 재점검해야 위의 사항들을 결정할 수 있습니다. 그런데 이 일은 쉽지 않습니다. 보통 영혼이 할 수 있는 일이 아닙니다. 이 일은 자신의 인생을 달통한 사람이나 할 수 있는 일이기 때문입니다. 그럼 우리 같은 평범한 영혼들은 어떻게 해야 할까요? 여기서 다시 다스칼로스 같은 선지자의 증언이 필요합니다. 그들에 따르면, 이곳에는 평범한 우리들을 도와주는 마스터 영혼이 있다고 합니다. 이 영혼에 대해서는 앞에서 이미 많이 언급했으니 그다지 설명이 필요하지 않을 겁니다.

이 마스터 영혼들은 일종의 가이드 역할을 하는 것인데 다음과 같이 이해하면 좋겠습니다. 우리가 고등학교 3학년을 졸업하면서 진학할 대학을 골라야 할 때 도와주는 진학 담당 선생이 있지요? 마스터는 이 선생과 같은 역할을 한다고 보면 되겠습니다. 대학 입시를 앞둔 우리는 그저 점수만 갖고 있지 어떤 대학에 어떤 과가 어떤 상태로 있는지 잘 모릅니다. 또 어떤 과가 내 적성에 맞는지 미래의 전망은 어떤지에 대해 대강만 알지 확실히는 모릅니다. 반면 이 진학 담당 교사는 그 많은 대학의 모든 과에 대해 환하게 알고 있어 가장 적합한 과를 골라줄 수 있습니다. 내 장점도 살리고 대학 졸업 후 좋은 직장도 마련해줄 수 있는 최적의 과를 추천할 수 있다는 것이지요. 영계에서도 마찬가지입니다. 이 세계에 있는 마스터는 해당 영혼의 카르마 상태가 어떤지 정확하게 파악하고 있어 언제 환생하는 게 좋을지, 어떤 가족과 어떤 사회에 태어나는 게 좋을지를 확실하게 알고 있습니다.

제 생각으로 평범한 우리들은 위와 같은 상황에 처하면 이 마스터가 제시하는 것을 따를 것 같습니다. 우리는 지금까지 거듭해온 수많은 생을 전체적으로 조망하고 그 카르마적 관계를 알 수 있는 지혜가 없기 때문입니다. 앞에서 본 예처럼 자신이 진학하면 좋을 대학에 대해 아무 정보도 갖지 못한 고3 학생처럼 말입니다. 그런데 선지자들에 따르면 우리들은 환생하라는 마스터들의 제안을 거부할 수도 있다고 하더군요. 우리는 자유의지를 갖고 있을 뿐만 아니라 마스터들도 우리에게 억지로 강요하지 않기 때문입니다. 영적인 세계에서는 높은 영혼들은 타 영혼에게 어떤 강요도 하지 않습니다. 이것이 영적인 세계의 법칙입니다. 상대가 아무리 저급한 영혼이라도 그들을 존중하기 때문에 그 영혼의 자유를 빼앗지 않는 것입니다. 그러나 해당 영혼들이 아무리 거부해도 카르마의 힘은 거역할 수 없습니다. 이번에 일정한 사회적 환경에 환생하는 것이 카르마 법칙에 따라 정해진 것이라면 그 영혼은 결국에는 그것을 따라야 합니다. 카르마 법칙을 대적해서 이길 수 있는 사람은 없기 때문입니다.

2. 영계는 정말 자유로운 곳일까?

사람들이 영계를 마냥 좋은 곳이라고 생각하는 오해 외에도 또 다른 오해가 있습니다. 즉 영계는 에너지로만 된 세계라 대단히 자유로울 것으로 생각하는 게 그것입니다. 이렇게 생각하는 것도 이해는 됩니다. 그렇게 생각할 수 있는 여지가 있기 때문입니다. 그 이유를 보면, 영계는 순수 에너지의 세계라 시공 개념이 지상과 다릅니다. 에너지만 있으니 공간 점유 같은 것이 없고 시간 개념도 존재하지 않습니다. 모든 것이 내가 생각하는 순간 그대로 나타납니다. 내가 어디를 가고 싶다고 하면 그 순간 나는 거기에 가 있습니다. 또 내가 어떤 물건을 갖고 싶다고 생각하는 순간 그 물건이 내 앞에 나타납니다. 이 세계에서 우리들의 영혼은 항존(恒存), 즉 'ever-present'합니다. 다시 말해 우리들의 영혼은 불생불멸하다는 것입니다. 영혼의 이런 속성 때문에 우리는 영혼이 자유로울 것이라고 생각하는 것입니다. 이것은 틀린 말은 아닙니다. 그러나 원리적으로 그렇다는 것이지 실제로는 그렇지 않습니다. 실제로는 외려 지상보다 더 제약이 많은 곳이라고 할 수 있습니다.

i. 영계는 꼭 자유로운 곳은 아니다

왜 그럴까요? 이것은 영계의 기본 속성을 생각해보면 알 수 있습니다. 앞에서 영계는 영혼들의 사념으로 이루어졌다고 했습니다. 이곳에서 우리는 우리의 의식 안에 갇혀(?) 있기 때문에 자신이 생각 안에 있는 세계만 경험할 수 있습니다. 그래서 어떤 선지자는 영계를 마음의 감옥, 즉 'mental prison'이라고 했다고 합니다. 자신이 생각하지 못하는 곳에는 아예 갈 수 없습니다. 생각할 수 없으니 갈 수 없는 것이지요. 이런 의미에서 영계는 자유로운 곳이라고 할 수 없다는 것입니다.

반면 이 지상은 어떻습니까? 이곳에서는 마음만 먹으면 한 번도 생각하지 못한 곳을 갈 수 있습니다. 육신이 있기에 자신의 영혼이 지닌 진동수와 관계없이 어디든 갈 수 있습니다. 육신이 진동을 다 가려주기 때문에 그게 가능한 겁니다. 이것을 사람을 만나는 것에 빗대어 볼까요? 이 지상에서 우리는 영성이 자신보다 훨씬 높은 분을 만날 수 있습니다. 예를 들어보지요. 제가 이번 생에 직접 만난 분 중에 영이 가장 높은 분은 지두 크리슈나무르티입니다. 저는 이분을 제 미국 유학 시절 직접 본 적이 있습니다. 개인적으로 본 것은 아니고 강연하는 것을 멀리 청중석에서 본 적이 있습니다. 그때가 1980년대이니까 벌써 40년 전쯤 되는 일인데 아직도 잊히지 않습니다. 멀리서 보았지만 그분의 자태는 여전히 잊을 수 없습니다. 이때의 체험에 대해 많은 말을 할 수 있지만 번거로우니 생략하는데 제가 하고 싶은 말은 이겁니다. 제가 이런 분을 만날 수 있는 것은 이 지상이기 때문에 가능하다는 것입니다. 육신이 있기에 그런 분을 멀찌감치에서라도 볼 수 있지 영계라면 절대 가능하지 않았을 것입니다. 영계에서는 그분의 영혼이 엄청난 빛을 발할 터라 저 같은 범인은 범접할 수 없을 겁니다. 그러나 이 지상에서는 마음만 먹으면 그분께로 가서 일방적이기는 하지만 그분을 친견할 수 있습니다.

 이 정도 설명이면 우리가 이 지상에 환생하는 이유를 아시겠지요? 이 지상에서 사는 것은 누누이 말한 대로 엄청나게 힘듭니다. 그러나 그렇게 힘든 만큼 경험할 수 있는 것의 폭이 큽니다. 영계와는 비교가 안 될 정도로 큽니다. 이 지상에서는 영계서는 만날 수 없는 성자도 만날 수 있지만 반대로 영계에서는 가까이할 수 없는 악인들도 만날 수 있습니다. 우리는 성인에게서만 배우는 것이 아니라 악인들에게서도 배울 수 있습니다. 우리는 그들을 통해 사람이 어느 정도까지 악할 수 있는지를 알 수 있습니다. 그럼으로써 우리 안에 있는 악을 이해할 수 있게 됩니다. 그런 전체적인 이해를 해야 인간에 대한 보다 통전적인(holistic) 이해가 가능할 것입니다. 또 이 지상에서는 굳이 여러 사람을 만나지 않더라도 다양한 책을 통해 배울 수 있는 것이 대단히 많습니다. 영계에서라면 가까이하지 않던 책들을 이 지상에서는 얼마든지 볼 수 있습니다. 영계에서는 자신의 사념과 상응하는 책만 볼 수 있지만 이 지상에서는 전혀 다른 진동수를 가진 저자의 책도 읽을 수 있기 때문입니다. 이 정도면 왜 이 지상에 환생하는지 알 수 있지 않을까 싶습니다. 오로지 학습, 학습입니다. 배우러 온다는 것입니다.

ii. 영계에서 우리는 어떻게 서로 만나나?

 이번에는 영계에서의 만남에 대해서 볼까 합니다. 영계가 돌아가는 원리를 알고 나니 각 영혼이 어떻게 만나고 헤어지는지 궁금해집니다. 이곳에서는 영혼들이 지상과는 다른 원리에 따라 만나고 헤어지는데 이것을 한 번 살펴보면 이 세계를 아는 데에 도움이 될 듯합니다.

영계에서의 만남은 앞에서 본 것처럼 지상보다 제약되는 면이 있습니다. 왜냐하면 지상에서는 한편에서 일방적으로 만나려고 하면 그 일이 성사되지만 영계에서는 이런 일이 가능하지 않기 때문입니다. 앞에서 누누이 말한 대로 영계에서는 서로 진동수가 같거나 비슷한 영혼끼리만 만날 수 있습니다. 그런데 그냥 같거나 비슷하다고 만나는 게 아니라 서로 응해야 그 만남이 성사됩니다. 만일 한 영혼이 다른 영혼이 보고 싶다고 사념을 보냈는데 그 영혼이 거절하거나 관심이 없으면 만남이 이루어지지 않습니다. 예를 들어보면, A라는 영혼이 B라는 영혼에게 보고픈 마음을 냈습니다. 그러면 이 생각이 B에게 바로 전달되는데 이때 그가 이 생각에 부응하면 두 영혼은 곧 만나게 됩니다. 그런데 만일 B가 여기에 아무 관심도 보이지 않으면 A가 아무리 원해도 B를 만날 수 없습니다. 재미있는 것은 B가 만일 A를 미워하는 마음이 있으면 그때에도 이 두 영혼이 만나게 된다는 것입니다. 누구를 미워한다는 것은 그를 생각하는 것이고 그를 생각하게 되면 그와 진동수가 맞게 되기 때문에 이런 일이 가능한 것입니다.

이 대목에서 수십 년 전에 이강오 교수라는 분으로부터 직접 들은 이야기가 생각납니다. 이분은 한국의 신종교를 연구했는데 전공이 그러니 그가 만나는 사람 중에는 교주들이 많았습니다. 그가 한번은 신장(神將, divine general)을 마음대로 부를 수 있다고 하는 교주를 만났습니다. 신장이란 '화엄신장'처럼 육신 없이 영적인 세계에만 존재한다고 하는 힘이 센 영혼입니다. 이런 영들과 소통할 수 있는 사람은 이 영들의 도움을 받아 초능력을 구사한다고 하는데 그 실상은 잘 알지 못합니다. 어떻든. 이 교주는 이강오 교수에게 자신은 주문으로 신장을 부를 수 있다고 큰소리를 쳤습니다. 그 말을 하고 그는 주문을 열심히 외웠는데 신장이 안 오더랍니다. 이에 교주는 당황하면서 "이상하다, 이상하다, 이 정도 주문을 외면 신장이 오는데 오늘은 안 오네"라고 말했는데 결국 신장 부르는 일은 실패로 돌아갔습니다. 그런데 일이 이렇게 진행된 데에는 사정이 있었습니다. 이에 대해 이강오 교수가 말씀하시길, 교주가 신장을 부르기 시작하자, 교수님은 바로 딴생각을 했다고 합니다. 예를 들어 집에 가서 수리해야 하고, 내일 수업 준비는 어떻게 하나 하는 등등과 같은 신장을 만나려는 생각과는 전혀 관계없는 생각을 했다는 겁니다. 그러면서 그분은 이렇게 우리가 관심을 두지 않으면 영적인 존재들은 우리에게 범접하지 못한다고 말씀하시더군요. 이 말은 앞에서 제가 했던 말과 상통합니다. 인간이 아무 생각도 하지 않으면 어떤 영혼도 우리에게 닿을 수 없다고 한 것 말입니다.

이 맥락에서 가톨릭에서 하는 엑소시즘(exorcism), 즉 퇴마의식이 생각납니다. 이 주제는 워낙 많이 알려져 국내외에 많은 영화가 이 주제를 소재로 만들어졌습니다. 이 주제를 다룬 영화 가운데 국외 영화로는 미국의 〈엑소시스트(The Exorcist, 1973)〉가 있고 국내 영화로는 〈검은 사제들(2015)〉이 있습니다. 그런데 이런 영화를 볼 때마다 저는 굳이 저렇게 해야 하나 하는 느낌이 많이 들었습니다. 왜냐하면 악령이라는 존재는 우리가 관심을 두지 않으면 인간에게는 근처에도 오지 못하는 법인데 왜 공연히 불러다 쫓아내느니 마느니 하느냐는 것입니다. 제가 보기에 이 퇴마의식은 공연한 평지풍파를 일으키는 것 같습니다. 가톨릭에서는 선과 악을 강하게 구분해놓고 선의 입장에 선 자신들이 악을 대표하는 악령들을 퇴치한다고 합니다. 그런데 과연 그렇게 선과 악을 정확하게 구분하는 일이 가능할까 하는 의문을 비롯해서 그와 연관된 여러 가지 의문이 생깁니다. 또 악령이라 불리는 존재들도 어떻게 보면 불쌍한 중생인데 그렇게 모질게 대해야 하는지 모르겠습니다. 그렇게 쫓겨간 악령은 또 다른 악행을 저지를 터인데 그것을 멈추려면 그 악령을 구제해야 합니다. 왜 신부들은 이 악령이라 불리는 존재들에 대해서는 연민의 정이 없는지 모르겠습니다. 반면 악령이니 퇴마니 하는 것들에 대해 아예 관심이 없는 불교에서는 그런 의례가 없습니다. 처음부터 관심이 없었으니 어떤 영적인 존재도 들러붙지 않은 것입니다. 이 문제를 놓고 할 말이 많은데 너무 옆길로 새는 것 같아 여기서 멈추기로 하겠습니다.

영혼들이 만나는 상황을 설명하다 여기까지 왔는데 어떻든 중요한 것은 만나려는 영혼들이 서로 주파수를 맞추어야 한다는 것입니다. 그런데 그렇게 만나는 와중에 한 영혼이 관심을 다른 데로 돌리면, 즉 주파수를 다른 데로 돌리면 그 즉시 두 영혼은 헤어지게 될 겁니다. 서로 주파수가 맞지 않기 때문이지요. 이것을 예를 들어 설명해보면, 라디오 다이얼을 돌릴 때 조금만 돌려도 방송이 확 달라지지요? 바로 그런 겁니다. 주파수가 달라지면 진동수가 달라지면서 전혀 다른 방송이 나오는 것처럼 서로 만나는 영혼이 다른 생각을 하면 그 순간 그 만남은 끝나고 마는 것입니다.

이런 상황을 두고 마르티누스 같은 선지자는 "사실상 영계의 존재들은 움직이지 않는다. 대신 주위 환경이 생겨난다"라고 설명했습니다. 이 주장에 따르면 영혼들은 그저 자기의 진동수를 바꾸면 그에 맞는 환경이 나타나니 다른 환경을 찾아 굳이 어디론가 갈 필요가 없습니다. 하기야 영계에서는 장소라는 것이 물리적인 개념으로서 존재하는 것이 아니고 마음의 상태에 따라 만들어지는 것이니 영계에서 어디를 간다는 것은 어불성설이라고 하겠습니다.

여기까지가 영계가 돌아가는 원리와 실상에 관한 설명인데 사실 그 핵심은 아주 간단합니다. 영계에서 일어나는 모든 일은 누누이 말한 대로 우리 마음이 만들어낸다는 것입니다. 다시 말해 이 지상처럼 외계가 따로 존재하는 것이 아니라 내 마음이 투사되어 만들어진다는 것입니다. 이 원리만 잘 알면 영계에 갔을 때 시행착오를 많이 줄일 수 있을 것입니다. 이제 마지막 주제로 환생과 카르마 법칙에 대해 알아보아야 하는데 그 전에 꼭 들여다볼 것이 있습니다. 그것은 천국과 지옥에 관한 것입니다. 이 주제는 지난 수천 년 동안 사람들을 괴롭히던 것인데 이제 영계의 실상을 알았으니 이 배움을 바탕으로 천국과 지옥에 대해 상당히 정확한 이해를 할 수 있을 것입니다. 그러면 그동안 갖고 있었던 오해나 편견에서 벗어날 수 있으니 이 두 세계에 대해 적극적으로 대비할 수 있을 것입니다.

제11강

"천당과 지옥은 정말로 존재하는 것인가?"

이 주제는 종교를 가진 사람이든 가지지 않은 사람이든 항상 논쟁의 대상이 되어 왔습니다. 어릴 때부터 너무나 자주 들던 주제이지요. 종교와 관계없는 사람들도 '착한 일 하면 죽어서 천당 가고 나쁜 일 하면 지옥 간다'라는 말을 많이 듣고 자랐습니다. 그런가 하면 대부분의 종교들은 천당과 지옥에 대해 여러 가지 속설을 주장했습니다. 그런데 천당보다는 지옥의 끔찍함에 대해 많이 언급했던 것 같습니다. 이 문제는 상당히 비중이 있는 주제라 여기서 아예 한 장을 할애해 다루어보려고 합니다. 그런데 여기까지 읽은 독자라면 답을 아실 거라 생각합니다마는 한 번 더 다진다는 의미에서 천당과 지옥의 실체에 대해 보기로 하지요.

1. 천당과 지옥은 정말로 있나?

이 질문에 대한 대답부터 먼저 하면 '천당과 지옥은 있다'입니다. 그러나 그와 동시에 '없다'라고도 할 수 있습니다. 왜 앞에서는 있다고 하고 곧 없다고 부정했을까요? 그것은 천당과 지옥은 분명 있기는 한데 기독교나 불교 같은 기성 종교에서 말하는 그런 천당과 지옥은 없다는 의미에서 이 두 세계가 없다고 한 것입니다.

이 문제에 대해서는 앞에서도 이미 언급한 바 있습니다.

이것을 다시 정리해보면, 기성 종교에서는 우리가 죽어서 사후세계로 가면 신이나 염라대왕 같은 이가 우리를 심판해서 우리에게 합당한 천당행이나 지옥행을 명한다고 가르쳤습니다. 그러면서 앞에서 말한 것처럼 지옥의 참담함에 대해 많이 묘사했는데 이 설명에는 비합리적인 부분이 꽤 포함되어 있었습니다. 이에 대한 적나라한 예가 불교의 탱화입니다. 탱화란 주로 대웅전의 불상 뒤에 걸려 있는 그림을 말하는데 여기에는 지옥부터 부처님 세계까지 인간이 겪을 수 있는 모든 세계를 표현하고 있습니다. 이 가운데 우리가 주의해서 보아야 할 것은 하단에 있는 지옥 그림입니다. 여기에는 인간이 지상에서 행한 악행에 따라 배당되는 다양한 지옥이 그려져 있습니다. 지옥의 실상을 알기 위해 불교로 갈 필요도 없습니다. 공전의 히트를 한 〈신과 함께(2017)〉라는 영화를 보면 됩니다. 이 영화에서 주인공은 7개의 지옥을 통과하면서 재판을 받는데 각 지옥이 음산하고 무시무시하기 짝이 없습니다. 이에 대해서는 굳이 설명할 필요가 없겠지요.

그런데 바로 이 같은 지옥의 모습들 때문에 근대로 오면서 이성주의에 눈을 뜬 사람들이 지옥을 믿지 않게 됩니다. 지옥의 미신적인 모습이 근대인들에게 지옥을 부정하는 빌미를 주었다고 할 수 있습니다. 특히 서양의 경우를 보면, 근대에 들어와 계몽주의 등의 영향으로 이성적인 사고가 발전하면서 종교 자체가 부정당하는 결과를 초래했습니다. 종교가 부정되면서 그동안 종교가 주장했던 사후세계도 모두 부정당했습니다. 사정이 이러하니 천당과 지옥도 존재하지 않는 것으로 결론 났지요. 이 같은 미신적인 믿음을 갖는 것은 헛된 소망이나 수준 낮은 믿음, 치기 어린 환상에 불과하다는 것이었습니다. 그래서 지성인이라면 사후세계나 천당, 지옥은 당연히 부정해야 할 대상으로 여기게 되었습니다.

그런데 이 이성주의자들의 생각도 틀렸다고 했지요? 천당과 지옥은 있기 때문입니다. 그러나 그렇다고 해서 불교나 기독교에서 주장하는 식의 천당과 지옥이 있는 것은 아니라고 했습니다. 전통 종교의 사후세계관이 지닌 가장 큰 문제는 우리가 죄인처럼 이끌려서 심판자 앞에서 재판받는다고 주장하는 것입니다. 한국인에게 친숙한 재판관은 염라대왕입니다. '염라'라는 이름은 인도에서 온 것으로 산스크리트어로는 '야마(yama)'라고 하는데 이 신은 죽음의 신으로 알려져 있습니다. 우리가 죽게 되면 이 왕 앞에 끌려가 재판을 받는다고 하지요. 이 모습은 앞에서 거론한 탱화에 잘 묘사되어 있는데 이런 일은 없다는 것이 이 방면의 전문가들이 하는 주장입니다. 그럼 천당과 지옥은 어떤 곳일까요?

2. 천당과 지옥의 실체는?

i. 천당과 지옥은 어딘가에 있는 특정한 장소가 아니다

천당과 지옥에 대해서 우리가 가장 확실하게 말할 수 있는 것은 이런 장소가 영계의 어딘가에 객관적으로 존재하는 것이 아니라는 것입니다. 그러니까 기성 종교에서 말하는 것처럼 영혼계에서 일정한 공간을 차지하고 있으면서 들어오는 영혼을 맞이하는 그런 곳이 아니라는 것입니다.

그런데 이 천국이나 지옥이라는 개념도 조금만 더 생각해보면 애매한 점이 많습니다. 가장 문제 되는 것은 천국과 지옥을 어떻게 나누냐는 것입니다. 기준이 무엇이냐는 것이지요. 어디서부터 어디까지가 천국이고 또 지옥인지를 정하는 문제인데 여기에 확고한 기준이 있는지 확실하지 않습니다. 그런데 천국과 지옥을 인정한다고 해서 문제가 풀리는 것은 아닙니다. 또 의문이 생깁니다. 그 의문은, 어떤 사람이 천국에 가고 어떤 사람이 지옥에 가느냐는 것인데 여기에도 명확한 기준이 있는지 모르겠습니다. 일반적인 기준으로는 좋은 일을 많이 한 사람은 천국에 가고 다른 사람을 해치는 등 나쁜 일을 많이 한 사람은 지옥에 간다고 알려져 있지요? 그런데 이런 사람보다는 좋은 일도 조금 하고 나쁜 일도 조금 한 그렇고 그런 사람들이 더 많지 않나요? 사정이 그렇다면 이런 사람들은 천국이나 지옥 중 어디로 가야 하나요? 이 질문에 대해서는 대답이 쉽게 나올 것 같지 않습니다. 왜냐하면 이들은 지옥 가기에는 그다지 나쁜 일을 하지 않았지만 그렇다고 천당 가기에는 좋은 일을 한 것도 아니니 말입니다. 일이 이렇게 된 것은 사후세계를 천국과 지옥 둘로만 나누었기 때문입니다. 사람이 죽으면 천당이나 지옥 중 한 곳에 꼭 가야 한다는 생각 때문에 이렇게 된 것이지요.

따라서 사후세계를 이처럼 이분법적으로 나누지 말고 좀 더 합리적으로 구분할 수 있는 방법을 찾아야 하겠습니다. 제 생각으로는 이런 시각보다 앞에서 배운 대로 사후세계란 비슷한, 혹은 같은 수준에 속하는 영혼들이 만들어낸 수많은 공동체로 구성되어 있다고 보는 것이 합리적으로 보입니다. 그러니까 천당이나 지옥이 따로 존재하는 것이 아니라 수많은 수준의 공동체가 있어 어떤 곳은 천당에 가까운 모습을 띠고 있고 어떤 곳은 지옥에 가까운 모습을 띠고 있다고 보아야 한다는 것입니다. 그런데 그 공동체의 수준은 외부로부터 지정되는 것이 아니라 그곳에 속한 영혼들에 의해 결정됩니다. 이 세계에서는 모든 것이 개개 영혼이 스스로 만들어내는 것이라고 이전에도 누누이 말했습니다.

이렇게 보면 천당이나 지옥이 어떤 곳인지 알 수 있지 않을까요? 내 영혼이 맑아 진동수가 높으면 사후세계의 원리에 따라 내 주위에는 나와 비슷한 영혼들만 있습니다. 그런 영혼들은 서로를 위해 주지 못해 안달 난 영혼이니 이들이 있는 곳에는 좋은 기운이 넘칠 겁니다. 그에 비해 지옥은 천당과 완전히 반대로 생각하면 됩니다. 지옥으로 가는 영혼은 진동수가 느려서 탁하고 저급합니다. 이들의 특징은 이기적이라 욕심이 많고 남의 위에 서려는 성향이 강해 매우 권력 지향적입니다. 따라서 이들은 당연히 자기만 생각하고 서로를 해치기에 바쁠 터이니 이런 곳에는 나쁜 기운만 가득합니다.

그러면 이런 질문이 가능하겠습니다. 즉 사정이 그렇다면 누구나 기운이 좋은 곳으로 가려하지 기운이 좋지 않은 곳에 누가 가겠냐고 말입니다. 그러니까 누가 지옥 같은 곳에 가려고 하겠냐는 것입니다. 이 사정은 이 지상에서의 삶을 생각해보면 알 수 있습니다. 어떤 도시를 가든지 그곳에는 치안이 아주 좋지 않은 곳이 있습니다. 이런 곳은 보통 우범지대라 불리는데 사회에서 나쁜 짓을 한 사람들이 모여 사는 곳입니다. 좋은 비유가 될지 모르겠는데 1990년대 미국 뉴욕시의 할렘가 같은 곳이 그런 곳이라 하겠습니다. 할렘가는 그곳에 살지 않는 사람이 들어가면 좋지 않은 변을 당했다고 하지요? 도시에는 이런 우범지대가 있는데 평범한 우리는 이런 곳에는 얼씬도 하지 않습니다. 그런 곳은 치안이 좋지 않다는 것을 알기 때문입니다. 그런데 우리는 그런 곳에 가지 않으면 그만입니다. 어느 누구도 우리를 그런 곳에 보내지 않습니다. 우리에게는 그런 자유가 있습니다.

ii. 천당이나 지옥은 우리가 알아서 찾아가는 곳일 뿐!

그런데 영혼들의 세계에서는 일이 이렇게 진행되지 않습니다. 일반적으로 지옥이라 불리는 아주 험악한 곳에 간 영혼들은 자기가 자청해서 간 것이지 외부에 있는 다른 존재에 의해 강제로 보내진 것이 아닙니다. 앞에서 본 것처럼 신이나 염라대왕 같은 초월적인 존재가 우리의 죄를 판단해 억지로 그런 곳에 보낸 것이 아니라는 것이지요.

이 정황에 대해 스베덴보리는 명확하게 이렇게 말합니다. 지옥에 간 영혼들은 모두 자청해서 간 것이지 신 같은 존재가 그 영혼들을 벌주기 위해 보낸 것이 아니라고 말입니다. 영혼들이 이곳저곳을 다니다가 자기에게 맞는 곳을 찾으면 자신이 자발적으로 그곳으로 간다고 하는데 이에 대한 스베덴보리의 설명은 더 구체적입니다. 즉 지옥에 가는 영혼들은 그곳에서 나오는 욕정과 증오의 기운을 느끼고 너무도 기쁜 나머지 본인이 스스로 그곳을 향해 간다고 합니다. 누가 억지로 그 영혼을 끌고 가는 것이 아니라 본인이 좋아서 간다는 것이지요. 그러니 누구를 탓할 것이 없습니다.

그러니까 우리가 죽은 다음에 어디를 가든 그것은 우리가 고른 것이지 다른 어떤 힘에 어쩔 수 없이 끌려간 게 아니라는 것인데 이 대목에 또 생각나는 예가 있습니다. 앞에서 다스칼로스의 이야기를 할 때 잠깐 인용한 노름꾼 친구 말입니다. 다스칼로스가 탈혼해서 가보니 이 친구가 죽어서도 노름판을 만들어 놓고 놀고 있다고 하지 않았습니까? 이 상황이 안타까워 다스칼로스는 그 친구에게 훨씬 더 좋은 세계를 보여주었습니다. 말할 수 없이 아름다운 광경이 펼쳐지고 말로 표현할 수 없는 감미로운 음악이 나오는 천국 같은 곳 말입니다. 그랬더니 그 친구의 반응이 뜻밖이었습니다. 그는 기쁨과 경외에 빠져 이곳으로 오겠다는 희망을 피력하기는커녕 이런 곳은 자신의 취향에 어울리지 않는다고 하면서 관심을 표명하지 않았습니다. 그리곤 자신이 있던 노름판이 훨씬 더 좋다고 하면서 그곳으로 돌아가 버렸습니다. 우리가 밖에서 보기에는 이런 일이 이해할 수 없지만 '뭐 눈에는 뭐만 보인다'라는 말이 있듯이 평생을 노름만 일삼던 그에게는 노름판이 제일 좋은 곳으로 보인 것입니다. 외부에서 보면 더럽고 구질구질하게 보이는 그 노름판이 그에게는 최상의 천당처럼 보인 겁니다. 본인에게 형성된 업이 이렇게 무섭습니다. 한번 형성된 업은 이처럼 빠져나오기 힘듭니다.

　이와 비슷한 이야기는 한국에도 있습니다. 이 이야기는 제가 대학 시절, 그러니까 1970년대 중반에 절에서 들은 이야기인데 아주 간단하게만 보겠습니다. 이것은 어떤 젊은 승려가 죽었다 살아나온 이야기인데 실화 같지는 않지만 참고할 만한 내용이 있습니다. 이 승려가 죽어서 탈혼이 되었는데 조금 헤맸던 모양입니다. 그렇게 헤매다 길에서 남녀들이 가무를 하는 것을 보았는데 중이 저런 데 가면 안 된다고 생각해 그냥 통과했습니다. 그랬더니 이번에는 미인을 만나게 되었는데 이것도 중의 신분에는 맞지 않는다고 생각해 그냥 지나쳤습니다. 마지막에는 사냥꾼 같은 사람이 노루를 잡아먹는 현장을 지나가게 되었는데 살생이 자행되던 곳이라 이곳도 통과했습니다. 그런데 이 승려는 죽을 때가 아니었던지 영혼이 다시 몸으로 돌아와 깨어나게 되었습니다.

　다시 깨어난 승려는 자신이 영혼 상태에서 보았던 것들이 무엇인지 알아보기 위해 그 장소로 가보았습니다. 그랬더니 남녀들이 가무하던 곳에는 개구리들이 모여서 놀고 있었고 미녀가 있던 곳에는 큰 뱀이 똬리를 틀고 있었으며 사냥꾼들이 있던 곳에는 벌들이 집을 드나들고 있었다고 합니다. 사실은 이곳들은 동물이 있던 곳인데 인간들이 즐기고 있는 장소로 보인 것입니다. 이것은 자신이 왜곡해서 잘못본 것, 아니 자신이 보고 싶은 대로 변형해서 본 것이라고 할 수 있습니다. 자신의 업보대로 본 것이지요. 이 이야기의 교훈은 만일 이 승려가 자기에게 좋게 보였던 현장에 끌려서 그곳에 붙었다면 거기에 있던 동물로 환생했을 텐데 마침 자제해서 그런 유혹에서 빠져나왔다고 하는 것입니다. 색욕이나 육욕에 휘둘리면 다음 생에 동물이나 곤충으로 태어날 수 있으니 조심하라는 것입니다. 사실 이 이야기는 그저 이야기일 뿐 현실을 있는 그대로 반영하지는 않습니다. 인간은 환생할 때 동물로 태어나지는 않기 때문입니다. 그러나 이 이야기에는 명백한 교훈이 있지요. 즉 우리가 죽어서 영혼이 되어 안주할 곳을 찾을 때 욕정 같은 것에 휩쓸리지 말고 좀 더 냉정하게 대처하라는 것이 그것입니다.

앞에서 든 다스칼로스의 예에서 노름꾼 친구가 욕정에 끌리지 않고 이성적으로 대처했다면 다스칼로스가 천국 같은 곳을 보여주었을 때 선선히 그곳으로 갈 수 있었을 텐데 노름판으로 끌리는 욕정 때문에 그렇게 하지 못한 것입니다. 그러나 이것은 말로 하기는 쉽지만 영혼은 습력(習力, 습관이 지닌 힘)이 있어 이렇게 합리적인 판단을 내리기가 힘듭니다. 따라서 영혼이 되었을 때에 합리적인 판단을 내리려면 지상에 살 때 이성적인 사고를 할 수 있게 연마를 많이 해야 합니다. 그래야 영혼이 되었을 때 누릴 수 있는 자유가 커집니다.

이처럼 우리가 맞게 되는 영계라는 세계는 천당이든 지옥이든 철저하게 자신의 업보와 수준에 따라 형성됩니다. 그런데 우리는 또 천당과 지옥을 눈 깜짝할 사이에 오갈 수 있다고 합니다. 방법은 간단합니다. 지옥이나 천당은 진동수가 다르기 때문에 생겨나는 것입니다. 그 이상은 없습니다. 내가 지금 천당에 있는데 만일 지옥 가운데 하나를 체험하고 싶다면 아주 간단한 일만 하면 됩니다. 즉 내 영혼의 진동수를 내리면 됩니다. 이 진동수를 얼마나 내리느냐에 따라 펼쳐지는 지옥의 양상이 달라질 겁니다. 진동수가 낮은 곳일수록 더 참혹한 지옥이 될 것입니다. 그러다 이 지옥의 참상을 견디기 힘들면 다시 진동수를 올리기만 하면 됩니다. 그러면 원래의 상태로 즉시로 돌아가게 됩니다.

그런데 문제는 이게 그렇게 간단한 일이 아니라는 것입니다. 영혼이 자기 마음대로 자신의 진동수를 올리고 내리는 일이 쉽지 않다는 것입니다. 빠른 진동을 가진 영혼이 어느 정도 진동을 낮추어 자신이 속한 세계보다 낮은 세계로 가는 일은 그래도 가능한 반면 그 반대는 힘들다고 합니다. 이것은 앞에서도 이미 말한 적이 있습니다. 그런데 진동수가 높은 곳에서 낮은 곳으로 가는 것도 어느 정도만 가능하지 이른바 지옥으로 불리는 하계로 내려가는 것은 혼자 힘으로는 안 되는 모양입니다. 그래서 그런 곳에 갈 때는 특별히 그곳 세계를 잘 알고 있는 영들의 안내를 받아야 한다고 합니다.

지옥을 방문했다고 하는 스베덴보리가 그랬습니다. 그가 천계를 방문할 때는 한 천사의 안내를 받았는데 지옥을 갈 때는 세 천사의 도움을 받았다고 합니다. 아무래도 지하 세계는 위험하기 때문에 더 많은 천사들이 붙은 모양입니다. 스베덴보리는 이 천사들과 같이 지옥이라는 세계에 갔는데 그때 그곳에 있는 저급한 영혼들로부터 위협을 받았다고 하더군요. 그는 실토하기를 당시 천사들이 옆에서 도와주지 않았다면 그 위난(危難)에서 벗어나기 힘들었다고 하니 그 위협이 얼마나 컸는지 알 수 있습니다. 반면 그가 천계를 다닐 때는 이런 위험이 한 번도 없었다고 하네요.

그런데 누누이 이야기하는 것이지만 천당이나 지옥의 상황은 누가 만든 것이 아니라 모두 그곳에 있는 영혼들이 만든 것이라는 것을 잊어서는 안되겠습니다. 다시 스베덴보리의 설명을 들어보면, 우리가 그곳에서 겪는 기쁨이나 고통은 직전 생에 지상에서 살 때 내가 자신에게 혹은 다른 사람에게 행한 것에 정확하게 상응해서 나타난다고 합니다. 마르티누스도 우리가 지옥에서 고통 받는 정도는 스스로의 마음 상태에 정확하게 비례한다고 주장했는데 이것은 스베덴보리와 같은 의견입니다.

3. 스베덴보리가 묘사하는 지옥의 모습들

이 대목에서 스베덴보리가 묘사하는 지옥을 보면 우리의 이해에 도움이 될 것 같습니다. 그가 설명해주는 지옥은 생생하면서도 아주 그럴듯합니다. 이것을 믿고 안 믿고는 독자 여러분들에게 맡깁니다마는 그의 설명은 다른 선지자들의 그것과 그리 다르게 보이지 않습니다.

i. 지옥 영혼들의 흉측한 모습

그에 따르면 지옥에 가는 사람들 가운데 가장 많은 부류는 자기만 아는 이기주의자나 세속적인 것만 좇는 속물들인데 이 중에서도 이기주의자가 훨씬 더 나쁘기 때문에 이들은 가장 음험한 지옥에 간다고 합니다. 악인에는 여러 종류가 있겠지요. 가령 사람을 죽이거나 다치게 하는 부류도 있겠고 또 사기나 절도 등 다양한 악행을 하는 부류도 있겠지요.

그런데 선지자들은 입을 모아 강조하길, 이때 중요한 것은 당사자가 직접 행하는 언행보다 그 언행의 동기라고 합니다. 그러니까 겉으로 어떤 언행을 하느냐가 중요한 것이 아니라 마음으로 어떤 생각을 하느냐가 중요하다는 것입니다. 예를 들어 성직자가 겉으로는 거룩한 척해도 그가 하는 모든 언행이 사실은 이기적이고 사악한 의도에 따라 행해진다면 이것은 매우 질이 안 좋은 악행이라는 것입니다. 그러면 이런 사람은 이 지상에서 종교적으로 암만 높은 지위에 있어도 죽어서는 그에 맞는 지옥행을 예약하고 있다고 보아야 할 것입니다.

이런 악한 영혼들은 과연 어떤 모습을 하고 있을까요? 이에 대해 스베덴보리는 아주 구체적으로 설명하고 있습니다. 이 설명은 기괴해서 쉽게 믿을 수 없는데 이것은 그가 천사들의 안내로 지옥이라는 곳을 직접 방문해 목격하고 쓴 것이라 환상에 불과하다고 무시하는 것은 합당한 태도가 아닌 것 같습니다. 그냥 지나치기에는 그의 설명에 번뜩이는 지혜가 숨어 있어 일별이 필요합니다.

스베덴보리에 따르면 지옥 영혼들의 얼굴은 흉측하기 이를 데 없다고 합니다. 시체처럼 검거나 불타고 있는 것처럼 보이는데 어떤 영혼은 얼굴은 없고 털과 뼈만 보이는 경우가 있는가 하면 어떤 영혼은 이빨만 보여 괴물처럼 보이기도 한답니다. 이런 모습은 괴기 영화에 나오는 괴물들의 모습과 비슷하니 그 괴물들을 상상하면 되겠습니다. 이런 모습들은 듣기만 해도 소름이 돋는데 만일 스베덴보리가 혼자 갔으면 그 기괴한 모습을 감당하기 어려웠을 것입니다. 옆에서 천사들이, 그것도 3명의 천사가 그를 보호해주었기 때문에 그 지옥 중생들을 감당할 수 있었지 만일 혼자 갔다면 그들에게 붙잡혀 어떤 봉변을 당했을지 알 수 없습니다.

그런데 지옥의 영혼들이 하는 말을 들어보면 온통 분노와 복수의 감정만 담겨 있다고 합니다. 이것은 당연하겠지요. 그런 얼굴을 한 존재들 입에서 좋은 말이 나올 리가 만무하니까요. 여러분들에게는 이 스베덴보리의 설명이 유치하게 들릴 수 있습니다. 공연히 흉측하게만 표현한 것 같은데 어떻게 보면 흡사 아이들이 생각하는 악귀의 모습 같습니다. 그러나 이 설명은 전혀 이상할 게 없습니다. 앞에서 누누이 본 것처럼 악한 영혼들의 이런 외모는 그들이 내면에 갖고 있는 온갖 음흉하고 나쁜 생각들이 이미지화한 것이기 때문입니다. 다른 강의에서도 밝힌 적이 있지요? 이 세계에서는 내면적으로 생각하는 것을 전혀 숨길 수 없다고 말입니다. 육신이 없기 때문에 마음으로 생각하는 게 있는 그대로 밖으로 표현되는 것입니다.

이런 설명은 그저 그렇다고 할 수 있지만 다음에 제시하는 스베덴보리의 설명은 실로 촌철살인입니다. 이 지옥에 있는 영혼들이 이렇게 흉측하게 보이는 것은 스베덴보리나 천사처럼 영혼이 고결하고 깨끗한 영혼들의 눈에만 그렇다고 합니다. 반면 이곳에 있는 영혼들에게는 서로의 모습이 그냥 보통 사람처럼 보인다고 하네요. 따라서 그들은 자신들이 어떻게 잘못됐는지 모른다고 합니다. 만일 그렇지 않고 그들도 자신의 진짜 얼굴을 알면 무엇인가 잘못되었다는 것을 알고 고치려고 할 텐데 그들의 눈에는 서로가 정상으로 보이니 그냥 그렇게 모여 살고 있는 모양입니다.

이런 모습이 어떤 것일까 하는 궁금증이 생기는데 우리 주변의 예를 가지고 설명해볼까요? 현재 한국 사회에서 최고의 악인이라고 하면 김일성부터 김정은으로 이어지는 3대의 독재자를 꼽을 수 있을 텐데 이 희대의 악인들은 아마 죽어서도 같은 곳에 있을 것 같습니다. 이들은 워낙 서로 얽힌 업이 많고 영혼의 수준이 비슷해 죽어서도 같이 있으리라는 것이죠. 김정은 이 녀석도 죽으면 이들과 합류할 것으로 예상되는데 이들이 있는 곳에는 이들만 있는 것이 아닙니다. 이들이 지상에 있을 때 직속 부하로 있으면서 이들과 함께 못된 짓을 한 영혼들도 같은 곳에 있을 겁니다. 그들 사이에는 강한 인연의 끈이 매여 있어 그렇게 될 것 같은데 이 더러운 영혼들은 그곳에서도 지상에 있을 때와 똑같은 일을 하고 있을 겁니다. 즉 김일성이 또 리더가 되어 계속 선동질하고 마음에 안 맞는 부하가 있으면 죽이거나 해를 가하고, 또 부하끼리도 서로 싸움박질만 일삼는 등 아비규환을 이룰 것 같군요. 이곳에서 이 영혼들이 하는 일이란 서로 해치는 일밖에는 없을 겁니다. 왜냐하면 지상에 살 때 항상 그런 마음가짐을 갖고 살았기 때문이지요. 이곳에는 감정이 있는 그대로 드러나서 지상보다 더 처절하게 싸움을 할 터이니 그야말로 무간지옥을 방불할 겁니다.

이들은 그런 상태에서 얼마나 많은 세월을 보낼지 모릅니다. 혹여 천운이 있어, 혹은 그나마 선업을 쌓은 게 있어 환생할 수 있게 되면 그 지옥 생활을 청산할 수 있겠지요. 그러나 지상에 환생했다고 해도 안심하기에는 이릅니다. 지상에 태어나봐야 직전 생에 저지른 나쁜 업을 탕감할 수 있는 환경에 태어날 터이니 좋은 곳에 태어날 리가 만무합니다. 그 새로운 생에서는 전생에 자신이 했던 악행을 자기가 받게 되는 환경에 태어나게 되니 그런 곳이 좋은 곳일 리가 없겠지요? 아마도 이런 영혼들이 고통과 함께하는 여정은 말할 수 없이 고될 것이고 또 끝을 모르는 채로 진행될 것입니다.

ii. 지옥의 환경은 영혼의 내면이 표현된 것!!

스베덴보리가 하는 지옥에 대한 설명은 아직 끝나지 않았습니다. 아니 더 흥미로운 내용이 있습니다. 앞에서 우리는 영계에 펼쳐지는 환경은 그곳에 있는 영혼들의 내면 상태가 투사된 것이라고 했지요? 스베덴보리는 이에 대해 아주 구체적인 예를 제시하고 있어 우리의 비상한 흥미를 끌어냅니다.

그에 따르면 지옥에는 기분 나쁜 것들만 있다고 하는데 불, 연기, 안개, 그을음, 검은 구름과 같은 것이 그것입니다. 이 설명을 들으니 이전에 영화 같은 데에서 많이 접했던 지옥 불이 나오는 장면이 연상되는군요. 그런데 이런 것들은 앞에서 말한 대로 영혼들의 내면에 있는 감정이 형상화된 것입니다. 스베덴보리는 이에 대해 더 구체적으로 설명합니다. 예를 들어 연기나 안개는 자기애 혹은 이기주의 등에서 파생되는 거짓이 형상화된 것인데 마음이 거짓으로 덮여 있어서 연기나 안개가 낀 것처럼 뿌옇게 나타난 것입니다. 자기를 비정상적으로 편협하게 사랑하는 것은 탁한 사랑이기에 뿌옇게 보이는 것이지요.

그에 비해 남을 진실로 사랑할 때는 맑고 밝은 기운이 충만하게 됩니다. 이것은 굳이 영혼의 세계로 가지 않고 이 지상에서 관찰할 수 있는 우리의 외모를 보아도 어렵지 않게 알 수 있습니다. 가령 우리가 누구를 순수한 마음으로 사랑할 때 우리의 눈은 영롱하게 빛이 납니다. 그리고 얼굴도 밝아집니다. 그에 비해 자기만 아는 이기주의자들은 눈이 시쳇말로 '썩은 동태 눈'처럼 탁하기 짝이 없습니다. 그들의 얼굴에는 개기름이 절절 흐르고 피부도 새까매서 보기에 안 좋습니다. 물질 세계인 이곳에서도 차이가 이렇게 많이 날진대 순수한 에너지로만 되어 있는 영혼의 세계에서는 양자의 모습이 얼마나 다르겠습니까? 영혼의 세계에서는 내면을 조금도 감출 수 없기에 사악한 영혼들의 얼굴이 저렇게 흉측하게 나타나는 것입니다.

이 대목에서 생각나는 것이 있어 잠깐 옆길로 새어볼까 합니다. 불교에서 말하는 지옥에 대한 것입니다. 이 지옥은 앞에서 말한 것처럼 탱화에 잘 표현되어 있습니다. 여기에는 다양한 지옥들이 묘사되어 있는데 그 지옥들을 다 볼 수는 없고 그 가운데 한빙(寒氷)지옥 한 곳만 보기로 합니다. 이곳은 주위가 온통 얼음으로만 되어 있는 매우 추운 곳입니다. 그런 곳에서 영혼들은 옷도 제대로 입고 있지 않아 추위에 그대로 노출됩니다. 그런데 이렇게 주위가 추운 것은 해당 영혼의 내면이 투영된 것입니다. 상황이 이렇게 된 데에는 여러 요인이 있을 수 있는데 그중의 하나는 해당 영혼이 생전에 매우 차가운 사람이었다는 것입니다. 이 사람은 지상에서 살면서 다른 사람들에게 어떤 온정도 베풀지 않고 아주 차갑게 대했습니다. 지독한 이기주의자였던 것이지요. 그래서 그 사람은 마음이 얼음장처럼 차가웠습니다. 지금 이 지옥에서 그가 느끼는 추위는 바로 자신의 마음을 가득 채우고 있는 차가운 감정입니다. 그가 이런 환경에 처하게 된 것은 일말의 자비심도 없이 산 인생을 반성하라는 의미일 것입니다. 그래서 다음 생을 살게 되면 그때는 따뜻한 마음을 가지라고 일종의 징벌을 내리는 것입니다. 그가 이런 교훈을 알아채고 자신의 태도를 바꿀지 어떨지는 알 수 없습니다. 만일 그가 반성하지 않고 지금의 마음 상태를 그대로 유지한다면 그는 이처럼 추운 한빙 지옥에서 벗어나지 못할 것입니다.

 스베덴보리는 예서 그치지 않고 그가 둘러본 지옥의 다양한 모습에 대해 매우 구체적으로 묘사하고 있습니다. 예를 들어 폐허가 된 집에서 악령들이 살고 있는가 하면 어떤 거리에는 배설물이 넘치고 있는데 그 길 변에는 너절한 판잣집이 늘어서 있고 주민들은 싸움박질만 하고 있다고 합니다. 더 지독한 지옥에는 인간의 영은 없고 악령과 맹수의 영들이 으르렁거리고 있다고 합니다. 그런데 이때 말하는 악령은 인간의 영은 아닌 것 같은데 그 정체를 잘 알지 못하겠습니다. 그런가 하면 아무것도 없이 사막만 있는 곳도 있다고 합니다. 이외에도 엄청나게 다양한 지옥이 있다고 하는데 그 지옥이 어떻게 나타나든 간에 그것은 모두 그곳에 사는 영혼들의 마음 상태와 상응한다고 했습니다. 그런데 더 끔찍한 것은 다음과 같은 스베덴보리의 주장입니다. 놀랍게도 그는 자신이 지옥의 처참함을 천분의 일도 표현하지 못했다고 실토했습니다. 인간의 언어는 한계가 명확한 것이라 그 참담함을 구체적으로 밝히지 못한 모양인데 지옥이 얼마나 처참하길래 이런 말이 나오는지 알 수 없습니다. 자세한 것은 알 수 없지만 좌우간 지옥이라고 불리는 데에는 가지 않도록 조심해야겠다는 생각뿐입니다.

iii. 지옥에서 받는 과보가 무서운 이유

그런데 이곳에서 받는 과보에 더 무서운 점이 있다고 합니다. 이곳에서 겪는 고통은 해당 영혼이 생전에 다른 사람에게 행한 것에 정확하게 상응해서 나타난다고 했습니다. 마르티누스도 "(지옥에서) 본인이 고통받는 정도는 자신의 마음 상태에 정확하게 비례한다"라고 확실하게 말한 바 있습니다. 그런데 더 무서운 것은 이 세계에서는 어느 누구도 나를 도와줄 수 없다는 데에 있습니다. 당사자가 겪는 고통은 자신이 생각으로 만든 지옥에서 발생한 것인데 어떻게 다른 영혼이 그것을 알아채고 도울 수 있겠습니까? 이를 이해하기 위해 예를 하나 들어보겠습니다. 이것은 마르티누스가 든 예인데 저는 이 설명을 접하고 무릎을 쳤습니다. 지옥의 실상이 온전하게 드러나는 아주 좋은 예이었기 때문입니다.

이 사례는 이렇게 진행됩니다. 어떤 성공한 기업인이 죽었는데 이 사람은 생전에 돈밖에 모르던 사람이었습니다. 그래서 이 사람은 영혼들의 세계에 와서도 돈 버는 일만 계속하고 있었습니다. 이것은 당연한 일입니다. 앞에서 말했듯이 영계의 환경은 그 사람의 내면 상태가 외현화된 것이기 때문입니다. 그리고 영계에서는 모든 일이 자기 뜻대로 벌어지니 엄청난 돈을 벌었습니다(물론 이것은 생각에서만 가능한 꿈 같은 것이지요). 그런데 그때 그는 이승에서 걱정하던 것처럼 도둑이 나타나서 이 돈을 빼앗아 가면 어떻게 하나 하는 생각이 들었습니다. 그러자 바로 강도들이 나타났고 그의 돈을 다 빼앗아 갔습니다. 그러는 과정에서 그 역시 적지 않은 부상을 당했습니다. 비극은 아직 끝나지 않았습니다. 그의 주위에는 그처럼 돈만 아는 영혼들이 모여들었고 그는 그들과 경쟁하느라 엄청난 스트레스를 받게 됩니다. 이렇게 몰려든 영혼들은 돈만 안다는 점에서 그와 같은 성향을 띠기 때문에 공명하면서 몰려든 것입니다. 영계에서는 유유상종이라는 법칙이 철저하게 지켜지기 때문에 이런 일이 일어난 것입니다. 이런 환경이 생기니 해당 영혼은 고독과 고통 때문에 괴롭기 짝이 없게 됩니다. 자, 이제 아시겠지요? 그를 고통에 빠트린 것은 다른 존재가 아니라 그 자신이라는 사실을 말입니다.

이런 사정을 지상과 비교해보면, 영계에서 받는 고통은 지상에서보다 더 심하다고 할 수 있습니다. 왜냐하면 자신이 부탁하지 않는 한 어느 누구의 도움도 받을 수 없기 때문입니다. 위의 예를 가지고 설명해보면, 저 기업인이 지상에 살 때는 도둑들의 침입을 막기 위해 경비원을 고용하면 됩니다. 그러면 어느 정도는 자기 재산을 보호할 수 있겠지요. 그러나 영계에서는 다른 존재를 데려다 활용할 수 없으니 외부로부터 어떤 도움도 받을 수 없습니다. 글쎄요, 자기가 사념으로 경비원을 만들어 자신이 만들어낸 도둑과 싸우게 할 수는 있을 텐데 그럴 경우 자신의 사념 안에서 반대되는 두 가지 힘이 충돌할 터이니 괴롭지 않을 수 없을 것입니다. 어떻든 이처럼 영계에서의 삶은 자신의 마음 안에 갇혀서 이러지도 저러지도 못하게 되는 경우가 많으니 힘들지 않을 수 없을 것입니다.

이 대목에서 생각나는 영화가 있습니다. 앞 강의에서 잠시 언급한 〈천국보다 아름다운〉이라는 영화입니다. 저는 이 영화를 처음 보았을 때 그냥 허투루 만든 영화가 아니라 많은 연구를 한 후에 극본이 쓰였다는 것을 알아차릴 수 있었습니다. 대사나 장면들을 보면 그런 정황을 알 수 있는데 문제는 이 분야에 지식이 없는 사람이 이 영화를 보면 메시지를 읽어낼 수 없다는 데에 있습니다. 아주 좋은 대사나 장면들이 곳곳에 나오는데 설명을 해주지 않으면 일반 독자들은 그 의미를 잡아내기 힘들 것 같더군요. 그 가운데 하나는 주인공의 아내가 자살한 장면을 다룬 부분입니다.

이 여인이 자살한 데에는 그만한 이유가 있었습니다. 두 아이와 남편을 모두 자동차 사고로 잃었으니 그 허망(虛妄)한 마음을 이기지 못하고 자살한 것입니다. 그런데 그녀는 자살한 후 영계에 들어와 지옥과 같은 곳으로 가게 됩니다. 영화에서는 이 상황을 아주 잘 묘사하고 있습니다. 그녀는 어두운 방에 홀로 처하게 되는데 눈도 보이지 않아 아무것도 할 수 없는 상황이었습니다. 그녀는 그 방 안에 갇혀 도대체 무엇을 어떻게 해야 하는지 모르는 상태로 지냅니다.

저는 이 장면을 보고 이것은 사후세계를 제대로 연구한 사람이 고안한 장면이라는 것을 곧 알 수 있었습니다. 이 연구자는 자살한 사람이 죽은 뒤에 가게 되는 영계에 대해 잘 알고 있었던 것 같습니다. 자살이라는 것이 무엇입니까? 자신을 세상과 완전히 단절시키는 것 아닙니까? 따라서 그녀의 마음속에는 매우 어두운 막이 형성되었을 것이고 자신을 그 안에 가두려는 의도 혹은 심산이 강했을 것입니다. 그녀가 영계에서 처한 상황은 바로 이 상태를 보여줍니다. 스스로 만든 어두운 방에 갇혀 아무것도 보지 못하는 그런 상태 말입니다. 그녀의 생각이 그대로 외현화되어 자신을 자기가 만든 감옥 같은 방에 가두어 놓았습니다. 자신이 만든 감옥에 갇혀 있으니 언제 그곳을 빠져나갈 수 있을지 기약이 없는 상태입니다.

이 주제를 연구한 사람들은 자살은 절대로 해서는 안 되는 것이라고 입을 모아 말합니다. 자살은 아주 나쁜 카르마를 만드는 것이라 당사자에게 너무나 큰 피해를 입힌다고 합니다. 그래서인지 자살을 감행했다가 다시 살아난 사람들은 이구동성으로 자신이 자살을 시도하는 순간 '내가 절대로 해서는 안 될 짓을 했구나'라는 자각이 들었다고 하더군요. 자살이라는 주제는 방대한 주제라 할 이야기가 많지만, 너무 옆길로 새면 안 되니 예서 그치는 게 낫겠습니다(대신 뒤의 특강에서 다시 다루기로 하겠습니다.).

영화는 계속됩니다. 이때 이미 영계에 와 있던 주인공은 아내가 죽어 이곳으로 왔다는 것을 감지합니다. 이것은 충분히 있을 수 있는 일입니다. 부부는 이승에서 오래 같이 살았기 때문에 생각으로 교감할 수 있어 이런 사실을 알아챌 수 있습니다. 이때 주인공은 아내를 만나서 구해야겠다고 마음을 먹습니다. 그런데 상황을 보니 아내는 자살이라는 중대한 죄를 저지른 사람이라 자신이 있는 곳보다 훨씬 하계에 처해 있습니다. 이것은 물리적으로 밑에 있다는 것이 아니라 그녀의 영혼이 주인공의 그것보다 훨씬 늦게 진동한다는 것입니다. 이 점은 앞에서 천국과 지옥을 말할 때 충분히 설명했습니다.

주인공은 자신이 아내를 구하고 싶은데 자신의 능력으로는 할 수 없었습니다. 자신은 영적으로 높은 영혼이 아니기 때문에 자기의 진동수를 낮춰 아내의 그것에 맞출 수 있는 능력이 없었기 때문입니다. 그리고 아내가 있는 하계까지 내려가려면 중간에 많은 위험이 있기 때문에 혼자 가는 것은 대단히 위험한 일입니다. 이 점에 대해서는 앞에서 본 스베덴보리의 예를 참조 바랍니다. 그가 지옥을 체험하러 갈 때 혼자 가지 않고 천사 세 사람(?)과 같이 간 것 말입니다. 지옥으로 가는 여정도 그렇고 지옥에서도 많은 위험이 도사리고 있기에 천사와 동행할 수밖에 없었던 것이지요.

그래서 그는 이승에서 자신의 지도 교수였던 사람에게 부탁해 그와 같이 가게 됩니다. 이 지도 교수는 영적으로 상당히 많이 진화된 영혼이었던 모양입니다. 그래서 주인공의 보호자 같은 역할을 한 것인데 그럼에도 불구하고 이 두 영혼이 주인공의 아내에게 가는 과정은 결코 순탄치 않았습니다. 많은 역경이 있었지요. 이것도 기존의 연구에 충실한 내용 전개라고 생각합니다. 천계에서 하계로 가는 여행은 결코 쉬운 게 아니거든요. 어떻든 여차여차해서 주인공은 아내에게 도착해서 어두운 방에 같이 있게 됩니다. 이때 아내는 주인공을 알아보지 못합니다. 그러나 주인공이 애가 끓는 사랑의 목소리로 호소하니 나중에 눈을 뜨게 되고 주인공을 따라 천계로 올라오는 것으로 영화는 끝납니다.

이렇게 해피엔딩으로 끝나는 것은 좋은데 저는 이 마지막 부분이 너무 할리우드 식으로 끝나지 않았나 하는 생각이 듭니다. 할리우드의 영화를 보면 항상 남녀의 사랑을 세상에서 가장 중요한 것으로 그리는 경우가 많지 않습니까? 그래서 할리우드의 상업 영화를 보면 남녀관계가 빠지는 적이 별로 없습니다. 이렇게 끝나야 미국 관객들이 좋아할 테니 끝을 그렇게 처리한 것 같은데 저는 이 영화의 결말에 대해서는 선뜻 동의하기 힘듭니다. 왜냐하면 자살한 사람의 영혼을 일개 개인이 가서 구해오는 것은 가능하지 않다고 생각하기 때문입니다. 그런 영혼은 큰 잘못을 했기 때문에 고도로 진화된 영혼이 가서 여러 조치를 한 다음에 끌고 나올 수 있지, 아무나 가서 데리고 나올 수 없다는 것이 제 생각입니다. 그녀는 아주 좋지 않은 카르마를 지은 것인데 그 카르마를 탕감하지 않고 그냥 구원된다는 것은 너무 졸속이 아닌가 합니다. 그녀는 자신이 지은 카르마를 탕감하기 위해 더 많은 고통을 받고 회개해야 하는데 그런 과정이 없이 남편의 헌신적인 사랑만으로 천국 같은 곳으로 온다는 것은 납득하기 어렵군요. 좌우간 이상이 이 영화의 한 장면에 대한 소회인데 결말이 어떻든 이 영화는 사후세계를 잘 묘사하고 있어 여러분들의 일람을 권합니다.

PART

IV

환생을 준비하면서

카르마 법칙은 어떻게 작동할까?

제12강

"인간의 환생에 대해"

이제 우리는 또 하나의 큰 주제에 도달했습니다. 환생(reincarnation)입니다. 지금까지 영계에서의 생활에 관해 설명했는데 그곳에서의 생활이 끝나면 우리는 다시 지상으로 내려와야 합니다. 내려오는 이유는 누누이 말한 것처럼 카르마를 탕감하기 위해서입니다. 이 부분은 개인마다 달라서 구체적인 상황을 일률적으로 말하기 힘듭니다. 사람마다 살아온 인생이 다르니 한 가지로 말할 수 없습니다만 이것 하나는 모든 이에게 적용됩니다. 인생의 목적은 카르마를 없애기 위한 것이라는 것 말입니다.

1. 환생론이란?

이 장을 시작하면서 괴테가 말했다고 전하는 문구를 먼저 보면 좋겠습니다. "죽음과 환생이라는 영원한 법칙을 깨닫지 못하는 한 그대는 어두운 지구 위를 헛되이 스쳐 지나가는 나그네에 불과하리라"라는 것인데 서양의 지식인, 그것도 최고 작가 가운데 한 사람인 괴테가 환생의 중요성을 역설한 것은 상당히 의외입니다. 서양인들은 환생을 부정하는 기독교의 영향 때문에 인간이 거듭 태어난다는 환생론을 잘 받아들이지 않는데 괴테는 예외인 듯싶습니다. 괴테는 아마 최고의 지성인이었을 터이니 많은 통로로 환생설을 접하고 선입견 없이 수용해서 이런 말을 남긴 듯합니다.

그러나 일반적으로는 아직도 환생론이 수용되고 있는 것 같지 않습니다. 한국인의 경우 1990년대의 조사를 보면 20~30% 정도만이 환생론을 믿는다고 합니다. 미국이나 영국 같은 나라들도 이 비율이 비슷한데 현대인들이 환생론을 수용하지 않게 된 데에는 과학적 사고가 가장 큰 영향을 준 것 아닐까 합니다. 과학은 보이지 않는 세계를 인정하지 않기 때문에 인간의 영혼이나 사후세계 등을 부정하는 경향이 강합니다. 이런 것들은 과학으로 증명할 수 없으니 부정하는 것인데 사실 이렇게 무조건 부정하는 것은 합리적인 태도가 아닙니다. 영혼의 존재나 사후세계에 대해 가장 과학적으로 가질 수 있는 태도는 '(과학으로는) 알 수 없다'입니다. 과학으로 증명할 수 없다고 해서 그 주제를 부정하는 것은 과학의 오만입니다. 그보다는 과학으로는 알 수 없다는 불가지론(不可知論)을 펴는 것이 합리적이라고 할 수 있습니다.

i. 인간의 일상 의식으로는 환생을 알 수 없다!

그런데 이처럼 인간이 몸을 바꿔가면서 지상에 거듭해서 태어난다는 환생론은 우리의 일상 의식으로는 알 수 없다는 것이 중론입니다. 그러니까 우리가 지니고 사는 평상 의식 상태로는 알 수 없다는 것이지요. 대신 무의식과 같은 의식의 깊은 층으로 내려가면 어렵지 않게 알 수 있다고 합니다.

이것은 지혜의 눈으로 보아야 한다는 것인데 이런 상태에 도달하려면 다년간의 수련을 거쳐야 합니다. 우리의 평상 의식은 잠시도 가만히 있지 못하고 산란한 상태에 있습니다. 비유해서 말하면 물이 흙탕물 상태에 있는 것과 같다고 할 수 있습니다. 이 물을 맑게 바꾸려면 가만히 놓아두고 기다리면 됩니다. 그러면 흙이 다 가라앉아 물이 깨끗해집니다. 그 상태에서 보면 밑바닥까지 보이게 됩니다.

우리의 마음도 마찬가지입니다. 평소에는 마음이 산란해 기운이 탁하기 때문에 저 밑에 있는 무의식을 만날 수 없습니다. 이런 마음을 차분하게 하려면 호흡 수련이 중심이 된 명상 수련을 해야 합니다. 그러면 마음이 차분해져 자신의 무의식을 만나게 되고 출중한 지혜를 얻게 됩니다. 얻게 된다고 말하는 것은 어폐가 있는 것 같고 원래부터 갖고 있던 지혜를 재확인하는 것이라고 하는 게 맞겠습니다.

이것을 다른 비유로 들어볼까요? 세균이나 원자처럼 아주 작은 것을 볼 때 우리의 일상적인 시력으로는 이 일이 가능하지 않습니다. 이런 것들을 볼 때 우리는 현미경이라는 특수한 기구가 필요합니다. 현미경을 통해 보면 물질의 미세한 밑바닥까지 볼 수 있습니다. 그런데 만일 우리의 일상적인 눈으로 원자나 세균을 볼 수 없다고 해서 그런 것들이 없다고 부정한다면 얼마나 어리석은 일이겠습니까? 이처럼 우리도 의식을 정교하게 가다듬으면 의식 밑에 있는 새로운 질서에 대해 눈을 뜰 수 있습니다.

이런 취지로 환생에 대해 말한 분이 있어 소개해볼까 합니다. 이분에 대해서는 기회가 있을 때마다 언급했는데 워낙 좋은 설명이라 다시 한 번 인용해볼까 합니다. 주인공은 원불교의 2대 교주인 정산 송규(1900~1962) 선생으로 이분은 별로 알려지지 않았지만 대단한 도인 중의 한 분이었습니다. 이분의 사회적인 업적으로는 지방 사학의 명문인 원광대학교를 세운 분이라는 정도만 소개해도 충분할 것 같습니다. 하루는 정산의 한 제자가 과학이 중심이 된 근대 학문을 배운 뒤 윤회론을 부정했습니다. 이것은 과학적인 교육을 받은 우리의 태도와 매우 흡사합니다. 과학을 배우면 다 저렇게 되는 모양입니다. 저런 태도를 갖게 되는 이유에 대해서는 앞에서 이미 거론했습니다. 그 제자는 윤회, 즉 인간이 환생하는 것은 사실이 아니라 사람들에게 착한 일을 하게 만드는 방편에 불과하다고 정산에게 말했습니다. 그러자 정산은 "네가 몇 개월 근대 학문 공부했다고 어찌 윤회를 부정하려 하느냐. 윤회는 정(定)의 상태에서 3개월 이상을 있은 다음에나 알 수 있는 것으로 보통 의식으로는 절대로 알 수 없다"라고 타이릅니다.

'정'이란 앞에서 말한 대로 정신이 집중되어 흐트러짐이 없는 상태를 말하는데 이 경지는 다년의 수련이 없이는 획득할 수 없습니다. 인도에서는 우리의 의식을 4단계로 나누는데 그것은, '일상 의식 상태', '꿈을 꾸며 자는 상태', '꿈을 꾸지 않고 자는 상태', 그리고 앞의 상태들을 다 넘어선 '초월의식 상태'가 그것입니다. 특히 네 번째 상태는 산스크리트어로 '뚜리야(Turīya)'라고 불리는 것으로 인간의 의식이 갈 수 있는 가장 깊은 상태라고 할 수 있습니다. 여기서 정은 이 뚜리야 상태와 비슷하다고 할 수 있습니다. 정이나 뚜리야는 워낙 고도의 개념이라 이 두 가지가 같다고 할 수 없어 그저 비슷하다고만 한 것입니다. 사실이 어떻든 우리는 아주 깊은 의식 상태가 되어야 인간이 환생하는 것을 체감할 수 있다고 하니 이 경지가 매우 깊은 것을 알 수 있습니다.

ii. 환생론은 인도인이 가장 먼저 발견했다!

이 시점에서 우리가 주목해야 할 것은 이 환생론을 처음으로 발견한 사람이 인도인이었다는 사실입니다. 지구상에 수많은 민족이 있었지만 환생론을 최초로 알아낸 민족은 인도인이 유일하다는 것입니다. 이들은 어떻게 이 원리를 알아냈을까요? 여러분들은 앞의 설명을 읽었을 테니 그 답을 알 수 있을 겁니다.

전 세계에는 유사 이래로 많은 종교가 있었습니다. 그런데 대종교 중심으로 보면 크게 두 축을 중심으로 일어난 것을 알 수 있습니다. 두 축은 인도와 이스라엘을 말하는데 이 두 지역에서 일어난 종교들이 현재 지구촌을 장악하고 있습니다. 현대의 세계 종교는 기독교와 이슬람교와 불교(그리고 힌두교)라고 할 수 있는데 이 종교들이 바로 이 두 지역에서 비롯된 것입니다. 이 세계 종교 가운데 불교는 다른 종교와 비교해볼 때 명상을 가장 강조한 종교라고 할 수 있습니다. 기독교나 이슬람교는 그들이 최고로 치는 존재가 외부(?)에 있는 신이기에 그들의 관심은 인간의 내면보다 바깥에 존재한다고 믿어지는 신에게 향해있었습니다. 따라서 이들 전통에서는 인간의 내면 의식을 탐구하는 명상 전통이 별로 발달하지 않았습니다.

반면에 불교는 인간의 마음을 가장 중요하게 생각했기 때문에 매우 다양한 명상 전통을 발전시켰습니다. 그 결과 인간의 의식 가장 깊은 곳까지 갈 수 있었지요. 그런 끝에 얻은 지혜의 눈으로 보니 인간은 한 번만 살고 마는 게 아니라 계속해서 생을 거듭한다는 사실을 알게 되었습니다. 그런데 이 사바세계라는 곳은 극히 고통스러운 곳이라 태어나지 않는 것이 상책이라는 것을 인도인들은 일찌감치 알아차렸습니다. 그들이 또 발견한 것은 인간이 이 사바세계에서 해방되려면 지혜도 닦아야 하지만 특히 도덕성을 완성해야 한다는 것이었습니다. 우리 인간은 인격의 완성을 위해 고군분투해야 하는데 이때 가장 필요한 일이 도덕, 즉 윤리적인 면에서 문제가 없어야 한다는 것이었습니다. 쉽게 말해서 착하게 살아야 한다는 것입니다.

인도인들이 또 발견한 것이 있는데 그것은 바로 카르마 법칙입니다. 카르마 법칙은 우리의 삶을 총괄적으로 지배하는 도덕적 인과율입니다. 우리가 도덕적으로 일탈한 행동, 즉 다른 사람에게 해를 끼치는 언행을 하면 카르마 법칙이 작동해 우리에게 일종의 징벌을 내립니다. 그럼으로써 우리의 언행을 교정하는 것이지요. 이 법칙은 대단히 중요한 것이라 나중에 자세하게 설명하니 여기서는 이 정도에서 그치겠습니다. 사정이 이렇게 되면서 인간의 환생론과 카르마 법칙은 불교를 포함해 힌두교나 자이나교처럼 인도에서 나온 대종교의 주요 교리가 됩니다.

그런데 그 후에 인도나 중국 등을 포함한 동양에서는 환생설에 대해 심도 있는 연구가 이루어지지 않았습니다. 없었던 것은 아니지만 20세기 중반 이후에 서양에서 일어난 연구에 비하면 빈약하기 짝이 없습니다. 이유를 추정해보면, 환생설이나 카르마 법칙의 업보설은 학자들에게 별 인기가 없었던 것 같습니다. 대중적인 주제로 보였던지라 학자들은 그런 것을 연구하는 것은 자신들의 일이 아니라고 생각한 모양입니다. 그들은 업보설 같은 것은 하근기(下根機, 교법을 받아들여 성취할 품성과 능력이 가장 낮은 정도의 사람)들에게나 어울리는 주제라고 생각한 것 아닌가 합니다.

이 상황을 대중가요에 대한 인식에 비유해보면 어떨까 합니다. 지금은 상황이 많이 달라졌지만 얼마 전까지만 해도 배웠다 하는 지식분자들은 대중가요를 거들떠

보지도 않았습니다. 이유는 간단하지요. 대중가요, 즉 유행가는 무지한 대중들이 즐기는 음악이지 자기들 같은 인텔리겐차와는 관계없는 것이라는 인식 때문이지요. 그래서 그들은 고전음악만 논하면서 한껏 자신들의 지식을 자랑했습니다. 환생론이나 업보론도 마찬가지인 것 같습니다. 불교학자들은 그 어려운 유식학이나 화엄학의 이론 같은 고매한(?) 주제만 연구하기 좋아한 나머지 업보설 같은 것은 민간신앙 정도로 치부하고 연구할 생각을 안 한 것이지요. 이 정도 설명이면 인도가 중심이 된 동양에서 환생론이 어떤 대접을 받았는지 알 수 있을 것 같지 않습니까?

2. 서양 전통에서는 인간의 환생을 어떻게 보았나?

동양의 환생론 연구 다음으로 볼 것은 이 환생이라는 종교적 개념이 서양에서 어떻게 취급되었는가에 관한 것입니다. 서양을 특정해서 보려는 것은 다음과 같은 이유 때문입니다. 이 환생이라는 교리가 인도나 동북아시아, 동남아시아 등지에서는 관습처럼 받아들여져 신앙되었으니 동양에서 이 교리가 어떻게 발전해왔는지는 세심하게 훑어볼 필요가 없을 것입니다. 그러나 동양과는 다른 종교 전통을 가진 서양에서는 환생론이 현대에 들어와 활발하게 연구되었기 때문에 그 사정을 살펴볼 필요가 있겠다는 생각이 듭니다.

i. 근세 이전의 서양이 바라본 환생론

환생론이 학술적으로 깊이 연구되기 시작한 것은 20세기 중반 이후의 일이고 그 주역은 동양인이 아니라 백인 중심의 서양인이었습니다. 서양인들이 자신들의 종교적 전통과 어울리지 않는 환생이라는 개념을 받아들여 심도 있게 연구한 것입니다. 상황이 이러했기 때문에 이러한 일이 벌어지기 이전의 서양에서는 환생이라는 개념이 어떤 역사적 과정을 거치면서 발전했는지 궁금해집니다.

사실 환생이라는 개념은 범인류적으로 신봉되던 종교 이념이었습니다. 따라서 서양에서도 많은 사람들이 환생론을 믿었는데 서양 철학의 아버지라 일컫는 플라톤도 환생을 인정했습니다. 그런 여파로 생각되는데 초기 기독교에도 환생을 인정하는 추세가 더러 있었습니다. 그런 면모가 그들의 경전인 바이블에 군데군데 보이는데 이것은 번거로워 인용하지 않겠습니다. 그러다가 기독교 교단에서 환생론과 관계해 아주 획기적인 일이 일어납니다. 그것은 당시 로마 제국의 국교가 된 기독교가 6세기에 이 환생론을 '악마의 재림'이라고 낙인찍어서 기독교의 교리에서 축출해버린 사건입니다. 그 뒤로 환생론은 이단 교리가 되어 기독교의 대표적인 기피 대상이 됩니다. 그리고 기독교는 한 생만 존재한다는 단생론(單生論)을 정통 교리로 인정합니다. 그때부터 기독교에서 환생론을 이야기하면 종교적 박해를 가했기 때문에 이 교리를 말하는 사람은 사라져버립니다. 이런 상황은 지금까지 이어져 기독교도 가운데 환생론을 인정하는 사람은 찾아보기 힘든 지경이 되었습니다.

　기독교가 환생론을 부정하게 된 데에는 여러 이유가 있을 것입니다. 기독교의 교리에 따르면 예수를 구세주로 고백하고 윤리적인 생활을 한 사람은 죽은 다음에 천당에서 영원히 살게 됩니다. 이것이 그들이 말하는 영생이지요. 대신에 그 반대로 산 사람은 지옥에 가서 영원히 그곳에 갇히게 됩니다. 이런 교리의 입장에서 볼 때 인간이 다시 환생한다고 하면 이 천당-지옥 영주설이 설 자리가 없게 됩니다. 그렇지 않겠습니까? 예수를 믿지 않고 지옥에 간 인간이 다시 태어난다고 하면 그 지옥 생활이 끝나는 것이 되지 않겠습니까? 이것은 기독교의 기존 교리에 위배되니 환생론을 수용할 수 없었을 겁니다. 또 환생하게 되면 신이 심판할 수 있는 재량이 모호해질 수 있습니다. 영계로 들어온 인간의 영혼을 신이 심판해 지옥이나 천당으로 보내버리면 그것으로 끝나야 신의 위신도 살 터인데 영혼들이 다시 지상에 태어난다고 하면 신이 어떻게 심판을 해야 할지 헷갈릴 겁니다. 인간들이 환생해서 다시 태어난다면 신의 '가오'가 살지 않는다는 것이지요. 대체로 이런 이유 때문에 환생론은 기독교에서 환영받지 못하는 교리가 됩니다.

기독교가 유일 종교였던 서양에서 환생론은 이런 대접을 받고 있었는데 19세기 말이 되면서 괄목할 만한 일이 발생합니다. 유럽인들이 중심이 되어 신지학회(神智學會, Theosophical Society)라는, 학회를 빙자한 유사 종교 단체가 만들어지면서 일어난 일입니다. 'Theosophy', 즉 '신의 지혜' 혹은 '신적인 지혜'로 번역될 수 있는 이름을 가진 이 학회는 그 발전상이 복잡해 한 마디로 설명하기가 쉽지 않습니다. 그러나 아주 개괄적으로 설명하면 이 학회는 기독교가 중심이 되어 힌두교나 불교의 교리를 서양인의 시각에 맞게 수용하여 새로운 사상을 만들어낸 것으로 보면 되겠습니다. 이 학회는 서양의 대표적인 신비주의 사상인 신플라톤주의를 계승했다고 하는데 이 사상은 기존의 기독교 전통의 입장에서는 이단이라고 할 수 있습니다. 이처럼 신지학회는 이단의 사상을 받아들여 스스로 제도권 밖의 사상이 되었기 때문에 불교나 힌두교의 교리를 받아들일 수 있었습니다.

이때 신지학회가 받아들인 대표적인 교리가 바로 불교나 힌두교의 환생론과 카르마 법칙입니다. 이런 시도를 어떻게 평가하든 이 학회는 20세기 초엽에 특히 서양에서 많은 인기를 얻게 됩니다. 기존 기독교의 도그마에 싫증을 내고 있던 사람들이 이 학회가 기독교를 버리지 않으면서도 동양 종교의 신비한 교리를 포함하고 있으니 열광한 것 같습니다. 이 학회가 재야사상으로서 중요한 점은 뒤이어 나오는 이른바 뉴에이지운동의 시원 같은 역할을 했기 때문입니다. 20세기에 들어 서양에서는 기존의 종교나 사상 체계에 도전장을 내면서 민간 차원에서 많은 새로운 종교 운동이 일어나는데 이 신지학회가 그 출발점이 되었습니다. 그런 의미에서 신지학회의 중요성은 아무리 강조해도 지나치지 않을 겁니다. 신지학회의 영향으로 생각되는데 뉴에이지운동의 지파들은 대부분 이 환생론과 카르마 법칙을 받아들이게 됩니다. 그렇다고는 하지만 신지학회를 포함한 뉴에이지운동의 전통에서 환생론이 체계적으로 발전한 것은 아닙니다. 환생론이 제대로 조명받게 되는 것은 뜻밖의 인물에 의해서 가능하게 됩니다.

ii. 서양에서 환생론을 주장한 선구자, 에드거 케이시

서양에서 환생론과 카르마 법칙이 어떻게 연구되기 시작했는가를 알려고 할 때 이 사람을 지나칠 수는 없을 겁니다. 바로 에드거 케이시가 그 주인공인데 그에 대해서는 제가 기회가 있을 때마다 언급했습니다. 이 사람은 자가 최면에 들어가 환자들을 고칠 수 있는 약을 알아낸 것으로 유명하다고 했지요? 그뿐만 아니라 인류의 미래에 대한 예언을 한 것으로도 이름이 많이 알려졌지요. 그러나 그는 치병사나 최면사에 불과한 사람이 아니라 인간의 삶이 환생과 카르마 법칙에 따라 펼쳐진다는 것을 밝힌 선지자 같은 사람입니다. 그래서 사람들은 그를 두고 잠자는 예언자(sleeping prophet)라고 불렀습니다.

그는 사람들의 병을 고쳐준 데에 그치지 않고 최면으로 밝힌 사람들의 전생에 관한 수천 사례들을 문서로 만들어 후세에 전해주었습니다. 그가 알려준 이 사례들이 검증될 수 있는 것은 아닙니다. 예를 들어 "이 사람이 이렇게 아픈 것은 로마 시대에 살았을 때 저지른 악행 때문이다"라고 리딩한 경우가 있는데 이런 것은 검증할 방도가 없습니다. 로마 역사에서 이 사람에 대한 기록을 찾을 길이 없을 터이니 말입니다. 그러나 그가 이처럼 수많은 환생 사례를 기록으로 남긴 것은 인류 역사에 없는 일입니다. 20세기 후반에 미국의 정신과 의사 가운데 환생 사례를 나름대로 남긴 이들이 더러 있지만 케이시의 것만큼 방대하지는 않습니다. 따라서 그의 업적은 전무후무하다고 할 수 있습니다. 그가 남긴 기록은 후대의 학자들이 인간의 삶과 카르마 법칙을 연구하는 데에 많은 도움을 주고 있습니다. 제 경우를 말한다면, 이 사람의 연구가 없었으면 제가 이 주제에 관해서 책을 쓸 수 없었다고 할 수 있습니다. 그만큼 많은 도움을 받았습니다.

이런 그를 이해하려면 그의 일생을 어린 시절을 중심으로 간단하게 보아야 합니다. 그는 꽤 영적인 인간이었던 모양입니다. 왜냐하면 어려서부터 작고한 할아버지의 영혼과 대화를 했다고 하니 말입니다. 또 어린 시절에 여성 천사를 만나 특별한 능력을 부여받았다는 설도 있습니다. 그러나 집안은 넉넉하지 못해 학교에 갈 형편이 안 되어 학력은 고졸 정도에서 그칩니다. 그리고 돈을 벌기 위해 그는 사진관에서 일하는 등 직업 전선에 일찍 뛰어듭니다.

그러다가 그는 어떻게 된 일인지 목소리를 잃게 되어 말을 하지 못하는 병에 걸립니다. 그 병을 치료하는 일환으로 최면을 받게 되는데 그때 그는 자신의 병환 부위인 성대를 볼 수 있는 능력을 발견합니다. 성대는 몸속에 있는 것이니 볼 수 없는 것인데 그가 그것을 볼 수 있었던 것은 아마도 그의 영안이 열렸기 때문인 것 같습니다. 그때 그는 자기의 성대가 잘못되어 있는 것을 발견하고 스스로 성대를 고칩니다. 그 뒤에 당연히 목소리가 되돌아왔지요. 이렇게 몸을 투시하는 것을 '피지컬 리딩(physical reading)'이라고 합니다. 케이시는 이 리딩 능력을 활용하여 최면 상태에서 타인의 몸을 볼 수 있었고 병이 있는 곳을 알아낼 수 있었습니다. 이렇게 해서 이 능력으로 타인의 병을 고치게 된 것이지요.

케이시가 병을 고치는 과정은 이렇게 진행됩니다. 그가 스스로 최면에 빠지면 옆에 있는 사람이 환자의 이름과 주소를 불러줍니다(환자가 케이시 옆에 없어도 치료가 가능하다고 합니다). 그러면 그 상태에서 케이시는 아카샤 레코드라 불리는 우주의 정보 창고에 연결을 시도해 그 환자에 대한 정보를 찾아오는데 거기에는 그 환자가 걸린 병의 원인이나 치유법, 그리고 약에 대한 정보가 담겨 있습니다. 그러면 그는 최면 중에 이 정보에 대해 발설합니다. 그가 최면에서 깨어나면 이 정보를 기억하지 못하기 때문에 옆에서 케이시가 한 말을 적어 놓아야 합니다. 그러면 환자는 그 정보에 따라 치료하면 됩니다. 어떤 경우에는 케이시가 그 치료약이 있는 약국이나 해당 장소까지 가르쳐주기도 합니다. 이 치료 과정에는 믿기 힘든 일들이 일어나는 경우가 종종 있었는데 그것들을 다 보려면 번거로우니 생략합니다.

그런데 케이시가 아카샤 레코드를 찾는 모습을 상세히 전한 사람이 있어 그것을 소개할까 합니다. 조 피셔(Joe Fisher, 1947~2001)라는 미국인이 쓴 『The Case for Reincarnation(환생이란 무엇인가)』라는 책을 보면 이렇게 묘사하고 있습니다. 케이시가 최면에 든 다음 영혼(의식)의 상태로 영계의 어떤 사원에 들어가면 거대한 도서관 같은 큰 방이 있다고 합니다. 거기에는 모든 사람의 언행을 하나도 빠트리지 않고 기록한 책이 있다고 합니다. 여기에서 케이시가 하는 일은 아주 간단합니다. 즉, 그가 알고 싶은 사람의 기록을 꺼내어 보기만 하면 됩니다.

이 이야기는 우리의 일상과 너무 달라 허구처럼 들리지만 불교의 카르마 법칙 이론과 상통하는 바가 있어 놀랍습니다. 앞에서 본 것처럼 불교는 우리가 몸으로, 말로, 생각으로 하는 모든 행위가 허공 법계 혹은 알라야식(제8식)같은 무의식에 저장된다고 주장하는데 이 이야기가 케이시가 말하는 것과 똑같지 않습니까? 다만 케이시의 사례에서는 도서관이라는 구체적인 이미지가 나오는 데에 비해 불교에서는 막연하게 허공이나 무의식에 저장된다고만 한 것이 조금 다릅니다. 그 구체적인 내용은 달라도 우리가 하는 모든 언행이 저장된다는 것은 같은데 같은 점은 여기서 그치지 않습니다. 이 점은 나중에 자세하게 설명하겠지만 이렇게 저장된 우리의 언행은 일종의 업, 즉 카르마가 되어 다음의 생에 심대한 영향을 미친다고 주장하는 점도 케이시와 불교의 입장이 같습니다. 완전히 다른 전통에서 나온 가르침이 이렇게 같은 것은 놀라운 일 아닙니까?

iii. 케이시가 인간이 환생한다는 사실을 발견하다!!

그런데 케이시에게 아주 재미있는 일이 발생합니다. 케이시가 최면을 통해 환자의 일생을 뒤지다 보니 인간에게는 전생이 있고 이번 생의 많은 문제가 전생에 했던 언행에 의해 발생했다는 것을 알게 된 것입니다. 인간이 환생할 뿐만 아니라 전생의 모든 언행이 저장되고 이번 생에 큰 영향을 끼친다는 것을 발견한 것입니다. 이처럼 지극히 불교적인 가르침이 서양 기독교인인 케이시에 의해 발견되었으니 매우 이례적인 일이라고 하겠습니다.

케이시가 이 같은 오래된 진실을 알게 된 것은 대체로 이런 과정을 거친 다음이었습니다. 그가 어떤 사람의 병을 고치려는데 약으로 안 되는 경우가 발생했습니다. 예를 들어 어떤 사람이 악성 비만증에 걸려 고생하는데 이 사람에게는 약이 듣지 않았습니다. 다른 사람들은 약만으로도 고칠 수 있었는데 이 사람은 그게 안 통한 것이었지요. 이상하다고 생각한 케이시는 다시 그 환자의 병을 면밀히 조사해보다가 최면 중에 그만 환자의 전생으로 넘어가고 말았습니다. 그리고 병의 원인이 이 생에서 생겨난 것이 아니라는 것을 발견하게 됩니다. 이 병은 이 사람이 전생에 잘못된 언행을 행했기 때문에 발생한 것이라는 사실을 알게 됩니다. 예를 들면 이런 겁니다. 이 환자는 전생 언젠가 뚱뚱한 사람을 보면서 무지막지한 경멸을 퍼부었다고 합니다. 그게 원인이 되어 이번 생에서는 자신이 비만 환자가 된 것이라는 것이지요. 과보를 받은 것입니다. 이때 그가 내린 처방은 약이 아니라 진정한 참회를 하라는 것이었습니다.

케이시는 이렇게 해서 사람이 윤회 환생한다는 사실을 '새삼스럽게' 알게 되었습니다. 이것은 자신이 아카샤 레코드에서 발견한 것이라 부정할 수 없었습니다. 아카샤 레코드에 나오는 정보는 틀릴 수 없기 때문입니다. 그러나 그는 당황스러울 수밖에 없었습니다. 왜냐면 환생론은 자기가 진리로 생각하는 기독교에서는 인정하지 않는 가르침이었기 때문입니다. 그러나 그는 뒤로 물러서지 않고 다시 한번 기독교를 점검해보기로 하고 바이블을 처음부터 끝까지 읽어보았습니다. 구약의 첫 장인 〈창세기〉부터 신약의 마지막 장인 〈요한계시록〉까지 다 읽어 본 것입니다. 이 작업이 끝난 다음 그는 안도의 숨을 쉬었습니다. 전체 경전 중에 '인간은 환생하지 않는다'라고 말한 부분이 없었기 때문입니다. 그러니까 기독교가 비록 환생론을 대놓고 가르치지는 않았지만 그렇다고 환생론이 명시적으로 틀렸다고도 하지 않았다는 것이지요. 이것은 그의 해석이지만 어쨌든 그는 그 뒤로 자신 있게 환생론을 적극적으로 주장하면서 사람들의 병을 고쳤습니다.

케이시는 초심리학이나 초상현상을 연구하는 분야에서는 거의 성자처럼 칭송되는 거물입니다. 환생과 관련해서 그가 남긴 자료는 전 인류사에서 유례를 찾아볼 수 없을 정도로 방대하고 치밀합니다. 그는 인간의 환생론을 발견한 이래 수천 명이나 되는 환자를 라이프 리딩, 즉 그들의 전생을 읽어내서 병을 고쳐주었습니다.

그리고 그것을 기록으로 남겼는데 다른 사례까지 포함하면 그 사례가 수만 개에 달한다고 합니다. 이 기록은 미국 버지니아비치(Virginia Beach)에 있는 케이시 연구소(Edgar Cayce's Association for Research and Enlightenment)에 보관되어 있습니다. 이 기록은 너무 방대해 일반인들은 접근하기 힘든데 마침 이것을 간결하게 요약해준 사람이 있습니다. 지나 서미나라(Gina Cerminara, 1914~1984)라는 심리학 박사인데 그는 케이시의 방대한 자료 가운데 괄목할 만한 것을 선정해 우리에게 소개해주었습니다. 그의 책은 『Many Mansions(윤회의 비밀)』을 비롯해 몇 권이 한국어로 번역되어 있는데 저도 이 공부를 하면서 많은 도움을 받았습니다. 그의 연구가 아니라면 케이시의 자료를 접할 수 없었다는 점에서 그에게 많은 빚을 졌다고 할 수 있습니다.

지금까지 저는 인간의 환생을 연구하면서 그와 관련된 자료나 연구를 많이 접해보았습니다. 그런데 케이시의 자료처럼 인간의 환생이라는 주제를 구체적으로 다양하게, 그리고 실제 사례를 광범위하게 제시한 것은 본 적이 없습니다. 그래서 그의 연구와 임상 자료는 인류사에서 거의 유일하다고 한 것입니다. 물론 그의 자료들이 검증할 수 없다는 결정적인 한계는 있습니다마는 그럼에도 불구하고 대단히 훌륭한 참고 자료가 되었다는 것은 부정할 수 없습니다.

마지막으로 하고 싶은 말은, 그는 진정한 의미에서 영적인 인간이었던 것 같습니다. 그는 그 많은 환자를 치료하면서도 치료비를 전혀 받지 않았다고 하지요. 그러나 만일 다른 지역으로 가서 치료하는 일이 발생하면 차비 정도는 받았다고 합니다. 이 전언이 사실이라면 그는 영적으로 대단히 뛰어난 사람이 틀림없습니다. 진정으로 영적인 인간은 자기의 일을 할 때 절대로 돈과 얽히지 않습니다. 자신이 한 일의 대가로 돈을 받지 않는다는 것이지요. 이처럼 돈을 멀리하는 것은 쉽지 않은 일로 영적으로 최고의 인간만이 할 수 있는 일입니다. 여러분들도 생각해보세요. 붓다나 예수가 언제 돈을 받고 사람들을 가르치고 치료했습니까? 그분들은 철저하게 무상 보시로 일관했습니다. 이 점을 명심해주시기 바랍니다.

iv. 예언자로서의 에드거 케이시

케이시에 대한 이야기는 얼마든지 더 할 수 있는데 흥미로운 주제가 있어 한마디만 더 하고 설명을 마칠까 합니다. 그가 행한 예언에 대한 것입니다. 그가 '잠자는 예언자'라고 불리는 데에서도 알 수 있듯이 그는 그저 최면사에 불과한 사람이 아닙니다. 그는 일개 술사가 아니라 예언자급에 해당한다는 것이 세간의 정평입니다.

그가 예언자라고 하니까 종교적으로 일정한 경지에 오른 사람으로 보입니다. 이 때문으로 생각되는데 그는 개인만 치유한 것이 아니라 인류의 미래에 대해 괄목할 만한 예언을 남깁니다. 종교가의 입장에서 개인만이 아니라 인류 전체를 상대한 것이지요. 그는 많은 예언을 남겼는데 어떤 것은 매우 정확한 반면, 어떤 것은 부질없이 틀립니다. 먼저 정확하게 예언한 것을 보면, 그는 제2차 세계대전이 발발하기 전에 "독일이 앞으로 이탈리아와 일본과 동맹을 맺고 전쟁을 일으킬 것이다"라는 예언을 남긴 것으로 유명합니다. 이것은 적중한 예언입니다. 이런 게 또 있습니다. 그는 당시 막강한 공산주의 국가인 소련이 몰락하고 공산주의가 사라질 것이라고 예언했는데 이것은 당시로서는 정말로 하기 힘든 예언이었습니다. 거대한 제국이었던 소련이 사라질 것이라고는 누구도 생각하지 못했으니까요.

그런가 하면 터무니없이 틀리는 경우도 있었습니다. 그 대표적인 것이 중국에 대한 예언인데 그는 "중국이 앞으로 기독교 국가가 될 것"이라고 예언했습니다. 이것은 틀려도 한참 틀렸지요? 중국은 21세기 초인 지금도 기독교 국가가 될 가능성은 거의 없어 보이지 않습니까? 그런데 아직도 진위를 가릴 수 없는 예언도 있었습니다. 그 대표적인 것이 "미국 서부 해안과 일본 열도는 지진으로 침몰될 것이다"라는 예언인데 이것은 아직 일어나지 않은 일이지만 어떤 형태로든 이와 비슷한 일이 발생할 가능성이 큰 것 같습니다. 무엇보다도 지질학자들이 이와 비슷한 주장을 하고 있는데 이것은 더 두고 보아야 하겠습니다. 원래 이처럼 국가나 인류 전체를 대상으로 예언하는 것은 틀리는 경우가 많습니다. 이 같은 대상은 규모가 워낙 크기 때문에 변수가 많이 생겨 정확한 예언을 하기가 힘든 것입니다.

어떻든 케이시는 이런 능력 덕에 당시 미국 대통령이었던 우드로 윌슨과도 친분이 있어 백악관에 가서 개인적인 리딩을 해주는가 하면 「섬머타임」이나 「랩소디 인 블루」 같은 가장 미국적인 음악을 작곡한 조지 거쉰과도 친했으며 발명의 아버지라고 불리는 토마스 에디슨과도 친밀한 관계를 유지했다고 합니다. 그러니까 케이시는 당시 미국 사회에서 상당히 저명한 인사였던 게 틀림없습니다. 다시 말해 그는 재야에 있는 그렇고 그런 영능력자가 아니라 주류 사회에서 활동한 인물이라는 것입니다.

v. 미국 사회에 '환생' 돌풍을 일으킨 모리 번스타인

케이시 이후에 미국 사회에 환생론 혹은 윤회론에 대해 돌풍을 일으킨 사람이 있습니다. 앞에서도 다루었지만 최면으로 인간의 환생 문제를 파헤친 『The Search of Bridey Murphy』라는 책을 쓴 모리 번스타인이 그 주인공입니다. 이 책은 당시 미국 사회에서 선풍적인 인기를 얻게 됩니다. 지금이야 이 주제를 가지고 연구도 많이 하고 전문가도 많이 있지만 1950년대 미국은 이 주제에 대해 열린 사회가 아니었습니다. 당시 미국은 환생론을 부정하는 기독교가 지배 종교로 되어 있었으니 그럴 수밖에 없었습니다. 그런 사회에서 번스타인이 환생론을 가지고 돌풍을 일으킨 것은 뜻밖입니다.

모리 번스타인은 본령이 사업가라 이 같은 종교적인 이야기와는 거리가 먼 사람이었습니다. 특히 환생이니 윤회니 하는 동양종교적인 개념은 그에게 조롱의 대상이었습니다. 그런 그가 환생을 주장하는 케이시의 책을 읽었던 모양입니다. 그는 케이시가 주장하는 환생론, 즉 인간이 윤회한다는 주장이 심히 잘못된 것이라고 판단했습니다. 그런데 그는 재밌게도 그것으로 끝나지 않고 앞에서 말한 케이시 연구소를 찾아갔습니다. 직접 연구소에 가서 케이시의 이론이 사기라는 것을 밝히려고 했던 것이지요. 그때 그 연구소는 케이시의 사후 그의 아들이 운영하고 있었습니다. 번스타인은 그곳에서 케이시의 아들을 만났을 뿐만 아니라 케이시가 직접 고친 환자들도 만나서 그들의 이야기를 들었습니다. 이때 번스타인은 자신의 생각을 180도 바꿉니다. 자신이 직접 확인해보니 케이시의 주장이 사실이었다는 것을 알게 된 것입니다.

그는 집으로 돌아와서 케이시의 주장을 실험해보려고 했습니다. 그는 마침 최면을 할 줄 알았기 때문에 자신이 직접 피실험자에게 최면을 걸어 전생을 조사하기로 마음을 먹습니다. 이 과정이 위에 인용한 책에 자세하게 묘사되어 있습니다. 당시 그는 최면을 하면서 녹음을 했고 그것을 그대로 책에 실어 놓았기 때문에 제가 그 책을 읽었을 때 생생함이 전달되어 매우 신선했던 기억이 있습니다. 이때 대상으로 잡은 사람은 루스 시먼스(가명, 본명은 V. Tighe)라는 미국 여성이었는데 그녀를 최면해서 전생으로 생각되는 시기로 보내니 그녀는 전혀 다른 인격으로 나타났습니다. 즉 19세기의 아일랜드 여성인 브라이드 머피로 재탄생한 것입니다. 당시 기록을 보면 그는 머피로 나타난 인격에게 그녀가 어디서 누구와 같이 살고 무엇을 했는지 등에 관해 자세하게 묻습니다. 그리고 그렇게 나온 기록을 가지고 아일랜드 현지에 가서 확인해보니 대체로 맞는 것으로 판명됩니다. 자세한 것은 다 생략하기로 합니다만 당시 이 책이 발매되자 2개월 만에 20만 부가 팔리면서 뉴욕타임스 베스트셀러 목록에 26주 동안 자리를 지켰고 30여 개국에서 번역되는 등 엄청난 인기를 누립니다. 그뿐만 아니라 그해(1956)에는 같은 제목으로 영화로도 만들어졌는데 이 영화는 유튜브에서 쉽게 찾아볼 수 있습니다.

그런데 이런 일에는 반드시 강렬한 비판자가 나타나는 법입니다. 또 환생 자체를 인정하지 않는 미국 사회가 이런 책이 인기몰이하는 것을 그냥 놓아둘 리가 없겠지요. 당시 이 책을 놓고 반박이 거세게 제시되었지만 그걸 여기서 소개할 필요는 없을 것 같습니다. 왜냐하면 이 사건은 학술적인 연구가 아니라 하나의 해프닝처럼 생겼다가 사라져 후대에는 영향력을 발휘하지 못했기 때문입니다. 그저 지난 역사에만 존재하는 사건으로만 남고 그 외의 영향은 찾기 어렵게 된 것이지요.

3. 서양의 의학자들이 연구한 환생론에 대해

지금까지 우리는 현대 서양의 민간에서 환생론이 어떻게 다루어졌는가를 보았는데 사실 이와는 비교도 안 되게 정제된 환생 연구가 이제부터 나옵니다. 이것은 서양의 의학자들이 행한 환생론 연구로 이들의 연구는 학술적으로 이루어졌기 때문에 그 신임도가 앞에서 본 사례와는 천지 차이입니다. 이 의학자들은 서양(미국)의 최고 대학에서 교육받은 사람들이라 이 주제에 접근하는 그들의 태도는 대단히 과학적입니다. 물론 이들의 연구를 비판하고 받아들이지 않는 사람들도 있지만 이들의 연구는 진일보한 것이 틀림없습니다. 게다가 이들의 종교적 배경을 보면 불교 같은 인도 종교와는 아무 관계없는 유대교나 기독교입니다. 그런 그들이 환생론을 주장하니 더 믿을 만합니다.

i. 환생론을 옹호하는 의과학자들의 연구 1: 이안 스티븐슨의 경우

지금부터 인간의 환생 문제를 연구한 대표적인 의사들의 연구를 볼 터인데 이 분야에서 가장 먼저 거론되어야 할 의사는 말할 것도 없이 이안 스티븐슨입니다. 그는 환생학(reincarnation study)의 아버지라고 불릴 만한데 버지니아 대학의 의과대학(정신과)에서 교수직을 수십 년 역임한 당대 최고의 지식인이었습니다.

그는 참으로 특이한 학자였습니다. 아니 유일무이한 학자인지도 모릅니다. 대학에 재직하는 약 40년 동안 오로지 인간의 환생에 관해서만 연구했으니 말입니다. 이 주제만 가지고 이렇게 오랫동안 연구한 학자는 인류 역사 이래 처음일 겁니다. 그런데 그가 윤회를 인정하는 불교나 힌두교 같은 동양 종교에 심취한 것도 아닙니다. 그의 집안은 순수한 백인 집안이라 이 같은 동양 종교와 별 관계가 없습니다. 혹시 그가 신지학회의 사상에 도취한 그의 모친으로부터 영향을 받았을 수 있는데 확실하게 밝혀진 것은 없습니다. 어떻든 이런 배경을 가진 사람이 서구 사회에서 금기시된 인간의 환생론을 그렇게 오랫동안 연구했다니 믿기 어렵습니다.

그런데 그는 미국에서 그저 그런 대학의 교수가 아니라 버지니아 대학이라는 엄연한 주류 대학에서 연구가로서 학술 활동을 했습니다. 보통 인간의 환생과 같은 주제는 주류 사회에서 이탈한 이른바 '아웃사이더'들이 많이 연구하는 주제입니다. 그 때문에 이 주제는 주류 사회에서는 신임을 얻지 못합니다. 그러나 스티븐슨은 대학이라는 제도권 안에서 연구했기 때문에 기존 학계에서도 그를 무시할 수 없었을 것입니다.

그가 인간의 환생에 대해 관심을 갖게 된 배경은 다음과 같습니다. 그의 학문적인 관심사는 원래 개인의 육체적 특징이나 성격적 특징이 어디에서 비롯되었는가에 대한 것이었습니다. 이에 대한 모범답안은 유전자 이론과 환경영향론에서 찾을 수 있습니다. 즉 우리 인간은 각기 다른 유전자를 갖고 있고 다른 환경에서 자랐기 때문에 육체적으로나 성격적으로 다른 특징을 갖는다는 것입니다. 이 이론은 가장 그럴듯한 이론으로 대부분의 사례는 이것으로 설명이 됩니다. 그런데 이 두 가지 요인으로 설명되지 않는 것이 있어 스티븐슨은 이것을 전생으로 추정되는 삶에서 영향받은 것이라고 주장하게 됩니다.

스티븐슨에 따르면 개인의 특질은 적지 않은 경우에 전생으로부터 비롯된 것입니다. 예를 들어 어떤 사람이 머리에 반점이 있는 채로 태어났는데 이것은 유전자나 환경과는 아무 관계가 없습니다. 그런데 스티븐슨이 이 사람을 조사해보니 전생에 머리에 총을 맞고 죽은 것으로 판명되었습니다. 그리고 머리에 있는 반점은 그때 맞은 총알의 자국이라고 합니다. 이것은 참으로 믿기 어려운 주장이지만 스티븐슨은 이것을 증명하기 위해 많은 노력을 했습니다. 그런데 재미있는 것은 그가 대놓고 인간은 여러 생을 거듭해서 태어난다는 환생론을 주장한 것이 아니라는 것입니다. 그는 끝까지 자기 이론이 보편적인 것은 아니고 하나의 설명으로서만 가능하다는 입장을 견지했습니다. 이것은 객관성을 중시한 전형적인 학자의 태도라고 하겠습니다. 그러나 제가 추정하건대 그는 심정적으로는 인간의 환생을 믿고 있는 것이 틀림없습니다.

스티븐슨은 1960년대에 연구를 시작해서 약 40년 동안 지속했는데 이것이 가능했던 것은 흔히들 '제록스 머신'이라 불리는 복사기를 처음 만든 체스터 칼슨이 무려 100만 불을 지원했기 때문입니다. 1960년대 100만 불이라면 지금은 수십 배가 될 텐데 참으로 엄청난 액수의 돈을 후원했습니다. 미국의 재벌들은 취향도 참 독특합니다. 어떻게 인간의 환생론 같은 주제를 연구하는 데에 거액의 돈을 쾌척할 생각을 했을까요? 어떻든 칼슨 덕에 전 인류사에서 유일무이한 연구가 이루어졌으니 여간 고마운 게 아닙니다.

스티븐슨이 전생을 연구하는 방법은 매우 독특했습니다. 그의 연구 대상이 됐던 사람은 주로 어린이였습니다. 그중에서도 자신의 전생을 기억한다고 주장하는 아이가 주된 대상이었지요. 그가 이런 시도를 한 것은 이 아이들이 실토한 것은 검증할 수 있었기 때문입니다. 그는 기존의 역행 최면이나 영매 등을 통해 사람의 전생을 알아내는 따위의 일을 신임하지 않았습니다. 이유는 간단합니다. 검증이 불가능했기 때문입니다. 예를 들어 어떤 사람의 전생이 수천 년 전에 이집트에 살았던 때라고 한다면 이것은 검증할 방법이 없습니다. 그 사람에 대한 기록이 전무하기 때문입니다.

반면에 2~4살의 어린이들이 행한, 전생에 대한 증언은 그가 불과 수 년 전에 인근 마을에서 살았던 전생에 관한 것이라 검증할 수 있었습니다. 가장 전형적인 예를 들어보지요. 어떤 아이가 두세 살 경 말문이 터지자 갑자기 부모를 보고 '당신들은 내 부모가 아니다. 내 부모는 옆 도시인 XX시에 살고 있고 거기에는 내 아내와 자식들과 친척들이 살고 있다'라고 말합니다. 이 아이는 그가 전생에 살았다고 하는 그 도시에는 가본 적도 없고 들어본 적도 없습니다. 그래서 아이의 부모가 그가 발설한 정보를 가지고 그 도시로 가서 확인해보니 대체로 맞는 것으로 판명되었습니다. 나름의 검증 절차를 거친 것이지요.

그러면 스티븐슨이 진행한 조사 과정에 대해서 잠깐 보겠습니다. 연구를 시작한 초기에 그는 인간의 환생이 기본 교리로 되어 있는 불교(힌두교)를 믿는 지역, 즉 인도나 버마(미얀마), 태국, 스리랑카 같은 나라에서 조사 대상을 찾았습니다. 그는 이 지역에 자신의 정보원을 확보하고 혹시 전생을 기억하는 아이가 나오면 연락을 달라고 했습니다. 이 지역에는 이런 아이들이 심심치 않게 나타나 지역 언론에 보고되는 모양이더군요. 어떻든 그런 아이가 나타났다는 소식을 접하면 스티븐슨은 연구팀과 함께 해당 지역에 가서 그 아이와 가족 등 주변 인물을 모두 면담합니다. 그런 다음 그 아이가 주장하는 전생의 가족을 만나 면담하고 이 아이의 증언이 맞는지를 꼼꼼하게 조사합니다. 이렇게 해서 조사가 끝나면 아이의 전생이 틀림없는 것으로 보이는 사례들을 추려서 사례집을 만들었습니다. 그런 과정을 거쳐 펴낸 책이 『Twenty Cases Suggestive of Reincarnation(전생을 암시하는 20가지 사례에 대해)』(1966)와 『Children Who Remember Previous Lives(전생을 기억하는 아이들)』(1987)와 같은 책입니다.

그는 또 『Reincarnation and Biology(환생과 생물학)』(1997)라는 책을 썼는데 이 책은 전생에서 입은 상처가 다음 생에 흔적(반점 등)을 남긴다는 가설을 바탕으로 집필한 책입니다. 그는 이 가설에 부합하는 수백의 사례를 조사하고 분석하여 사례집을 만든 것입니다. 이 책은 두 권으로 되어 있는데 한 권이 천 페이지가 넘으니 얼마나 방대한 책인지 모릅니다. 여기에는 220여 개의 사례가 소개되어 있는데 저는 그 가운데 가장 괄목할 만한 것을 골라 『인간은 분명 환생한다: 이안 스티븐슨의 환생 연구에 대한 비판적 분석』(2017)이라는 책을 써서 스티븐슨의 연구를 비판적으로 소개했습니다. 이 주제에 관심 있는 분은 이 책을 참고하시기 바랍니다.

이 책을 보면 놀라운 사례가 많이 나오는데 예를 들면 이런 것입니다. 어떤 사람이 전생에서 배에 산탄총을 맞고 죽었습니다. 산탄총은 총알이 하나만 나가는 게 아니라 여러 개의 작은 구슬 같은 게 발사되는 총입니다. 그런데 이 사람이 이번 생에 태어날 때 보니 배에 작고 흰 점이 여러 개가 있었습니다. 이게 전생에 총 맞은 흔적이라는 것인데 스티븐슨은 이것을 나름대로 증명(?)합니다. 전생의 사람이 총 맞고 병원에 갔을 때 의사가 남긴 사망 보고서가 그것입니다. 그 보고서가 그때까지 남아 있다는 게 신기합니다. 그런데 그 문서를 보면 그가 총 맞은 자국이 그려져 있는데 그게 이번 생에 태어난 아이 몸에 나타난 흰 점과 일치했다고 합니다. 저는 이 보고서를 스티븐슨의 책에서 보았는데 정말로 아이 몸에 있는 흰 점과 그 생김새가 비슷했습니다. 그렇다고 해도 이런 예들을 믿는 것은 쉬운 일이 아닌데 그의 책에는 이런 사례가 넘칩니다.

여기서 소개하고 싶은 사례들이 더 많지만 지면의 제약이 있으니 예서 그치는 게 나을 듯싶습니다. 그러나 꼭 소개하고 싶은 사례가 하나 있어 그것을 볼까 합니다. 이 사례는 스티븐슨의 제자이자 후계자인 짐 터커 교수가 발굴한 것입니다. 이 사례는 하도 유명해서 MBC TV의 인기 프로그램인 〈서프라이즈〉에서도 방영했습니다. 6살 먹은 미국 백인 아이 이야기인데 그는 비행기가 격추당하는 악몽을 자주 꾸었습니다. 몸에 불이 붙어 뜨겁다고 소리를 지르면서 추락하는 꿈이었지요. 그런데 그는 어린 나이임에도 불구하고 비행기에 대해서 누구보다도 잘 알고 있었습니다. 그러다가 그는 자신이 제2차 세계대전 때 이오지마, 즉 유황도(硫黃島)에서 콜세어라는 미국 전투기를 타고 싸우다 일본군에게 격추당한 조종사 '제임스 휴스턴'이라고 전생 이야기를 발설합니다. 그리고 당시 자신의 동료였던 사람의 이름도 말하는데 천만다행이었던 것은 이 아이의 부모가 그의 주장을 묵살하지 않고 받아들여 조사했다는 것입니다. 그 과정에 우여곡절이 많았는데 자세한 설명은 번거로우니 생략하겠습니다. 그의 부모가 제임스가 전생에 속해 있었던 부대에 가서 확인해보니 제임스가 말한 것이 모두 사실로 드러납니다. 게다가 그는 그곳에서 전생의 동료들도 만나고 전생의 여동생까지 만났다고 합니다.

이 이야기는 이렇게 끝나는데 스티븐슨의 책에는 믿을 수 없는 전생 이야기와 금생 이야기가 넘칩니다. 〈세상에 이런 일이〉 같은 프로그램에 나와도 사람들이 황당해서 믿지 못하겠다고 하면서 손사래를 칠 전생담들이 많이 있습니다. 그런 것들을 여기서 모두 소개할 수는 없고 관심 있는 분들은 앞에서 말한 제 책을 보시기 바랍니다.

i. 환생론을 옹호하는 의과학자들의 연구 2: 브라이언 와이스의 경우

인간의 환생 문제를 연구한 의학자들 가운데 브라이언 와이스는 독보적입니다. 그는 저명한 정신과 의사로서 콜롬비아 대학이나 예일 대학 같은 주류의 의과대학에서 훈련받은 정통파 의사입니다.

여기서 정통파 의사라고 한 것은 그가 유물론적인 서양 의학을 신봉했다는 것을 밝히기 위해서입니다. 배경이 그러했기 때문에 그는 사후생이니 환생이니 카르마니 하는 것들에 대해서 일말의 관심도 없었습니다. 그런 것들은 모두 하류의 종교가들이 주장하는 허무맹랑한 것으로 여겼지요. 참고로 말하면 그는 유대인인데 보수적인 유대인인 것 같지는 않습니다. 그런 그가 인생이 송두리째 바뀌는 체험을 하게 되는데 그것은 캐서린이라는 환자를 만난 다음의 일이었습니다.

캐서린은 전형적인 공포증 환자였습니다. 그녀는 여러 현상에 대해 공포증을 느끼고 있었습니다. 물에 대한 공포나 알약도 못 삼키는 질식 공포, 어둠이나 죽음에 대한 공포 등 그야말로 공포증의 원단 격인 환자였습니다. 나중에 밝혀진 것이지만 이 공포는 모두 캐서린의 전생과 관계된 것입니다. 캐서린이 처음 왔을 때 와이스는 정신과 의사답게 정신의학의 정통요법으로 그녀를 치료했습니다. 그런데 그렇게 18개월이나 치료했건만 별 차도가 없었습니다. 그런 끝에 와이스는 궁여지책으로 정신과 의사들이 잘 쓰지 않는 최면 요법을 적용하기로 하고 첫 번째 최면 치료를 했습니다. 그런데 또 차도가 없어 두 번째 최면에 들어갔는데 그때 느닷없이 캐서린이 자신이 기원전 1863년에 이집트에 살았다고 하면서 당시 사람들의 이름이나 옷, 환경에 대해 소상히 술회하기 시작했습니다. 그 전생 시절에 그녀는 홍수를 겪고 딸과 함께 익사했다고 토로합니다. 물에 대한 공포증은 이때 생겼는지도 모르겠습니다. 최면 중에 또 다른 생을 기억하느냐 물으니 자신은 18세기 중반에 스페인에서 창녀로 살았던 기억이 있다는 말도 했습니다. 이런 식으로 캐서린은 여러 번의 최면에서 다양한 전생을 기억해내는데 여기서 그것을 다 볼 필요는 없습니다. 재미있는 것은 와이스와의 인연인데 그는 기원전 16세기 중반에 그리스에서 캐서린의 스승이었다고 합니다.

그러나 이것만으로는 와이스가 환생을 믿기에는 부족했습니다. 왜냐하면 캐서린이 실토한 전생은 검증할 수 없었기 때문입니다. 그렇지 않습니까? 캐서린이 약 4천 년 전에 이집트에서 살았던 삶을 도대체 어떻게 검증한답니까? 그런 그에게 결정적인 계기가 생깁니다. 캐서린을 최면하는 도중에 태어난 지 20여 일 만에 죽은 와이스의 아들과 아버지의 영혼이 나타난 것입니다. 최면 상태에 있었던 캐서린은 그들에게 와이스의 가족만이 아는 비밀을 발설합니다. 그중에 가장 극적인 것은 와이스의 아들이 희귀한 병에 걸려 죽었다는 것과 그 병의 이름까지 알려준 것입니다. 이것은 캐서린이 절대로 알 수 없는 정보로서 아들(그리고 아버지)의 영혼이 알려주지 않으면 알 수 없는 것입니다. 또 캐서린은 와이스의 딸의 이름이 그의 아버지(딸에게는 할아버지)의 이름을 따서 지은 것이라고 발설했는데 이것도 와이스 가족 외에는 아무도 모르는 일이었습니다. 이런 몇 가지 일을 겪고 와이스는 드디어 전생과 카르마 법칙을 인정하고 본격적인 연구에 들어갑니다.

캐서린은 수십 차례 최면을 받았는데 와이스는 이 과정을 정리해 책으로 출간합니다. 『Many Lives, Many Masters(나는 환생을 믿지 않았다)』(1988)라는 책인데 이 책은 나오자마자 미국에서 베스트셀러가 되었고 곧 많은 외국어로 번역되어 전 세계적으로 환생에 대해 선풍적인 관심을 불러일으킵니다. 그럴 수밖에 없겠지요. 최고의 교육을 받은 백인 의사가 난데없이 환생 혹은 윤회 이야기를 하니 사람들이 귀가 솔깃하지 않을 수 없었을 겁니다. 이 책의 제목을 그대로 번역하면 '많은 삶, 많은 마스터'가 되는데 '많은 삶'은 알겠는데 '많은 마스터'는 조금 생소하지요? 이 마스터는 앞에서 본 대로 현실 세계가 아니라 영혼들의 세계에만 존재하는 스승과 같은 사람입니다. 이들은 지구 학교를 졸업해서 더 이상 환생하지 않고 영계에서 다른 영혼을 돕고 있다고 하지요. 캐서린이 여러 고급 정보를 얻은 것도 이 마스터를 통해서였습니다.

와이스는 이 책을 출간한 뒤 〈오프라 윈프리 쇼〉 같은 대중적인 프로그램에도 출연해 많은 사람들에게 우리 삶의 진실을 알렸습니다. 제가 추정하건대 캐서린의 역할은 이번 생에 와이스의 환자가 되어 자신의 정신적인 문제도 해결하고 와이스의 영혼을 깨워 사람들에게 환생과 카르마 법칙이라는 인생의 진리를 알리게 하는 것 아닐까 합니다. 그는 또 『Only Love is Real(기억)』(1997)이라는 책을 썼는데 이 책은 소울 메이트(soul mate)에 관한 것입니다. 이 책을 소개하는 것은, 영국의 그 유명한 다이애나비가 이 책을 읽고 감명받아 와이스와 만나기로 약속했는데 그만 사고로 죽는 바람에 못 만나게 됐다는 이야기가 전해지기 때문입니다. 어떻든 와이스의 결론은 간명합니다. 우리 모두는 불멸의 존재이고 이 세상에서 지혜로운 사람으로 성장해 신(절대 진리)에게 가까이 가기 위해 태어났다는 것입니다. 그런데 우리에게 필요한 것을 전부 배울 때까지 우리는 계속해서 환생한다는 것을 잊어서는 안 되겠지요? 만일 이 말에 동의한다면 우리는 환생의 횟수를 줄이기 위해 노력해야 할 것입니다.

이제 강의를 마칠 시간입니다. 여기까지 읽어 본 독자들은 인간이 환생한다는 사실을 절실하게 공감할 수 있을 겁니다. 그런데 우리는 여기서 또 엄청나게 중요한 사실에 직면하게 됩니다. 앞에서 간간이 다루었지만 그것은 이 환생을 총체적으로 관장하는 법칙이 있다는 것입니다. 바로 카르마 법칙입니다. 우리 인간은 이 카르마 법칙에 따라 도덕적 완성을 이룰 때까지 환생을 거듭한다고 했습니다. 인간이 도덕적 완성을 이루는 것은 해도 그만 안 해도 그만이 아니라 반드시 이루어야 할 목표입니다. 이 목적을 달성하기 위해 엄청난 노력이 필요한데 카르마 법칙을 제대로 이해한다면 시행착오를 대폭 줄이고 환생의 횟수를 줄일 수 있습니다. 다음 강의에는 인간에게 가장 중요한 법칙이라 할 수 있는 카르마 법칙에 대해 보기로 합니다.

제13강

"카르마 법칙에 대해"

이제 우리의 삶에서 가장 중요한 법칙이라 할 수 있는 카르마 법칙에 대해 보려고 합니다. 카르마 법칙은 이 강의에서 매우 중요한 주제라 마지막에 설명하게 되었습니다. 이 법칙은 앞에서 누누이 말한 대로 수천 년 전에 인도인들이 발견한 것인데 그들이 만든 종교인 불교나 힌두교에서는 정통 교리로 되어 있지요. 이 때문에 이 법칙이 보편적인 진리가 아니라 인도 종교만의 가르침으로 간주되어 왔습니다. 카르마 법칙은 인도 종교를 믿는 사람들이나 주장하는 것이고 기독교나 이슬람교를 믿는 사람과는 아무런 관계가 없는 가르침으로 생각한 것이지요.

그러나 20세기에 들어서서 카르마 법칙과 관련해서 큰 변화가 일어납니다. 서양인들이 이 법칙을 연구해서 그 보편성을 밝혔기 때문입니다. 그런데 이 서양인들은 인도 종교 신봉자가 아니라 기독교나 유대교를 믿는 사람들이었습니다. 앞에서 본 에드거 케이시나 이안 스티븐스, 브라이언 와이스 같은 사람들은 모두 유대-크리스천 배경을 가진 사람입니다. 인도 종교와는 아무 관계도 없는 사람입니다. 이 사람들은, 특히 의학자들은 매우 정교하고 객관적인 방법으로 연구해서 카르마 법칙이 인류에게 보편적으로 해당하는 법칙이라는 것을 밝혀냈지요. 동양에서는 이 법칙을 발견해 놓고 외려 등한시했는데 서양에서 꽃을 피우게 되었으니 매우 이례적이라고 하겠습니다. 그러면 이제부터 이 법칙을 향해 항해를 시작합니다.

1. 카르마 법칙은 삶을 가장 잘 설명해주는 법칙

한국 독자들은 카르마란 단어가 생소할 수 있습니다마는 사실은 매우 친숙한 용어입니다. 가령 '저 사람은 반드시 업보(業報)를 치를 것이다'라는 말을 많이 하는데 여기서 업은 카르마를 번역한 것입니다. 보는 물론 과보를 말하고요. '업보를 피할 수 없다' 혹은 '업보가 돌아왔다'라는 표현도 같은 예입니다. 그런가 하면 아예 전생이라는 용어를 쓰기도 합니다. 즉 '도대체 내가 전생에 무슨 죄를 저질렀다고…' 혹은 '전생에 우리가 원수였나' 혹은 '저 사람은 전생에 나라를 구했나' 하는 표현들이 그런 것인데 이것은 한국인들이 무의식적으로 전생을 인정하고 있는 모습을 보여줍니다.

이런 생각의 뒤에는 '뿌린 대로 거둔다' 혹은 '콩 심은 데 콩 나고 팥 심은 데 팥 난다'라는 식의 인과 법칙이 자리를 잡고 있습니다. 이 인과 법칙을 가장 잘 표현한 것이 바로 카르마 법칙입니다. 카르마 법칙은 앞에서 말한 대로 인간의 삶 전체를 지배하는 궁극의 법칙으로 현재의 삶을 설명하는 가장 좋은 원리입니다. 왜 그런지 한 번 설명해보겠습니다.

우리는 살면서 다음과 같은 질문을 던질 수 있습니다. 나에 대한 모든 것들이 어떻게 해서 형성됐는지에 대한 것 말입니다. 예를 들면 이런 것입니다. 나는 왜 이런 몸과 성격을 갖고 있는지와 같은 의문 말입니다. 누구는 키도 크고 잘 생겼는데 왜 나는 키가 작고 소심하며 겁이 많은지 자문할 수 있습니다. 또 누구는 재능이 많아 돈 많이 버는 가수도 되고 운동선수도 되는데 나는 왜 아무 재주도 없는지에 대해 의문을 가질 수 있습니다. 그런가 하면 나의 사회적 관계나 상태도 모두 의문투성이입니다. 왜 나는 이런 부모 밑에 태어났는지, 또 나는 왜 저런 모친을 만났고 저런 남편을 만났는지, 왜 나는 조실부모하고 온갖 고생을 하면서 살았는지 하는 등도 모두 궁금합니다. 또 나는 사업에 왜 실패해서 빚을 덤터기로 썼는지 등등, 우리 주위에는 이해가 안 되는 일이 너무 많습니다.

앞 강의를 다 들은 분들은 이 의문에 대한 답을 아시겠지요? 이처럼 나의 모든 일이 일어나게 된 배경에는 카르마 법칙이 있고 이 법칙에 따라 우리의 인생이 흘러간다는 것이 그 답입니다. 이 말씀은 우리 인생에서 일어난 모든 것은 모두 내가 그 발생자이자 수혜자라는 것을 의미합니다. 이것이 바로 카르마 법칙이 주장하는 바입니다. 그런데 우리의 인생을 설명하는 이론에는 이 카르마 법칙 말고 그에 필적할 만한 유력한 이론이 또 있지요? '신의 섭리론'이 그것입니다. 모든 것이 신의 섭리에 따라 발생한다는 이론 말입니다.

신의 섭리론은 '모든 것은 신이 주관해서, 혹은 개입해서 생기는 것이다'라는 것으로 유신론을 주장하는 사람이라면 당연히 따라야 하는 세계관입니다. 이 설은 아주 간단하기 때문에 더 이상의 설명이 필요 없습니다. 모든 게 신의 의지에 따라 발생한다는데 거기에 대고 무슨 말을 더 하겠습니까? 내 성격이 이렇고 내 외모가 이런 것은 모두 신이 주신 것이니 무엇이라고 사족을 붙일 게 없는 것처럼 보입니다. 그런데 이 이론은 심대한 약점을 가지고 있습니다. 이 설명으로는 사람 사이에 보이는 다양성과 불평등을 설명하기 힘들다는 것입니다. 예를 들어, 어떤 사람은 신으로부터 많은 선물을 받아 행복한데 나는 왜 그렇지 못한가를 설명하기 힘듭니다. 또 어떤 사람은 좋은 가족이나 훌륭한 재능, 많은 재물, 좋은 인간관계와 같은 좋은 모든 것을 부여받았는데 왜 내게는 그런 게 하나도 없는가도 설명할 방도가 없습니다. 내가 딱히 잘못한 것도 없는 것 같은데 왜 나는 이렇게 불행하게 사는지 알 수 없습니다. 평생을 무던하게 살면서 별 나쁜 짓을 하지 않았는데 다른 사람으로부터 배신을 당한다거나, 큰 병에 걸린다거나, 큰 사고를 당한다거나 아니면 내가 그리도 사랑하는 배우자나 자식이 갑자기 죽는다거나 하는 등등 불행한 사건을 종종 겪습니다. 그런데 왜 이런 일이 생기는지 알 방법이 없습니다. 기독교 같은 유신론적인 종교에서는 이런 것들이 모두 신의 뜻이라고 하는데 이 설명을 받아들이기에는 비합리적인 측면이 많습니다.

모든 게 신의 뜻이라는 이론이 더 통하지 않는 경우가 있습니다. 착한 사람이 고통받는가 하면 악한 사람이 행운을 얻는 일이 그것입니다. 이런 일은 이 세상에 비일비재한데 신이 공평한 존재라면 어떻게 이런 일이 발생하느냐는 것이지요. 대표적인 사례로 어린아이들이 전쟁터 같은 데서 죽어 나가는가 하면 일상에서 유괴되어 고통 받다가 죽는 것을 들 수 있습니다. 그들은 태어난 지 얼마 안 되는 어린 존재입니다. 그들은 죄를 지은 적이 없습니다. 그런데 왜 이들은 이런 끔찍한 일을 당한 것일까요? 신이 공평하다는데 왜 이런 일이 발생하나요? 이런 질문에 유신론자들은 "신의 뜻은 깊고도 깊어 우리 인간은 알 수 없다"라고 답하는데 이 정도 되면 유신론이 아니라 불가지론이 되는 것이지요. 알 수 없다고 스스로 고백했으니 말입니다.

이럴 때 등장하는 것이 카르마 법칙입니다. 마치 구원투수처럼 말입니다. 카르마 법칙의 메시지는 앞에서 본 것처럼 아주 간단합니다. "모든 것은 내게서 시작해서 내게서 끝난다"라는 것입니다. 그러니까 지금 내가 처한 상황이나 겪는 일은 모두 이전에 내가 행했던 것의 결과라는 것이지요. 내가 지금 불행을 겪든 행운을 얻든 모든 것은 내가 이전에 행한 것에 의해 촉발된 것이지 그 외에 다른 요인은 없다는 것입니다. 제가 보기에 이 카르마 이론은 인간사를 설명하는 이론 가운데 가장 나은 설명이 아닌가 합니다. 물론 유신론적인 설명도 나쁜 것은 아니지만 카르마 법칙이 더 포괄적이라 더 나은 이론이라고 하는 것입니다. 자, 그러면 이 카르마 법칙을 조금 더 상세하게 알아볼까요?

2. 카르마 법칙이란 무엇인가?

i. 카르마 법칙이란?

카르마가 구체적으로 무엇인지 알기 위해 먼저 어원을 풀어보기로 합니다. 카르마란 산스크리트어로서 '크리(kri)'에서 비롯되었다고 하지요. 크리는 '(무엇을) 하다

(to do)'라는 뜻으로 영어의 'create'라는 단어가 여기에서 파생했다는 설이 있습니다. 그러니까 카르마는 우리가 어떤 생각을 하거나 행동을 하는 것을 뜻합니다.

카르마는 중국에서 '일'을 뜻하는 업(業)으로 번역되었는데 이것은 (어떤 사건에 대한) 원인으로 이해되었습니다. 그런데 우리가 무엇인가를 하면 그에 따른 결과가 생기기 마련 아닙니까? 이것을 산스크리트어로는 '비파카(vipāka)'라고 하는데 한자로는 보(報)라고 번역했습니다. 합쳐서 '업보'라고 하고 있지요. 이때 '보'는 다시 '업(원인)'이 되어 다른 과보를 만들어내는데 이런 과정을 관장하는 총체적인 법칙을 카르마 법칙이라고 부르는 것입니다. 다른 말로 하면 인과론이라고 할 수 있습니다.

그런데 이 카르마 법칙은 이번 한 생에만 국한되는 것이 아닙니다. 이 법칙을 처음으로 발견한 인도의 종교 천재들은 앞에서 본 것처럼 인간은 태어났다가 죽고 다시 태어나는 것, 즉 환생을 끊임없이 반복한다고 주장했지요. 삼생(三生), 즉 전생, 현생, 내생을 인정한 것입니다. 카르마 법칙은 이 삼생에 걸쳐 적용되는데 그런 의미에서 삼세인과론(三世因果論)이라고도 불립니다. 그런데 이 이론은 단순한 인과론이 아니랍니다. 이 법칙은 대단히 까다롭고 복잡한 것으로 정평이 나 있습니다. 왜냐고요? 여기에 엄중한 도덕률이 포함되어 있기 때문입니다.

과학에서 다루는 인과론은 물리적인 인과론이니 복잡할 것이 없는데 삼세인과론은 여기에 도덕률이 합해지면서 지극히 복잡한 이론이 됩니다. 도덕률은 인간의 의식 혹은 마음과 관계되니 복잡하지 않을 수 없습니다. 따라서 카르마 법칙은 인과론에 도덕률이 올라탄 이론이라고 할 수 있습니다. 그러면 카르마 법칙은 왜 존재하는 것일까요? 카르마 법칙은 인간의 도덕적 완성을 위해서 존재하는 법칙입니다. 인간은 인간성을 완성하기 위해 여러 가지 일을 해야 하는데 그 가운데 도덕적인 완성은 반드시 포함되어야 하는 항목입니다. 인간성의 완성은 도덕적 완성을 떼어 놓고는 가능하지 않기 때문입니다.

ii. 카르마 법칙의 몇 가지 전제조건

카르마 법칙이 유효해지려면 반드시 전제되어야 할 몇 가지 조건이 있습니다. 이 항목이 받아들여지지 않는다면 카르마 법칙은 아무 의미가 없는 것이 됩니다. 다시 말해 어떤 사람이 이 조건을 인정하지 않는다면 그 사람에게는 카르마 법칙이 전혀 통하지 않는다는 것이지요. 이 조건들에 대해서는 이미 앞에서 많이 설명했기 때문에 반복될 수밖에 없는데 복습한다는 심정으로 가볍게 들어주면 좋겠습니다.

첫 번째 조건은 "인간에게는 사후에 존속하는 영혼이 있다"라는 것입니다. 쉽게 말해 인간에게는 영혼이 있다는 것이지요. 여기에 굳이 한 가지 정보를 첨가한다면 인간의 영혼은 '영원'하다는 것입니다. 우리의 육신은 우리가 죽을 때 소멸되지만 영혼은 남아서 원래 상태로 돌아갑니다. 그런데 여기서 알 수 없는 일이 있습니다. 이 내 영혼이 언제 어떻게 생겨났느냐는 것인데 내가 계속 환생을 거듭해서 지금까지 왔다면 언제인지 몰라도 그 시작이 있을 것 아닙니까? 그 시작이 어떻게 됐느냐는 질문인데 이것은 난제 중의 난제라 붓다도 답하기를 꺼렸습니다. 그러니 여기서도 그냥 지나가는 수밖에 없겠지요? 이성적인 사고로는 알 수 없는 문제 같습니다.

그다음 조건부터는 조금 받아들이기 힘든 것들인데 카르마 법칙의 세계에서는 매우 중요한 것입니다. 이른바 '영혼저장설'로 우리가 하는 모든 것은 우리의 영혼에 저장된다는 것입니다. 이 점에 대해서도 앞에서 많이 거론했습니다. 우리는 몸과 입과 마음, 즉 신구의(身口意)로 다양한 일을 합니다. 즉 몸을 써서 일정한 행동을 하고 입으로 일정한 말을 내뱉으며 마음으로 일정한 생각을 합니다. 이런 모든 것들이 우리의 영혼에 저장된다는 설이 이것입니다.

그다음 조건도 수용하기가 어려운 것은 마찬가지입니다. 이것은 인간의 모든 영혼이 서로 연결되어 있다는 것입니다. 우리의 영혼은 물리적인 눈으로 보면 개개의 존재로 보이지만 심층적인 차원에서는 서로 연결되어 있다고 합니다. 에너지로 연결되어 있다는 것이지요. 이때 가장 많이 나오는 비유가 바로 섬입니다. 이에 대해서는 한참 앞에서 근사 체험을 설명할 때 이미 거론했습니다. 섬은 겉에서 보기에는 개개의 존재로 보이지만 바다 밑에서는 서로 연결되어 있다는 것이 그것이지요. 사람들의 영혼도 그처럼 연결되어 있는데 각 영혼은 일정한 에너지로 연결되어 있어 서로에게 영향을 줄 수 있습니다. 이것을 조금 전문적인 용어로 상호연계성(inter-connectedness)이라고 했습니다.

우리 인간은 이렇게 모두 연결되어 있기에 카르마 법칙이 작용할 수 있는 것입니다. 우리가 하는 모든 것은 에너지를 생성합니다. 그리고 그 에너지는 우리와 연결되어 있는 다른 사람에게 은밀하게 전달됩니다. 그러면 그는 그 에너지에 영향을 받아 행동에 변화가 생깁니다. 그 변화는 다시 에너지 형태로 내게 되돌아옵니다. 이것이 우리가 서로 카르마를 주고 받는 양태(樣態)입니다. 이것을 조금 더 쉽게 설명하면, 내가 선의의 마음을 가지면 이 에너지는 인연이 되는 사람에게 전달되고 그는 그에 영향을 받아 선한 생각을 하게 됩니다. 그러나 반대로 악한 생각을 가지면 그것 역시 상대방에게 전달되고 그로 인해 그 사람은 악한 마음을 가질 수 있습니다. 그리고 이 마음은 다시 내게 전달되겠지요.

이것이 바로 '콩 심은 데 콩 나고 팥 심은 데 팥 난다'라는 만고불변의 카르마 법칙, 즉 '삼세인과법칙'입니다. 선하든 악하든 일정한 의식 에너지가 생성되어 연결망을 통해 전달되면 같은 에너지로 돌아온다는 것이지요. 그런데 문제가 있습니다. 이런 일은 거친 물질적 차원이 아니라 매우 섬세한 의식적 차원에서 이루어지는 것이라 일상적인 의식으로는 알 수 없다는 것입니다. 앞에서 이미 언급했습니다마는 조금 더 설명을 해보면, 우리의 의식 깊은 곳에서 일어나는 일은 매일 사용하고 있는 육안(肉眼)으로는 볼 수 없습니다. 그런데 우리에게는 이 눈 말고 제3의 눈, 즉 영안(靈眼), 지혜의 눈이 있습니다. 카르마 법칙이 운용되고 있는 은밀한 모습은 이 영안으로 볼 때만 알 수 있습니다. 이 영안은 앞에서도 말한 것처럼 오랜 명상 수련을 통해서만 얻을 수 있는 아주 귀한 것이라고 할 수 있습니다.

이 영안을 통해 보았을 때 또 확실한 것이 있습니다. 인간은 도덕적으로 완성된 존재가 되어야 한다는 것입니다. 이것 역시 앞에서 잠깐 보았지요? 인간은 인간이 된 이상 인간성의 완성을 위해 나아가야 합니다. 인간성의 완성이라는 것이 무엇인가에 대해서는 많은 논의가 가능하겠지만 여기서는 '인간이 지닌 모든 것의 초월'이라고 간단하게 정의해보지요. 인간에게는 누구나 내재적으로 이 목표를 달성해야 한다는 욕구가 있습니다. 인간은 이 목표를 이룰 때만 궁극적으로 행복해질 수 있습니다. 그리고 우리가 이 지상에 태어난 이유도 바로 이것입니다. 이 목적을 이루기 위해 이 힘든 사바세계에 태어나 살고 있는 것입니다. 그런데 이 멀고 먼 목표로 가려 할 때 먼저 이루어야 하는 것이 도덕의 완성입니다. 인간은 갖고 있는 재주가 아무리 출중해도 도덕적으로 완성되지 않으면 그다음 단계인 지혜의 완성으로 갈 수 없습니다. 그런 의미에서 도덕의 완성은 인간 진화 단계에서 대단히 중요한 것인데 인간을 이렇게 만들어주는 것이 바로 카르마 법칙입니다. 그런 면에서 이 법칙의 중요성은 아무리 강조해도 지나침이 없고 또 그래서 우리는 이 카르마 법칙에 대해 잘 알아야 합니다.

iii. 카르마 법칙은 새로운 도덕률?

카르마 법칙에 대해 잘 알고 있는 사람들은 이 법칙이야말로 21세기의 새로운 윤리라고 주장합니다. 이것은 한참 앞에서 살펴본 에드거 케이시가 주장한 것인데 저도 여기에 동역합니다. 카르마 법칙이 왜 새로운 윤리라고 하는지를 알려면 과거 사정을 조금 알아야 합니다.

과거 인류 사회에서는 사람들에게 무조건 도덕적으로 살라고 종용했습니다. 즉 착하게 살라고 한 것인데 이 일을 가장 많이 권한 것은 종교입니다. 우리가 기독교나 불교 같은 종교를 연상하면 그저 착하게 살고 원수까지 사랑하라고 한 것밖에 생각나지 않을 정도로 기성 종교에서는 착하게 사는 것을 중시했습니다. 그러나 이 종교에서는 우리가 왜 착하게 살아야 하는지 명확한 근거를 제시하지 않았습니다. 그래서 만일 어떤 사람이 "나는 영혼이나 사후세계를 믿지 않으니 착하게 살 필요 없다. 그저 법적인 제재 받는 것만 피하면서 내가 하고 싶은 것을 마음대로 하면서 살겠다"라고 한다면 그 사람을 설득할 만한 방법이 없었습니다. 그렇지 않습니까? 이렇게 제멋대로 아무 일이나 하면서 자기만 편하게 살겠다는 사람을 어떻게 말릴 수 있겠습니까?

이에 대해 카르마 법칙은 무엇이라고 합니까? 아주 간단합니다. 자기가 한 일은 누가 알든 모르든 나중에 고스란히 자신에게 돌아온다고 하는 것이 카르마 법칙의 제언 아닙니까? 그게 이번 생이 될지 다음 생이 될지 모르지만 분명히 그대로 돌아온다는 것입니다. 이것을 조금 달리 표현하면, 내가 남에게 좋은 일을 하면 그 기운이 남에게 갔다가 어떤 형태로든 내게 그대로 다시 전달됩니다. 좋은 기운이 되돌아오는 것이지요. 이것은 나쁜 일을 할 때도 마찬가지이니 더 설명할 필요가 없습니다. 사정이 이러하니 이 이론을 받아들인 사람은 종교가 필요 없을지도 모릅니다. 모든 것이 카르마 법칙으로 돌아가고 있으니 신을 믿거나 붓다를 예배할 필요가 없습니다. 이런 사람들은 자율적으로 도덕적으로 살면서 명상이나 경전 공부를 통해 지혜를 터득하면 됩니다.

그런데 카르마 법칙을 공부할 때 반드시 알아두어야 할 것이 있습니다. 카르마 법칙에서 중요한 것은 의도, 즉 생각이라는 것입니다. 이게 무슨 말인가 하면, 우리가 직접 행동으로 옮기지 않고 의도만 갖더라도 그것은 카르마가 되어 우리의 무의식에 저장된다는 것입니다. 그러니까 우리가 누구를 미워해서 그에게 욕을 하거나 주먹질을 하지 않더라도 속으로 미워하는 마음을 내면 그것 역시 좋지 않은 카르마로 저장된다는 것입니다. 그러다가 나중에 인연을 만나면 그때 그 에너지가 발현되어 우리에게 좋지 않은 일이 일어나게 됩니다. 예수도 비슷한 말을 하지 않았습니까? 그는 '마음속으로 간음하는 것도 간음이다'라고 말한 것으로 유명하지 않습니까? 생각만으로 이성을 간음하는 것도 죄가 된다는 것입니다.

이와 같은 예는 불교의 『현우경(賢愚經)』에도 확실하게 나옵니다. 거기에 나온 예를 보면, A가 사람을 죽이려고 칼로 찔렀는데 사실은 쌀자루를 찔렀습니다. 쌀자루를 사람으로 잘못 본 것이지요. 이럴 때 불교는 카르마가 발생한다고 주장합니다. 사람을 죽이지 않았지만 살인을 하겠다는 생각이 카르마를 만들었다는 것이지요. 그런데 반대로 A가 쌀자루를 점검하려고 칼로 자루를 찔렀는데 그게 쌀자루가 아니고 사람이라 결과적으로 사람을 죽이게 되었습니다. 그럼 이런 경우에 살인에 대한 과보를 받을까요? 불교에서는 '아니'라고 답합니다. 사람을 죽이려는 생각은 조금도 없었기 때문이지요. 이런 일이 실제로 우리 주위에서 일어나지요? 총을 사용하는 사냥꾼이 실수로 동료를 죽이는 경우 말입니다. 동물인 줄 알고 총을 쐈는데 사실은 동료를 쏜 것입니다. 불교는 이런 경우에 살인의 카르마가 생기지 않는다고 주장합니다마는 당사자가 부주의한 데에서 파생하는 부정적인 카르마는 생길 것 같습니다.

iv. 카르마 법칙에 대한 오해

카르마 법칙에 대해 가장 많이 하는 오해는 이 법칙을 징벌로 생각하는 것입니다. 우리는 '내가 지금 이런 고통을 받는 것은 전생에 잘못했기 때문이다'라는 말을 자주 합니다. 이에 대해 선지자들은 전혀 다른 견해를 제시합니다. 지중해의 성자로 불렸던 다스칼로스는 말하길 "인생에 벌이란 없다. 다만 경험만 있을 뿐이다"라고 했습니다.

사실 그렇지 않습니까? 카르마 법칙이란 기본적으로는 작용과 반작용의 법칙에 불과하니 부정적인 것으로 볼 아무런 이유가 없다는 것이죠. 물론 카르마 법칙은 여기서 끝나지 않습니다. 이 법칙은 윤리적 법칙이라고 했습니다. 그래서 이 법칙은 우리가 윤리적으로 잘못된 길을 가면 우리를 저지합니다. 달리 표현하면 우주가 제시하는 삶의 이상적인 태도, 즉 사랑이나 용서, 배려, 협력 같은 태도를 보이지 않으면 이 법칙은 고통을 통해 우리에게 경고하고 원래의 자세로 돌아가게 해줍니다. 그런데 우리가 이 경고를 받아들이지 않으면 카르마 법칙은 또 다른 길을 제시하는데 이 길은 앞에서 제시한 길보다 힘듭니다. 그래서 고통이 심할수록 우리는 자신이 우주의 법칙을 그만큼 위배했다고 생각해야 합니다. 반대로 우리에게 좋은 일이 많이 생기면 그것은 우리가 그동안 우주의 법칙을 잘 따랐다는 징표로 받아들이면 됩니다.

문제는 우리에게 힘든 일이 생길 때입니다. 이때 우리는 좌절하지 말고 이 힘든 일이 왜 생겼는지 따져봐야 합니다. 이런 상황에서 우리가 해야 할 일은 카르마 법칙의 흐름에 저항하지 말고 순순히 따라가는 것입니다. 그러면서 전체 과정을 잘 살피고 이 흐름이 나의 성장과 발전에 어떤 도움이 될 수 있는지 알아보아야 합니다. 이와 관련해 소태산은 경청할 만한 이야기를 남기고 있습니다. 그는 말하길 "이미 지은 복과 화는 편안히 받고 미래의 복락을 위해 꾸준히 노력해야 한다. 그런데 어리석은 이는 억지로 부와 영화를 구하고 가난과 고통을 면하려고 한다"라고 하면서 우리의 각성을 촉구하고 있습니다.

그다음 오해는 카르마 법칙을 결정론으로 생각하는 것입니다. 모든 것이 앞선 원인, 카르마에 의해 정해진다고 주장하는 카르마 법칙은 분명 결정론으로 오해될 여지가 있습니다. 또 언뜻 보면 카르마 법칙은 결정론과 크게 다르지 않습니다. 그런데 굳이 구분한다면, 결정론은 모든 것이 과거에 의해 결정된다고 하는 반면 카르마 법칙은 '결정된다'라고 하지 않고 '모든 것에는 원인이 있다'라고만 말합니다. 또 결정론은 미래가 쉽게 결정된다는 것처럼 말하고 있지만, 카르마 법칙은 미래를 예측하는 일은 그렇게 쉬운 일이 아니라고 주장합니다. 카르마 법칙에 따르면 어떤 일이 발생하는 데에는 수많은 원인이 연계되는데 그것들이 어떻게 조합되어 어떤 결과를 만들어내는지는 예측하기가 대단히 어렵습니다. 이 때문에 미래가 결정되었다라고 말하는 것은 적절하지 않다는 것이지요.

카르마 법칙이 결정론과 결정적으로 다른 것은 윤리적인 요소의 개입 여부입니다. 카르마 법칙은 우리를 도덕적으로 더 나은 사람으로 만들기 위해 절치부심한다고 했습니다. 결정론에는 이 같은 윤리적인 해석이 들어갈 여지가 없습니다. 그저 차가운 이론일 뿐입니다. 이 문제를 더 쉽게 설명하기 위해 예를 하나 들어보겠습니다. 인도의 계급론, 즉 사람을 4~5계급으로 나누는 계급론에 관한 것인데 사람들이 비판하기를 인도인들이 이 불평등한 계급론을 고치지 않으려고 하는 것은 카르마 이론 때문이라고 합니다. 예를 들어 노예 계급인 수드라 계급이 비참하게 사는 것은 그들의 카르마 때문이니 나서서 그들의 처지를 개선할 필요가 없다는 것이지요. 그리고 브라만 계급이나 크샤트리아 계급이 잘 사는 것은 좋은 카르마를 지은 결과이니 그냥 그 부를 누리면 된다고 생각합니다. 그러니 부조리한 사회를 개선할 필요가 없다는 것이지요.

이것은 카르마 법칙을 일차원적, 즉 평면적으로 이해한 것입니다. 카르마 법칙은 여기서 그치지 않습니다. 카르마 법칙은 우리에게 그런 부조리한 현실을 개선하기 위해 노력하는 것이 올바른 태도라고 가르칩니다. 그리고 그렇게 하면 좋은 카르마가 쌓여 본인에게 엄청나게 좋은 결과가 도래할 것이라고 말합니다. 이런 태도는 결정론에서는 결코 발견할 수 없습니다. 결정론에는 윤리적인 요소가 들어가지 않기 때문입니다.

이와 관련해서 논의하고 싶은 것은 결정론과 자유 의지의 문제입니다. 결정론을 주장하는 사람들은 모든 일이 이미 결정되었으니 자유 의지란 없다고 주장하는 반면 자유 의지를 굳게 믿는 사람들은 인간은 모든 일을 자기 자유 의지로 자유롭게 결정할 수 있다고 말합니다. 이에 대해 카르마 법칙은 두 입장이 다 틀렸다고 말합니다. 이것은 복잡한 문제라서 깊게 들어가지 않고 간단하게만 보겠습니다. 카르마 법칙을 따르건 따르지 않던 인간이 자유 의지를 가졌다는 것은 확실하게 보입니다. 원리적으로 인간은 100% 자유롭습니다. 이런 면에서 결정론은 틀렸다고 할 수 있습니다. 그러나 그렇다고 해서 인간이 그 자유 의지를 마음대로 사용할 수 있는 것은 아닙니다. 인간의 자유 의지는 그가 그 전에 한 일에 따라 제약받기 때문입니다. 인간이 하는 일은 어떤 것이든 100% 자유로운 것은 없습니다. 모두 이전 상황에 의해 조건화되어(conditioned) 있기 때문인데 따라서 사안마다 인간에게 주어진 자유의 정도가 다릅니다.

이것을 설명할 때 종종 끈에 묶인 개에 비유합니다. 그 개가 누릴 수 있는 자유는 그 끈의 길이에 비례합니다. 그러니까 끈이 길면 누리는 자유가 그만큼 클 것이고 끈이 짧으면 자유의 범위도 작아집니다. 우리도 마찬가지입니다. 어떤 일은 절대로 피할 수 없는 숙명처럼 다가오는데 이것은 이 일이 완전히 결정되었다는 것을 뜻합니다. 그런데 어떤 일은 우리가 하는 언행에 따라 그 영향을 조절할 수 있습니다. 이런 일은 완전히 결정된 것이 아니고 우리가 어느 정도 자유 의지를 발동해 그 결과를 바꿀 수 있습니다. 이처럼 우리가 하는 모든 일은 상황에 따라 다 다르게 전개됩니다. 세상일에는 'all or nothing'과 같은 것은 없습니다. 모든 것은 상대적이기 때문입니다.

3. 카르마 법칙은 어떻게 작동하나?

지금까지 카르마 법칙이 무엇인가에 대해 보았는데 이제부터는 그 법칙이 실제로 어떻게 작동하는가를 살펴보려고 합니다. 이것까지 보면 우리는 카르마 법칙에 대해서 대강을 알 수 있게 됩니다. 그러나 이것은 큰 얼개만 안다는 것이지 세세한 것까지 전부 파악한다는 것은 아닙니다. 카르마 법칙이 나타나는 모습은 너무 복잡해 그 전모를 아는 것은 불가능에 가깝습니다. 이 점은 붓다도 인정했습니다. 사람의 전생을 다 알 수 있는 신통력(숙명통)을 가진 붓다도 카르마 법칙의 모든 것을 아는 것은 어렵다고 했으니 말입니다. 그러나 그 법칙이 돌아가는 큰 그림은 어렵지 않게 그릴 수 있습니다. 이제 이번 장을 정리하면서 카르마 법칙이 운용되는 구체적인 모습에 대해 볼까 합니다.

카르마 법칙이 작동하는 모습은 말할 수 없이 다양합니다마는 대체로 3가지 범주로 분류할 수 있을 것 같습니다. 이것은 카르마의 속성이 나타나는 모습이라고 할 수 있지요. 이것을 차례로 보면 '① 연속성, ② 직접적인 되갚음 (혹은 대갚음),

③ 간접적인(상징적인) 되갚음 (혹은 대갚음)'으로 정리할 수 있습니다. 이 세 가지 양태를 보면 카르마 법칙이 어떻게 운용되는지 그 실태를 알 수 있을 것입니다.

i. 카르마 법칙의 속성 1: 연속성

이것은 개인이 전생에 갖고 있었던 여러 특성이 이번 생에도 연속되는 경우를 말합니다. 사실 사람이 여러 생을 사는 모습을 보면 전생의 속성이 계속 이어지는 경우가 제일 많은 것 같습니다. 우리가 우주의 질서에 어긋나지 않은 생각이나 행동을 한다면 카르마 법칙은 굳이 간섭하지 않습니다. 예를 들어 내가 전생에 기독교를 열렬히 믿었다면 이번 생에도 기독교도가 될 확률이 높습니다. 이것은 도덕적인 것과 아무 관계가 없으니 카르마 법칙이 나서서 당사자에게 종교를 바꾸라고 할 이유가 없습니다.

케이시나 스티븐슨 같은 대가들에 따르면 우리의 능력이나 소질, 종교, 인종, 혹은 성에 대해 가졌던 태도 등은 전생의 것을 그대로 따라가는 경우가 많다고 합니다. 그뿐만이 아닙니다. 내향성이나 외향성 같은 성격의 특징들도 생을 넘나들면서 계속된다고 합니다. 그러니까 내가 전생에 외향적으로 살았다면 이번 생도 그렇게 될 확률이 높다는 것이지요. 이것은 상식적으로 생각해보아도 알 수 있지 않을까 싶습니다. 전생에 외향적으로 살면서 그것과 관계된 카르마를 많이 지었을 테니 이번 생에 그 카르마를 가져왔다면 다시 한 번 외향적인 인생을 살게 된다는 것이지요. 물론 정반대의 경우도 가능합니다마는 이것보다는 한 가지 성향이 지속되는 일이 더 흔하게 일어나는 것으로 보입니다.

능력이나 소질의 경우도 비슷합니다. 전생에 하던 일을 금생에 계속해서 하는 경우가 다반사라는 것입니다. 이때 전생에 했던 일과 꼭 같은 일을 할 수도 있겠지만 그와 비슷한 유의 일을 하는 경우도 많습니다. 이런 예는 부지기수로 많아 그 예를 다 소개할 수 없습니다. 독자들의 이해를 돕기 위해 스티븐슨의 책에 나오는 예 하나를 들어보겠습니다. 직전 생에 비행기 조종사였던 친구가 있었습니다. 그런데 제2차 세계대전 때 영국 공군 조종사로 참전했다가 스리랑카 근처에서 일본군의 포격을 맞고 추락해 죽습니다. 그런 다음 그는 영국인으로 다시 태어나지 않고 스리랑카에서 환생해서 '란지트 마칼란드'라는 이름의 스리랑카 사람으로 살아갑니다. 그런데 그의 이번 생 직업이 재미있습니다. 자동차 정비공을 했으니 말입니다. 그는 전생에 전투기 조종사였으니까 아마 엔진 같은 기계에 해박했을 겁니다. 그래서 이번 생에도 비슷한 환경을 찾았을 겁니다. 그러나 그의 신분으로는 스리랑카에서 비행기와 관계된 일을 하기 힘들었던 모양입니다. 대신 비행기와 같은 기계이며 엔진을 다루는, 자동차를 수리하는 일을 하게 된 것 아닌가 하는 생각을 해봅니다.

성별도 재미있습니다. 저는 스티븐슨의 이론을 공부하기 이전에는 우리가 환생할 때 성별을 바꾸어 태어나는 경우가 많은 것으로 알고 있었습니다. 이유는 생을 바꿀 때 다른 성을 택하면 체험의 폭을 넓힐 수 있을 것이라는 생각 때문이었습니다. 그런데 스티븐슨이 보고한 내용은 그렇지 않았습니다. 그에 따르면 성별을 바꾸어서 태어나는 경우는 약 15%에 불과합니다. 이것은 조금은 의외의 결과인데 이해하지 못할 바는 아닙니다. 이번 생에 지녔던 성이 편하니까 계속해서 같은 성을 유지하려는 것 아닐까 합니다. 사실 저도 다음 생에 또 태어난다면 다시 남성으로 태어나면 좋겠다는 바람을 갖고 있습니다.

ii. 카르마 법칙의 속성 2: 직접적인 되갚음

그다음은 되갚음에 대한 것인데 여기서부터 카르마 법칙의 진면목이 드러난다고 하겠습니다. 콩 심은 데 콩 나고 팥 심은 데 팥 난다는 말이 실감 날 테니 말입니다. 이것은 우리가 우주의 원리에 위배되는 행동을 할 때 카르마 법칙이 작동하는 모습을 보여줍니다. 어떤 사람은 되갚음 대신에 보복이라는 용어를 쓰기도 합니다. 이 용어가 틀린 것은 아니지만 카르마 법칙은 중립적인 법칙이라 굳이 보복이라는 용어를 쓸 필요가 없습니다. 여기에는 또 두 종류의 되갚음이 있는데 '직접적인' 되갚음과 '상징적인' 되갚음이 그것입니다.

먼저 직접적인 되갚음부터 보기로 하지요. 이것은 다른 말로 부메랑적인 되갚음이라고도 합니다. '부메랑'이라는 용어에서 잘 알 수 있듯이 이것은 전생 어느 때인가 자기가 타인에게 행한 것을 이생에 고스란히 돌려받는 것을 말합니다. 나쁜 짓을 저지르고 그 뒤에 회개나 반성 등과 같은 행위를 하지 않았다면 그 카르마는 고스란히 자신에게 돌아옵니다. 마치 잘못된 주소로 편지를 보내면 그대로 자기에게 돌아오듯이 말입니다. '콩에는 콩, 팥에는 팥'이라는 공식이 딱 맞는 경우이지요.

이 경우는 단순해서 이해하는 데에 문제가 없습니다. 예를 들어 이전 생에 내가 사람을 죽였으면 이번 생에 죽임을 당하는 것이나, 또 이전 생에 남의 돈을 훔치거나 떼어먹었다면 이번 생에는 그만큼 뜯기는 것 등이 그런 예에 속한다고 하겠습니다. 그 반대도 마찬가지입니다. 내가 이전 생에 다른 사람을 금전적으로 돕고 그 돈을 회수하지 않았다면 이번 생에 그만큼의 돈을 얻게 되는 것 같은 것 말입니다. 복권 당첨처럼 본인이 하등의 노력도 하지 않았는데 거액의 돈이 들어오는 것도 이런 식으로 설명할 수 있습니다. 복권이 당첨되어서 거액의 돈을 손에 거머쥐면 우리는 그것을 횡재라고 생각하기 쉬운데 카르마 법칙의 관점에서 보면 다르게 보일 수 있습니다. 예를 들어, 어느 전생인가 지인에게 큰돈을 빌려주었는데 그것을 받지 못하고 그 생을 마쳤습니다. 그런데 그게 이번 생에 복권 당첨과 같은 식으로 내게 되돌아왔다고 해석할 수 있는 것이지요. 이 해석은 진위를 떠나서 하나의 가능성으로 생각해 본 것입니다.

카르마 법칙의 직접적인 되갚음 양상을 더 잘 이해하기 위해 소태산이 제시한 예를 들어보겠습니다. 그는 인과론에 관심이 많아서 매우 좋은 예시를 제공하고 있어 우리의 흥미를 자아냅니다. 우리가 대중 앞에서 다른 사람을 근거 없이 창피를 주면 그에 상응하는 업보를 받아야 하는데 소태산은 그 과보에 대해 아주 구체적으로 말하고 있습니다. 그에 따르면 이런 사람은 그 일 때문에 다음 생 언젠가 얼굴에 흉한 점이 생겨 활발하게 살지 못하게 된다고 하더군요. 다른 사람의 얼굴을 화끈거리게 했으니 그 과보로 이번 생에는 자신의 얼굴이 그 열을 받아 벌건 점이 생긴다는 것이지요. 그의 예시는 이어집니다. 남에게 애매모호한 말을 많이 하여 그 사람의 마음을 많이 상하게 한 사람은 내세에 가슴앓이를 앓게 된다고 하고 또 남의 비밀을 엿보거나 엿듣기를 좋아하는 사람은 내세에 사생아로 태어나 천대와 창피를 당할 것이라고 합니다. 이 같은 소태산의 해석은 구체적이라 좋습니다.

케이시도 같은 예를 제시하고 있어 흥미롭습니다. 한번은 케이시에게 극도의 비만 여성이 내원해서 비만 문제를 해결해달라고 부탁했습니다. 케이시가 이 여성을 '라이프리딩'하자 그녀는 먼 전생에서 어떤 뚱뚱한 사람을 있는 힘껏 경멸한 것이 드러났습니다. 다른 사람을 경멸하는 것은 그 이유가 어떻든 우주 법칙에 어긋나는 것이기 때문에 이것을 교정하고자 카르마 법칙이 개입했습니다. 카르마 법칙은 그녀가 뉘우칠 수 있는 기회를 주기 위해 이번 생에 그녀를 뚱보로 만든 것입니다. 카르마 법칙이 그녀에게 뚱보로 사는 게 얼마나 힘든지 겪어보라고 부메랑적인 처방을 한 것입니다. 이런 경우는 어떤 약도 듣지 않습니다. 오로지 자신의 과오를 진정으로 참회해야 이 병을 낫게 할 수 있습니다. 케이시는 그녀에게 진정으로 참회하라고 권했는데 그 결과는 케이시가 전하지 않아 잘 알지 못합니다. 그러나 그녀가 진정으로 뉘우쳤다면 분명히 완치했을 거라고 확신합니다.

그런가 하면 공포증, 즉 포비아(phobia) 증세도 전형적인 부메랑적인 되갚음의 사례라고 할 수 있습니다. 폐소공포증이나 고소공포증, 또 특정한 사물(물, 뾰족한 것, 동물 등)에 대한 공포증은 전생과 관계되는 것이 적지 않은 것 같습니다. 앞에서 든 와이스의 환자 캐서린은 물에 대한 공포증을 갖고 있었는데 그것은 그녀가 전생 언젠가에 홍수로 인해 물에 빠져 죽었기 때문이라는 진단이 내려졌습니다. 마찬가지로 전생에 아주 좁은 감옥에 있다가 죽은 사람은 이번 생에 폐소공포증에 걸릴 확률이 높다고 할 수 있습니다. 그래서 이런 사람은 승강기처럼 창문이 없고 좁은 공간에 들어가는 것을 매우 꺼릴 수 있지요. 그런데 카르마 법칙에 대해 말할 때 주의할 것이 있습니다. 이번 생의 문제를 모두 전생으로 돌리지 말라는 것입니다. 가능한 한 이번 생 안에서 설명하려고 노력해보고 정 그게 안 되면 전생으로 가는 것이지 무턱대고 전생을 가져다 설명하는 일을 하지 말자는 것입니다.

iii. 카르마 법칙의 속성 3: 간접적인 되갚음

세 번째 설명입니다. 이것은 과보가 직접적으로 오는 것이 아니라 간접적으로 오는 경우입니다. 원인과 결과가 같은 부메랑식의 되갚음이 아니라 원인과 과보가 다르게 나타나는 경우이지요. 다른 식으로 표현하면 이것을 '상징적인' 되갚음이라고도 할 수 있습니다. 과보가 나타나는 모습이 직접적인 것이 아니라 상징적인 모습으로 나타나기 때문입니다.

이 사례로 제가 많이 드는 것은 태어나면서부터 듣지 못하는 사람의 예입니다. 만일 이 과보가 직접적인 것이라면 그는 전생에 어떤 사람의 귀를 멀게 했을 겁니다. 그래서 이번 생에는 자신이 그 일을 당하는 겁니다. 그러나 만일 그가 간접적으로 과보를 받은 것이라면 그때는 그 원인 되는 사건이 반드시 다른 사람을 청각장애자로 만든 것은 아니고 다른 가능성이 있습니다. 케이시에 따르면, 전생에 어떤 사람이 당사자에게 절실하게 도움을 청했는데 그것을 거절하면 당사자는 이번 생에 귀가 멀 수 있다고 하더군요. 이런 일은 왜 생기는 것일까요? 이것은 카르마 법칙이 당사자에게 일종의 교육을 하는 것인데 다른 사람을 돕는 것은 해도 그만, 안 해도 그만인 것이 아니라 인간으로서 반드시 해야 하는 일인데 그것을 거절했으니 그 보복(?)으로 귀를 멀게 한 것입니다. 귀라는 것은 그럴 때 다른 사람의 말을 잘 들으라고 있는 것인데 그렇게 하지 않았으니 그런 귀는 필요 없다는 식 같습니다. 그래서 본인은 평생 불편함을 겪으면서 다른 사람의 화급한 청을 거절한 것이 얼마나 비도덕적인가를 알라는 것이겠지요. 그런데 여기서 노파심이 생기는군요. 이 글을 읽고 모든 청각장애인이 그런 전생을 가졌다고 오해할까 봐 다소 걱정이 됩니다. 위의 경우는 하나의 예에 불과하니까 확대해서 적용하지 마시기를 바랍니다. 이 카르마 법칙의 세계는 너무나도 복잡해 그 세세한 운용의 모습은 확실하게 알기 힘듭니다.

또 다른 예를 들어볼까요? 케이시가 치유한 한 소년의 예인데 실화이기 때문에 더 가슴에 와 닿을 겁니다. 11세인 이 아이는 2살부터 야뇨증으로 고생을 했습니다. 매일 밤 자다가 오줌을 쌌으니 아마 미칠 지경이었을 겁니다. 고치다 고치다 안 되니까 마지막으로 케이시를 찾아왔습니다. 케이시가 이 아이의 라이프 리딩을 했더니 이번 생과 관계된 전생은 그가 청교도 시대 때 살았던 생으로 그때 그는 마녀재판을 주도한 인물이었다고 합니다. 당시 그는 여러 여성을 마녀라는 누명을 뒤집어씌워 죽였는데 죽일 때 이 여성들을 의자에 묶어 연못에 던졌다고 합니다. 그렇게 해서 그녀들을 익사시켜 죽였는데 그는 이 일을 마지못해 한 것이 아니라 앞장서서 적극적으로 한 모양입니다. 이번 생에 야뇨증으로 고생하는 것은 바로 이 악행에 대한 과보라고 합니다. 만일 그가 직접적인 과보를 받았다면 이번 생에 그는 그저 물에 빠져 죽는 것으로 끝났을지 모릅니다. 그런데 그렇게 깨끗하게(?) 한 번에 죽기에는 죄질이 위중했는지 더 지루하고 고통스러운 과보를 받은 것 같습니다. 게다가 한 사람에게만 한 것이 아니라 여러 사람에게 못된 짓을 했으니 한 번 물에 빠져 죽는 것으로는 그 죄를 다 탕감할 수 없었을지도 모릅니다.

그래서 카르마 법칙은 간접적인 방법으로 그에게 응징을 가한 것인데 그래도 원인과 결과가 물과 관계되어 있으니 양자 간에 모종의 연관성이 보입니다. 전생에 사람을 물에 빠트려 죽였는데 그 과보로 현생에 매일 물(오줌)에 지려 살게 되었으니 말입니다. 매일 잘 때마다 오줌을 싸는 것은 당사자에게는 엄청난 스트레스였을 겁니다. 매일 밤에 잠을 자기가 두려웠을 테니 말입니다. 또 매일 그 뒤치다꺼리하는 것도 큰일이었을 겁니다.

그런데 치유법이 독특했습니다. 당사자가 잘 때 그의 모친이 그의 귀에 대고 "너는 친절한 사람이고 많은 이를 행복하게 해줄 것이며 모든 이를 도와줄 것"이라고 한 것이 전부이니 말입니다. 이 말을 들은 이 아이는 병을 고쳤을 뿐만 아니라 장성해서는 실제로 선한 일을 많이 했다는 후문이 들리는데 그 자세한 상황은 잘 모릅니다. 그런데 저는 이 사례에서 야뇨증이라는 벌이 조금 가벼운 것 아닌가 하는 생각이 듭니다. 다수의 사람을 그렇게 잔혹하게 죽였는데 '기껏 밤에 오줌 싸는 것이라니요' 하는 생각이 드는데 전체적인 그림을 잘 모르니 단언해서 말할 수는 없습니다. 왜냐하면 그는 다른 생에 또 다른 방법으로 응징을 받을 수도 있기 때문입니다. 제 생각으로는 이런 사람은 여러 생에 걸쳐 무거운 징벌을 받아야 할 것 같은데 그 같은 전모는 붓다 같은 깨친 이나 알 수 있는 것이니 우리 범부들은 가만히 있는 게 나을 듯합니다.

이 같은 예는 끊임없이 들 수 있는데 극적인 예 하나만 더 들고 마쳐야겠습니다. 이것은 다른 사람을 경멸하고 오만에 빠지는 것이 얼마나 엄청난 과보를 가져오는지를 보여주는 예입니다. 사람을 무시하는 것은 사람을 때리거나 죽이는 것보다 더 무거운 응징을 가져오는 것 같습니다. 다음의 예는 케이시가 제시한 것으로 당사자의 물리적 상황을 보면 더 이상 나쁠 수가 없을 것 같습니다. 30대의 젊은 여성 이야기인데 그녀는 태어나면서부터 척추장애인(꼽추)이었고 소아마비를 앓아 다리가 불편했습니다. 부친은 그녀를 자녀 취급을 하지 않고 그녀가 조금 번 돈을 제멋대로 가져가 마구 썼다고 합니다. 그렇게 살다가 그녀는 계단에서 굴러 떨어져 굽은 등뼈를 또 다칩니다. 결혼을 약속했던 남자들도 죽지 않으면 도망가는 등 뭐 한 가지 잘 되는 일이 없었습니다. 이 여성은 장애가 심한 나머지 어떤 식으로든 고쳐볼 심산으로 케이시를 찾아온 모양입니다. 그런데 케이시가 그녀의 전생을 조사해보니 가관이었습니다.

이번 생과 연관이 되는 전생은 그녀가 로마 시대에 살던 때라고 합니다. 그때 그녀는 높은 계급의 귀족이었는데 즐겨 했던 일이 투기장의 특등석에 앉아 사람들이 싸우는 것을 보는 것이었답니다. 그런데 그냥 보기만 하면 문제가 없었을지 모르는데 싸우는 사람들을 한껏 경멸하고 놀리면서 보았다고 합니다. 그런데 그 일도 한두 번 한 게 아니라 일상적으로 했다고 하니 그 죄가 얼마나 크겠습니까? 바로 이 악행에 대한 대가로 이번 생에 이런 고된 삶을 살게 된 것입니다. 특히 그녀가 이번 생에 지니고 사는 처참한 몸이 바로 그때 싸우면서 다친 사람의 몸과 같은 것으로 보입니다. 싸우던 사람들의 몸이 찢기고 잘려 나가는 등의 모습이 그대로 이 여성의 몸에 나타난 것이라는 것이지요. 검투장에서 사람들은 죽을 지경이 되어 피를 튕기면서 온몸이 찢겨나가는 고통을 받고 있는데 당사자는 그게 재미있다고 하면서 박수를 쳤으니 그 오만과 어리석음, 생명에 대한 무관심과 무연민 등등 인간으로서 해서는 안 되는 짓을 보인 것입니다. 그래서 그녀의 몸 상태가 피해자들과 똑같이 되어 그들이 느끼던 고통을 느껴보라는 것이지요.

iv. 에필로그

여기까지가 카르마 법칙이 운용되는 실상입니다. 이에 대한 사례는 얼마든지 더 있지만 이 책이 카르마 법칙만 다루는 책이 아니니 여기서 그치기로 합니다. 더 관심 있는 독자는 제가 카르마 법칙만 다룬 책(『Karma Law』)을 참고하시기 바랍니다. 그와 더불어 제가 이안 스티븐슨의 연구를 분석하고 쓴 책(2017)을 주목했으면 좋겠습니다. 저는 이 강의를 정리하면서 우리가 일상적으로 많이 하는 말 가운데 카르마 법칙의 입장에서 보면 영 잘못된 것에 관해 잠시 볼까 합니다. 이에 대해서는 다른 저서 『인생은 '공수래공수거'가 아니다—카르마 법칙이 파헤친 일상적 표현의 허구성(2024)』에서 다루고 있으니 이것을 참고하시기 바랍니다.

이 책에서 저는 우리가 일상적으로 쓰는 표현 가운데 언뜻 보면 멋있는 표현 같지만 카르마 법칙의 입장에서 보면 사실에서 멀리 떨어진 것들을 골라 그렇게 된 사정을 알아보았습니다. 그중에서도 대표적인 것을 꼽으라면 '공수래공수거'를 들 수 있습니다. 이 말은 사람들이 인생을 초연했다는 식으로 말할 때 많이 하는 표현이지요. 우리가 태어날 때 맨손으로 왔다가 죽을 때 맨손으로 가니 매사에 집착하지 말고 살라는 이야기이겠지요. 그런데 이것은 물질적인 면에서만 맞는 말이고 카르마 법칙의 입장에서 보면 전혀 사실이 아닙니다. 외려 반대이지요. 왜냐면 우리는 태어날 때 엄청난 카르마를 갖고 태어나고 죽을 때에도 엄청난 카르마를 갖고 가기 때문입니다. 죽을 때는 그 생애 동안 행한 일이 모두 카르마로 저장되어 있을 테니 더 많은 카르마가 생겼겠지요. 그래서 우리 인생은 '공수래공수거'가 아니라 '만(滿)수래 만(滿)수거', 즉 '가득 찬 손으로 왔다가 가득 찬 손으로 간다'가 맞는다고 하겠습니다.

　이와 비슷한 것은 그 외에도 많은데 하나만 더 들어보지요. 1970년에 유행했던 노래지만 젊은 세대도 어느 정도는 아는 「모닥불」이라는 노래가 있지요. 이 노래는 제가 대학 다니던 1970년대에 많이 부르던 것입니다. 특히 바닷가 같은 데에 캠핑 가면 꼭 이 노래를 부르곤 했습니다. 그 가사 중에 '인생은 연기 속에 재를 남기고 말없이 사라지는 모닥불 같은 것'이라는 것이 있습니다. 꽤 멋있게 들리지만 사실은 여전히 물질주의에 빠진 허무론이라고 할 수 있습니다. 죽으면 끝이라고 하니 얼마나 허무합니까? 그러나 이 책을 읽은 여러분들은 이런 생각이 맞지 않는다는 것을 금세 아시겠지요? 육신이라는 것은 이 지상에서 살기 위해 필요한 것이라 지상에서의 삶이 끝나면 소멸됩니다. 그러나 영은 남습니다. 아니 원래 영으로 존재했기 때문에 원래의 상태로 돌아간 것이라고 할 수 있지요. 불교에는 '영'보다 더 나은 용어가 있지요? 불교에 따르면 인간은 '영식(靈識)의 존재입니다. 영인데 의식이 있는 존재'라는 것이지요. 그에 비해 동물은 '영은 있겠지만 식은 없다'고 할 수 있습니다. 의식이라는 것은 인간에게만 있는 것이기 때문입니다.

강의를 마치며

드디어 인간의 죽음에 관한 모든 것을 훑어본 강의가 끝났습니다. 참으로 긴 여정이었습니다. 이제 정리하면서 마무리를 하려고 합니다. 어떻게 죽음을 맞이하고 죽음 이후의 삶을 준비해야 하는지에 대해 요점 정리를 해보려 합니다.

죽음과 관련해서 지금 이 지상에 살고 있는 우리에게 가장 중요한 것은 죽을 때까지 건강하게 살아야 한다는 것입니다. 세간에서는 '9988234'라는 공식으로 이 상황을 표현하고 있지요. 이것은 잘 아시는 것처럼 '99살까지 88하게 살다가 2~3일 앓다가 4(死), 즉 죽는' 것이 가장 바람직하다는 것입니다. 그런데 이 말의 취지는 알겠지만 이것은 실제로 일어날 수 있는 일은 아닙니다. 이렇게 죽는 사람은 거의 없기 때문입니다.

이것은 우리가 상상하는 좋은 죽음을 말하는 것인데 실제로는 어떤 죽음이 가장 바람직한지 알아보면서 강의를 마칠까 합니다. 실제로 일어날 수 있는 좋은 죽음이란 몇 살이 되든 죽기 한 달 정도 전까지 건강하게 살다가 2~3주 정도 앓다가 가족들이 보는 앞에서 영면하는 것이라고 할 수 있습니다. 일단 죽기 직전까지 건강하게 사는 것이 중요합니다. 건강하게 사는 방법에 대해서는 여기서 구체적으로 논할 필요는 없을 겁니다. 개인마다 그 방법이 다를 테니까요. 어떻든 지속적인 운동과 음식 조절, 그리고 즐겁게 할 수 있는 일의 확보 등이 필요하겠지요. 이것은 여러분들이 알아서 강구하시기 바랍니다.

그런데 제가 여기서 2~3주 정도는 아프다가 가는 게 낫다고 했지요? 이유는 간단합니다. 남아 있는 가족들과 이별의 시간을 갖기 위해서입니다. 그런데 노인들은 자다가 죽는 것을 제일 선호한다는 말이 있지요? 이 사정은 충분히 이해할 수 있습니다. 아파서 괴로워하다가 힘들게 죽는 게 싫어서 그런 것이지요. 그래서 일본에는 일명 '꼴깍사'라는 절이 있다고 하지요? 그 절에 영험한 불상이 있는데 거기에 대고 빌면 자다가 '꼴깍' 가게 해준다고 해서 꼴깍사라고 부른다는 것 아닙니까? 이 같은 노인들의 심정은 이해됩니다마는 이렇게 죽으면 여러 문제가 생긴다고 했습니다. 우선 아직 헤어질 준비가 되어 있지 않은 가족들이 충격을 받습니다. 어제까지도 잘살고 있던 어머니가 오늘 아침 갑자기 시신으로 발견되면 자식들이 얼마나 놀라겠습니까? 이별할 준비는커녕 마지막 인사도 하지 못하고 보냈으니 얼마나 황망하겠습니까? 이 때문에 2~3주를 아프다가 가라는 것입니다. 이 기간에 유족들과 충분한 의사소통을 하면서 이별 준비를 차곡차곡 하라는 겁니다. 같이 살면서 좋았던 이야기, 여행 갔던 이야기 등 추억을 하나나 새기면서 서서히 보내드릴 준비를 하는 겁니다.

이것은 본인에게도 적용됩니다. 수십 년을 이곳에서 살았으니 얼마나 많은 사연이 있겠습니까? 그래서 자신의 생을 되돌아보면서 마음을 정리하는 시간을 충분히 가져야 합니다. 또 자신이 잘못한 사람이 있으면 그 사람을 불러서 용서를 구해야 합니다. 그런가 하면 반대로 자신이 앙심이나 좋지 않은 마음을 품고 살았던 사람이 있으면 그럴 때도 마음을 푸는 일을 해야 합니다. 이 생에서 마지막을 맞이할 때 내 마음에 맺힌 것이 하나도 없는 채로 가는 것이 좋기 때문에 그렇게 하라는 것입니다.

이렇게 이승의 일을 정리하면서 그와 더불어 육신을 벗고 가게 될 새로운 세계에 대해서도 관심을 가져야 합니다. 아무 생각 없이 있다가 갑자기 영혼들의 세계에 가는 것보다 그 세계를 생각하면서 맞이할 준비를 하는 게 유익하겠지요. 이것은 우리가 여행을 갈 때를 생각해보면 쉽게 이해할 수 있을 겁니다. 즉 우리가 여행을 시작했는데 아무 준비도 없이 갑자기 여행지에 도달하면 당황해 허둥지둥할 수 있습니다. 그보다 목적지에 대해 충분히 공부하고 가면 여행지에서 생기는 시행착오를 많이 줄일 수 있습니다. 이에 대해서는 앞 강의에서 상세하게 다룬 적이 있으니 그것을 참고하시면 되겠습니다.

정말로 마지막입니다. 우리가 이번 생을 마치고 육신을 벗은 뒤 다음 생으로 가져가는 것은 딱 한 가지라고 했습니다. 자신이 이번 생을 살면서 행한 모든 것, '카르마', 즉 업입니다. 죽으면 이것을 가지고 가서 자신이 행한 것을 반추하면서 자신에게 판정을 내린다고 했지요. 그런데 이때 자신의 카르마를 당당하게 대하려면 살아 있을 때 선한 카르마를 많이 쌓아야 합니다. 선한 카르마가 있어야 자아존중감이 높아지기 때문입니다. 자아존중감, 즉 자존감이 높은 사람들은 자신과 타인에게 항상 당당한 법입니다.

좋은 카르마를 많이 만드는 방법은 아주 간단합니다. 불교나 기독교 같은 세계 종교들이 가르친 대로 살면 됩니다. 불교식으로 하면 자신은 어떤 방법을 택하든지 공부를 해서 지혜를 쌓고 이웃에게는 자비롭게 대하는 것이라고 할 수 있습니다. 지혜를 닦는 방법이나 이웃을 자비롭게 대하는 방법은 여러 가지가 있으니 여러분들이 각자에게 맞는 방법을 찾아내 매진하시기 바랍니다. 같은 것을 기독교(유대교나 이슬람교)에서는 절절한 이웃 사랑이라고 말하고 있습니다. 예수가 가르친 조건 없는 이웃 사랑은 기독교의 등록상표처럼 되어 있습니다. 유대교에는 이런 말이 전해진다고 했습니다. 우리가 죽을 때 가져가는 것은 '배움과 사랑'뿐이라고 말입니다. 이것은 불교의 지혜와 자비 사상과 한 치도 다르지 않습니다.

이렇게 보니까 우리가 지금까지 보았던 죽음의 문제는 돌고 돌아서 다시 지금의 삶으로 돌아왔군요. 긴 시간 동안 죽음에 대해 많은 이야기를 했건만 결국 마지막에는 지금 어떻게 살아야 하는지에 관한 문제로 돌아온 것입니다. 이것은 어쩔 수 없는 일입니다. 죽음과 삶은 동전의 앞뒷면과 같아서 항상 같이 가게 되어 있습니다.

그렇기 때문에 이 둘 중의 하나만 챙긴다면 우리는 충실한 삶을 살기 힘듭니다. 이 둘을 동시에 살펴보아야 합일된 삶을 살 수 있습니다. 현재 우리가 사는 삶은 죽음과 사후 세계, 환생이라는 생의 전체 맥락(context) 속에서 관조해야 그 의미를 찾을 수 있습니다. 지금까지 이 강의를 들으신 분들은 삶의 좌표가 새롭게 느껴질 것입니다. 만일 이 일에 성공했다면 이 좌표를 가슴에 담고 평생 정진하시면 여러분들은 이번 생에 큰 진전을 보실 것입니다. 부디 좋은 결과를 맺으시길 빕니다.

특강

특강 1

"한국인의 죽음관"

　인간의 죽음에 대한 강의를 마치고 나니 무언가 허전한 느낌이 남습니다. 그것은 아마도 앞의 강의들이 인간의 보편적인 문제만을 다루어서 그런 것 아닌가 합니다. 여기까지 읽은 독자들은 "이제 인간의 죽음에 대해서는 어느 정도 알겠는데 우리 한국인은 어떤 맥락에서 죽음을 바라보고 있는지 궁금하다"라고 할 수 있습니다. 쉽게 말해 일반적인 이야기 그만하고 보다 구체적인 이야기, 즉 한국인들은 죽음을 어떻게 생각하는지 알고 싶다는 것입니다. 이 문제는 한국인에게 매우 중요한 것입니다. 이 주제를 통해 자신을 이해할 수 있기 때문입니다.

　저는 이 주제를 일단 사상적인 면에서 접근해 보려고 합니다. 인간의 언행은 그가 어떤 사상을 신봉하는가에 따라 좌지우지되기 때문에 인간을 이해하려 할 때 사상을 분석하는 일은 매우 중요한 일입니다. 아니 가장 중요한 일이라고 할 수 있지요. 그런 맥락에서 볼 때 현대 한국인의 세계관이 형성하는 데에 가장 많은 영향을 끼친 사상은 말할 것도 없이 유교입니다. 현대 한국은 유교가 국가 종교였던 조선을 이어받았기 때문에 여전히 유교의 강한 영향 밑에 있습니다. 그래서 우선 유교의 영향을 받은 한국인의 죽음관이 어떤지 보려고 합니다.

　그다음에는 더 구체적으로 한국인들이 행하고 있는 제사 의례나 장례를 통해 죽음관을 살펴볼 것입니다. 이 두 의례는 충분히 예상할 수 있는 것처럼 유교로부터 강한 영향을 받았습니다. 그런데 이 의례는 한국인들이 일상적으로 하는 의례라 그들의 죽음관이 잘 습윤되어 있습니다. 따라서 이 두 의례만 살펴보면 한국인들이 죽음을 대하는 태도를 읽어낼 수 있을 것입니다.

1. 한국인의 현세중심적인 인생관

한국인들의 인생관, 즉 삶에 대한 태도를 말할 때 가장 먼저 떠오르는 단어는 '현세(이승)중심적'입니다. 현세중심적이란 사후 세계를 인정하지 않는 태도를 말합니다. 따라서 현세중심적인 인간은 '우리는 죽으면 아무것도 남지 않는다'와 같은 생각을 갖고 있습니다. 얼마나 많은 한국인이 현세중심적인 태도를 갖고 있는지는 정확하게 알 수 없습니다. 어림짐작으로 전 인구의 약 60% 정도가 사후생을 부정하는 태도를 취하고 있다고 합니다. 이에 비해 사후생을 알 수 없다고 주장한 사람은 약 20%에 달한다고 합니다. 만일 이 통계가 사실이라면 약 80%에 해당하는 한국인이 사후 세계에 대해 부정적인 생각을 갖고 있는 것이 됩니다.

한국인들의 이 같은 태도는 제 개인적인 경험으로도 알 수 있을 것 같습니다. 저는 제 주위에서 "나는 사후 세계가 있다는 것을 확실하게 믿는다"라고 주장하는 사람을 만난 적이 별로 없기 때문입니다. 여러분들도 저와 비슷한 상황이라고 생각되는데 사정이 이러하니 한국인들이 일상적으로 잘 쓰는 표현 가운데 "인생 뭐 있어, 죽으면 다 끝인데. 그러니 실컷 놀다가 가자고"와 같은 말이 있는 것 아닌지 모르겠습니다. 그런데 한국인의 사후세계관을 이렇게 두루뭉술하게 짐작하는 것보다 확실하게 아는 방법이 있습니다. 그것은 '그들이 죽음에 직면했을 때 어떤 태도를 보이는가'입니다.

이것은 특히 그들이 불치의 병에 걸렸을 때 보이는 태도를 살펴보면 잘 알 수 있습니다. 이것을 조금 전문적인 용어로 말하면, 자신의 건강이 비가역적인 상태에 들어갔을 때 연명 치료를 하느냐, 마느냐의 여부를 가지고 그들의 사생관(死生觀)을 판단할 수 있다는 것입니다. 더 구체적으로 말해보면, 췌장암 말기의 환자처럼 어떤 치료도 듣지 않는 상태가 됐을 때 그 환자가 연명 치료를 택하느냐 아니냐를 가지고 그의 사생관(死生觀)을 알 수 있다는 것이지요. 이 같은 상태가 됐을 때 불과 20~30년 전만 하더라도 한국인 대부분은 연명 치료를 택해 그 센 항암치료를 받곤 했습니다. 이것은 예견된 바였습니다. 한국인들은 사후에 또 다른 세계가 있다는 것을 인정하지 않았기 때문에 무조건 이생에서 삶을 연장하는 쪽을 택한 것입니다. 이것은 명백한 현세중심적인 태도이지요.

그런데 다행히 지금은 연명 치료, 정확히 말해 무의미한 연명 치료를 택하는 비율이 50%까지 내려갔다고 합니다. 그러나 지금도 깨끗하게 연명 치료를 단념하고 진통제만 맞으면서 생을 정리하고 다음 생을 담담하게 준비하는 한국인을 별로 보지 못했습니다. 저는 2023년에도 주위에서 이와 비슷한 사례를 보았습니다. 지인의 모친이 췌장암 말기 판정을 받아 잔여 수명이 '치료 안 하면 3개월, 치료하면 6개월'이라는 소견이 나왔습니다. 살 수 있는 기간이 3개월 정도 차이가 나는 것인데 문제는 만일 치료하는 쪽으로 가닥을 잡으면 비용도 문제이지만 환자 자신이 엄청난 고통을 겪게 된다는 데에 있었습니다. 각종 검사와 수술, 그리고 독한 항암치료 때문에 환자는 나중에 의식을 잃고 중환자실로 가는 경우가 많습니다. 그러다가 거기에서 속절없이 이승을 떠나는 것이지요. 그러나 연명 치료를 받지 않는다면 진통제만 처방해서 고통을 줄인 다음 더 여유로운 상태에서 이번 생을 정리할 수 있습니다. 3개월이면 충분한 시간이지요.

그런데 이 환자, 그리고 가족은 치료하는 쪽으로 방향을 잡았습니다. 그 결과는 지금 말한 그대로였습니다. 환자는 너무 강한 치료 때문에 척추가 내려앉는 등 온갖 고통을 다 겪다가 그 상태로 세상을 떠났습니다. 그런데 놀라운 것은 환자 자신이 독실한 천주교인이었다는 사실입니다. 천주교는 어떤 종교보다 확실한 내세관이 있는 종교인데 이 환자는 내세를 믿지 않았던 모양입니다. 내세를 믿었다면 아무 의미 없는 연명 치료를 받지 않았을 텐데 그렇게 하지 않았으니 말입니다. 제가 보기에 한국인은 믿는 종교와 관계없이 대체로 희박한 내세관을 갖고 있는 것 같습니다.

2. 유교에 의해 영향 받은 한국인의 죽음관

이 환자의 예에서도 알 수 있지만 한국인은 왜 이렇게 강한 현세중심적인 태도를 갖게 되었을까요? 앞에서 한 사회의 구성원이 갖는 생사관은 종교에 의해 형성된다고 했는데 한국의 경우에는 이 주인공이 유교라고 했습니다. 유교는 조선조 500여 년 동안 한국 사회를 지배했기 때문에 그 영향력이 막강합니다. 지금도 전 세계 사람 가운데 가장 유교적인 민족이 한국인일 겁니다. 다른 것은 몰라도 한국의 사회 문화는 거의 모든 것이 유교에 의해 결정되었습니다. 이것은 한국인이 믿는 종교와 관계없습니다. 그러니까 한국인이 불교를 믿든, 기독교를 믿든 그들이 사회에서 행동하는 양식은 유교적이라는 것입니다. 그래서 그런지 사회학자들이 한국인을 대상으로 설문 조사할 때 종교를 묻는 난을 아예 없앴답니다. 한국인들이 어떤 종교를 믿든 간에 행동거지는 유교식이라 굳이 종교를 물어볼 필요를 느끼지 못한 것입니다.

이런 예는 수없이 많은데 제일 재미있는 것은 승려 사회에도 유교식의 관습이 보인다는 것입니다. 예를 들어 승려들 간에 문중이 있고 그 문중 안에서 항렬로 나누어 '조카 상좌'니 하는 친족 명칭으로 부르는 게 그렇습니다. 이것은 유교에서 성씨별로 문중이 있고 그 안에서 상하를 항렬로 나누어 구분하는 것과 다르지 않습니다. 세속을 떠났다는 스님들도 어쩔 수 없이 세속의 유교적인 사고방식에 젖어 있으니 재미있습니다. 조선의 사회 문화가 유교에 의해 지배되었던지라 승려들도 그 세계관을 피해 갈 수 없었던 것입니다.

이와 관련해 저는 재미있는 질문을 던지곤 했습니다. 만일 조선이 유교 국가가 아니고 고려에 이어 불교 국가였다면 지금 어떤 일이 벌어졌을까라고 말입니다. 그 변화를 다 볼 수는 없고 우리의 주제와 관계된 것만 보겠습니다. 우선 장묘제도가 완전히 달라지겠지요. 조선이 불교 국가였다면 매장은 아예 없었을 겁니다. 대신 모든 사람은 화장했을 겁니다. 이것은 이웃 나라인 일본을 보면 알 수 있습니다. 일본인들은 죽음에 관한 한 불교를 신봉하기 때문에 그들은 죽은 뒤에 모두 화장합니다. 그리곤 어디에 묻힙니까? 바로 절 옆에 있는 묘지에, 정확히 말하면 납골당(봉안당)에 모셔지게 됩니다. 그리곤 기일 같은 날이 오면 그들은 이 절에 와서 승려의 주도하에 추모 의례를 가집니다.

만일 조선이 불교 국가였다면 이와 똑같은 일이 벌어졌을 겁니다. 지금 한국인들은 집에서 제사 지내는 것을 당연하게 생각하지만 조선이 불교 국가였다면 이런 일은 절대로 일어나지 않습니다. 조선인들도 일본인처럼 화장하고 그 유해를 절에 보관했을 겁니다. 그리고 조상들을 추모하는 일은 전적으로 승려가 대신했겠고요. 아, 여기에 변수가 있겠군요. 조상들을 절에다가 모실 수도 있지만 무당 집에도 모실 수 있습니다. 당시 한국인들은 불교와 무당 종교를 겹으로 믿는 사람들이었기에 이렇게 추정해보는 것입니다.

그런데 현실에서 조선은 유교 국가였지요? 유교는 모든 것을 집안 안에서 해결하는 가르침입니다. 세계 종교 가운데 유교만큼 가족을 강조한 종교는 없습니다. 이런 성향 때문에 유교적인 사회에서 가장 큰 권위는 아버지 혹은 할아버지가 갖습니다. 이들이 모든 일을 주관했기 때문에 장례나 제사, 더 나아가서 결혼까지 인생에서 가장 중요한 일은 집에서 벌어졌지요. 조금 다른 이야기일 수 있지만, 조선 불교를 보면 혼례나 장례 등과 같은 가장 중요한 개인 의례가 전혀 발달하지 않은 것을 알 수 있습니다. 원래 이런 것은 모두 그 사회의 지배 종교(leading religion)가 알아서 해결해주는 것입니다. 비근한 예로 전통 시대에 서양인들은 태어나면

▎그림 2

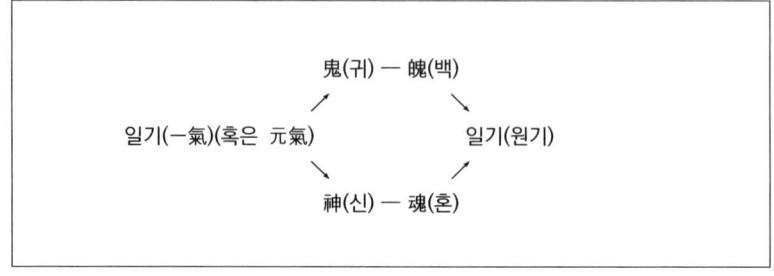

　교회에 가서 세례 받고, 장성하면 교회에서 결혼하고, 죽으면 교회에서 장례를 치르고 교회 옆에 묻힙니다. 이렇게 종교가 삶의 중심을 이루었지요. 그런데 조선 불교에는 이런 '통과의례'가 전혀 발달하지 않았습니다. 이유는 간단합니다. 이것들은 모두 유교가 알아서 해결했기 때문입니다. 이런 의례는 모두 집에서 이루어졌기 때문에 불교가 개입할 여지가 없었습니다.

　그런데 재미있게도 불교는 장례식을 제공하지 않지만 죽음과 관련해서 여전히 49재라는 의례를 제공하고 있습니다. 이 의례가 남은 것은 유교가 그것까지는 관여할 수 없었기 때문입니다. 유교는 사후 세계를 인정하지 않기 때문에 49재 같은 영혼을 위한 의례에 대해서는 전혀 관심이 없었습니다. 그런데 사람들은 부모의 사후 그들을 더 오랫동안 돌봐드리고 싶은 나머지 불교의 49재의 문을 두드린 것이지요. 특히 유교에서 상대적으로 자유로운 여성들은 불교의 49재를 적극적으로 받아들였던 것 같습니다.

　이처럼 한국인은 유교의 영향으로 매우 현세중심적인 인생관을 갖게 되었는데 이것은 유교가 내세를 인정하지 않았기 때문입니다. 유교가 내세를 인정하지 않게 된 것은 공자의 언행에서 비롯된 바가 큽니다. 하루는 제자인 계로가 공자에게 귀신 섬기는 것에 대해 물었습니다. 그러자 공자는 "산 사람도 못 섬기면서 귀신 섬기는 걱정을 하느냐"라고 하면서 핀잔을 줍니다. 또 죽음에 대해 묻자 이번에는 "삶도 모르면서 어찌 죽음을 알려 하는가"라고 대답합니다. 이 같은 말은 공자가 인간의 죽음이라는 주제에 대해서 확실한 선을 긋고 제자들에게 관심을 갖지 말라고 한 것으로 해석됩니다(아마 공자는 죽음 뒤의 세상에 대해 잘 몰랐던 것 같습니다). 이것은 후학들에게 공자님은 사후생을 인정하지 않았다는 식으로 각인되어 유교는 사후생을 인정하지 않는 가르침으로 남게 됩니다. 이 같은 성향은 성리학에 오면 더 강화되어 성리학자들은 인간이 죽으면 아무것도 남지 않는다고 명확하게 밝힙니다. 이것을 성리학적인 용어로 풀면 〈그림 2〉와 같이 됩니다.

〈그림 2〉가 한자로 되어 있어서 어려운 것 같지만 한국인들이 일상에서 많이 쓰던 용어라 금세 이해할 수 있습니다. 사람은 원래의 기운, 즉 일기나 원기에서 파생되어 귀(鬼)와 신(神)으로 나뉘기도 하고 혼(魂)과 백(魄)으로 나뉘어 생을 유지해 갑니다. 여기서 신과 혼은 정신 작용을 말하고 귀와 백은 물질 즉 몸을 의미합니다. 우리가 평소에 많이 쓰는 '귀신'이라든가 '혼백'이라는 용어는 여기서 유래한 것입니다. 죽으면 육신은 썩어 없어지고 정신은 다시 원래의 기로 흡입되어 우리의 개체성은 사라집니다. 죽은 다음에 아무것도 남지 않는다는 것이지요. 과거 조선 사람들은 승려를 제외하고 모두 이런 사생관을 갖고 있었습니다. 이처럼 이들에게는 죽음 이후의 세계라는 것은 존재하지 않았기 때문에 중요한 생은 이승의 삶뿐이었습니다. 한국인들은 바로 이런 배경에서 현세중심적인 인생관을 갖게 된 것입니다.

한국인들의 이러한 모습은 그들이 좋아하는 속담에 잘 나와 있습니다. 예를 들어 '말똥에 굴러도 이승이 좋다'라든가 '거꾸로 매달려도 이승에 사는 게 좋다', '죽은 정승이 산 개만 못하다'와 같은 속담이 그런 정황을 잘 보여주고 있습니다. 이 속담들은 아무리 하찮게 살아도 이승에서 사는 게 좋다는 것을 말해주고 있습니다. 한국인들의 이런 모습이 최근 영화에도 나타나고 있어 우리의 흥미를 자아냈습니다. 앞에서 간간이 인용한 영화 〈신과 함께〉가 그것입니다. 이 영화는 사실 내용에 문제가 많은데 그냥 픽션으로 생각하고 문제점에 대해서는 거론하지 않겠습니다. 이 영화에서 주인공은 사고로 죽은 뒤 생전에 무슨 죄를 지은 것 같지도 않은데

7번이나 재판을 받습니다. 그 재판에서 모두 무죄(?)로 판명되었는데 그래서 얻은 판결이 무엇이었습니까? 이에 대해 강의할 때마다 청중들에게 물어보는데 답하는 사람을 거의 만나지 못했습니다. 마지막에 받게 되는 판결은 놀랍게도 '(이승으로) 환생'이었습니다. 천당이나 천국으로 보내는 게 아니라 기껏(?) 환생하라는 것이었습니다. 이 장면을 통해 알 수 있는 것은, 한국인들은 이 지상에서의 삶을 최고로 친다는 것입니다.

그런데 이 주인공을 도왔던 3명의 인물(이른바 저승 차사)이 있었지요? 이들이 왜 주인공을 도운 지 아십니까? 이들은 변호사라고 할 수 있는데 저승에 오는 영혼들을 변호해서 이 주인공처럼 무죄로 판명되는 사람이 48명(영화에서는 의인)이 되면 그 공으로 이승에 환생할 수 있기 때문이랍니다. 이들에게도 이곳 사바세계가 최고였던 것입니다. 이처럼 한국인들의 현세중심적인 사고는 뿌리가 깊다고 하겠습니다.

3. 제사에 나타난 한국인들의 죽음관

이번에는 유교의 교리가 아니라 유교의 관습에서 나타난 한국인의 죽음관을 보기로 합니다. 교리보다는 실제의 관습에 그 사람들의 세계관이 잘 드러나기 때문에 이 같은 접근을 시도하는 것입니다. 유교의 관습 가운데 한국인의 죽음관이 가장 잘 드러나는 것은 제사로 이 이외에 다른 것을 꼽는 것은 상상할 수 없는 일입니다.

제사가 중요한 또 하나의 이유는 이 의례에 유교가 지향하는 영생법이 들어 있기 때문입니다. 잘 알려진 것처럼 유교는 인간의 영혼을 인정하지 않기 때문에 영생이라는 개념이 없습니다. 불교나 기독교에서는 인간의 영혼을 확고하게 인정하고 그것이 극락이든 천당이든 혹은 지옥이든 간다고 주장하는데 유교에는 이런 것이 없습니다. 그런데 앞에서 유교에도 영생법이 있다고 했습니다. 도대체 유교는 어떤 식으로 영생을 이야기했을까요? 유교는, 사람이 죽으면 당사자의 영혼은 사라지지만 정기적으로 아들의 뇌리에서 본인의 이미지가 살아나는 방법을 제시했습니다. 아들이 나의 분신이기에 그에게 정기적으로 기억되면 나는 나름대로 영생하는 것이라고 생각한 것입니다. 이런 의미에서 유교식 영생법은 간접적인 영생법이라고 합니다. 이런 것을 가능하게 해주는 것이 바로 제사입니다. 제사를 지냄으로써 정기적으로 아들과 그의 가족들에게 기억되는 것이 그들이 제시한 영생법인 것입니다.

제사를 두고 말이 많은데 유교식 제사는 나름대로 상징이 풍부한 종교 의례입니다. 제사의 세세한 순서에 대해서는 번거로우니 생략하고 그 기본 원리만 보기로 합니다. 제사는 처음에 향을 피우고 땅(종지에 넣은 모래 같은 것으로 대신함)에 술을 부음으로써 시작됩니다. 이것은 땅으로 흩어진 백(육신)과 공중으로 흩어진 혼(정신)을 불러 다시 결합하는 매우 상징적인 순서입니다. 그다음에는 음식과 술을 바치면서 조상들을 대접하는데 중요한 순서는 제사의 마지막 순서인 음복입니다. 이것은 자손이 조상에게 바친 음식과 술을 섭취함으로써 조상과 하나가 되는 순서입니다. 조상은 생명의 근원인지라 그들과 하나가 된다는 것은 자신이 영생의 뿌리와 하나가 된다는 것을 의미합니다. 보통 세간에서는 조상들의 복을 받기 위해 음복을 한다고 하는데 그 말도 틀린 것은 아닙니다. 그러나 더 깊은 의미는 조상과 하나가 됨으로써 영생의 그룹에 참여해서 그 일원이 된다는 데에 있습니다.

그런가 하면 조상들의 입장에서 바라보는 제사는 또 다른 의미를 갖습니다. 조상들은 아들이 드리는 제사를 통해 자신이 기억된다는 사실을 알고 이승에서 사라지지 않았다는 데에 적이 안심을 합니다. 유교에서는 사후 세계를 인정하지 않기 때문에 이렇게 이승에 있는 아들과 연결되는 것으로 자신이 사후에도 잔존할 수 있다고 생각했습니다. 만일 아들이 제사를 지내주지 않으면 자신이 영원히 이승에서 사라지게 된다고 생각해 과거 사람들은 제사에 대단한 집착을 보였습니다.

그런데 제사에는 여러 가지 모순이 존재합니다. 사람들은 이 모순을 그냥 '건성건성' 지나가지만 사실은 심각한 모순이 있습니다. 가장 큰 모순은, 유교의 가르침에 따라 영혼을 부정해놓고는 정작 제사를 지낼 때는 인정하고 있는 것입니다. 제사를 지낼 때 사람들은 정말로 할아버지 영혼이 찾아와서 상에 차려 놓은 음식과 술을 먹는다고 생각합니다. 평소에는 영혼 따위는 없다고 부정해놓고 제사상에는 그 영혼이 찾아와 음식을 먹는다고 하니 이 얼마나 모순적인 행동입니까? 이것은 관념적인 유교와 민속적(혹은 실제적)인 유교의 차이라고 할 수 있습니다. 생각으로는 영혼을 인정하지 않지만 실제에서는 영혼이 있다고 믿는 것입니다. 이해하기 힘든 일은 더 있습니다. 유교도들은 이 조상의 영혼이 보통 때는 어디에 있다가 제삿날에만 나타나는지, 또 제삿날에만 음식을 취하면 다른 날에는 굶는다는 것인지 하는 등등에 대해서 하등의 의문도 갖지 않습니다. 그것뿐만이 아닙니다. 영혼이 어떻게 산 사람이 먹는 음식을 취하는지에 대해서도 별생각이 없습니다. 속설로는 조상이 음식을 먹는 게 아니라 음식의 향기만 취한다고 하는데 냄새도 물질인지라 이 설은 신빙성이 없습니다.

제사에 나타난 여러 면모를 보면 유교는 아예 사람의 죽음을 인정하지 않는다는 것을 확실하게 알 수 있습니다. 그 대표적인 예가 제사상에 산 사람이 먹는 음식을 차려 놓는 것입니다. 조상이 살아 있을 때 먹던 상을 그대로 차려 놓는 것은 그를 산 사람 취급하는 것입니다. 또 제사의 순서 가운데 '유식(侑食)'이라고 해서 조상이 음식을 먹으라고 기다리는 순서가 있습니다. 이것 역시 조상을 산 사람으로 여기는 것입니다. 우리가 음식을 먹을 때 시간이 걸리니까 그것을 생각해 조상에게도 먹을 시간을 주는 것이지요.

이처럼 죽은 조상을 산 사람 취급하는 것은 한국인이 묘를 대하는 태도에도 나타납니다. 그들은 묘를 '둥글집'이라고 하면서 망자의 집이라고 생각합니다. 조상들이 그 안에서 살고 있다고 생각하는 것이지요. 그래서 묘를 집처럼 아름답게 꾸밉니다. 그리고는 무덤과 대화를 합니다. 예를 들어 부친의 무덤가에 가면 '아버지

저 왔어요'라고 하든가 자신의 자식에게는 '할아버지한테 인사드려라'하면서 당사자가 살아 있을 때 하던 일과 똑같은 일을 합니다. 이처럼 죽은 조상도 산 사람처럼 생각하니 음식도 조상이 살아 있을 때 먹던 것을 바치는 것입니다.

또 삼우제 지내는 것도 그렇습니다. 『주자가례(朱子家禮, 이하 가례)』에 따르면 원래 삼우제는 집에서 세 번 지내는 것입니다. 그런데 한국인들은 어떻게 했습니까? 과거에는 세 번을 모두 무덤 앞에서 지냈습니다. 그런데 그것이 번거로우니 지금은 첫 번째는 고인의 무덤을 만든 다음 그 앞에서 지내고 두 번째는 생략합니다. 그리고 세 번째는 다시 무덤으로 와서 지냅니다. 물론 이것은 무덤을 쓸 때만 해당되는 공식입니다. 그런데 삼우제를 지내는 이유가 재미있습니다. 조상의 거처가 집에서 무덤으로 바뀌었기 때문에 조상이 새로운 환경에 적응하지 못하고 헛갈릴까 봐 돌봐드리기 위해 삼우제를 지낸다는 것입니다. 이것은 거처만 바뀌었을 뿐 여전히 조상은 무덤이라는 새로운 집에 살고 있다고 생각하는 것입니다. 이런 여러 가지 사안을 보면 유교는, 그리고 전통적인 한국인들은 인간의 죽음을 인정하지 않는 것으로 보입니다.

이 대목에서 불가에서 행하는 다비식이 생각나는군요. 그 의례 가운데 하이라이트는 불을 넣는 순서인데 그때 그 순서를 맡은 승려가 '스님 불 들어가요'라고 하지 않습니까? 그런데 이거 이상하지 않습니까? 불교 교리에 따르면 혼(중음신)이 떠난 몸은 물질에 불과한데 왜 거기다 대고 말을 한답니까? 타계한 승려의 혼은 몸에 있는 게 아니라 그 주변 상공 어딘가 있을 것이라고 생각하는 게 합리적인 것 아닌가요? 그래서 만일 고인의 혼이 상공에 있다는 것을 받아들인다면 공중에 대고 '불 들어가요'라고 해야 하는 것 아닌가요? 그런데 시신에 대고 대화를 한 것은 그 시신을 산 사람으로 생각하고 있기 때문입니다. 이런 데에서도 유교의 영향이 보이는데 한국 불교에 나타난 유교적인 모습은 더 있습니다만 이 지면은 그것을 논하는 자리가 아니니 생략하기로 합니다.

4. 장례에 나타난 한국인의 죽음관

우리가 한국인의 죽음관을 말할 때 장례를 빼놓고 갈 수 없습니다. 장례는 제사와 더불어 한국인들의 사생관이 잘 드러나는 의례라고 할 수 있습니다. 인간의 죽음과 관계된 의례는 여간해서는 변하지 않고 전승되기 때문에 그 안에는 그 사회의 구성원이 가지고 있는 세계관이 고스란히 간직되어 있습니다.

충분히 예상할 수 있는 바와 같이 한국인의 현세중심적인 사고는 장례 의식에도 잘 반영되어 있습니다. 한국인이 전통적으로 따르던 장례 의식은 매우 복잡하게 진행되었기 때문에 그 전모를 여기서 다 볼 수는 없습니다. 저는 그 가운데 한국인의 현세중심적인 사고가 잘 드러나는 부분만 골라 설명할까 합니다. 참고로 말씀드리는데 이 의례를 자세하게 알고 싶은 독자에게 소개하고 싶은 영화가 있습니다. 고 박철수 감독이 만든 〈학생부군신위(1996)〉라는 영화인데 이 영화는 친절한 자막과 함께 장례 순서를 차례차례 소개하고 있어 한국의 장례 의식을 알고 싶은 사람에게 강력하게 추천하고 싶은 자료입니다.

가례에 의거해 진행되는 한국의 장례는 고복(皐復) 혹은 초혼(招魂)이라는 순서로 시작됩니다. 이것은 사람이 죽으면 그의 옷을 가지고 지붕 위에 올라가 망자의 이름과 주소를 부른 다음 '복(復)'을 세 번 외치는 순서입니다. 이것은 이승을 떠나는 망자에게 저승으로 가지 말고 돌아오라고 강권하는 것입니다. 이렇게 외치는 이유는 간단합니다. 이승이 좋으니 돌아오라는 것입니다. 이처럼 첫 번째 순서부터 현세중심적인 사고가 엿보입니다.

그다음에 살펴볼 것은 사자상 차리는 것입니다. 이 순서는 가례에는 없는 것으로 한국의 토속 신앙이 차입된 것으로 보입니다. 이 상에는 밥이나 술, 짚신, 돈 등이 세 벌로 놓이는데 재미있는 것은 간장 종지가 있다는 것입니다. 이것은 사자가 마시라고 놓은 것인데 그 의도가 재미있습니다. 저승사자가 이것을 물로 착각하고 마신 다음 망자를 저승으로 끌고 가다 목이 말라 물을 마시기 위해 이승으로 돌아오게 만들려는 것입니다. 나름대로 고도의 책략(?)이 숨어 있어 흥미롭습니다. 한국인들이 이승을 너무나도 선호해 어떻게든 망자가 저승 가는 길을 늦추어보려는 심산으로 행하는 일입니다. 여기서도 기대에 저버리지 않고 한국인의 현세중심적인 사고가 잘 드러납니다.

저승사자 말이 나와서 하는 말인데 한국의 민속에서는 사람이 죽으면 저승사자가 와서 강제 구인하는 식으로 붙잡아 가는 것처럼 묘사하고 있습니다. 망자는 너무도 저승에 가기 싫은데 저승사자가 체포해 범인처럼 끌고 가는 것입니다. 그래서 상여소리를 보면 저승사자들이 저승에 가기 싫어하는 망자를 뒤에서 채찍질하며 몰고 가는 이야기가 나옵니다. 이것은 기독교도들이 죽을 때 천국에 간다고 생각하며 기쁘게 임종을 맞이하는 것과 큰 대조를 이룹니다. 이렇듯 한국인들은 이승을 좋아합니다. 좋아해도 무척 좋아합니다.

그다음에 나오는 습이나 반함 같은 순서는 우리의 주제와 직결되는 게 아니니 생략하겠습니다. 집에서의 장례가 끝나고 발인한 다음에 한국인들은 '노제'라는 것을 지냅니다. 이것은 망자에게 이승의 마지막 모습을 보여주겠다면서 장례 행렬이 집이나 직장을 돌아보는 순서입니다. 가례에도 이 순서가 있지만 내용이 다릅니다. 가례에서는 상여가 집을 나서면 그동안 수고했던 사람들에게 길에서 술과 음식을 대접하는 것을 노제라고 부르고 있습니다. 한국에서 하는 것과는 전혀 다릅니다. 한국인들이 이 같은 노제를 하는 이유는 망자를 산 사람 취급해 마지막 '뷰(view)'를 선사하는 것 같습니다. 이것은 흡사 먼 길을 떠나는 사람이 가기 전에 집안을 한 바퀴 돌아보고 가는 것과 비슷하게 보입니다. 다시 말해 산 사람이 행하는 일이지 영혼이 행하는 일은 아니라는 것 같다는 말입니다.

그다음은 상엿소리를 부르면서 무덤으로 가는 순서입니다. 그런데 이 상엿소리에도 한국인의 현세중심적인 사고가 잘 드러나 있습니다. 이 주제만 가지고도 단행본을 쓸 수 있는데 여기서는 이 노래에 나타나는 저승에 대해서만 보기로 하겠습니다. 이 노래에는 '저승길이 멀다 해도 문전 앞이 저승이다'라는 가사가 나옵니다.

그런데 그다음에는 저승 가는 길이 멀어 저승사자들이 철봉 같은 무기를 들고 망자에게 빨리 가자고 재촉한다는 가사가 나옵니다. 이렇게만 보면 한국인들은 저승이 멀다고 생각하는지, 가깝다고 생각하는지 알 수가 없습니다. 앞에서는 저승이 문 앞에 있다고 하면서 가깝다고 하더니 뒤에서는 저승길이 멀다고 하니 말입니다. 이것은 한국인들이 저승에 대한 확고한 신념이 없기 때문에 벌어진 현상 같습니다. 그러니 때에 따라 저승이 멀다고 했다가 또 가깝다고 하는 것 아닌가 하는 생각이 듭니다.

그런데 저승이 바로 문밖에 있다는 생각이 재미있습니다. 다른 민속에서는 "길모퉁이 돌아서면 바로 저승이다"라고 표현하는 경우도 있습니다. 이것은 저승이 하나의 독립체로서 존재하는 것이 아니라 이승에 부속되는 존재에 불과하다는 생각을 반영하고 있습니다. 한국인의 뇌리에 있는 저승은 불교의 극락이나 기독교의 천당처럼 이승과는 엄연하게 다른, 또 하나의 세계가 아니라 이승에 곁붙어 있는 부속적인 존재라는 것이지요. 여기서도 우리는 한국인들이 얼마나 현세중심적인 사고를 하는지 알 수 있겠습니다.

그다음 순서인 삼우제는 앞에서 이미 이야기했는데 이 순서를 통해서도 한국인들이 얼마나 현세중심적인지 알 수 있습니다. 한국인들은 무덤을 만든 다음 그곳에 망자가 있다고 생각해 무덤 앞에서 초우제를 지내는데 이것은 가례에서 말하는 것과 다릅니다. 가례에서는 망자의 무덤을 만든 다음 '반혼(返魂)'이라는 순서에 따라 망자의 혼을 집으로 데려옵니다. 그리고 집에서 초우제를 비롯해 세 번의 제사를 지냅니다. 그런데 한국인들은 앞에서 말한 것처럼 망자가 무덤에 있다고 생각해 그 앞에서 첫 번째 제사와 세 번째 제사를 지낸다고 했습니다. 이 얼마나 현세중심적이고 물질중심적인 생각입니까? 망자는 여전히 무덤 안에서 살고 있다고 생각하니 말입니다. 이렇게 한국인에게는 삶 너머의 세계, 혹은 육신을 넘어선 영혼의 세계에 대한 개념이 없거나 있더라도 매우 빈약합니다.

이상에서 우리는 한국인의 장례 문화에서 보이는 현세중심주의적인 태도에 대해 간단하게 보았습니다. 그런데 지금까지 본 것은 과거에 그랬다는 것이고 현재는 이렇게 장례를 하는 사람이 많은 것 같지 않습니다. 대신 과거의 것을 간략하게 바꿔서 하고 있는데 현대에 들어와 장례 문화에서 가장 많이 변한 것은 화장의 비율입니다. 불과 몇십 년 전만 해도 매장이 대세였는데 이제는 80~90%가 화장을 한다고 하니 말입니다. 그런데 현대 한국인들의 장례 문화에는 적지 않은 문제점이 보입니다. 이것은 현대를 사는 한국인에게 중요한 것이라 한 번 살펴보는 것이 좋겠습니다.

5. 건설적인 장례 문화를 지향하며

현대 한국인들이 행하는 의례 가운데 장례처럼 불합리한 것도 없는 것 같습니다. 제가 이 강의를 할 때마다 '한국에는 장례식은 없다'라고 하는데, 그러면 대부분 다소 놀라는 눈치입니다. 맞습니다. 한국인들이 하는 것은 문상이지 장례식이 아닙니다. 만일 정식의 장례식을 한다면 결혼식처럼 해야 합니다. 결혼식은 특정한 날과 시간을 잡아 특정한 장소에서 자기가 초청한 사람들을 불러서 하는 특별한 행사 아닙니까? 장례식도 이렇게 해야 진정한 의미에서 장례식이라 할 수 있는데 지금 한국인들이 하는 것은 2박 3일 동안 조문을 받는 것에 불과합니다. 이 문제는 중요한 것이니 뒤에서 다시 다룰 것인데 더 문제가 되는 것은 이 문상에도 내용이 없다는 것입니다.

한국인이 장례식이라고 지칭하면서 행하고 있는 문상에는 중요한 두 가지 요소가 빠져 있습니다. 사람들이 장례식을 하는 이유는 이 두 가지 때문인데 그것은 첫 번째가 유족에 대한 위로이고, 두 번째가 고인에 대한 추모입니다. 한국의 장례식에는 이 두 가지가 빠져 있어 장례식을 왜 하고 그런 의례에 왜 참석하는지 알 수 없을 지경입니다. 지금 한국인들은 그저 서로의 체면을 살리기 위해 장례식에 가는 것처럼 보입니다. 문상객들이 장례식장(이전에는 영안실이라고 했음)에 오면 어떻게 합니까? 우선 입구에서 조의금을 내고 빈소에서 고인의 영정 앞에서 절을 두 번 합니다. 개신교인이면 절을 하지 않고 기도만 합니다. 그다음 유족들과 아주 잠깐 인사하면서 한두 마디 나누고 접객실로 가면 그걸로 문상은 다 마친 것이 됩니다. 거기서 다른 문상객들과 잡담하다가 몇십 분 지나면 눈치 보다가 식장을 빠져나오면 됩니다. 이것은 상주에게 눈도장만 찍고 체면 차리겠다는 것 이상으로 보이지 않습니다. 장례식을 이렇게 하니 의례의 경건함은 찾아볼 수 없고 유족에 대한 위로나 고인 추모와 같은 장례의 기본 요소들 역시 발견할 수 없습니다. 완전히 껍데기만 남은 것인데 이렇게 하려면 왜 장례식을 하는지 모를 지경입니다.

그러면 이 같은 장례식을 어떻게 고치면 좋을까요? 대안을 제시하지 않고 비판만 하는 것은 좋은 태도가 아닙니다. 지금 제시하는 대안은 하나의 대안일 뿐이고 개인에 따라 얼마든지 다르게 할 수 있습니다. 제가 보기에 한국의 장례식에서 가장 먼저 고쳐야 할 것은 너무 많은 사람을 부른다는 것입니다. 고인과 조금이라도 연결된 사람들을 죄다 부르는 것 같은데 이렇게 하니 사람들이 체면상 오는 것이지 고인이나 유족을 생각해서 오는 것이 아닙니다. 그래서 앞으로는 '스몰 웨딩'처럼 이른바 '스몰 퓨너럴' 즉 작은 장례식을 하는 게 좋을 듯합니다. 고인이나 유족을 잘 아는 사람들만 초청해 고인을 진정으로 추모하고 고인을 잃은 슬픔을 유족들과 진실하게 나누자는 것입니다. 그런 사람이 빈소에 와야 유족들과 고인에 대해 이야기하면서 마지막 추억을 나눌 수 있을 것입니다.

고인을 진정으로 추모하기 위해 유족들은 고인이 생전에 쓰던 물건들을 정리해서 식장에 전시할 수도 있겠다는 생각입니다. 고인의 생각이나 삶이 담긴 유품들을 전시해서 고인을 잘 아는 사람들이 그 유품을 통해 고인을 추모할 수 있게 하자는 것이지요. 또 고인의 일생이 담긴 사진을 정리해서 식장에서 비춰주는 것도 좋겠습니다. 이동식 스크린을 준비해서 생전의 고인이 담긴 사진이나 동영상을 틀어주면 조문객들이 고인을 더 깊게 추모할 것이 틀림없습니다. 결혼식 할 때는 신랑 신부의 사진이나 영상을 정리해서 틀어주면서 장례식 때는 왜 같은 일을 하지 않는지 잘 모르겠습니다. 물론 사정이 이렇게 된 연유는 짐작할 수 있습니다. 결혼식은 본인들이 직접 설계해서 여러 일을 준비할 수 있지만 장례식은 본인이 부재하니 준비할 사람이 없다는 게 가장 큰 요인일 겁니다.

이런 일을 한 번에 해결할 수 있는 방법이 있습니다. 그것은 장례식도 결혼식처럼 날짜를 잡아 정식으로 하는 것입니다. 서양이나 일본처럼 하자는 것이지요. 이런 장례식을 하려면 우선 꼭 부르고 싶은 사람만 초청해야 합니다. 그리고 순서도 다 짜놓아야 하는데 특히 신경을 쓸 것은 추모사를 할 사람을 정하는 것입니다. 고인을 잘 아는 사람 가운데 진정으로 추모할 수 있는 사람을 골라 고인의 진면목에 대해 소상히 알릴 수 있게 해야 합니다. 그다음에는 고인을 추모할 수 있는 이벤트를 준비해도 좋습니다. 예를 들어 앞 강의에서 많이 인용한 것으로 세계적인 죽음학자인 퀴블러 로스의 장례식 때 봉투 속에 든 나비를 날려 보내는 이벤트를 한 것이 그것입니다. 이것은 애벌레가 고치를 벗고 나비가 되듯이 로스가 죽음을 맞이하면서 자유로운 영혼이 됐다는 것을 상징하는 것이겠지요.

서양에서는 장례식 순서를 고인이 생존 시에 다 짜 놓는 경우도 있습니다. 거기에는 자기가 초청하고 싶은 사람과 그 연락처, 또 어떤 사람에게 추모사를 부탁할지, 또 어떤 사람이 어떤 조가를 부르면 좋을지, 어떤 이벤트를 하면 좋을지에 대해 적어 놓습니다. 그런가 하면 자신이 조객들에게 직접 인사하는 영상을 미리 녹화해 장례식 당일에 틀게 할 수도 있습니다. 이렇게 하면 더할 나위 없는 장례식이 되겠지요.

이런 이야기를 하다 보니 2006년에 있었던 세계적인 비디오 아티스트인 백남준 씨의 장례식이 생각나는군요. 이 장례식의 하이라이트는 그가 생전에 보여줬던 '넥타이 자르기' 퍼포먼스를 재연하는 것이었습니다. 백남준은 무명 시절 공연할 때 당시 객석에 있었던 존 케이지라는 세계 최고의 아티스트의 넥타이를 잘라 갑자기 유명해집니다. 이 이벤트는 이것을 흉내 낸 것이지요. 그리고 백남준은 살아 있을 때 마지막 인사하는 것을 녹화했던 모양입니다. 웃으면서 손을 흔드는 모습이었는데 장례식장에서 그 영상을 틀자 문상객들이 미리 준비한 가위로 옆 사람의 넥타이를 잘라 관 안에 있는 그의 가슴에 올려놓으면서 존경과 경의를 표현했습니다. 그러면서 사람들은 웃음바다를 이루었지요. 이 같은 장례식은 매우 바람직하게 보입니다. 고인을 확실하게 추모했으니까요.

그래서 한번 이상적인 장례식 순서를 제 나름대로 생각해보았습니다. 다음과 같은 사안을 미리 정해 놓으면 좋은 장례식이 될 것입니다. 꼭 이것을 따를 필요는 없고 본인의 의향에 따라 얼마든지 바꿀 수 있습니다.

1. 장례 방식의 결정: 매장, 화장, 수목장, 해양장 등 중에서
2. 화장일 경우: 봉안함(납골함) 모실 장소 결정하기
   매장일 경우: 장지 결정하기
3. 장례식에 초청하고 싶은 사람 선정하기
4. 장례식 순서(조사, 노래, 경전 읽기 등): 누가 조사를 하고 어떤 노래를 누가 부를지, 종교 경전을 읽는다면 어떤 구절을 읽을지 등 결정하기
5. 장례식 때 꼭 하고 싶은 일이 있다면 미리 밝히기
6. 제사나 추모제 지내는 것에 대해 의견 밝히기
7. 가능하다면 마지막 인사를 미리 녹화하기

※ 3~7은 장례식을 따로 할 경우에 필요한 항목임

이제 마지막으로 한국의 장례 문화에서 꼭 개선했으면 하는 것 몇 가지만 이야기하고 특강을 마치려고 합니다. 가장 먼저 생각나는 것은 화환에 대한 것입니다. 병원에 있는 장례식장에 가면 항상 화환이 즐비하게 있는 것을 발견할 수 있습니다. 그런데 이것은 낭비 아닙니까? 그까짓 2~3일 쓰려고 비싼 꽃들로 만든 화환을 놓는 것은 돈을 버리는 것과 다름없습니다. 한때 이 풍습을 고치자는 운동이 있었던

적이 있습니다. 화환 대신 쌀을 모아서 장례식이 끝난 다음 자선 단체에 기부하자고 말입니다. 그러나 이 운동은 곧 시들어버리고 이전처럼 되어버렸습니다. 한국인들이 이 풍습을 버리지 못하는 이유는, 추정컨대 과시하고 싶은 욕구가 강하기 때문 아닌가 싶습니다. 자신의 이름이나 단체의 이름을 적은 화환을 세워놓으면 적어도 3일 동안은 자신이나 단체의 이름을 과시할 수 있기 때문에 이 바람직하지 않은 관습에 천착하는 것 같습니다. 하지만 그런 것은 허위의식과 다름없습니다. 그 돈이 있으면 그냥 유족들에게 주는 게 나을 듯합니다.

그다음으로 고쳐야 할 것은 수의나 관에다 지나친 돈을 쓰는 것입니다. 요즘처럼 화장을 하는 게 대세인 시대에 수의나 관에 돈을 쓰는 것은 어리석은 일입니다. 이 두 물건은 딱 3일만 필요하기 때문입니다. 특히 수의는 삼베로 만든 죄인 옷 같은 것을 쓰는 것을 지양하고 고인이 평소에 즐겨 입던 옷 가운데 면으로 되어 있는 옷을 사용하는 게 좋겠다는 생각입니다. 이렇게 하면 따로 돈을 지출할 필요가 없겠지요. 그리고 고인의 입장에서 생각해보면 평소에 자기가 입던 옷을 입고 마지막 길을 가고 싶어 하지, 이상하게 생긴 삼베 새 옷을 입고 싶지 않을 겁니다. 관도 그렇습니다. 3일 만에 화장할 텐데 비싼 나무로 된 관을 쓰는 것은 여러모로 불합리한 처사입니다.

이런 문제 있는 항목들을 개선하려면 좋은 상조회를 선택해야 합니다. 장례식을 잘 마치기 위해서는 무엇보다도 상조 회사를 잘 만나야 합니다. 부실한 상조 회사가 많으니 주의하시기 바랍니다. 마지막으로 바라건대 앞으로 한국인에게 맞는 새로운 장례 문화가 나왔으면 합니다. 지금 한국인이 하는 의례 가운데 장례식이 가장 불합리하게 치러지고 있어 그렇습니다.

이렇게 해서 아주 간략하게 한국인의 죽음관에 대해 살펴보았습니다. 주로 전통적인 가치에 대해 검토했는데 앞으로 죽음과 관계된 것은 모두 매우 단순하게 바뀔 것으로 예상됩니다. 예를 들어 제사의 경우, 앞으로는 부모만 제사 지내는 1대 봉사로 바뀔 것이고 유교식으로 여러 음식을 차려 놓고 하는 것도 매우 간소화할 것으로 기대됩니다. 자식이 하나나 둘밖에 없는 가정이 대부분이라 제수를 준비하고 유교식으로 제사지내기보다는 부모의 기일에 자식들이 만나 추모하는 쪽으로 가지 않을까 합니다. 장례식 같은 경우에는 현재의 관행이 많이 간소화된 것이라 더 줄일 데가 없지만 앞에서 말한 불합리한 점들을 개선해가며 작은 장례식으로 바뀔 가능성이 큽니다. 특히 이른바 MZ 세대가 연로해져서 이 일을 한다면 많은 변화가 있을 것으로 보입니다. 그들은 상당히 합리적이고 실리적인 사고를 하기 때문에 그렇게 예상해보는 것입니다. 앞으로 좋은 죽음 문화가 정착되기를 바라면서 강의를 마칩니다.

특강 2

"자살에 관하여"

자살 문제는 죽음학에서 대단히 중요한 주제 중의 하나입니다. 그래서 죽음학 교과서를 보면 자살에 한 장을 할애하여 다루고 있는 것을 알 수 있습니다. 자살은 인간의 죽음과 관계된 수많은 주제 가운데 하나에 불과한데 이렇게 하나의 장을 따로 할애한 것은 자살이라는 주제가 그만큼 중요하기 때문입니다. 그렇게 중요한 주제임에도 불구하고 본 강의에서 다루지 않고 이렇게 특강의 형태로 뺀 것은 자살이라는 방대한 주제를 전체적으로 다루는 게 아니라 일정한 시각에서만 접근하기 때문입니다. 자살이라는 인간의 행위는 너무나도 많은 의미를 담고 있어 이 주제에 접근하는 수많은 방법이 있습니다. 예를 들어 종교적인 접근법이 있겠고 사회학적인 관점, 심리학적인 관점 등 수많은 시각이 있습니다. 이 모든 시각을 다루는 것은 제 역량으로는 가능한 일이 아니라 여기서는 하나의 관점에서 자살 문제에 접근하려고 합니다.

이 관점은 아주 평범합니다. '자살을 하면 왜 안 되는가'가 그것입니다. 더 나아가서 이 주제를 두 가지 시각에서 보려고 하는데 우선 상식적인 관점에서 살펴보려고 합니다. 자살을 어렵게 보지 말고 있는 그대로 보자는 것이지요. 이렇게만 보아도 자살은 절대로 해서는 안 되는 것임을 알 수 있습니다. 왜냐면 자살은 생명을 끊는 살인 행위일 뿐만 아니라 주위의 가족에게 너무 큰 피해를 주기 때문입니다.

그다음에는 앞 강의에서 보았던 카르마 법칙의 시각에서 자살을 보려고 합니다. 이 시각의 기본 입장은 이런 것입니다. 즉 '자살을 하면 내가 지금 겪고 있는 고통이 끝나는 게 아니다. 왜? 인간은 죽은 뒤에 소멸되는 게 아니라 의식이 계속해서 이어지기 때문이다. 그리고 그다음에 오는 생에는 자살한 데에 대한 혹독한 대가가 기다리고 있다'라는 것이 그것입니다. 이 입장에서 보아도 자살은 절대로 해서는 안 되는 것임을 알 수 있습니다.

1. 자살을 하면 왜 안 되는가 1: 상식적인 관점에서

저는 우리가 자살하면 안 되는 가장 큰 이유 중의 하나가 자살은 본인에게 가장 큰 손해이기 때문이라고 늘 말해왔습니다. 자살은 생명을 해치는 행동이기 때문입니다. 우리가 인간이 되어 가장 해서는 안 될 짓은 다른 사람을 죽이는 것입니다. 이 세상 어디에도 살인을 용인하는 사회는 없습니다. 도덕적으로 용납될 수 없기 때문입니다. 그런데 자살은 다른 사람을 죽이는 것은 아니지만 자신을 죽이는 것이니 이것 역시 살인입니다. 따라서 자살은 도덕적으로 아주 나쁜 일이라고 할 수 있습니다.

저는 자살해서는 안 되는 이유를 말할 때 근사 체험자들의 이야기를 제일 먼저 소개합니다. 그중에서도 자살을 시도했다가 의학적으로 사망을 선고 받고 다시 살아난 사람들의 이야기를 소개합니다. 이들의 체험은 직접적이기에 우리에게 시사하는 바가 큽니다. 이 사람들은 자살로 죽음을 체험한 사람들이니 그들이 전하는 정보는 정확하기 짝이 없을 겁니다. 자살을 시도했다가 다행히 살아난 사람들은 이렇게 증언합니다. "자살하는 순간 나는 내가 절대로 해서는 안 될 일을 저질렀다는 것을 알았다"라는 것이 그들의 한결같은 증언입니다. 그들이 이렇게 말하는 것은 자신을 죽이는 끔찍한 일을 했을 뿐만 아니라 주위의 가족과 친지, 친구들에게 엄청나게 나쁜 짓을 했다는 것을 알았기 때문입니다.

자살이 이렇게 나쁜 것이기 때문에 전통 종교에서는 자살을 극구 말렸습니다. 이 종교들은 나름의 교리를 가지고 자살을 금지했습니다. 그중에 가장 유명한 게 기독교 같은 유신론교에서 주장하는 것입니다. 이 종교에서는 우리의 목숨은 우리의 것이 아니고 신의 것이기 때문에 우리가 마음대로 목숨을 끊으면 안 된다고 합니다. 그래서 자살이 아주 극악한 죄가 되었지요. 불교도 마찬가지입니다. 불교는 첫 번째 계율이 불살생으로 되어 있을 정도로 생명을 아끼는 종교입니다. 따라서 불교 역시 나를 죽이는 자살을 엄하게 금하는 것은 당연하겠지요.

그런데 한국인들은 이런 종교보다 유교의 영향을 많이 받고 자랐습니다. 한국인들은 자신들이 잘 인식하지 못할지라도 지금도 여전히 유교의 영향 속에 살고 있습니다. 그런데 유교도 자살을 엄하게 금지하고 있습니다. 금지한다기보다 유교의 가르침을 따르면 당연히 자살을 할 수 없게 됩니다. 유교는 우리의 몸과 생명이 부모에게서 받은 것이라고 가르칩니다. 한국인치고 '신체발부 수지부모(身體髮膚 受之父母, 몸과 터럭과 피부는 부모로부터 받았다)'라는 말을 모르는 사람이 없을 겁니다. 사정이 이러하니 내가 사사로이 나를 죽이는 행동은 할 수 없습니다. 부모님이 주신 것을 내가 마음대로 할 수 없기 때문입니다. 따라서 진실한 유교도라면 자살은 엄두도 내지 못할 것입니다. 그 때문에 전통적인 한국 사회에서는 개인적인 이유로 자살하는 사람을 보기 힘들었습니다. 조선시대에 생활고를 비관한 나머지 스스로 자살을 선택했다는 사람의 이야기는 들어본 적이 없지 않습니까? 만일 유교가 여전히 현대 한국인들의 인생관으로 남아 있다면 현대 한국 사회의 자살률은 이렇게 높게 나오지 않았을 겁니다.

그런데 요즘 누가 자기 몸과 목숨을 부모의 것이라고 생각합니까? 그보다 내 목숨은 철저하게 내 소관이라는 생각이 강하지요. 그래서 오죽하면 '태어날 때는 내 의지로 마음대로 할 수 없지만 죽을 때는 내 목숨을 내가 마음대로 하고 싶다'라고 하면서 자살을 감행하겠습니까? 내 목숨은 내 것이니 내가 마음대로 하겠다는 것이 틀린 것은 아니지만 인간은 관계 속의 존재라 주위를 고려하지 않고 자신을 마음대로 하는 것은 도덕적으로 바람직하지 않습니다.

이렇게 종교 이야기를 하다 보면 끝이 없으니 그만합니다만 중요한 것은 고등 종교인 불교, 기독교 등은 모두 자살을 인정하지 않는다는 것입니다. 인간이 가진 기본적인 도덕을 범하기 때문입니다. 따라서 우리도 세계 종교들의 가르침을 굳이 어길 필요는 없겠지요. 그러나 이것이 우리가 자살을 해서는 안 되는 절대적인 이유라고 믿기에는 조금 부족한 감이 있습니다. 게다가 이 종교들을 믿지 않는 사람에게는 이 같은 교리가 별 의미가 없습니다. 우리가 자살해서 안 되는 이유는 영혼과 사후세계를 인정해야 확실한 근거가 나오는데 그것을 보기 전에 자살해서는 안 되는 이유를 또 다른 시각에서 볼 필요가 있습니다. 다름 아닌 가족과의 문제입니다.

이 시각에서 볼 때 자살하면 안 되는 이유는 매우 간단합니다. 어렵게 말할 것 없이 '자살은 남은 가족에게 대못을 박는 것'이기 때문입니다. 죽어서 이 세상에서 사라지는 자기는 편할지 모르지만 그 후의 폭풍은 엄청납니다. 가족 가운데 한 사람이 자살하면 남은 가족들은 너무도 힘듭니다. 흡사 지옥에 떨어진 것처럼 고통이 큽니다. 충격이 너무도 커 세상이 무너지는 것 같습니다. 가령 아빠가 자살했을 경우 다른 가족들, 특히 자식들은 아빠가 없는 세상을 어찌 살 수 있을까 하는 생각도 들겠지만 한쪽으로는 아빠가 우리를 버렸다는 실망감과 패배감을 가질 수 있습니다. 그리고 우리도 아빠를 따라갈까 하는 마음도 듭니다. 실제로 가족의 자살을 겪은 사람들은 그 슬픔이 너무나 큰 나머지 그 자신이 자살하는 경우가 일반적인 경우보다 현저하게 많다고 합니다.

저는 그 적나라한 실례를 자살자의 유족들이 쓴 『어떻게들 살고 계십니까』(2017)라는 책에서 접할 수 있었습니다. 이 책에 나온 두 딸을 둔 아빠가 자살한 경우를 예로 들어보겠습니다. 이 딸들이 심적으로 어떤 고통을 겪는지는 말로 표현할 필요를 느끼지 못합니다. 하늘이 무너지는 것 같은 느낌일 겁니다. 그런데 여기서 문제가 되는 것은 이 딸들이 아빠가 없는 세상을 살아갈 자신이 없어서, 또 아빠와 같이 있고 싶어서 강한 자살 충동을 느낀다는 것입니다. 자살로 가족을 잃은 유족들에게 이런 충동은 실제로 많이 일어나는 일이라고 했습니다. 이러한 위험을 감지한 이 자매는 하루에 몇 번씩 정기적으로 서로 연락하자는 약속을 했습니다. 서로의 안위를 '체크'하는 것이지요. 만일 그렇지 않고 내버려 두면 욱하는 마음에 자살을 감행할지 몰라 서로 견제해서 불행한 일을 막자는 것입니다. 자신도 자신을 믿지 못하니 서로 감시하자는 것이지요. 얼마나 힘들었으면 이렇게 했는지 그 고통이 전이되는 것 같습니다.

 그래서 자살 방지 교육을 할 때 반드시 이 점이 포함됩니다. 즉 만일 자살하고 싶은 마음이 든다면 무엇보다도 당신이 자살한 다음에 남아 있는 부모가, 배우자가, 자식들이 심적으로, 또 어떤 경우에는 경제적으로, 겪을 고통을 생각해보라고요. 그런데 당사자는 가족들과 아무리 가까워도 그들은 타인이기 때문에 그들이 어떤 고통을 느끼는지 감지하지 못할 수 있습니다. 그럴 경우에 대비해 제안을 조금 바꾸어서 할 필요가 있습니다. 즉, 만일 가족 중에 당신이 가장 사랑하는 사람이 자살을 감행했을 경우에 당신이 느끼는 심적 충격과 후에 올 여파를 생각해보라고 말입니다. 앞에서 든 예처럼 내 아빠가, 또 내 남편이 아무 예고 없이 자살하면 자식이나 부인이 받는 심적 충격이 어떨지는 누구나 알 수 있는 것 아니겠습니까? 당시에는 천지가 무너지는 느낌이지요. 그것뿐만이 아닙니다. 그 후에 당사자가 아빠 없이, 남편 없이 사는 삶이 얼마나 고달플지 모릅니다. 그래서 자살하려는 사람에게 이것을 생각해보라는 것입니다. 만일 당신이 자살하면 당신의 가족들이 이런 고통을 겪을 텐데 그래도 자살할 마음이 생기냐고 말입니다.

 저는 이 같은 이야기를 고(故) 데켄 신부께 직접 들었습니다. 이 분은 일본에 죽음학을 처음으로 전한 분으로 알려져 있는데 제가 죽음학회를 할 때 일본에서 직접 오셔서 좋은 강의를 해주신 적이 있습니다. 2006년의 일로 기억하는데 한국죽음학회 창립 1주년 기념으로 신부님을 초청해서 강의를 들었습니다. 이번 강의를 준비하면서 보니 2020년에 선종하셨더군요. 신부님은 평생을 일본에서 지냈는데 이 주제와 관계해서 역시 일본의 예를 소개했습니다. 어떤 젊은이가 신부님에게 자살을 심각하게 고려한다고 토로했던 모양입니다. 일본은 자살률이 높은 나라 아닙니까? (지금은 한국이 일본을 앞섰지만 말입니다) 신부님은 그를 붙들고 다른 이야기는 하지 않고 "네가 자살할 경우에 부모님이나 형제자매가 겪을 고통을 생각해보았는가"라고만 했답니다. 이 고통에 대해서는 앞에서 이야기했으니 더 언급 안 해도 되겠습니다. 이것뿐만이 아닙니다.

이렇게 자식이 자살할 경우 문제가 여기서 그치지 않습니다. 왜냐하면 많은 경우에 주변 사람들이 이상한 눈으로 이 가족을 바라보기 때문입니다. 이상한 눈이란 이런 겁니다. '저 집의 아들이 자살했다고 하니 저 가족에게 큰 문제가 있는 게 틀림없어'라든가 '저 부부 사이에는 우리가 모르는 큰 문제가 있는 모양이다'라는 것이 그것입니다. 이런 수군거림이 아무것도 아닌 것 같지만 이 가족에게는 큰 스트레스를 줍니다. 그뿐만 아니라 이전에는 만나면 인사를 잘하던 이웃이 우리 가족을 피하는 것 같고 결국은 관계가 소원해지는 해체 과정을 겪을 수도 있습니다. 이런 식으로 데켄 신부는 이 젊은이에게 자살 후 생길 수 있는 일에 대해 차근차근 설명해주었답니다. 그랬더니 이 젊은이는 그런 것은 전혀 생각하지 못했다고 하면서 크게 후회하는 모습을 보였다고 합니다. 그 뒤에 어떻게 됐는지는 신부님이 전해주지 않아 잘 모르지만 이런 상황을 다 파악할 수 있는 사람이라면 미련 없이 자살을 접지 않았을까 하는 생각입니다.

이상이 상식적인 관점에서 본 자살이라는 행위의 부당성입니다. 그런데 이것만으로는 조금 부족한 느낌이 듭니다. 왜냐면 '그래도 나는 이런 것 다 감내하고 자살하겠다'라고 말할 수 있기 때문입니다. 내 가족이 어찌 되든 그것은 내가 알 바 아니고 지금 내가 힘드니 나는 자살하겠다고 생각할 수 있다는 것이지요. 그렇게 생각하는 분이 있다면 다음 장에 나오는 설명을 읽어보시기를 바랍니다. 이것은 본인과 관계되는 것이니 무시할 수 없을 겁니다.

2. 자살을 하면 왜 안 되는가 2: 환생과 카르마 법칙의 관점에서

자살하면 왜 안 되는지에 대한 두 번째 입장에 다다랐습니다. 제 생각에는 이 입장이 제대로 서야 자살 방지 교육이 제대로 될 것 같습니다. 왜냐하면 이 입장을 취하면 자살이라는 게 본인에게 얼마나 나쁜 것인지 확실하게 알 수 있기 때문입니다. 앞에서 '자살은 본인에게 가장 큰 손해를 끼치는 행위'라고 했는데 그 근거가 여기서 명백하게 밝혀집니다. 그런데 이 입장은 일반적인 입장과 달리 조금 사전 설명이 필요합니다.

이 입장은 독자 여러분들이 충분히 예상할 수 있는 것처럼 인간에게는 영혼이 있고 그 영혼은 사후에 존속할 뿐 아니라, 때가 되면 다시 환생해서 지상에 태어난다는 것을 전제로 하고 있습니다. 그리고 이러한 과정이 펼쳐질 때 이 모든 것을 관장하는 법칙이 있는데 카르마 법칙이 그것입니다. 이 입장은 저의 앞 강의와 내용을 같이 한다고 할 수 있습니다. 제 생각에는 이 입장을 견지해야 자살하는 사람들이 갖고 있는 편견을 정면에서 깨트릴 수 있을 것입니다.

자살하는 사람들의 심사(心事)가 무엇입니까? 간단하게 말해서 '나는 지금 엄청난 고통을 겪고 있는데 이것은 내가 죽으면 다 없어질 것이다'라는 것 아닙니까? 내가 죽으면 아무것도 안 남으니 내 고통도 끝나리라는 것이지요. 그런데 인간의 영혼과 환생을 인정하는 입장에서 보면 이 생각은 100% 잘못된 것입니다. 이유는 아시겠지요. 그 입장은 이렇습니다. '자살해보아야 나는 없어지지 않고 육신이 없는 영혼으로 계속 존재한다'라는 것이 그것입니다. 그런데 여기서 끝나는 게 아닙니다. 자살을 감행하기 전과 감행했을 때 겪은 고통과 좌절감, 암울함, 울분, 원망 등과 같은 아주 좋지 않은 감정 역시 없어지지 않고 그대로 남아 있게 됩니다. 이런 감정을 의식하는 것은 내 영혼(혹은 의식)인데 이 영혼이 존속하니 이 감정들도 남게 되는 것입니다. 그러면 이게 뭡니까? 고통스러운 현실에서 탈출하려고 자살했건만 이 고통이 없어지기는커녕 다 남아 있으니 말입니다. 게다가 더 나쁜 것은 자살할 때 자기를 죽이겠다는 그 나쁜 마음과 자기를 해했을 때 느꼈던 고통도 없어지지 않고 남아 있다는 것입니다. 그러니까 자살하기 전보다 나쁜 감정과 고통이 훨씬 더 많아진 것입니다.

이처럼 자살한 영혼은 사후 세계에서 크나큰 고통을 겪게 됩니다. 그 이유에 대해서는 앞 강의에서 말했으니 간단하게만 보면, 사후 세계의 외적 환경은 객관적으로 존재하는 게 아니라 해당 영혼의 심적 상태가 그대로 투영되어서 만들어진다고 했습니다. 그런데 이 자살한 영혼의 마음이 현재 어떻습니까? 말할 수 없이 부정적인 감정으로 휩싸여 있겠지요? 그러면 그 마음 상태가 그대로 외부로 투사되어 그것이 환경이 됩니다. 이때의 상황을 일률적으로 말할 수는 없지만 극악한 공포와 사무치는 외로움, 어찌할 바를 모르는 황당함 등 언설로 표현하기가 힘들군요.

이제 자살했다가 소생(蘇生)한 근사 체험자들이 다시 등장할 차례입니다. 이 사람들의 이야기는 구체적이고 실질적이라 도움이 많이 됩니다. 자신들이 경험한 것을 이야기하니 생생하기 짝이 없습니다. 그래서 거짓이 없는 것처럼 보입니다. 자살한 이들이 죽은 직후에 처하는 환경에 대해 이들은 이렇게 말합니다. 즉, 자살한 뒤 영혼이 빠져나갔을 때 만나는 공간은 매우 깜깜했고 아무도 없었다고 합니다. 그래서 공포에 휩싸이는가 하면 뼈저린 외로움을 느낀다고 합니다. 이것은 매우 이례적인 일입니다. 보통의 경우 사고 같은 것을 당해 영혼이 몸을 빠져나가면 그곳에는 먼저 고인이 된 가족이나 친구 등이 기다리고 있다고 합니다. 이런 영혼들이 있으니 이곳은 어두울 수가 없겠지요. 그리고 당사자 영혼은 말할 수 없이 아름다운 사후 세계를 만나게 됩니다. 그런데 자살한 영혼에게는 이런 일이 발생하지 않는다고 합니다. 이렇게 된 이유가 뭘까요? 답은 간단합니다. 당사자는 자살함으로써 스스로 다른 사람과의 관계를 끊어버렸습니다. 자신이 먼저 셔터를 내렸기 때문에 다른 영혼들은 그 옆에 가고 싶어도 갈 수 없습니다. 비유하면 어떤 사람이 현관문을 걸어 잠그고 집에 칩거하면 아무도 그 집에 들어갈 수 없는 것과 비슷하다고 할 수 있습니다.

이 상황을 정리해보면, 근사 체험자로서 자살을 했는데 그 순간 당사자는 자신이 절대로 해서는 안 되는 나쁜 일을 저질렀다는 것을 알았습니다. 그런 다음 영혼이 되어 사후 세계에 와보니 아무도 없었습니다. 그러니 무엇을 어떻게 해야 할지 갈피를 전혀 잡지 못하고 당황할 수밖에 없습니다. 죽으면 다 끝나는 줄 알았는데 자살 전보다 더 혼란스럽고 고통스러우며 불안합니다. 그러다 이 영혼은 다시 몸으로 돌아와 살아났지만 그렇지 않고 완전히 죽은 영혼은 그 뒤로 어떤 일을 겪을지 모릅니다. 모르긴 몰라도 그 같은 험악한 상태에서 상당한 기간 동안 있을 확률이 높습니다. 자살을 한 사람은 대체로 이와 비슷한 상태에 있게 되는데 이 사실을 안다면 쉽게 자살할 수 없을 것입니다.

앞에서 자살은 본인에게 가장 '마이너스'가 된다고 했는데 카르마 법칙의 관점에서 보면 그 점이 명확해집니다. 카르마 법칙에 따르면, 우리 인간은 인간성의 완성을 위해 수없이 많은 생을 살아야 합니다. 이 목적을 위해 우리는 각 생마다 해야 할 일을 가지고 태어납니다. 우리는 이 일을 완수해야 인간성의 완성에 가까이 갈 수 있습니다. 만일 이 일을 완수하지 않으면 이것은 다음으로 미뤄지게 됩니다. 다시 말해 이 일을 완수하지 않고 죽으면 그 일이 없어지는 게 아니라 다음 생으로 미루어진다는 것이지요. 이런 관점에서 보면 자살이라는 것은 학교에서 무단으로 조퇴하는 것과 같다고 하겠습니다. 우리가 학교에 가면 응당 배울 것을 제대로 배우고 시험도 치고 모든 과정을 무사히 마친 다음에 졸업해야 합니다. 그런데 이런 것을 다 무시하고 담임선생에게는 물론 급우에게도 아무 이야기하지 않고 조퇴해서 사라진다면 그는 어떻게 되겠습니까? 학교를 졸업하지 않았으니 그는 그다음 과정으로 갈 수 없습니다. 그러니 진보가 없고 그저 헤맬 뿐입니다. 자살이 바로 이런 것이라는 것이지요.

다른 예를 들어보지요. 자살을 생각한 사람 중에는 사업에 크게 실패하고 빚쟁이에게 몰려 백척간두에 섰던 사람이 많은 것 같습니다. 이 사람이 사업에 실패하고 크게 낙담해서 술로 날을 지새우게 된 데에는 여러 이유가 있을 수 있습니다.

여기서는 그 하나의 가능성으로 그가 이런 상황에 처하게 된 것을 전생의 영향이라고 생각해보겠습니다. 상황이 그렇다면 그는 아마도 전생에 사업을 하다가 다른 사람의 돈을 무단 전용해서 썼을 수 있습니다. 그에 대한 과보로 이번 생에 본인이 돈을 떼여서 파산하게 된 것이지요. 이럴 때 그가 슬기롭게 대처해서 그 고통을 잘 견디고 어떻게 해서든 재기에 성공하면 그 카르마는 없어지게 됩니다. 그렇지 않고 자살을 해버리면 그 카르마가 소멸되지 않고 그대로 남습니다. 이렇게 되면 그는 다음 생 언젠가 비슷한 일을 또 겪어야 합니다. 그 끔찍한 고통을 다시 받아야 한다는 것이지요. 자살이 이런 겁니다. 본인이 겪어야 할 고통을 결코 없애주지 못한다는 것입니다. 그리고 다음에는 더 큰 고통을 겪게 만드는 것이 자살이라는 것이지요.

그리고 앞서 말한 대로 자살은 한 생명을, 그것도 인간의 생명을 끊는 것이라 아주 좋지 않은 카르마가 생기게 됩니다. 제가 앞의 강의에서 사람을 죽이면 어떤 과보를 받는다고 했습니까? 사람을 죽이는 것은 인간이 할 수 있는 가장 나쁜 일 가운데 하나이기 때문에 엄청난 과보가 뒤따릅니다. 이 과보 문제는 복잡하니 세세하게 거론할 수는 없지만 하나 확실한 것은, 내가 죽인 사람이 느꼈을 고통을 나중에 내가 똑같이 받아야 한다는 것입니다. 이게 카르마 법칙입니다. 이렇게 해서 카르마 법칙은 사람을 죽이는 것이 얼마나 나쁜지 알려줍니다. 이것은 나를 죽이는 자살에도 그대로 적용됩니다. 내가 나를 죽였으니 무슨 문제가 있겠냐고 하겠지만 그것은 우주의 기본 법칙을 범한 것이기 때문에 카르마 법칙은 반드시 응징합니다. 그럼으로써 다음 생에는 자살을 하지 못하게 막습니다.

마지막으로 여담인데 자살은 육체적으로 본인에게 너무나 큰 고통을 준다는 것을 잊지 마십시오. 사람들은 자살할 때, 목을 매면, 약을 먹으면, 한 번에 깨끗하게 고통 없이 죽을 것이라고 생각하는 것 같은데 이것은 사실과 거리가 멉니다. 가령 목을 매는 것도 그렇습니다. 그게 그렇게 쉽게 죽는 방법이 아닙니다. 저는 오래전에 목을 매고 죽으려고 했다가 포기한 사람을 만난 적이 있습니다. 직접 목을 맨 사람의 이야기를 들어보니 생생하더군요. 그는 목이 줄에 탁 걸리자 어찌나 아픈지 참을 수 없었답니다. 목을 매면 단번에 갈 줄 알았는데 이렇게 고통스러운지 그때 처음으로(?) 알았다고 합니다. 그는 너무나 아픈 나머지 그 상황을 빠져나오려고 용을 쓰다가 가까스로 죽음을 면했다고 합니다. 그 뒤로 그는 목매고 죽는 자살은 포기했다고 합니다. 농약이나 청산가리 같은 독극물을 먹는 것도 그렇습니다. 그걸 먹는다고 그 즉시로 가는 게 아닙니다. 속이 다 뒤집히고 타들어 가고 토하는 등 엄청난 고통을 수 시간 겪은 다음에 죽으니 그 고통의 강도를 상상할 수 없습니다. 그런데 이런 식으로 죽으면 이때 겪었던 공포나 고통이 없어지는 게 아니고 그대로 영혼에 저장되어 사후 세계로 같이 들어간다고 했지요? 이렇게 되면 우리는 나중에 혹은 다음 생에 이 부정적인 감정을 중화시키기 위해 얼마나 많은 노력을 해야 하는지 모릅니다. 그러니 이 얼마나 번거로운 일입니까? 이런 사실을 알고도 자살할 마음이 생길까요?

　이상이 카르마 법칙의 입장에서 본 자살에 대한 견해인데 자살이 본인에게 얼마나 손해인가를 알 수 있었을 겁니다. 결론으로 거두절미하고 이렇게만 말하겠습니다. 자살한다고 당시 느끼던 고통이나 부정적인 감정이 없어지는 것이 절대로 아닙니다. 우리가 하는 모든 생각과 행동은 영혼 속에 저장되기 때문에 자살했을 때 생긴 그 부정적인 감정은 그대로 죽은 뒤에도 이어지기 때문입니다. 그리고 이 감정은 영혼들의 세계에서는 거꾸로 나를 괴롭혀서 나를 아주 힘든 환경에 처하게 만듭니다. 그리고 이 자살이라는 나쁜 카르마를 용해시키기 위해 얼마나 많은 노력을 기울여야 하는지 모릅니다. 자살을 안 했더라면 그 생에서 다 끝낼 수 있는 것을 억지로 인생의 향방을 바꿈으로써 몇 생을 더 괴로워해야 합니다. 그래서 앞에서 자살은 나에게 너무나도 '마이너스'가 된다고 한 것입니다. 이 점을 명심하기를 바라는데 자살은 아예 뇌리에 떠올리지 않는 게 제일 좋겠습니다.

지은이 **최준식**

1979년　서강대 사학과 졸업
1988년　미국 템플대학교 종교학과 대학원 졸업
1989년　종교문화연구원 설립
1992년~2021년 이화여대 한국학과 교수 역임
2005년　한국죽음학회 설립
2021년~ 이화여대 명예교수
2025년　사후학 연구소 설립

관련 저서와 역서
『죽음, 또 하나의 세계』(2006)
『죽음의 미래』(2011)
『너무 늦기 전에 들어야 할 죽음학 강의』(2014)
『너무 늦기 전에 들어야 할 임종학 강의』(2018)
『너무 늦기 전에 들어야 할 카르마 강의』(2021)
『한국 사자의 서』(2017)
『인간은 분명 환생한다』(2017)
『사자(死者)와의 통신』(2018)
『사후생』(퀴블로 로스 저, 역서, 1996)
『Beyond UFOs — UFO, 그 너머의 이야기』(2025) 등등

한 권으로 읽는 인간의 죽음
ⓒ 최준식 2025

지은이	최준식
펴낸이	김종수
펴낸곳	한울엠플러스(주)
편집	김재원

초판 1쇄 인쇄 2025년 7월 15일
초판 1쇄 발행 2025년 7월 25일

주소	10881 경기도 파주시 광인사길 153 한울시소빌딩 3층
전화	031-955-0655
팩스	031-955-0656
홈페이지	www.hanulmplus.kr
등록번호	제406-2015-000143호

Printed in Korea.
ISBN 978-89-460-8387-5 03120

※ 책값은 겉표지에 표시되어 있습니다.
※ 이 책에는 Kopub서체, 김정철서체, KBIZ한마음체가 사용되었습니다.